权威·前沿·原创

皮书系列为
"十二五""十三五"国家重点图书出版规划项目

深圳市社会科学院 / 编
深圳市法学会

深圳法治发展报告（2019）

ANNUAL REPORT ON THE RULE OF LAW IN SHENZHEN
(2019)

主　编 / 罗　思
副主编 / 李朝晖

社会科学文献出版社
SOCIAL SCIENCES ACADEMIC PRESS (CHINA)

图书在版编目(CIP)数据

深圳法治发展报告.2019/罗思主编.--北京：社会科学文献出版社,2019.7
（深圳蓝皮书）
ISBN 978-7-5201-4860-3

Ⅰ.①深… Ⅱ.①罗… Ⅲ.①社会主义法治-研究报告-深圳-2019 Ⅳ.①D927.653

中国版本图书馆CIP数据核字（2019）第089040号

深圳蓝皮书
深圳法治发展报告（2019）

主　　编/罗　思
副 主 编/李朝晖

出 版 人/谢寿光
责任编辑/连凌云

出 　 版	/ 社会科学文献出版社·城市和绿色发展分社（010）59367143
	地址：北京市北三环中路甲29号院华龙大厦　邮编：100029
	网址：www.ssap.com.cn
发　　行	/ 市场营销中心（010）59367081　59367083
印　　装	/ 天津千鹤文化传播有限公司
规　　格	/ 开本：787mm×1092mm　1/16
	印张：25　字数：372千字
版　　次	/ 2019年7月第1版　2019年7月第1次印刷
书　　号	/ ISBN 978-7-5201-4860-3
定　　价	/ 128.00元

本书如有印装质量问题，请与读者服务中心（010-59367028）联系

△ 版权所有 翻印必究

《深圳法治发展报告（2019）》编委会

主　　编　罗　思

副 主 编　李朝晖

编　　辑　徐宇珊　邓达奇　王庆恩　李朝星　黄嘉玲

撰 稿 人　（以文章先后为序）

　　　　　　李朝晖　张　京　郭少青　黄祥钊　瓮洪洪
　　　　　　王　荣　邓达奇　张泊宁　佟　翰　陶婧源
　　　　　　许　娇　田　娟　成少勇　黄海波　黄瑞栋
　　　　　　郝晶晶　陈雪莲　林秀萍　王征途　朱启亮
　　　　　　林昌炽　魏汉蛟　杨　逍　王　伟　董玉琴
　　　　　　穆　清　肖伟东　曾艳青　徐　天　袁　媛
　　　　　　徐　娟　马四军　杨　波　占国志　王　萃
　　　　　　吴燕妮　王庆恩　徐　刚　章善斌　张　弢
　　　　　　许姣姣　宋旭光　林锐鑫　张思池　钟　澄
　　　　　　贺倩明　陈思斯　王　玮　戴航宁　李朝星
　　　　　　钭哲园

主要编撰者简介

罗 思 深圳市社会科学院副巡视员。中山大学法律系毕业,先后在深圳市工商物价局、深圳市委政策研究室、深圳市政府发展研究中心、深圳市社会科学院工作。长期从事公共政策和社科理论研究,尤其关注城市发展战略、法治建设和人才政策领域,参与《深圳质量研究》《提升深圳法治化建设水平研究》《深圳人才发展研究》《深圳社会组织发展和管理体制研究》《深圳建成现代化国际化创新型城市研究》《城镇化过程中珠三角村居治理模式及路径研究》《深圳市供给侧政策效果评估》等20余个深圳市重大课题的研究,推动形成一批具有前瞻性、可操作性强的研究报告,多项调研成果获省、市主要领导批示,被评为哲学社会科学优秀成果。

李朝晖 深圳市社会科学院政法研究所所长、法学研究员,武汉大学法学院经济法专业毕业。近年主要关注个人征信、个人信息保护、地方法治建设、基层治理、社会民生等领域问题。承担完成《证券市场法律监管比较研究》《社会信用体系建设中的法律问题研究》《个人信息保护法律问题研究》《借鉴国际经验,提高深圳法治化建设水平》《深圳市大部门制改革研究》《深圳政府管理层级改革研究》《深圳"两新"组织党建问题研究》等数十项课题研究;出版《个人征信法律问题研究》《证券市场法律监管比较研究》等个人专著,参与十多部著作撰写;在《法学评论》《学术研究》等学术期刊上发表《个人征信中信息主体权利的保护》《个人信用制度与隐私权的保护》《个人金融信息共享与隐私权的保护》《民间秩序的重建——从乡规民约的变迁中透视民间秩序与国家秩序的协同趋势》《试析物业管理中的法律关系》《地方社会信用体系建设存在的问题与解决路径》等数十篇论文。

摘 要

《深圳法治发展报告（2019）》由深圳市社会科学院、深圳市法学会联合编撰。报告从立法、政府法治、司法、社会法治、法治与改革等方面梳理总结了2018年深圳法治发展的基本情况和主要特点，并对2019年深圳法治发展进行展望和提出建议。

2018年深圳持续推进法治中国示范城市建设，立法、政府法治、司法、社会法治等方面工作取得新进展，努力把深圳建设成为最安全稳定、最公平公正、法治环境最好的城市之一。立法方面，多方式探索提高立法科学性、民主性，出台一批党内法规，适应改革发展需要及时开展法规规章的立改废及作出适用决定；政府法治方面，源头把关确保规范性文件合法合规，多方式监督督促行政执法规范化；司法方面，全面深化改革，司法公正效率双提高；社会法治方面，不断完善多元化纠纷解决机制，公证律师业务持续发展，法治文化建设稳步推进，共建共治共享社会治理体系正在形成。

一年中，通过多方努力，信息和智慧技术在法治领域的广泛运用产生乘数效应，法治化营商环境不断优化，围绕"一带一路"和粤港澳大湾区发展的国际商事纠纷解决机制和法律服务不断推出，生态法治建设不断加强。

2019年深圳将认真贯彻落实习近平总书记对深圳工作重要批示的精神，在朝着建设中国特色社会主义先行区的方向前行，努力创建社会主义现代化强国的城市范例过程中，发挥法治领域的先行示范作用。为此，要加强法治建设的宏观统筹，当前要特别重视统筹法律人才的培养管理，统筹科技运用、智慧发展，统筹经验总结和推广，加快法治中国示范城市建设。

关键词： 深圳　法治　营商环境　智慧法治　生态法治

Abstract

Annual Report on the Rule of Law in Shenzhen (2019) (the "Report") is compiled by Shenzhen Academy of Social Sciences and Shenzhen Law Society. The Report comprehensively concludes the basic situation, outstanding features in the development of rule of law during 2018 from the perspective of legislation, government under law, judicature, society rule by law, rule of law and reformation. The Report also provide its expectation and suggestions for the development of rule of law in the coming 2019.

Shenzhen was making sustained efforts in promoting the construction of demonstration city for china. It has reached new progress in legislation, government rule by law, judicature, society rule by law, etc. We are working to make Shenzhen one of cities which is safe, equal, fair and with super legal environment. In legislation, Shenzhen was exploring and trying to improving the scientificity and democracy in its legislation. Shenzhen has enacted a series of Inner-Party regulations in the past year. Furthermore, Shenzhen conducted the actions of legislation, amendment and annulment of laws and regulations together with relevant application rules to adapt to the needs of reformation. In government rule by law, Shenzhen controlled the regulatory documents from legislation to ensure the compliance. Also, Shenzhen supervise and urge the legalization of administrative enforcement. In judicature, Shenzhen deepened the reformation in a comprehensive way in order to improve in the perspectives of both equity and efficiency. In society rule by law, Shenzhen constantly improve the mechanism of dispute resolution with diverse ways. A social construction system of jointly constructed, governed and lived was coming.

With the efforts of the past year, the application of information and intelligence technology has multiplicative effects in the field of legal. The legalized business environment of Shenzhen was optimized year by year. The international

Abstract

commercial dispute resolution mechanism and legal services based on the development of "one belt one road initiative" and "Guangdong-Hong Kong-Macau greater bay area" were introduced one by one. In a word, the level of legal construction in Shenzhen improved greatly.

In the coming 2019, Shenzhen will get down to implement the spirit of the important instruction towards Shenzhen's development from General Secretary Xi Jinping. Shenzhen will go forward in constructing the polit zone for socialism with Chinese characteristics. Shenzhen will act as a pioneer in constructing the sample city in a socialized modernized country and in legal construction. Shenzhen will enhance the legal construction and training and management of legal talents in an overall perspective. Lastly, Shenzhen will arrange the technology application, intelligence development in a comprehensive way, and learn from the past experience to escalate the construction of sample city for legal China.

Keywords: Shenzhen; Rule of Law; Business Environment; Intelligent Rule of Law; Ecological Rule of Law

目 录

Ⅰ 总报告

B.1 2018年深圳法治发展特征及2019年展望与建议............ 李朝晖 / 001
  一 持续推进法治中国示范城市建设 .... / 002
  二 信息和智能技术在法治领域的广泛运用产生乘数效应
    .... / 018
  三 法治化营商环境不断优化 .... / 023
  四 "一带一路"、粤港澳大湾区争端解决机制和
    法律服务体系不断探索完善 .... / 027
  五 生态法治建设不断加强 .... / 029
  六 2019年展望与建议 .... / 031

Ⅱ 立法篇

B.2 地方立法引领推动改革发展的深圳实践……… 张 京 郭少青 / 036
B.3 创新背景下的深圳知识产权保护立法 .... 黄祥钊 / 050
B.4 深圳海绵城市建设管理立法前评估研究 …… 瓮洪洪 王 荣 / 063

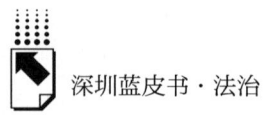
深圳蓝皮书·法治

Ⅲ 政府法治篇

B.5 2018年深圳市法治政府建设回顾总结与未来展望……… 邓达奇 / 076

B.6 深圳法治化营商环境的优化路径…………………… 黄祥钊 / 097

B.7 深圳市公平竞争审查制度实施情况研究……… 邓达奇 张泊宁 / 108

B.8 深圳行政机关诉讼败诉原因研究
　　——以市场监管部门败诉案例为研究对象
　　…………………………………… 佟　翰　陶婧源　许　娇 / 121

Ⅳ 司法篇

B.9 深圳法院深化司法体制综合配套改革的路径和实践
　　——以全面落实司法责任制为落脚点………………… 田　娟 / 136

B.10 买"岗位"抑或买"项目"：审判辅助事务社会化
　　购买模式的权衡与选择……………………………… 成少勇 / 152

B.11 暴力袭警从重处罚刑法条款适用研究
　　——基于深圳市罗湖区115宗案件的分析…………… 黄海波 / 169

B.12 羁押必要性审查之深圳实践与思考………………… 黄瑞栋 / 184

B.13 深圳电子数据采信情况研究
　　——以416个民事案例为分析样本………… 郝晶晶 陈雪莲 / 194

Ⅴ 社会法治篇

B.14 2018年深圳市经济犯罪形势综合分析 ……………… 林秀萍 / 209

B.15 2016~2018年深圳市电信网络新型违法犯罪综合分析与
　　应对策略……………………… 深圳市反电信网络诈骗中心 / 221

B.16 深圳律师办理法援案件情况调查报告
　　…………………………………… 深圳市律师协会课题组 / 238
B.17 深圳社会主义法治文化建设研究报告
　　………………………………… 深圳市社会科学院课题组 / 253
B.18 盐田区法治社会建设报告 ………………… 徐　刚　章善斌 / 266
B.19 公共信用信息应用机制的坪山探索与思考
　　………………………………………………… 张　弢　许姣姣 / 278

Ⅵ 法治与改革篇

B.20 从深圳发展经验看法治与改革的关系 …………… 宋旭光 / 291
B.21 深圳市深化出租汽车行业改革存在的问题及法律对策研究
　　………………………………………………… 林锐鑫　张思池 / 305
B.22 深圳市棚户区改造制度变迁及立法完善研究
　　………………………………… 钟　澄　贺倩明　陈思斯 / 318
B.23 深圳市生态补偿机制的反思与立法完善 ………… 王　玮 / 332
B.24 深圳PPP发展的法律问题研究 ………………… 戴航宁 / 344

Ⅶ 附录

B.25 2018年深圳法治大事记 ………………………………… / 355
B.26 2018年深圳新法规规章述要 …………………………… / 365

皮书数据库阅读使用指南

CONTENTS

I General Report

B.1 Main Features of the Development of Rule of Law in Shenzhen during 2018 and the Outlook and Suggestion for 2019   *Li Zhaohui* / 001

    1. Continue to Promote the Construction of China's Demonstration Cities under the Rule of Law / 002

    2. Application of Information and Intelligence Technology has Multiplicative Effects in the Field of Legal / 018

    3. Legalized Business Environment of Shenzhen was Optimized Year by Year / 023

    4. International Commercial Dispute Resolution Mechanism and Legal Services based on the Development of "One belt One Road Initiative" and "Guangdong-Hong Kong-Macau Greater Bay Area" Were Introduced One by One / 027

    5. Ecological Rule of Law Was Constantly Improved / 029

    6. The Outlook and Suggestions for 2019 / 031

II Legislation

B.2 Practice of Shenzhen on the Subject of Local Legislation Leading and Promoting Reformation and Development   *Zhang Jing, Guo Shaoqing* / 036

CONTENTS

B.3 IPR Legislation with the Conception of Innovation
Huang Xiangzhao / 050

B.4 Study on Pre-Legislation Assessment on the Management of Low Impact Development in Shenzhen *Weng Honghong, Wang Rong* / 063

Ⅲ Government Rule by Law

B.5 Reviews and Reflections on Shenzhen's Development in Law-Governed Government and the Prospection for Future. *Deng Daqi* / 076

B.6 Methods of Improving Shenzhen's Law-Governed Business Environment *Huang Xiangzhao* / 097

B.7 Study on Implementation of Fair Competition Review System
Deng Daqi, Zhang Boning / 108

B.8 Study on the Cases in Which Governmental Department was Defeated in Administrative Cases
—*Taking the Cases Against Market Supervisal Departments as Examples*
Tong Han, Tao Jingyuan and Xu Jiao / 121

Ⅳ Judicature

B.9 Paths and Practices of Deepening Reformation of Comprehensive Judicature System Suppport in Shenzhen Courts
—*From the Point of Fully Implementation of Judicial Responsibility System*
Tian Juan / 136

B.10 "Post Purchase" or "Project Purchase": Concerns and Options in the Socialized Purchase of Routine Judicial Works *Cheng Shaoyong* / 152

B.11 Study on the Application of Relevant Criminal Law Articles Regarding Severe Punishment Against Voilent Raids toward Police
Huang Haibo / 169

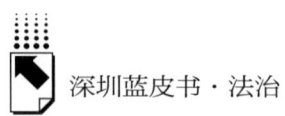

B.12　Practice and Reflection on the Review of Necessity of
　　　Detention in Shenzhen　　　　　　　　　*Huang Ruidong* / 184
B.13　Study on Digital Evidence Admission Condition in Shenzhen
　　　Court-Analysis based on the Samples of 416 Civil litigations.
　　　　　　　　　　　　　　　　　Hao Jingjing, Chen Xuelian / 194

V　Society Rule by Law

B.14　Comprehensive Analysis on Economic Crimes in Shenzhen
　　　during 2018　　　　　　　　　　　　　　*Lin Xiuping* / 209
B.15　Comprehensive Analysis and Coutermeasures on New Crimes in the
　　　Area of Telecommunication Network in Shenzhen during
　　　2016 to 2018　　*Shenzhen Anti-Telecommunication Network Fraud Center* / 221
B.16　Report on the Investigation Against the Situaiton of Legal Aid Cases
　　　by Shenzhen Lawyers　　*Research Team of Shenzhen Lawyers Association* / 238
B.17　Report on the Research into the Socialism Law-Governed Culture
　　　Development　　*Research Team of Shenzhen Acadmy of Social Science* / 253
B.18　Report on the Development of Law-Governed Society of
　　　Yantian District　　　　　　　　　*Xu Gang, Zhang Shanbin* / 266
B.19　Exploration and Reflection on the Public Credit Application
　　　System Conducted in Pingshan　　　　*Zhang Tao, Xu Jiaojiao* / 278

VI　Rule of Law and Reformation

B.20　The Relations between Rule of Law and Reformation from the
　　　Experiences of Shenzhen's Development　　　*Song Xuguang* / 291
B.21　Research on the Existing Questions and Legal Countermeasures
　　　Regarding the Depeepening Reformation in the Area of Taxi
　　　Business in Shenzhen　　　　　　　*Lin Ruixin, Zhang Sichi* / 305

B.22 Research on the Changes and Legislation Improvement in the Shantytowns Reformation System in Shenzhen

Zhong Cheng, He Qianming and Chen Sisi / 318

B.23 The Reflection and Legislation Improvement in the Eco-Compenstion System of Shenzhen *Wang Wei* / 332

B.24 Legal Research on the Development of PPP in Shenzhen

Dai Hangning / 344

Ⅶ Appendices

B.25 Influential Events of Shenzhen Judicial Practice in 2018 / 355
B.26 Briefs of New Rules and New Regulations Promulgated by Authorities in Shenzhen during 2018 / 365

总 报 告

General Report

B.1
2018年深圳法治发展特征及
2019年展望与建议

李朝晖*

摘　要： 2018年深圳持续推进法治中国示范城市建设，信息和智慧技术在法治领域的广泛运用产生乘数效应，法治化营商环境不断优化，围绕"一带一路"和粤港澳大湾区发展的国际商事纠纷解决机制和法律服务体系不断完善，生态法治建设不断加强。2019年深圳将按照习近平总书记对深圳工作重要批示的要求，在朝着建设中国特色社会主义先行区的方向前行，努力创建社会主义现代化强国的城市范例过程中，发挥法治建设先行示范作用。为此，要加强法治建设的宏观统筹，近期重点加强法律人才培养管理、信息和

---

* 李朝晖，深圳市社会科学院政法研究所所长，研究员。

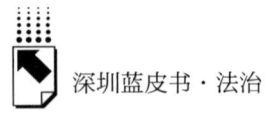

智能技术运用、经验总结和推广等方面的统筹,加快法治中国示范城市建设。

关键词: 深圳 法治 营商环境 智慧法治

一 持续推进法治中国示范城市建设

2018年,深圳市根据2017年底召开的建设法治中国示范城市工作会议对有关事项的部署,积极推进各项工作,努力打造全面落实依法治国基本方略的法治先行区。2018年7月深圳市委六届十次全会再次强调要建设法治中国示范城市,成为最安全稳定、最公平公正、法治环境最好的城市之一。一年中,深圳的立法、政府法治、司法、社会法治等各方面工作取得了新进展。

(一)立法情况

1. 深圳历史上首批党内法规出台

作为全国首批党内法规制定试点城市,深圳对焦目前党内法规在基层党建、作风建设领域的薄弱点,积极探索开展党内法规立法工作。2018年8月制定出台了《中国共产党深圳市街道工作委员会工作规则(试行)》《中国共产党深圳市社区委员会工作规则(试行)》《深圳市社会组织党的建设工作规定(试行)》《党支部书记履行党建工作职责考核办法(试行)》《建立健全纠正"四风"长效机制规定(试行)》等5部创制性党内法规,形成基层党建领域法规全覆盖的完整的法规体系。这些法规出台为深圳推动全面从严治党、制度治党提供了强有力的制度基础。法规出台后,深圳全市各街道按法规要求设立了党建专责部门,各社区均实现了党建标准化基本达标,社会组织党组织建设工作强力推进、覆盖率大幅提升,"四风"问题得到有效遏制,党内法规对基层党建工作的规范和促进作用迅速显现。

2. 人大适应改革发展需要及时开展法规的立改废及作出适用决定

随着改革进入深水区和国家法治的不断完善,以及"改革必须于法有据"观念的树立,2018年,深圳在立法保障改革、立法推动改革、立法规范改革方面的步伐越迈越大,在加大特区立法权使用,制定特区条例促进改革创新和保障经济社会发展外,根据改革的需要,及时修改和废止与经济社会发展不相符的法规,采用暂停法规性文件的适用、暂时调整和暂停法规部分条款适用的方式,为改革探索提供法治依据。全年通过新的特区条例5项,修订法规23项,废止法规1项,暂时调整和暂停适用法规10项(见图1)。

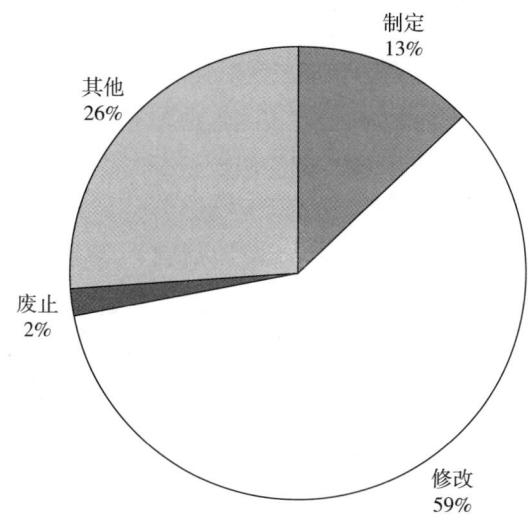

图1　2018年深圳市人大立法情况

具体而言,适应深圳创新型城市建设和国家自主创新示范区建设的需要,制定《深圳经济特区国家自主创新示范区条例》,规范和鼓励科技创新、产业创新、金融创新以及管理服务创新,优化深圳国家自主创新示范区空间资源配置,促进深圳国家自主创新示范区社会环境建设。根据创新发展对加强知识产权保护的需要，制定《深圳经济特区知识产权保护条例》，建立知识产权合规性承诺制度、行政执法技术调查官制度、知识产权侵权双倍处罚制度，完善维权服务措施和纠纷快速解决机制，全面提升知识产权保护力度。根据人民对食品安全管理水平提高的期待，制定《深圳经济特区食品安全监督条例》，要求食品药品监督管理部门建立食品安全指数定期发布制度、食品生产经营者建立食品安全追溯体系，鼓励食品生产经营者制定和实施高于国标地标的企业标准。根据急救事业发展的需要，制定《深圳经济特区医疗急救条例》，除依法保障市民获得医疗急救服务的权利、规范医疗急救行为外，还倡导自救、互救，鼓励具备急救能力的市民参与社会急救，鼓励公民、法人或者其他组织捐助医疗急救事业，促进医疗急救事业发展。根据沙头角中英街管理的需要，制定《深圳经济特区沙头角边境特别管理区管理条例》，实现中英街管理局职能法定化，并对进出沙头角管理区的人员携带物品做出明确规定。

与此同时，根据生态文明建设及环境保护的最新要求，继2017年对《深圳经济特区环境保护条例》等16项法规进行修订之后，2018年又陆续对《深圳经济特区市容和环境卫生管理条例》《深圳经济特区环境噪声污染防治条例》《深圳经济特区环境保护条例》等23项有关生态环境保护的法规和法规性文件进行了修改，加强环境生态保护，对破坏环境、污染环境行为加大处罚力度。根据国家"放管服"改革的需要，2018年深圳继续通过人大常委会决议方式对改革和优化营商环境需要但还来不及修法的法规，采取暂停部分条款适用或暂时调整部分条款适用的方式，使改革于法有据。暂停适用《深圳经济特区政府投资项目管理条例》《深圳经济特区道路交通安全管理条例》等5项法规的部分条款，暂时调整适用《深圳经济特区道路交通安全管理条例》等7项法规的部分条款。根据反腐倡廉、保障公共资产的使用安全与效益的需要，修订《深圳经济特区审计监督条例》等多部法规和法规性文件。为鼓励市民积极参加全民健身活动，修订《深圳经济特区促进全民健身条例》，建立市民健身激励制度等（见表1）。

表1 2014~2018年深圳市人大及其常委会通过法规性决议情况

单位：项

	通过法规及有关法规问题	制定法规	修订法规	废止法规	立法解释	其他法规问题决定
2014年	7	1	6	0	0	0
2015年	6	1	3	1	1	0
2016年	8	3	1	4	0	0
2017年	21	3	16	1	0	1①
2018年	39	5	23	1	0	10②
合计	81	13	49	7	1	11

注：①关于暂停适用《深圳经济特区出租小汽车管理条例》部分条款的决议。
②涉及暂时调整适用法规部分条款7项，暂停适用法规部分条款5项（其中与暂时调整适用法规部分条款的法规重合的有2项），共涉及法规和法规性文件10项。

3. 政府适应改革和城市精细化管理需要加强规章制定修改工作

政府立法方面，2018年全年新制定规章9项，修改5项，废止4项（见图2）。新制定的规章包括：制定《深圳市行政机关规范性文件管理规定》，旨在加强行政机关规范性文件管理，提高文件质量，推进依法行政；制定《深圳市机动车道路临时停放管理办法》，旨在加强道路交通安全管理，合理利用道路资源，保障道路交通有序、安全、畅通；制定《深圳市劳动能力鉴定管理办法》，旨在加强劳动能力鉴定管理，规范劳动能力鉴定工作；制定《深圳市生产经营单位安全生产主体责任规定》，旨在进一步落实生产经营单位安全生产主体责任，完善预防和减少生产安全事故的制度机制，保障人民群众生命和财产安全，促进经济发展和社会和谐；制定《深圳市城市照明管理办法》，旨在加强城市照明的规划、建设、维护和监督管理，改善城市灯光环境，促进能源节约；制定《深圳市政府投资建设项目施工许可管理规定》，旨在按照"投资服务需求、设计服从规划、保证质量安全"的要求，构筑政府管理和项目管理"双流程、双优化、共提效"的政府投资建设项目施工许可办理流程；制定《深圳市人民政府关于农村城市化历史遗留产业类和公共配套类违法建筑的处理办法》，适用于农村城市化历史遗留产业类违法建筑和农村城市化历史遗留公共配套类违法建筑的安全纳管、处理确认、依法拆除或者没收，以保障城市规划实施，拓展产业发展空间，完善城市公共配套；制定《深圳市社会投资建设项目报建登记实施办法》，旨在利用社会资本开展新建、改建、扩建的非核准管理建设项目，营造最优营商环境；制定《深圳市计量质量检测研究院规定》，创新深圳市计量质量检测研究院的管理和运作，推动计量、检验、检测、认证等高技术服务业发展，提升市场竞争力和品牌影响力，优化公共服务质量和效率。

修订《深圳市户外广告管理办法》，对部分审批权限及主管单位名称做了修改；对《深圳市计划生育若干规定》《深圳市医疗废物集中处置管理若干规定》《深圳市扬尘污染防治管理办法》《深圳经济特区在用机动车排气污染检测与强制维护实施办法》等4项规章的部分条款做了删除和修改，以适应新形势下相关主管部门的协作分工细化，有利于加大监管力度。

此外，因制定依据已被废止或主要内容不符合上位法有关规定，废止了《〈深圳经济特区房屋租赁条例〉实施细则》《深圳经济特区维修行业管理办法》《深圳经济特区服务行业环境保护管理办法》等3项规章。同时，因国务院已批复设立光明区，废止了《深圳市光明新区管理暂行规定》。

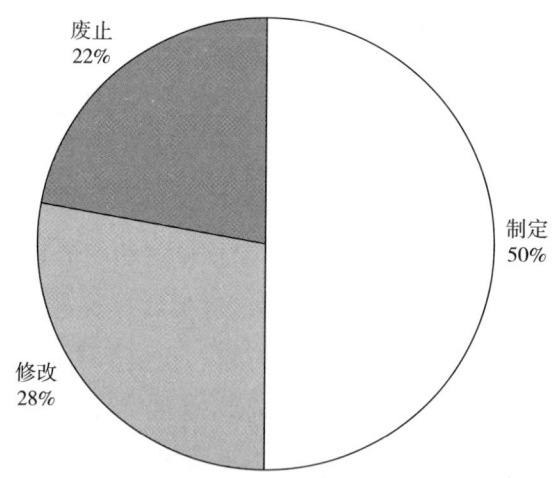

图2　2018年深圳市政府规章制定情况

4. 多方式探索提高立法科学性、民主性

人大探索全过程立法评估。在不断探索开展立法前评估和立法后评估基础上，2018年深圳市人大常委会开展立法评估工作办法的研究工作，拟在立法的立项阶段、初审阶段、审议阶段、实施阶段分别建立立法评估制度，形成建立涵盖立项评估（立法前评估）、初审评估、审议评估、实施评估（立法后评估）以及专项评估的全过程立法评估制度，以期不断提高立法的科学化水平。

政府起草法规加强实地调研、信息互动、微信听证。政府部门是立法的主要起草主体，法规规章起草中的深入调研和公众参与是法规规章草案科学性的基础。深圳市政府法制部门和承担立法起草工作的具体部门主动深入基层和实地开展立法调研，每一个立法项目均有市法制部门领导带队到相关主管部门、企业、社区以及其他基层单位开展实地调研，对于重点立法，有的还反复多次调研。建立听取公众意见的反馈机制，市政府法制部门依托官网和微信公众号"一网一微"加强与公众的信息互动，及时发布立法动态资讯，同时安排专人负责回复公众通过来信、电子邮件、网站和微信留言等渠道提交的意见建议，实现与公众的良好互动。继续发挥立法微信听证会的积极作用，全年组织召开物业管理、房屋使用安全、校外午托机构、电动自行车管理、建筑废弃物管理等5场立法微信听证会，使微信听证会召开的总次数达到13次，共收集到有效意见4700多条，微信听证会极大地方便了公众参与听证，提高了公众主动参与立法的积极性，已成为政府立法机构与公众沟通的重要桥梁。

（二）政府法治建设情况

中国政法大学法治政府研究院开展的2018年中国法治政府评估和法治政府奖评选中，深圳以总分790.13分在100个地级以上市政府中荣登榜首，坪山区申报的"构建公共信用信息应用新机制助推法治政府和诚信坪山建设"项目荣获"中国法治政府奖"。深圳打造公平、透明、可预期营商环境，坚定地推进法治政府建设，在政府规章规范性文件制定、执法、公共法律服务等方面持续探索和推进改革，赢得了社会各界的肯定。

1. 源头把关确保规范性文件合法合规

进一步完善规范性文件管理制度，2018年2月发布了修订后的《深圳市行政机关规范性文件管理规定》（深圳市人民政府令第305号），明确规定政府规范性文件在提请市政府常务会议审议前，必须先经政府法制机构合法性审查，并梳理形成规范性文件"统一要求、统一审查、统一征求意见、统一有效期、统一登记、统一编号、统一发布、统一查询平台"的"八统一"管理模式，在规范性文件制定主体、范围、权限、程序等方面，提出了比国家更为严格、具体的要求。截至2018年底，市法制办共收到市政府工作部门提请审查的规范性文件204项，审查通过165项，通过率为80.9%。

表2 2014～2018年深圳市政府法制办审查市政府工作部门规范性文件情况

单位：件，%

	2014年	2015年	2016年	2017年	2018年
市政府工作部门提请审查规范性文件数	154	230	196	188	204
市法制办审查通过数	154	189	176	165	165
审查通过率	100	82.2	89.8	87.8	80.9

从以上数据可以看出，从2015年起每年提请市政府法制办审查的市政府工作部门规范性文件均在200件左右，而通过率均在80%～90%，每年都有数十件规范性文件未能通过审查。这一方面说明政府工作部门起草规范性文件的总体水平尚可，但仍需进一步提高；另一方面也说明政府法制部门发挥了重要的审查把关作用，确保了发布的规范性文件的质量。

2. 多方式监督督促行政执法规范化

2018年，深圳持续推动行政执法公示、全过程记录、重大行政执法决定法制审核"三项制度"落地。将"三项制度"落实情况纳入年度法治政府考评，印发了《市法制办关于推行行政执法三项制度的补充通知》，明确区级执法部门法制审核机构确定的原则，并制作了《行政执法音像记录清单（模板）》和《重大行政执法决定目录清单（模板）》，从细节上确保"三项制度"的落实。充分发挥市政府特邀行政执法监督员的外部监督作用，通过组织特邀执法监督员开展专题执法监督活动，参与法治政府考评、行政执法案卷评查等工作，帮助执法单位改进执法工作。

3. 行政复议案件在多年持续增加后首次大幅下降

2018年，深圳市法制办受理行政复议案件数量在多年持续增加后首次大幅下降，登记复议申请数为1615宗，受理1309宗，不予受理110宗，告知处理109宗，申请人撤回87宗，办结1147宗。在已办结的行政复议案件中，维持531宗，占46.3%；驳回249宗，占21.7%；终止249宗，占21.7%；撤销70宗，占6.1%；确认违法35宗，占3.1%；责令履行13宗，占1.1%（见表3）。行政复议直接纠错率10.3%，行政复议综合纠错率32%①（见图4）。尤其是妥善处理了复议案件中涉及罗湖区棚户区改造、尘肺病人工伤认定等重大复杂事项，有效化解了社会矛盾。

表3 2014~2018年深圳市政府法制办行政复议案件及办理情况

单位：宗

	2014年	2015年	2016年	2017年	2018年
收到申请案件数	2204	2236	3017	3148	1615
受理并办结案件数	1846	1693	2209	2880	1147

从上述数据可以看出，2018年深圳行政复议案件数量大幅减少，这可能与"两随机一公开"执法全面推广后执法规范性进一步提高和执法争议减少有关。办结的行政复议案件中，被撤销或确认违法的案件比例继续降低，但裁定终止的案件总件数虽略少于2017年，比例却有一定幅度上升。总体而言，行政复议的直接纠错率有所下降，但间接纠错率有所上升，较好地发挥了行政复议对行政执法的监督作用。

---

① 资料来源：深圳市司法局官网业务统计数据。

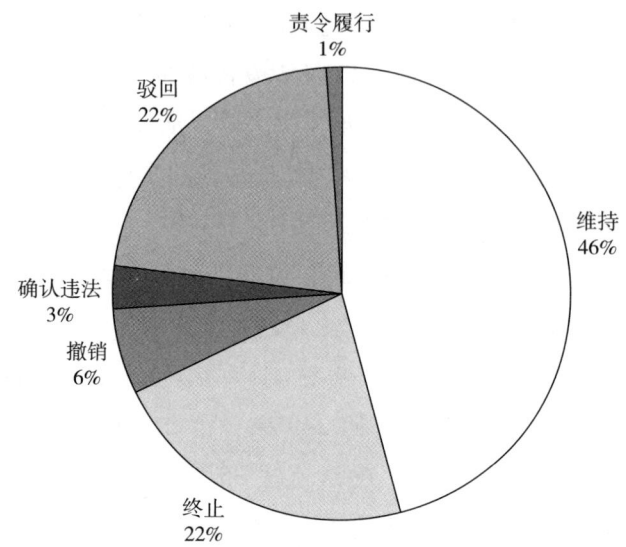

图3　2018年深圳市法制办行政复议案件办结情况

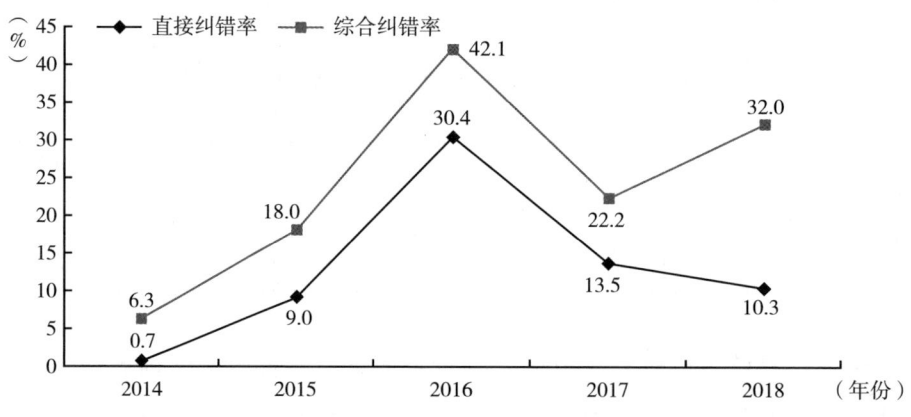

图4　2014~2018年深圳市法制办行政复议办结案件纠错情况

（三）司法工作情况

2018年深圳全面深化司法体制改革，不断完善党委总揽全局、协调各方的政法工作体系，推进司法机关职能体系的科学完备、司法权运行体系的规范有序，探索建立多元精细、公正高效的诉讼制度体系，并以制度与技术共同助力建立便民利民的司法公共服务体系。

1. 法院工作情况

2018年,深圳全市法院案件数量继续保持快速增长态势,但增长速度较前两年明显放缓。全年全市法院共受理各类案件483116件,比上年增长7.6%,而2016年、2017年的增长率分别为43.9%、31.7%;办结各类案件410378件,比上年增长8.9%,而2016年、2017年的增长率分别为23.7%、35.8%;全市法院法官人均结案达452件,比上年增长10.8%,而2016年、2017年的增长率分别为30.4%、44.17%。案件增长速度的放缓说明实行立案登记制后释放出的司法需求逐渐趋向平稳,但2014年以来受理案件与办结案件差不断扩大,2018年尽管法官人均年办案数高企,但积案却不断增加,全市法院收结案差高达7万多件,案多人少问题极其突出,司法资源不足问题亟待解决(见表4)。

表4 2014~2018年深圳全市法院案件情况

单位:件

	2014年	2015年	2016年	2017年	2018年
受理各类案件数	224927	236887	340793	448842	483116
办结各类案件数	207471	224488	277631	376913	410378
人均办案数	194	217	283	408	452

资料来源:历年深圳市中级人民法院工作报告。

2018年,深圳市中级人民法院受理和办结的案件大幅增长,但绝大多数区人民法院受理案件、办结案件数量增长放缓,增长率均在一位数内。宝安、龙岗两区法院案件数则呈下降趋势,其中龙岗区法院共受理各类案件59527件,比2017年下降4%,但考虑到2018年坪山法院开始受理案件分流了案件,如果加上坪山法院受理的案件①,案件数量仍有5%的增长,不过较前一年增长率明显下降;而宝安区法院共受理各类案件82996件,比

---

① 坪山区成立于2016年,2017年成立坪山法院,2018年开始受理案件。

2017年下降20%，这有可能因为多元化纠纷解决机制已经显现成效，部分矛盾纠纷在诉前得到化解，从而率先在全市出现法院收案数量减少的现象（见表5）。

表5　2016～2018年深圳市中院及各区法院案件情况比较

单位：件

	受理各类案件数			办结各类案件数		
	2016年	2017年	2018年	2016年	2017年	2018年
市中院	52483	54212	62530	42489	43957	49207
福田	66150	111942	126503	52664	92244	107301
罗湖	41885	50165	55174	36269	45004	50240
南山	26175	41011	44856	27611	34937	39002
盐田	10599	13721	14205	8789	12206	12767
宝安	80324	103796	82996	66342	86432	70167
龙岗	50789	62005	59527	41337	52683	51052
坪山	—	—	5601	—	—	5101

注：坪山法院虽于2017年底成立，但当年未受理案件，故只有2018年办理案件情况。光明区成立于2018年，尚未成立法院。

资料来源：法院工作报告或各区法院官网。

除常规办案外，2018年深圳法院继续通过深化改革提高司法公正与效率，从优化工作机制中挖潜解决案多人少问题。一是优化案件繁简分流机制，继续完善案件繁简识别标准、简案快办标准化流程，制定12类简单民商事案件裁判标准，统一速裁案件裁判尺度，通过简化程序提升效率，2018年以全市18.3%的法官办结同期64%的案件。二是实施法院购买社会化服务改革，将一般性辅助类、技术类事务外包，缓解司法供需矛盾，并制定《深圳市法院购买社会化服务暂行办法》，建立了社会化服务目录清单，实现对法院购买社会化服务全方位、立体化的规范。三是完善诉调对接，市区两级十个法院均引入调解组织、特邀调解员，建立诉调对接中心，推动诉前化解矛盾纠纷和解纷方式衔接。四是完善在线纠纷解决平台，与街道、社区调解室连线开展在线司法确认，通过增强社会调解公信力分流案件。

积极探索建立多元精细、公正高效的诉讼制度体系。2017年获批的福田区人民法院互联网和金融审判庭于2018年3月正式运行，这是全国首个互联网和金融审判庭，审理案件范围包括一方当事人为电商平台的买卖合同纠纷、涉第三方支付的纠纷、涉网络借贷平台（P2P）的网络借贷纠纷、涉金融和互联网犯罪的刑事案件等14类案件。互联网和金融审判庭将同时审理互联网金融民商事、刑事案件，创新实行"互联网+金融"民商事、刑事审判二审合一。2018年9月，深圳在原来由盐田区集中管辖全市行政诉讼案件基础上，整合了全深圳市优质行政审判资源，成立了全国首个行政审判中心——深圳行政审判中心。该中心依法审理全市行政诉讼一审二审案件和行政非诉审查案件，实现案件集中管辖与就近审理功能互补。

解决执行难走在全国前列。经过不断强化综合治理执行难工作格局，深圳首创的网络查、冻、扣一体化平台"鹰眼查控网"不断完善，实现执行案件全业务网络办理、全流程要素公开、全方位智能服务，并在全国率先探索审判权与执行权相分离改革，建立"执转破"无缝衔接机制，解决执行难工作取得重大进展，2018年被评定为"基本解决执行难"第三方评估样板法院。

以司法公开促进庭审过程规范化和开展普法工作。开展"万场直播·当庭宣判"暨法院开放日活动，在2017年千场直播活动良好效果基础上，2018年深圳全市两级法院组织开展了"万场直播·当庭宣判"暨法院开放日活动。在市、区两级法院每月轮流开展一场大型主题开放日活动，并运用科技手段举办庭审直播、模拟法庭、法治剧场、法律咨询，全年开展庭审直播16000余场。通过活动促进司法公开和庭审过程规范化，满足了群众知情权，也起到了很好的普法效果。

2. 检察工作情况

2018年深圳检察机关办理各类案件总数量与2017年相差不大，其中受理审查逮捕刑事犯罪嫌疑人29062人，比2017年增加1028人，增长3.7%；受理审查起诉35741人，比2017年增加18人；批准和决定逮捕23858人，比2017年增加279人，增长1.2%；提起公诉28562人，比2017年减少872人，下降2.96%，说明社会环境总体安全稳定（见表6）。

表 6 2014～2018 年深圳全市检察机关案件情况

单位：人

年份	受理审查逮捕刑事犯罪嫌疑人	受理审查起诉	批准和决定逮捕	提起公诉
2014	27658	28791	23572	26626
2015	31765	34761	27358	28872
2016	28150	31909	23649	27317
2017	28034	35723	23579	29434
2018	29062	35741	23858	28562

资料来源：历年深圳市人民检察院工作报告。

2018年深圳检察机关在公益诉讼、"捕诉合一"、认罪认罚从宽制度试点等方面改革顺利推进，并取得良好效果。

依法履行公益诉讼职能。2018年市委市政府出台《关于支持检察机关依法开展公益诉讼工作的通知》，市检察院设立专门的公益诉讼检察部，加强公益诉讼工作力量，公益诉讼工作取得重大进展。全年全市检察机关共办理公益诉讼案件719件，比上年增长13倍，其中提出诉前检察建议629件，充分发挥了诉前程序作用，既起到督促相关部门依法履职的作用，又节约了诉讼资源。

启动"捕诉合一"改革。2018年7月30日，深圳市检察院正式开展"捕诉合一"改革试点工作，探索由同一检察官或者检察官办案组全程负责同一案件的审查逮捕和审查起诉工作的办案模式。8月1日，受理了试点启动后首宗提请批准逮捕案件。10月，完善了"捕诉合一"机构设置和人员调整方案，并制定了案件移送管辖工作规程、案件受理操作细则等，全市正式全面推开"捕诉合一"办案模式。"捕诉合一"改革推动了检察机关专业化办案，提高了检察机关刑事案件的办案效率、缩短了办案期限，强化了检察机关侦查监督职能。

深入推进认罪认罚从宽制度试点。作为全国首批推进刑事案件认罪认罚从宽制度试点城市，2018年深圳检察机关探索重大案件认罪认罚适用机制，推进试点工作与服务保障非公经济相结合、与落实以审判为中心的诉讼制度相结合,取得良好成效,为认罪认罚从宽制度上升为国家刑事法律制度先行提供了深圳样本与深圳经验。

(四)社会法治

1. 法律服务行业加快发展

2018年深圳律师行业规模继续保持快速发展态势,律师队伍不断壮大,全市共有律师事务所844家,比2017年增加82家;执业律师13135名,比2017年增加1360名,其中专职律师12960人,非专职律师175人。[①] 律师办理法律服务业务同时积极参与公益活动,全年办理法律援助案件22838件,比2017年增长89%,其中办理民事案件13726件,办理刑事案件8960件,办理行政案件152件(见图5)。2018年10月深圳市律师协会与深圳科技工业园集团签署协议,深圳市律师协会、深圳律师学校正式落户南山。2019年1月,深圳市律师行业党校、深圳律师学院正式成立,搭建起深圳律师行业学习宣传中国特色社会主义理论体系的重要阵地、加强律师党性锻炼的熔炉和提升律师业务水平的新平台,意图通过制度化、常态化和科学化的培训,全面提升律师专业素养,培养适应新时代经济社会发展和深圳发展需求的律师人才队伍。

2. 公证服务稳步发展

2018年深圳新增一个公证处,使全市公证处达到9个,执业公证员达139名。全年共办结公证案件334041件,其中国内经济案件32172件,国内民事案件241233件,涉外经济案件3464件,涉外民事案件57172件[②](见图6)。

3. 公共法律服务水平不断提高

人民调解工作稳步推进。除街道、社区等基层组织均设立调解委员会

---

① 数据来源:深圳司法局官网,http://sf.sz.gov.cn/xxgk。
② 数据来源:深圳司法局官网,http://sf.sz.gov.cn/xxgk。

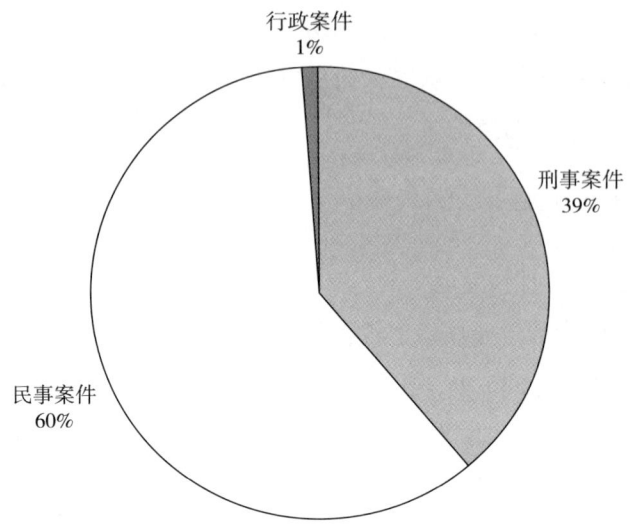

图5 2018年深圳律师办理法律援助案件分类

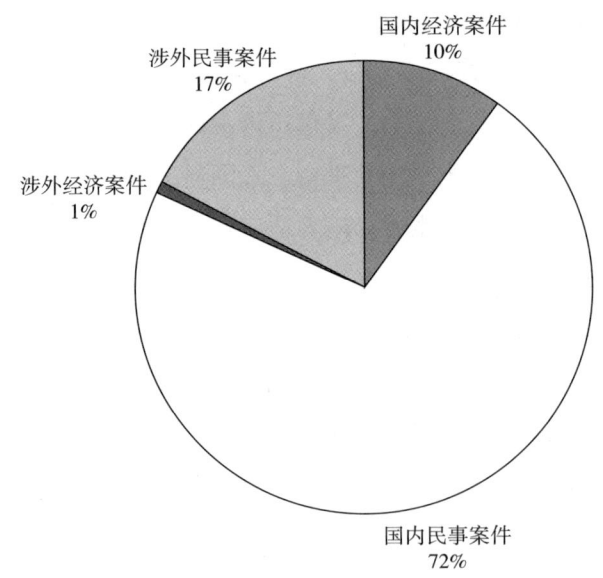

图6 2018年深圳办结公证案件分类

外，还以直接设立调委会、派驻工作室的方式，使调解组织全面覆盖公安派出所、交警、法庭、婚姻家庭、医疗机构等7个领域。到2018年底全市有调解委员会1301个，调解员6827名，其中专职调解员1682名，兼职调解员5145名。2018年共受理人民调解案件110492件，涉及当事人279315人，调解成功106710件，调解成功率高达97%，协议涉及金额452130.39万元。受理调解案件数、调解成功案件数、协议涉及金额分别比2017年增加6.3%、6.8%、62.7%。

基层法律服务方式不断创新。2018年1月16日，宝安区成立矛盾纠纷多元化解综合法律服务中心。该中心实行公共法律服务、诉调对接、诉讼服务"一扇门进入、一条龙服务、一站式办结"。法律难题或纠纷进入综合法律服务中心，在引导人员引导下，可选择和解、人民调解、仲裁、公证等方式解决，并实行诉调对接，直接导入相应解纷方式，从而确保为群众提供最合适、最高效、最便利的法律服务。2018年7月，龙华区政法委整合各类法治服务资源，成立全市第一家企业法治服务平台——龙华区企业法治服务中心。中心提供窗口现场、电话、微信公众号移动端等多种受理服务方式，并建立网上分拨处理流程，及时受理及时回复，为辖区企业提供一站式解决法律难题的服务。

普法和法治文化建设继续加强。全面推行"谁执法谁普法"，普法工作取得较好效果。越来越多的新建改建公园、广场被建设成为法治公园、法治广场、法治长廊，成为弘扬法治文化的重要平台。2018年12月4日，全国首座公民宪法宣誓平台在深圳宪法公园揭幕，成为公民向宪法宣誓、表达尊宪爱国情怀的场所和平台。

4. 共建共治共享社会治理体系正在形成

龙岗区坂田街道因率先探索建立"一核三心六创融合"社会治理模式[①]，2018年7月被广东省委政法委列入打造新时代广东"枫桥经验"实践

[①] "一核三心六创融合"社会治理模式，具体指坚持"党建核心"，打造"智力+社会治理研究中心""技术+平安促进中心""服务+大调解中心"三个中心，通过强化顶层设计、夯实基础建设、加大服务供给，多维度探索社会治理方法，实现基层智慧治理创新、矛盾预警机制创新、社会服务手段创新、产城融合治理创新、居民自治体系创新、外来人口服务管理创新的"六个创新融合"。

创新项目省级示范创建单位。罗湖区物业服务企业参与基层社会治理工作模式①在深圳全市推广。2018年,深圳不断完善社会治安立体防控体系,在全市设置"1、3、5分钟防控圈"100个,社会治安呈现持续性、根本性好转,刑事治安总警情连续三年保持20%以上高降速,飞车抢夺警情"全年零接报",深圳已成为全国"最安全稳定、最公平正义、法治环境最好"的城市之一。

二 信息和智能技术在法治领域的广泛运用产生乘数效应

随着深圳智慧城市建设的推进,深圳政府互联网服务能力不断提升②。法治领域,在过去几年大数据、人工智能等技术在执法、司法和法律服务中广泛运用基础上,2018年,科技手段更广泛的综合运用对城市法治化水平的提升产生乘数效应,许多长期困扰城市发展的问题找到了解决方案,一些突出的问题迎刃而解。

(一)"互联网+政务服务""让数据多跑路、让群众少跑腿",立法、执法中的一些难题得以破解

2018年,"互联网+政务服务"在深圳政府各部门各领域更广泛应用,"让数据多跑路、让群众少跑腿"在更多方面得到体现。

---

① 罗湖区通过"据法压责、依法治理",形成了以小区为基础单位的精细化治理"五大平台"。在物业管理上强法定,梳理出62条物业公司法律主体责任,建立"物业分级管理+奖惩制度",打造平安建设的平台;在党建引领上全覆盖,出台居民小区党建三年行动计划,打造基层党建的平台;在民生保障上补短板,以"政府+市场"方式推进全区135个无物业管理小区的综合整治和规范化管理,打造民生保障的平台;在运作机制上重协商,充分发挥社区居民议事会、"罗湖十条"议事规则等的作用,打造共建共治的平台;在治理体系上填空白,打通联系居民的"最后一公里",搭建基层治理"区—街道—社区—小区"的体系平台。
② 近年来,深圳先后被评为全国唯一的国家政务信息共享示范市和国家首批信息惠民试点城市,被称为"最互联网的城市"。2018年第三届中国国际大数据产业博览会上发布的《中国地方政府互联网服务能力发展报告(2018)》显示,深圳市互联网服务能力在全国334个地级行政区政府中排在首位。

1. 立法微信听证大幅提高了公众参与率

立法的公众参与是提高立法科学性、民主性的重要方式，其中立法听证作为开门立法的重要方式，有助于立法焦点问题、争议问题的充分讨论辩论。但是传统的听证方式由于程序烦琐、参与不便、参与人数有限等问题，召开次数较少、公众参与积极性不高。深圳于2016年首创立法微信公众听证，不仅方便了立法听证会的组织，而且也方便了公众参与立法听证会，参与人数也大幅提高。微信听证会制度实行以来，立法起草部门组织听证会的积极性、公众参与的积极性都大幅提高。截至2018年底，深圳市法制办共组织召开了13场立法微信听证会，共收集到有效意见4700多条。可以说，立法微信听证会打破了原来公众参与不足的状况，听证会让不同观点相互碰撞，打开完善立法草案的思路，对完善立法草案发挥了重要作用。同时，听证会也让立法过程在公众中得到较充分的讨论，使立法过程也成为普法过程，提高了新法规规章的社会接受度，大大减小了法规规章的执行成本，可谓一个举措解决多个问题。

2. "刷脸"执法推动交通执法精准对人

管车（机动车）容易管人难是交通管理中的一大难题，行人违法、非机动车违法等对相关人员往往难以处罚。2018年4月，深圳交警在国内首创的"刷脸"执法新模式启动。这是深圳正在合力打造的集智能感知、智能预警、智能指挥、智能交通、智能移动、智能服务于一体的智慧交管体系的重要组成部分。它运用人工智能创新识别技术，在全市建设了40套具备人脸识别功能的电子警察，对非机动车驾驶人违法行为[①]及"失驾"违法行为进行精确查处，未来将逐步把"刷脸"执法扩展到交通管理的各个执法方面。"刷脸"执法启动了交通执法从查处机动车为主，向同时查"人"的跨越式发展，推动交通管理以"管车"为主逐步过渡到以"管人"为主。精准对人的执法，弥补了以往交通管理中的不足，提升了管理效能。

---

① 目前主要针对快递、外卖等特殊行业人群闯红灯、非机动车走机动车道等违法行为进行查处。

3. "云上稽查"平台联动"态势感知系统"高效实现网上版权保护

以往网上版权侵权往往因无法及时阻止，又难以固定证据，给版权所有者造成无法弥补的损失。"云上稽查"平台联动"态势感知系统"的网上侵权处置解决了这一难题。2018年7月，电影《西虹市首富》上映次日网上便出现大量知识产权侵权链接，显然会对院线上映的正版电影造成巨大影响。深圳市场监管部门接到协助请求后，立即运行"云上稽查"平台，并联动腾讯公司"态势感知系统"，开展全网侵权链接实时搜集，并沟通协调互联平台，对侵权链接进行全面封堵拦截，同时对侵权行为主体明确的网站，进行司法效力取证。据版权方估计，拦截屏蔽侵权链接给版权方挽回近两亿元损失。政企合作，充分发挥"云上稽查"电子数据证据固化能力和"态势感知系统"全网数据搜集能力，高效实现了网上版权保护。

此外，深圳市政府法制部门借助数字政府建设的契机，推进以行政执法监督为核心，包含政府立法、规范性文件管理、法律顾问、行政复议等业务应用的深圳法治政府信息平台项目建设，从技术上助力法治政府建设。

（二）智慧法院建设深入推进，司法公正效率大幅提升

2017年，深圳法院制定了《智慧法院建设三年规划》，统筹推进两级法院信息化建设，并探索建立了"类案在线办理系统""电子卷宗随案生成系统"等多个信息化办案系统（平台）。2018年，深圳法院坚持机制创新与智慧科技相结合，智慧法院建设深入推进，"深融·多元化平台"、"法库·电子卷宗平台"、"鹰眼执行综合平台"以及深腾微法院、福田法院的"融·智·慧"平台等围绕审判、服务法官的技术支持体系在司法改革和提高司法效率中发挥了重要作用，案多人少、同案不同判、执行难、司法监督等问题得到初步解决。

1. 深腾微法院提供"指尖诉讼"服务

2018年，深圳法院依托智慧法院系统，将审判工作与互联网信息技术相结合，开发了基于微信小程序建立的诉讼服务平台——深腾微法院。该平台集网上立案、在线送达、在线调解、在线庭审、申请执行等20余项功能

于一身,当事人通过微信小程序,"最多跑一次"甚至"一次都不用跑"就可以完成全部诉讼活动,这种"指尖诉讼",在减轻当事人负担的同时,也给法官带来便利,进一步提升了司法效率。

2. "融·智·慧"平台全面提升司法质效

福田区法院对诉前调解、审判执行、法院管理三大关键业务进行工作流程重塑,不断完善"融·智·慧"平台,"融"平台推动线上多元解纷,汇集社会力量扩充司法资源,前端化解纠纷;"智"平台推动大量类案速裁,提高司法质效,提升诉讼体验且全程在线、全程留痕、阳光透明;"慧"平台推动审判辅助事务集约,资源在线调配提高使用效益,让法官专注庭审和裁判。三者相融互促、互为体系,构建全流程在线、要素集约化的新型工作方式,司法工作质效全面提升①。

3. 鹰眼执行综合应用平台有效破解执行难

为解决执行难问题,深圳法院将科技手段全程融入破解"执行难"的核心关键节点中,2011年以来开发了"鹰眼查控网""极光集约平台""速控平台"的"一网两台"②,整合社会资源,建立部门协作联动,实行智能操作,通过业务集约办理和执行资源统一调度,精准高效地破解执行难的关键问题,执行成效显著,执行结案周期缩短至4个月。在此基础上,"一网两台"2018年深度整合、优化升级为鹰眼执行综合应用平台。该平台的特点是系统操作批量化、案件分流智能化、文书生成自动化、文书送达网络化、外勤事务集约化、流程节点公开化,基本实现执行工作全网络办理、全流程公开、全方位智能。鹰眼执行综合应用平台的运行,不仅可以减轻执行法官的工作强度,解决案多人少问题,而且将进一步缩短执结周期,预计70%左右的执行案件能够在3个月内结案,显著提高执行案件的办案效率,缩短当事人的权益实现周期,对深化司法体制综合配套改革、提升执行质效

---

① 《抓住关键业务 重塑工作流程 完善智慧法院建设效能体系》,深圳市中级人民法院网站,http://www.szcourt.gov.cn/sfjj/sfgg/2018/09/06153059360.html。
② "鹰眼查控网"全面查控被执行人及其财产,"极光集约平台"建立起同质化事项集约统管办理机制,"速控平台"实现了执行流程的集约化办理。

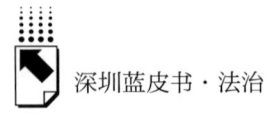

将发挥重大作用。

4. VR、AR 成像等科技手段成就"万场直播·当庭宣判"活动

2018 年深圳法院组织开展了"万场直播·当庭宣判"暨法院开放日活动。正是运用了 VR、AR 成像等科技手段，使市中级人民法院和 9 个基层人民法院全年成功开展了庭审直播 16000 余场，网络总点击量突破 1500 万人次，司法公开和普法工作取得良好效果。

（三）发展线上公共法律服务，公共法律服务水平效率大幅提升

1. "远程司法确认"极大提升人民调解效率和公信力

人民调解"远程司法确认"的工作模式由福田区于 2017 年首推。2018 年 1 月 16 日，一起由宝安区医疗纠纷人民调解委员会调解成功的医患纠纷案件，在调解室将人民调解协议书及所有证据材料逐一通过视频由宝安区人民法院进行司法确认，宝安区法院当场出具民事裁定书，并即时送达，整个过程用时仅 1 个小时，成为首宗远程调解及司法确认的案件。在线司法确认使当事人无须到法院就能办妥确认手续，极大方便了调解双方当事人，进一步提升了人民调解的效率和公信力。2018 年 5 月，福田法院与中国国际贸易促进委员会深圳委员会共同举行深圳市贸促委调解中心在线司法确认工作室揭牌仪式，这是全国首个法院与专业纠纷解决机构设立的在线司法确认工作室，也是福田法院第 17 个在线司法确认工作室[①]。目前人民调解在线司法确认工作室的设立工作已经在全市多个区推广，实现多元化纠纷解决方式的无缝对接。

2. 法律援助线上管理系统大幅提升法援工作规范化、科学化管理水平

福田区司法局利用"互联网 + 人工智能"，于 2018 年 1 月推出法律援助"馨援在线管理系统"，解决了传统法援案件、法援工作人工排班、人工派案中存在的工作分配不均、法援办案质量监控不足等问题，增强了法援

---

① 《深化多元化纠纷解决机制改革又添新举措——福田法院设立全国首个专业调解机构在线司法确认工作室》，深圳市中级人民法院网站，http：//www.szcourt.gov.cn/sfjj/sfgg/2018/07/12105103298.html。

处、律所、律师三方互动,通过实行值班申报、案件分配系统"在线抢单"的方式,实现法律援助案件在线分配、律师在线申领、系统值班安排,并通过智能系统进行流程监管、质量监控、案件评估、数据统计分析等,调动了律师参与法律援助的积极性,提升了法律援助服务质量,法律援助服务管理的科学化水平得到很大提高。

3. "南山智慧法务"平台提供触手可及的公益性企业法律服务

中小微企业成立和发展中有大量公益法律服务需求。2018年,南山区司法局开发创建了"南山智慧法务"平台,为辖区中小微企业提供机器人智能咨询、法律法规快速查询、知识产权一键检索、讲座信息共享、公益服务、法律超市、律所分布导航等服务,解决中小微企业在创业过程中所遇到的法律问题,助力企业健康快速发展。

三 法治化营商环境不断优化

2018年1月17日,深圳市政府以一号文件印发实施《深圳市关于加大营商环境改革力度的若干措施》,从促进投资贸易便利化、降低企业运营成本、优化人才服务、推进政务服务管理改革、加强知识产权保护等六个领域,推出了20大改革举措126条政策,以期把深圳打造成为贸易投资最便利、行政效率最高、服务管理最规范、法治体系最完善的城市之一。

(一)修改法规规章落实"放管服"

1. 人大暂停和暂时调整适用一批法规性文件或法规的部分条款

2018年,深圳人大立法工作有一个突出特点是通过决议方式批量暂停适用一些法规部分条款和暂时调整适用一些法规部分条款。近年来,随着改革进入深水区和国家法治的不断完善,以及"改革必须于法有据"观念的树立,深圳在立法保障改革、立法推动改革、立法规范改革方面的步伐越迈越坚定。根据国家"放管服"改革的需要,2018年深圳继续通过人大常委会决议方式对改革和优化营商环境需要但还来不及修法的法规,采取暂停部分条款适用或暂时调整部分条款适用的方式，使改革于法有据。这是继2017年深圳人大暂停适用《深圳经济特区出租小汽车管理条例》部分条款[1]后，批量采用这一方式解决改革与立法冲突问题，并首次实行暂时调整适用法规部分条款的方式。2018年6月暂时调整适用《深圳经济特区政府投资项目管理条例》部分条款，对关于项目建议书、前期经费、可行性研究报告、项目总概算和资金申请报告的相关规定进行调整，既简化了办事程序，又加强了管理；为适应开展"放管服"改革需要，推进行政审批制度改革。同时暂时调整适用《深圳经济特区道路交通安全管理条例》《深圳市节约用水条例》《深圳市实施〈中华人民共和国人民防空法〉办法》《深圳市城市规划条例》《深圳经济特区环境保护条例》《深圳经济特区土地使用权出让条例》《深圳经济特区房地产登记条例》的部分条款，对相关主管单位在一些具体事项上的分工、项目审查备案、许可证办理程序等的规定暂时调整适用；暂时停止适用《深圳经济特区道路交通安全管理条例》《深圳市实施〈中华人民共和国人民防空法〉办法》《深圳经济特区建设项目环境保护条例》《深圳市建设工程质量管理条例》的部分条款。

2. 政府规章立改废规范行政管理和简化行政审批

为规范建设项目管理，制定《深圳市政府投资建设项目施工许可管理规定》，旨在按照"投资服务需求、设计服从规划、保证质量安全"的要求，构筑政府管理和项目管理"双流程、双优化、共提效"的政府投资建设项目施工许可办理流程；制定《深圳市社会投资建设项目报建登记实施办法》，旨在利用社会资本开展的新建、改建、扩建的非核准管理建设项目，营造最优营商环境。

针对深圳农村城市化遗留违法建筑处理问题，制定《深圳市人民政府关于农村城市化历史遗留产业类和公共配套类违法建筑的处理办法》，适用

---

[1] 暂停适用的条款主要涉及出租车营运牌照有偿使用及公开拍卖、出租车租费实行政府定价、出租车排气量等内容，前两者主要因为国家规定出租车营运牌照实行无偿经营，但深圳对已经有偿取得营运牌照的处理未形成成熟解决方案，暂时无法修订条例；而关于出租车的排气量，因为深圳已经要求出租车全部过渡为纯电动车，已无此规定的必要。

于农村城市化历史遗留产业类违法建筑和农村城市化历史遗留公共配套类违法建筑的安全纳管、处理确认、依法拆除或者没收，以保障城市规划实施，拓展产业发展空间，完善城市公共配套。

（二）简化行政审批的系列措施

1. 发布第一批100个"不见面审批"服务事项清单

2018年6月28日，深圳发布第一批100个"不见面审批"服务事项清单。所谓的"不见面审批"，是全流程网上办理，申请人无须到办事窗口与工作人员见面就能办结审批事项的审批服务模式。它主要借助现代信息技术，引入现代物流服务，实现网上申办、网上受理、网上审批、网上签发电子证照、线下快递送达纸质证照等审批结果。通过让数据多跑腿，实现让群众少跑路，方便市民和企业办事。

2. 商事登记启动"三十证合一"

2018年7月12日，深圳市市场和质量监管委发布《深圳市2018年推进"多证合一"信息共享改革工作方案》，开始实施"三十证合一"。在近几年"多证合一"改革基础上，将过去要到14个部门分头办理的30个涉企证照事项整合到营业执照上，实现"三十证合一"，企业和群众在一个窗口就可办理好全部证照事项，办事便捷性大大提高。

3. 推出"开办企业一窗通"服务

深圳市场监管部门与公安部门、税务部门、中国人民银行深圳中心支行通过业务流程再造，简化办事环节，联合推出"开办企业一窗通"（市场监管、公安、税务、银行联动）系统，推行开办企业并联审批，为开办企业提供商事登记、公章刻制、申领发票等一站式服务，并可预约银行开户，实现企业开办"一次提交、共享交换、同步办理、即时办结"。

4. 推广"秒批"政务服务

所谓"秒批"，就是即报即批、即批即得。它是深圳开展"互联网＋政务"治理模式在行政审批中的具体应用。在一些通过数据比对就可以完成的审批事项中，办事人通过网络提交申请信息，通过系统共享数据进行实

时、自动比对核验信息，从而即时完成审批事项办理。"秒批"建立在信用监管基础上，全程电子化，无纸质材料提交，无窗口排队，24小时在线，杜绝自由裁量和暗箱操作。目前"秒批"制度已经在大学毕业生引进和落户、老龄津贴发放等48个量大高频事项中实施，不久的将来将推广到200个事项。

（三）开展公平竞争审查工作

2018年2月，深圳市出台了《关于在市场体系建设中建立公平竞争审查制度的实施意见》，并开展清理现行排除限制竞争政策措施的工作，全年对市政府及其所属部门、区政府及其所属部门共1108份涉及市场主体经济活动的政策文件开展了清理审查，根据清理审查结果，对6份文件进行修改调整，并废止了25份文件。增量文件的审查工作也同步推进，全年共对11份市政府文件、148份市政府所属部门文件、72份区政府（新区管委会）文件、400份区政府所属部门文件进行了公平竞争审查，对2份市政府所属部门文件、41份区政府所属部门文件进行了修改调整。

（四）加强知识产权保护

1. 出台《深圳经济特区知识产权保护条例》

创新是深圳经济特区的特质，为保护创新，深圳不断加强知识产权保护。2018年12月，深圳市人大常委会通过了《深圳经济特区知识产权保护条例》。该条例建立了知识产权合规性承诺、行政执法技术调查官、行政执法先行禁令、按经营额计算处罚标准等多项创新性制度，构建起适应深圳创新发展需要、与国际通行规则接轨的知识产权保护体系。

2. 设立中国（深圳）知识产权保护中心

在继2017年深圳市标准化研究院在前海知识产权保护中心、深圳市多部门联合成立深圳市知识产权法律保护中心，以及在前海成立深圳市知识产权法庭之后，2018年12月，国家知识产权局与深圳市政府部市合作再结硕果，在深圳成立了首家国家级知识产权保护中心——中国（深圳）知识产权保护中心。该中心将为深圳市创新主体的专利申请、快速审查、快速确权、保护协作等提供一站式综合服务。

四 "一带一路"、粤港澳大湾区争端解决机制和法律服务体系不断探索完善

为落实2018年1月23日中央全面深化改革领导小组通过的《关于建立"一带一路"争端解决机制和机构的意见》要求①，也为回应"一带一路"沿线商事主体的司法关切和需求，以及落实粤港澳大湾区国家战略，优化营商环境，服务"一带一路"建设，服务粤港澳大湾区建设，深圳前海积极探索完善服务于"一带一路"、粤港澳大湾区建设的诉讼、仲裁、调解、公证相互对接，官方和民间对接，线上和线下对接，中国和外国对接的多元化争端解决和法律服务体系。

（一）创新国际商事争端解决机制

1. 深圳前海法院成立"一带一路"国际商事诉调对接中心

2018年1月7日，深圳前海法院联合内地和香港调解中心、粤港澳调解联盟等粤港澳大湾区30余家司法、仲裁和调解机构搭建的专门负责国际商事纠纷的多元化解决平台——"一带一路"国际商事诉调对接中心正式成立。该中心建立了"1+13"系统化规范化的诉调对接工作机制，并吸收国际商事调解规则，制定专业化调解规范，实现调解的规范化、专业化运作。中心成立时已聘任外籍和港澳台籍专家调解员78名，并与深圳国际仲裁院、深圳市律师协会等合作，募集律师调解员172名。

---

① 《关于建立"一带一路"争端解决机制和机构的意见》要求，坚持共商共建共享原则，依托中国现有司法、仲裁和调解机构，吸收、整合国内外法律服务资源，建立诉讼、调解、仲裁有效衔接的多元化纠纷解决机制，依法妥善化解"一带一路"商贸和投资争端，平等保护中外当事人合法权益，营造稳定、公平、透明的法治化营商环境。资料来源：《习近平主持召开中央全面深化改革领导小组第二次会议》，中新网，http://www.chinanews.com，2018年1月23日。

2. 前海法院设立"一带一路"国际商事调解中心前海法院调解室

2018年3月,深圳前海法院与北京融商"一带一路"法律与商事服务中心"一带一路"国际商事调解中心签订合作协议,强化调解资源整合与机制对接,探索建立了"常驻调解员+资深调解员"的联合调解模式,随即26名经验丰富的调解员进驻前海法院开展调解工作。仅在3月中旬至5月中旬的两个月里,就接受委派调解案件30多件,调解成功7件,取得初步成效。在此基础上,双方进一步深化合作共建机制,于5月18日成立了"一带一路"国际商事调解中心前海法院调解室,建立起国际区际争议诉讼与调解相衔接的多元化纠纷解决机制,以更好地服务于"一带一路"和粤港澳大湾区建设。

3. 最高人民法院在深圳设立第一国际商事法庭

作为"一带一路"争端解决机制和机构的重要组成部分,最高人民法院第一国际商事法庭2018年6月29日在深圳正式揭牌。该法庭是最高人民法院专门处理国际商事纠纷的常设审判机构,受理最高人民法院管辖且标的额为人民币3亿元以上的第一审国际商事案件,在全国有重大影响的第一审国际商事案件,及符合条件的申请仲裁保全、申请撤销或者执行国际商事仲裁裁决案件。第一国际商事法庭成立伊始就确定将深圳国际仲裁院作为国际仲裁机构纳入"一带一路""一站式"多元化国际商事争端解决机制,携手促进深圳乃至粤港澳大湾区的法治化营商环境建设。

4. 深圳国际仲裁院入选全国首批"一站式"国际商事仲裁调解机构

在继深圳国际仲裁院被纳入粤港澳大湾区国际仲裁机构之后,2018年12月最高人民法院再将其纳入首批"一站式"国际商事纠纷多元化解决机制的国际商事仲裁及调解机构,其受理的国际商事纠纷案件在保全、执行等方面将直接得到最高人民法院司法监督和支持,从而充分发挥辐射力,凸显深圳特区核心引擎作用。

(二)完善关于"一带一路"和粤港澳大湾区的法律服务体系

1. 成立"一带一路"法律服务联合会

2018年1月9日,由华商林李黎(前海)联营律师事务所、广东星辰

（前海）律师事务所等前海社会主义法治建设示范区内的8家律师事务所发起成立的前海"一带一路"法律服务联合会成立。它是首家以全球华语律师为主要成员，联合仲裁、公证等法律服务机构的跨境跨业跨法域国际性法律服务交流合作平台，既为中国企业和公民参与"一带一路"建设提供法律支持，也为海外华语律师参与"一带一路"法律服务提供合作平台。该平台目前已经构建起集律师、公证、调解、仲裁、司法鉴定、法律查明、知识产权保护于一体的全链条法律服务保障体系。

2. 设立司法部粤港澳大湾区法治建设研究基地

由司法部与深圳市合作培育，依托深圳市蓝海大湾区法律服务研究院成立的司法部粤港澳大湾区法治建设研究基地2018年12月20日在深圳揭牌。该基地与深圳市蓝海大湾区法律服务研究院实行一体化运作，重点围绕大湾区法治化营商环境建设、产业发展的制度配置、大湾区内"一国两制三法域"的法律协同、大湾区法律服务发展及管理规则等开展研究，为粤港澳大湾区发展提供智库支持。

五　生态法治建设不断加强

进入21世纪以来，深圳切合时代特点和法治焦点，与党中央的生态环境保护决策保持高度一致，积极探索生态文明法治建设，在立法、执法、标准体系建设等领域积极探索，走出以法治促进人与自然和谐共生的发展新路。

（一）修订法规规章不断加强生态环境保护

根据生态文明建设及环境保护的最新要求，深圳继2017年对《深圳经济特区环境保护条例》等16项法规进行修订之后，2018年又陆续对《深圳经济特区市容和环境卫生管理条例》《深圳经济特区环境噪声污染防治条例》《深圳经济特区环境保护条例》等16项有关生态环境保护的法规和法规性文件进行了修改，加强环境生态保护，对破坏环境、污染环境行为加大处罚力度。深圳市政府也对《深圳市医疗废物集中处置管理若干规定》《深圳市扬尘污染防治管理办法》《深圳经济特区在用机动车排气污染检测与强制维护实施办法》等多部规章进行修改，以适应新形势下相关主管部门的协作分工细化，有利于加大监管力度。

（二）开展"利剑二号"行动，重拳打击环境违法

2018年，深圳市人居环境委继续从守护碧水蓝天出发，组织开展了"利剑二号"行动，重拳打击环境违法行为。在全面排查摸清污染源底数和达标能力基础上，实施"挂图作战"、分类整治，将环保目标与执法任务汇总在一张图上，强化部门联动和科技执法，建立典型案例通报制、环境违法企业信用联合惩戒机制等。全年出动执法人员16.5万人次，立案查处环境违法行为2650宗，罚款金额2.72亿元，按日处罚3宗。对严重违法案件，采取移送公安行政拘留、移送涉嫌环境污染犯罪案件等方式，产生震慑作用，有效消减污染负荷，有力推动了生态环境质量的持续改善。

（三）检察机关开展生态环境专项监督

2018年，深圳检察机关聚焦"美丽深圳"城市战略，积极开展生态环境专项监督。对履行职责中发现的非法砍伐、占用农地、污染环境等案件线索，迅速展开调查，约谈相关政府部门，督促职能部门做好处置。并邀请人大代表参加，向社会公众披露，以检察专项监督与人大监督、社会监督合力作用，推动相关部门迅速解决问题。

（四）中国首套生态安全港国家标准在深圳发布

港口因频繁的国际货物进出而存在较高的外来生态安全风险，建立港口生态安全保障体系对于保障国家乃至国际生态安全极端重要。2018年3月28日，深圳检验检疫局、盐田区政府、盐田国际等单位联合编制的《国际生态安全港建设通则》和《国际生态安全港生态安全风险因子识别、分类与控制》，由中国国家标准化管理委员会在深圳发布。《国际生态安全港建设通则》提出了港区基础设施和生态安全保障设施建设标准以及生态安全

管理标准，构建新型生态安全港建设标准体系；《国际生态安全港生态安全风险因子识别、分类与控制》建立了一线港口的生态风险因子分类、识别与控制方式等方面的标准，构建了全面的港区生态风险防控机制。这是中国首套生态安全港国家标准，填补了国内在该领域标准化工作的空白。

（五）生态文明法治建设受法学界关注和肯定

2018年第五届中国法治政府奖评选中，深圳大鹏新区生态文明建设全链条法治化改革项目获得"中国法治政府奖提名奖"。该项改革是在搭建生态文明体制改革框架体系的基础上，创新建立了生态文明量化评价、激励约束、高效监管、考核问责等一系列制度，对生态控制线内居民实行生态补偿，对领导干部实行考核审计和终身追责，并整合执法资源，形成以法治为保障、全链条推进生态文明建设模式。大鹏新区这一改革项目获得"中国法治政府奖提名奖"，体现了中国法学界对大鹏新区全面推进生态文明体制改革及以法治为保障、全链条推进生态文明建设的充分肯定和认可。

六　2019年展望与建议

2018年底，习近平总书记对深圳工作作出重要批示，要求深圳"朝着建设中国特色社会主义先行示范区的方向前行，努力创建社会主义现代化强国的城市范例"。落实这一精神，深圳应当在包括法治建设在内的各方面先行示范，加强法治建设的宏观统筹，努力建设法治中国示范城市。

（一）加强法治建设的宏观统筹

十九大报告对深化依法治国实践提出了明确的具体要求，指出"全面依法治国是国家治理的一场深刻革命"，要求"必须坚持厉行法治，推进科学立法、严格执法、公正司法、全民守法"。并成立中央全面依法治国领导小组，加强对法治中国建设的统一领导。深圳也于2017年将原来的依法治市领导小组升级为全面依法治市领导小组，加强党对依法治市工作的领导，统筹全面依法治市工作，并提出建设法治中国示范城市的目标。2018年，国家层面，根据中共中央印发的《深化党和国家机构改革方案》组建了中央全面依法治国委员会，统筹协调全面依法治国工作。2019年初，深圳机构改革相应成立市委全面依法治市委员会，作为市委议事协调机构。在全面依法治市领导小组、全面依法治市委员会领导和协调下，近年来深圳科学立法、严格执法、公正司法、全民守法各方面工作都取得很大进展，全面依法治市工作和法治中国示范城市建设取得显著成效。

但不可否认，目前法治建设中的统筹工作更多是在大框架上的统筹，细节上是各环节各部门各自推进，在各自领域取得一定成效，在遇到其他环节制约的问题时，也建立了良好的沟通，通过协作推进法治各环节工作的衔接。例如，现行法规对政府改革形成制约时，人大及时修法或采取暂停某些法规某些条款适用的方式，确保改革于法有据。再如，法院与调解组织建立诉调对接中心，促进纠纷多元化解决机构工作的无缝衔接，缓解法院案多人少问题；法院则开通在线司法确认，方便当事人达到协议的即时确认，提升了人民调解的公信力。但对于存在于各部门、各环节似乎是各自的细节问题，而其实有相似性而且会影响宏观整体工作的问题，目前从宏观层面统筹不多。如法律人才问题、科技手段的应用问题、经验总结不足问题、发展不平衡问题等，这些问题在法治发展到一定阶段逐渐成为法治化水平提升的瓶颈，需要从更高层面进行统筹，才能推进法治建设更上一层楼。

（二）统筹法律人才培养管理

人才不足是法治建设中各领域、各环节普遍反映的问题。十八届四中全会报告明确"人大主导立法"的要求，但是深圳市人大常委会的人员编制并未增加，人大法工委以及其他各工作委员会、专门委员会都仅10名左右编制，对于主导立法，心有余而力不足，目前绝大多数法规起草工作仍由政府部门进行，人大的主导作用主要体现在提前介入了解法规起草情况。政府法治领域，政府法制部门人员编制同样不多，要负责法规规章起草、市政府及各部门的规范性文件审查、政府法律顾问、行政执法监督、行政复议等诸多工作，工作人员均处于高负荷状态。深圳的立法数量是北京、广州两地的2~3倍，但是法制机构人员配备却低于两地。法院案多人少问题突出，目前深圳法院法官年人均办案量已经高达452件，且案件量仍在增长。同时由于总体政法编少，目前法官占到政法编约一半，导致法官助理等辅助岗位主要通过购买服务解决，而政法编法官助理是初任法官的重要来源，政法编的不足影响了法官队伍的健康发展。而法律服务行业方面，随着法律服务需求的增长和变化，高端法律人才不足现象越来越突出。此外，目前深圳只有深圳大学设有法学院，而有限的社科研究机构均规模很小，每个机构均只有数名法学研究人员，全市专职法学研究人员（含高校法学教师）不足百人，无法支撑法治中国示范城市建设对法律问题研究的需求。这些突出的人才问题，由于分散在各部门，未受到充分重视。

解决这一问题，要从市委市政府层面加强统筹。一是将法律人才纳入人才政策统筹考虑，将各有关部门法律人才队伍纳入全市的整体人才规划，建立相应的人才培育和发展保障体系给予人才优惠政策，形成可持续性的人才发展机制。要多层次、多元化培养引进法律人才，既要培养扎根深圳、了解深圳市情的法律人才，又要培养和引进具有国际视野、通晓国际规则的法律人才，使深圳的法治既立足本土又面向世界，立法执法既符合深圳实际，又改善国际营商环境。二是建立一支德才兼备的高素质立法工作队伍。在整合和稳定现有的立法人才队伍的同时，加强立法机构与高校法学院、科研机构法学部门的长期合作，及时开展对新生事物的立法研究，使立法尽快赶上经济社会实践的发展。三是畅通法律部门之间的人才交流和沟通，促进法律人才的全面发展。"人才是第一资源"，统筹加强法律人才的培养管理将为法治中国示范城市注入生生不息的力量。

（三）统筹科技应用、智慧发展

深圳智慧城市建设启动多年，已经取得较大进展，互联网政务发展走在全国前列，法治领域不少环节已经智能化，但各领域、各环节都存在一些短板。立法领域，除微信立法听证取得较好实效外，其他类型的网上征求意见未带来更多的有效意见，立法的科学性、民主性还有待进一步提高。政府法治方面，通过信息和智能技术的应用，行政审批流程得到较大优化，但其他办事环节的信息化、智能化不高。例如，食品药品投诉处理，虽然可以在网上进行投诉，但到了实质受理阶段，还是要到市场监管所当面做笔录、提交证据；而法院已经全面实行网上立案，深腾微法院甚至已经可以通过微信小程序完成从立案、审理到判决全过程，可见其落差之大。公共法律服务方面，市司法局在各区法律援助中心设置法律援助智能机器人"小法"，龙华区探索设立了企业法治服务中心，南山区上线智慧法务平台，等等，各自在利用信息技术、智能技术方面开展探索实践。

在信息化、智能化初期，多方试验、百花齐放有利于调动各方积极性、创造性。但随着信息和智能技术的成熟和广泛应用，各自分头"摸着石头过河"已经不利于资源的集约使用，更不利于群众了解和掌握办事流程，且易在群众中形成比较、产生不满。因此，有必要结合智慧城市建设，由全市统筹信息和智慧技术在政务工作、公共法律服务各环节的应用，扩大信息和智能技术应用的覆盖面，使其渗透到立法、执法、司法和公共法律服务的各具体环节，并不断提升法治工作智能化水平，释放出技术对法治化水平提高的宏大力量。

（四）统筹经验总结和进行推广

近年来，深圳各区各部门乃至基层街道社区在法治建设中探索出了许多很好的经验，他们之间也相互交流、学习，不断优化自己的工作制度、工作机制、工作模式，有一些经验在全市推广，甚至在全省、全国推广，推进了法治发展。但是基层工作制度、工作机制、工作模式的形成，往往是自发性的，其完善程度往往取决于提出者能力水平。他们中有相当一部分人法治思维能力、宏观政策把控能力、制度制定能力不强，形成的工作制度、工作机制、工作模式存在这样那样的问题，虽然在工作中暂时取得一些效果，但往往会遗留一些问题。而这些问题的解决，一方面在于提出者、主要实施部门自觉完善，另一方面在于上级对这一工作提出统一要求。而且各地区、各部门的各自探索,造成政策制度不稳定、不一致,不利于群众了解和掌握办事流程,易产生不满。

因此,应当建立统筹经验总结和推广的机制,对于基层的实践探索,要及时进行总结,对相同或相关工作的不同模式进行比较,提出优化方式,在完善的基础上加以推广,确保好的工作制度、工作模式在更广范围发挥作用,确保不同地域、不同部门之间工作要求尽量具有统一性、标准尽量具有一致性,从根本上消除不同区域、不同部门法治建设水平的差距,实现法治水平的全面提升。

立法篇
Legislation

B.2
地方立法引领推动改革发展的深圳实践

张 京 郭少青*

摘 要： 深圳经济特区自成立之初，始终坚持通过立法规范和引领各项改革行动，地方立法与改革发展一路相伴。40年来，深圳制定了一系列特区法规、较大市法规、政府规章和规范性文件，搭建了覆盖面较广、较为全面的法规制度体系。新时代，地方立法引领推动改革发展面临一些问题与挑战，深圳必须针对立法需求，科学前瞻立法；必须调整立法模式，大胆开拓创新；必须加强人才建设，探索培养模式。

关键词： 地方立法 法治城市 改革发展 深圳

---

* 张京，管理学硕士，深圳市人大法制委员会；郭少青，法学博士，深圳市城市治理研究院助理教授。

习近平总书记提出，改革和法治如鸟之两翼、车之两轮。深圳的高速发展既是改革创新的结果，也是践行法治的结果。1980年8月26日，第五届全国人大常委会第十五次会议批准通过《广东省经济特区条例》，深圳经济特区依法成立。特区成立之初，就高度重视通过立法规范和引领各项改革行动。此后在深圳特区发展、壮大的历程中，地方立法与改革发展一路相伴，相辅相成，相得益彰。40年来，深圳制定了一系列特区法规、较大市法规、政府规章和规范性文件，搭建了覆盖面较广、较为全面的法规制度体系。在实践层面，深圳成立了最早的地方政府法制机构和法律顾问机构，试点了最早的行政审批制度改革、城市综合执法制度，建立了最早的政府规范性文件前置审查制度、法治政府建设指标体系和考评机制等。

从昔日的边陲渔村到今日的现代化大都市，深圳经济特区不仅成为中国改革开放的"窗口"和"试验田"，也成为中国地方立法的"窗口"和"试验田"。本文拟对深圳在改革开放40年间，以地方立法引领和推动改革发展的历程和主要成就进行梳理与总结，对新时代地方立法引领推动改革发展所面临的问题与挑战进行反思和展望。本文地方立法采广义概念，即国家机关依据法定的职权和程序创制、修改、废止规范性法律文件的活动，既包括人民代表大会及其常务委员会的立法活动，也包括行政机关的立法活动。

一 深圳地方立法引领和推动改革发展的历程

改革开放40年间，深圳的地方立法工作引领和推动着深圳经济建设和社会建设的改革发展，为市场经济的转型与发展、产业发展与科技创新、社会治理与改革的深入保驾护航。与此同时，深圳的经济发展、机制体制改革和科技创新也倒逼着地方立法进行完善和革新。从1980年深圳经济特区批准成立至今，深圳的地方立法发展主要经历了以下四个阶段。[①]

[①] 对深圳法治建设发展的四个阶段划分，参考深圳市人民政府法制办公室网络文献《地方政府推进政府立法工作的实践、经验、问题与对策——以深圳为视角》。

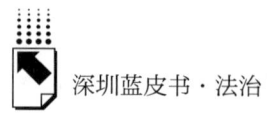

（一）获得特区立法权前的探索时期（1979~1992年）

深圳地方立法发展的第一阶段为从1979年1月建市到1992年7月全国人大常委会授予深圳经济特区立法权之前。此阶段，在国家层面，国家的经济体制正处在转型期，市场经济体制刚刚建立，市场规则和相关法制建设尚属摸索期，需要敢闯敢试的地方试点对旧的经济体制进行突破；在地方层面，深圳经济特区处于初创期，虽然没有任何"历史包袱"，但也没有任何产业基础，为了"杀出一条血路"[①]，必须充分利用好自身毗邻香港的区位优势和中央给予的政策红利，敢于先行先试、积极探索。

在此阶段，深圳积极在法规和制度建设领域开展探索，出台了一系列与特区改革开放相适应的土地、房地产、企业和劳动用工方面的规定，包括由广东省人大常委会通过的《深圳经济特区涉外公司破产条例》和深圳市政府《深圳经济特区企业工资管理暂行规定》等法规、规章和规范性文件，发展市场经济，吸引外资入深，确立了有别于传统计划经济体制下的基本经济制度，并首次提出房地产商品化，第一次将土地使用权和所有权分开，确定特区土地有偿使用和转让制度，成为全国土地产权制度改革的催化剂。

（二）获得特区立法权后地方立法的蓬勃发展时期（1992~2000年）

深圳地方立法发展的第二阶段为从1992年7月全国人大常委会授予深圳经济特区立法权起至2000年7月《中华人民共和国立法法》（以下简称《立法法》）实施之前。1992年，深圳获得了特区立法权，允许在遵循宪法的规定以及法律和行政法规的基本原则的前提下，对"法律、行政法规、地方性法规作变通规定"。深圳的地方法治工作者们经过十几年的探索，已积累了一定的立法经验和对市场经济的认识。因此，自深圳获得特区立法权

[①] 1979年，中共中央召开经济工作会议。广东省提出的"建设运用国际惯例，将深圳、珠海、汕头划为对外加工贸易区"的提议，得到中央领导人的重视。邓小平说，"可以划出一块地方，叫做特区"，"中央没有钱，你们自己去搞，杀出一条'血路'来"。

后，深圳的地方立法工作蓬勃发展。在此阶段，深圳市人大及其常委会共制定法规 115 项，修正决定 33 项；市政府共发布政府令 92 项，制定规章 124 项，其中在获得经济特区立法权后的 1993 年和 1994 年，制定规章总数达到 73 项。

此阶段的地方立法重点以市场经济体制为核心，同时聚焦城市社会经济发展中遇到的障碍问题。根据特区经济社会发展的需要，地方立法者以快速建立具有中国特色社会主义市场经济体制为核心，在将一大批原规范性文件确认为法规、规章的同时，构建与市场经济体制相适应的城市管理制度体系，此阶段制定经济类法规、规章数量占本阶段法规、规章制定数量的近 60%。[①]

（三）获得双立法权后地方立法的品质化发展时期（2000～2013年）

深圳地方立法发展的第三个阶段为《立法法》实施之后到十八届四中全会以前，此阶段，深圳拥有了特区立法权和较大市立法权。[②] 十几年间，深圳经历了市场经济体制确立、中国加入世贸组织、行政许可法实施等代表性事件，法治政府建设也进入制度建设阶段。2008 年，国务院法制办与深圳签署了《关于推进深圳市加快建设法治政府的合作协议》，深圳成为全国首个法治政府建设试点城市，同年深圳市委市政府出台了《关于制定和实施〈深圳市法治政府建设指标体系（试行）〉的决定》，成为全国第一个推出法治政府建设量化指标体系的城市。

为确保深圳经济特区全面、稳定、可持续发展，深圳运用"两个立法权"优势，对立法重心进行战略性调整，将立法重点聚焦到推进社会建设和社会治理领域，出台了社会信用立法、社会公益立法、生态保护立法等一系列具有标志性意义的立法。以《深圳市个人信用征信及信用评级管理办

---

① 《深圳市政法委　深圳经济特区法治建设成果展》，内部资料。
② 2000 年 3 月 15 日，第九届全国人大三次会议通过《中华人民共和国立法法》，保留了各经济特区立法权，同时赋予经济特区所在地的市以较大的市立法权（现为设区的市立法权）。

法》为例,这是国内首次通过立法方式确立企业信用体系。2010 年,随着《国务院关于扩大深圳经济特区范围的批复》的实施,特区实现了关内外一体化,101 项特区法规、41 项政府规章从当日起适用于深圳全市,有效解决了长期困扰深圳的"一市两法"问题。

此阶段,深圳市政府以不断规范行政执法主体的行政行为、压缩自由裁量的空间、促进行政执法公开公正为立法工作的重心,以政府令的方式出台了一系列政府规章和规范性文件,如《深圳市行政执法主体公告管理办法》《深圳市规范行政处罚裁量权若干规定》《深圳市行政执法案卷评查办法》等。值得一提的是,2000 年深圳市政府发布《深圳市行政机关规范性文件管理规定》,在全国范围内率先确立了以"统一要求、统一审查、统一发布"为核心理念的规范性文件前置审查制度。此制度大大压缩了规范性文件的数量,提高了规范性文件的质量,增强了政府机关依法行政意识。[①]

(四)十八届四中全会以来地方立法全面提升阶段(2014~2018年)

深圳地方立法的第四阶段为十八届四中全会以来的法治建设全面升级阶段。在中央层面,十八届四中全会做出全面推进依法治国的重要决定,认为"全面建成小康社会,实现中华民族伟大复兴的中国梦,全面深化改革、完善和发展中国特色社会主义制度,提高党的执政能力和执政水平,必须全面推进依法治国";在地方,深圳经济特区紧扣中央"五位一体"的总体布局和"四个全面"的战略布局要求,充分发挥法治建设在促进深化改革、保障经济社会发展和约束权力方面的作用,在产业结构更新换代的大环境下,重构并完善与经济发展相适应的法治体系。2015 年,市第六次党代会提出,率先落实全面依法治国各项任务,加快建设公平公正安定有序的一流法治城市;2017 年出台《法治中国示范城市建设实施纲要(2017~2020 年)》,提出在 2020 年基本建成"法治中国示范城市"。

---

① 资料来源于深圳市政法委有关深圳经济特区法治建设成果展的内部文案。

此阶段深圳的立法重点除了提升立法质量，主要是促进改革创新方面的立法和推进粤港澳一体化发展。通过了《深圳经济特区质量条例》，将推进"深圳质量"建设的有效经验和做法以立法的方式加以确认；出台了《深圳经济特区人才工作条例》以加大对科研人员的激励力度，优化创新创业环境；出台了《深圳经济特区国家自主创新示范区条例》，为科技创新、产业创新、金融创新等提供法治保障。

此阶段的另一个立法重点是推动粤港澳一体化、粤港澳大湾区和"一带一路"建设。深圳市人大常委会制定出台了《深圳经济特区前海深港现代服务业合作区条例》，对前海这一粤港澳大湾区建设的重点区域进行了制度规范，赋予了前海管理局管理和服务权限。深圳法院坚持平等保护不同国家和地区当事人合法权益，发布《涉外港澳台案件审判机制改革纲要及工作指引》。《粤港澳大湾区发展规划纲要》出台后，市人大常委会将该条例的修改列入了《深圳市人大常委会2019年度立法计划》，将参照纲要规定，适时对条例启动修改程序。同时，市人大常委会也将《深圳经济特区前海蛇口自由贸易实验片区条例》列入2019年立法计划，正在推进相关立法调研工作。

二 深圳地方立法引领和推动改革发展的主要成就

（一）聚力创新城市，为国家和地方法治建设提供特区经验

深圳在被授予特区立法权26年的立法实践中，大胆借鉴国际惯例，尤其是香港立法经验，充分发挥了特区立法"试验田"的作用，突出了先行性、试验性和创制性的特点。截至2018年2月28日，深圳市人大及其常委会共制定法规225项，其中特区法规185项，现行有效法规167项。市政府共制定规章299项，现行有效规章158项。

在制定的225项法规中，先行先试类106项、创新变通类57项，先行先试类和创新变通类法规占制定法规的72.44%。在106项先行先试类法规

中，有41项是早于国家法律、行政法规出台的；有65项是国家尚无法律、行政法规规定的，是全国首部相关法规，不仅填补了国家立法层面的空白，也为国家和地方立法探索了宝贵的特区经验。①

（二）聚力改革城市，为改革与经济社会发展提供制度保障

深圳的地方立法一直以市场为导向，与城市的经济体制改革与创新相辅相成，以服务城市产业转型、城市创新为主旨。从深圳大力推动商事登记制度改革，到政府的简政放权，都是为了进一步理顺政府与市场的关系，从而激发市场活力，为经济的持续高速健康增长提供法治保障。

1. 完善了市场经济制度

建立健全和不断优化中国特色社会主义市场经济制度一直是深圳特区立法的核心内容。在建市早期，深圳主要是通过建立和规范经济制度为经济发展提供保障，比如《深圳经济特区房地产登记条例》《深圳经济特区房屋租赁条例》等是为了将房地产纳入市场经济的法治监管轨道；《深圳经济特区房地产转让条例》《深圳经济特区土地使用权出让条例》《深圳市土地征用与回收条例》等条例的出台是为了规范土地的使用权；《深圳经济特区股份有限公司条例》《深圳经济特区劳务工条例》《深圳经济特区欠薪保障条例》等条例的出台是为了进一步规范市场主体行为，建立现代企业制度。

从20世纪90年代中后期开始，深圳的立法从规范市场向规范政府自身转变，同时通过推进社会信用立法、加强改革创新立法促进市场活力。如2006年出台了《深圳经济特区改革创新促进条例》，2008年出台了《深圳经济特区金融发展促进条例》，2010年出台了《加快经济发展方式转变促进条例》等。近些年，深圳的立法工作通过进一步转变政府职能、推进"深圳质量"建设，加大对科研人员的激励制度来促进经济发展。

2. 推进了多项制度改革

市场经济是法治经济，深圳始终坚持以市场为导向，推进各项制度改革，

---

① 资料来源于深圳市政法委有关深圳经济特区法治建设成果展的内部文案。

推进政府简政放权，理顺政府与市场的关系。第一，深圳致力于推进商事制度改革。包括对企业登记注册制度进行改革，在全国开展股份合作公司登记、推出一站式服务和首问责任制服务措施，率先开通网上注册系统等。第二，深圳不断深化税费改革给企业减负。从2011年至今，深圳先后取消、减免或降低收费131项。第三，深圳通过制度改革促进新兴产业依法发展。如2010年，深圳在全国率先推出商务秘书公司制度，解决了电子商务企业住所问题，2012年在全国率先开展电子商务可信交易环境建设试点，创建全国首个电子商务综合标准化示范区。第四，深圳不断推进诚信社会建设，完善市场秩序。其围绕信用体系建设、公共信用信息管理、守信激励和失信惩戒以及信用服务市场发展等重点领域和关键环节持续发力，努力建设诚实守信的优质营商环境。第五，深圳不断改革市场监管体系，实行统一的市场监管。如2005年成立的广告监测中心，被誉为发现违法广告的天眼，再如，《深圳市网络交易合同规则》和108个电子合同标准，填补了中国网络交易合同监管立法的空白。

3. 优化了创新创业环境

深圳高新区是科技部"建设世界一流科技园区"发展战略的6家试点园区之一，是国家级高新技术产品出口基地、亚太经合组织开放园区、先进国家高新技术产业开发区、国家知识产权试点园区、中国青年科技创新行动示范基地、国家火炬计划软件产业基地、国家高新技术产业标准化示范区、国家海外高层次人才创新创业基地、科技与金融相结合全国试点园区以及国家文化和科技融合示范基地。这一系列创新创业的园区建设，都倒逼着深圳制定相关的技术保密条例、技术转移条例等来促进产业发展。以2018年出台的《深圳经济特区国家自主创新示范区条例》为例，其在拓宽财政科技资金投入渠道、政府部门登记许可类信息共享和规范科技项目评审以及后续监管等方面进行了创新，在知识产权保护管理和简化建设项目环评等方面根据上位法进行了变通，为推动深圳创新驱动发展保驾护航。①

---

① 张京：《深圳经济特区授权立法二十五周年总结与思考》，《深圳法治蓝皮书（2018）》，社会科学文献出版社，2018。

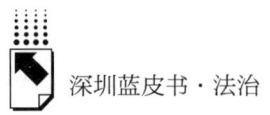

（三）聚力法治城市，成为依法行政的深圳样本

深圳作为改革开放40年城市建设的一面旗帜，不仅在经济发展、科技创新方面走在全国前列，在法治城市、法治政府的建设方面也成果斐然。其在全国百城法治政府评估中连续三年名列前茅，连续两届获得中国法治政府奖。有法可依是依法执政、依法行政的基础。深圳坚持立法先行，以立法引领推动法治政府建设，推动依法行政，主要有以下几条路径。

1. 创新立法，夯实依法行政基础

深圳通过立法规范一系列政府行政行为，不断厘清政府的权力边界，其中包括建立规范性文件前置审查制度、改革行政审批制度、完善政府信息公开立法、规范行政执法行为和政府决策机制等。

第一，深圳通过对规范性文件的管理，制约政府权力。深圳市政府于2000年发布了《深圳市行政机关规范性文件管理规定》，确立了规范性文件前置审查制度。此制度旨在对各类"红头文件"进行前置性审查，从源头上防止政府违法行政行为的发生。第二，深圳通过改革行政审批制度，防止部门权力滥用。1998年以来，深圳市不断深化行政审批制度改革，2004年制定了《深圳市实施行政许可若干规定》，2006年制定了《深圳市非行政许可审批和登记若干规定》，逐步实现了行政审批的公正、公平和透明。第三，深圳通过政府信息公开立法，实现全社会对政府的监督。先后出台了《深圳市行政机关政务公开暂行规定》《深圳市政府信息网上公开办法》《深圳市政府信息公开规定》等制度。第四，深圳通过规范行政执法，促进行政执法的公平公正。深圳市于2003年制定了《行政执法主体公告管理办法》，2008年出台了《规范行政处罚裁量权若干规定》，2010年制定了《行政执法案卷评查办法》，2011年又制定了《市级行政执法机关行政处罚案卷评查标准》。这些立法对于规范行政执法主体，压缩行政处罚自由裁量空间，促进行政执法公开、公正和公平等发挥着制度性作用。第五，深圳通过完善政府决策机制，促进政府决策的民主化与科学化。深圳市于2006年发布《深圳市人民政府常务会议工作规则》、《深圳市人民政府重大决策公示暂行办法》和《深圳市行政听证办法》，2009 年发布《深圳市行政决策责任追究办法》，2013 年制定了《深圳市重大决策专家咨询论证实施办法》，这些相关立法的出台其目的都是促进政府决策的科学化、公正化和民主化。

2. 探索创新，多元构建法治政府体系

2008 年深圳市委市政府联合作出《中共深圳市委深圳市人民政府关于制定和实施〈深圳市法治政府建设指标体系（试行）〉的决定》，出台了国家第一个关于法治政府建设的地方指标体系。以此为依托，自 2009 年以来，深圳市每年都组织法治政府建设考评，以此强化法治政府建设工作的落实。目前，法治政府建设考评占政府绩效考核 8% 的高比重。深圳通过指标体系建立促进了法治政府建设，有序的、较为完备的法治政府体系保障了营商环境的优化。

3. 加强行政复议，有力推进依法行政建设

在加强行政复议方面，第一，深圳畅通复议渠道，实施多项便民举措。深圳制定了《行政复议若干便民措施》《关于实行行政复议申请首问责任制申请指导制的若干规定》《关于方便第三人参加行政复议的若干措施》《关于向复议申请人、第三人告知权利和义务的若干规定》等规范性文件，使行政复议渠道更为通畅，切实解决市民特别是广大外来劳务工等弱势群体在行使行政复议权利时遇到的一些困难。第二，加强政府机构办案制度建设，确保行政复议办案质量，包括不断完善办理行政复议案件的程序规范，实行案件承办、协办制度，坚持案件集体讨论制度，规范行政复议文书的撰写制作，创新建设标准化办案规范和开展行政复议建议书工作等。

（四）聚力文明城市，推进城市法治治理及生态文明建设

深圳是移民城市，从 40 年前的边陲小镇发展成现在有 2000 万人口的国际大都市，其在城市治理、城市更新、城市治理方面都面临着极大的挑战。深圳市充分运用两个立法权，制定了一大批城市管理方面的法规，从市容环境卫生管理、公园和城市绿化、交通运输到文化教育、医疗卫生、法治政府、社会保障等各个方面，都有一批独具特色的法规提供全方位的法治保

障。在城市管理方面，制定了市容和环境卫生管理条例、控制吸烟条例、养犬管理条例、道路交通安全违法行为处罚条例、城市管理综合执法条例等21项法规。在治理治安环境方面，制定了社会治安综合治理条例、信访条例、居住证条例等8项法规。①

随着党的十八大提出"五位一体"的总体布局，党的十九大报告中提出，加快生态文明体制改革，建设美丽中国，深圳更加坚定不移地走绿色低碳可持续发展之路。在生态文明建设领域，深圳人大共制定了25部法规，除以特区环境保护条例作为基本法之外，25部法规涵盖了水、空气、海洋、噪声、垃圾、节能、碳排放等诸多方面，几乎是应有尽有，其中仅涉及水环境的就有7部经济特区法规。这些法规为深圳的生态文明建设提供了有力的法治保障。

三 新时代所面临的挑战及对策

（一）新时代所面临的挑战

1. 立法需求多样，地方立法质量有待提升

十八大以来，在理论层面，习近平总书记提出了全面依法治国的新战略，在实践层面，深圳面临着产业转型、市场升级、"互联网+"的各类市场规范，网络治理等新的课题，但深圳在地方立法方面，先行者和排头兵的重大示范作用逐渐弱化，在回应立法需求方面的工作成果与中央对深圳立法的要求和定位还有差距。

第一，宣示性立法过多。深圳近十年的立法，宣示性的软法过多，从2012年第一个促进条例出台，目前已有16个促进条例，占据了有效的地方性法规的1/10。这些法规可操作性较差，没有相关的刚性规定。学界的普遍看法是，重庆、上海等城市在对外开放、土地、户籍制度、社会信用体系

---

① 中国社会科学院法学研究所课题组：《深圳经济特区立法研究》。

建设等方面的法律制度变革在某种程度上已经超过深圳。

第二,前瞻性立法不足。在新技术、新业态聚集的深圳,如电子商务、互联网金融等新兴行业的规范都需要立法保障,深圳立法对上述新兴业态的关注不够,部分行业立法的滞后性已不适应深圳经济社会发展的需要,需要提升相关立法的数量和质量。

2. 传统优势弱化,立法创新功能逐渐减弱

近年来,深圳地方立法的创新功能正逐步减弱,具体表现在具有改革性的法规偏少,有特色的制度创新不多,对立法变通权的使用方面相对单一。纵观深圳近十年来的相关立法,较二十年前的创新性已大大减少。这既有客观方面的原因,也有主观方面的原因。

客观上,改革开放初期,深圳作为改革的"试验田",中央将许多改革放在深圳先行先试,但随着改革进入"深水区",中央对改革的统筹力度加大,不同地区承担不同的试点功能,深圳在改革方面的比较优势变得不明显。另外,随着中国特色社会主义市场经济制度的建立和完善,国内一线城市国际化程度的不断提升,深圳建市初期对市场经济体制机制探索的独特性减弱,可创新的空间也比原来大大缩减。

主观上,随着国家纵向的干部考核评价机制的完善,部分特区立法官员更倾向于持保守态度面对立法。与深圳建市早期的"闯劲"相比,部分地方官员在立法创新性方面魄力不足。其最关键的原因是特区立法权对上位立法所享有的变通权的标准并不明晰,在干部考核评级制度下,特区立法官员往往选择减少创新以避免可能的风险。①

3. 区位优势减弱,立法人才相对匮乏

深圳经济社会的高速度、跨越式发展,创造了一个又一个的经济奇迹,但也不可避免地产生了一定的负面效应。如近年来内地二、三线城市高速发展的现状和深圳由房价上涨带来生活成本快速上升、优质教育和医疗资源不足等问题,降低了深圳对人才的吸引力,对继续保持深圳的活力、创新力产

---

① 中国社会科学院法学研究所课题组:《深圳经济特区立法研究》。

生了负面影响。这种影响直接作用于立法工作中,导致深圳地方立法领域法律专业人才相对匮乏。同时,深圳的高等教育发展较为滞后,高校数量规模质量不仅无法与国内其他一线城市相比,甚至也远远落后于其他一些二线城市。城市与大学呼吸与共,一流的城市需要一流的人才,深圳本土高校为地方立法工作输送人才的能力不足。

另外,在法学家队伍中,人才在部门之间的交流不通畅,优秀法学家、学术带头人、骨干教师参与法治专门队伍建设的机制没有得到建立健全。① 立法人才专家库已经建立,但持续维护和更新的速度未能跟上需求。

(二)新时代所面临挑战之对策

对深圳而言,"十三五"时期是加快转变经济发展方式、推进经济转型升级的关键阶段,要开创各项工作的新局面,经济特区在立法方面为改革发展持续提供有力保障是十分必要的。

1. 针对立法需求,科学前瞻立法

第一,应建立立法与改革的衔接平台,保障立法机关及时了解改革动向,将相关立法及早纳入立法计划、规划,及时开展前期研究及论证。改革进入深水区,深圳特区应当结合本地区公民和企业的实际要求,积极运用特区立法权推动管理体制的改革,为国家立法积累宝贵的经验。②

第二,建立立法预研委员会,对适应新时代社会经济发展的新立法进行及时回应。建议在市委领导下,建立由市人大常委会牵头,相关政府部门、司法机关、社会组织参加的立法预研委员会,旨在建立立法程序的快速反应机制,发现、预研经济发展社会运行中潜在的立法需求。

第三,加大特区立法理论研究,建立专业的立法智库。深圳在特区立法方面,仍存在诸多理论问题,特区立法的法律地位仍存在模糊之处,需要进一步研究和确立,特别是特区立法变通权的标准和界限在哪里,仍需要进一

---

① 深圳市人大常委会内部资料:《全面推进依法治市,率先把深圳建成全国最优法治环境城市》。
② 中国社会科学院法学研究所课题组:《深圳经济特区立法研究》。

步进行探讨。另外,在新时代,怎样对前40年的改革开放成果进行经验总结,上升为法律法规;怎样通过立法的顶层设计,深化改革;怎样将政策等一系列非制度性的制度安排法制化,从战略上完善城市的法治治理规则,这些都需要更为深入地研究①。

2. 调整立法模式,大胆开拓创新

创新是深圳经济特区立法的灵魂和核心。随着经济社会发展和国家法治体系的完善,深圳地方立法的可创新点相比获得立法权初期显著压缩,但深圳对新法规制度的需求依然旺盛,特区立法工作的创新仍存在较大空间。

深圳地方立法工作应该积极发挥人大在立法工作中的主导作用,从完善"党委领导、人大主导、政府依托、各方参与"的立法工作格局出发,在制定法规、规章和规范性文件时,坚持依法、依地方实际进行变通性和创新性的立法探索。下一步,可以结合深圳地方优势,在科技创新、审批制度改革、政府职能创新等方面继续先行先试,探索立法创新的全新增长点。

3. 加强人才建设,探索培养模式

加强地方立法工作,离不开一支德才兼备的高素质立法工作队伍。首先,应加强法律人才的专业化建设。对现有的立法人才队伍进行整合和稳定,力求人岗匹配,探索立法人才职业化发展路径;培育立法人才梯队,和高校法学院合作,开展后备人才培养和预选拔;建立多元化人才培育和发展保障体系,畅通法律部门之间的人才交流和沟通。②

同时,增加各类立法专才的配备。深圳的立法数量是京穗两地的2~3倍,但是法制机构设置和人员配备均低于两地。另外,在新时代,特区立法还要面对各类的新生事物,开展如大数据、互联网金融、网络安全等一系列专业立法。这些相应立法均需要专业人才配备进行立法,可以购买专业服务的形式,从相关智库、研究机构吸引人才,作为特区立法的人才基础。

---

① 中国社会科学院法学研究所课题组:《深圳经济特区立法研究》。
② 深圳市人大常委会内部资料:《全面推进依法治市,率先把深圳建成全国最优法治环境城市》。

B.3
创新背景下的深圳知识产权保护立法

黄祥钊*

摘　要：	深圳是创新型城市，也是知识产权大市，必须严格保护知识产权，以特区立法规定最严格的保护措施，包括设立知识产权合规性承诺制度、行政执法技术调查官制度，加大知识产权侵权行政处罚力度，提高知识产权侵权赔偿额的上限，规定知识产权惩罚性赔偿，实施知识产权失信违法联合惩戒，构建知识产权保护社会共治格局，建立知识产权纠纷多元化解决机制等。
关键词：	知识产权　立法　产权保护

一　深圳知识产权保护立法的必要性

（一）建设创新型城市必须严格保护知识产权

党的十九大报告明确提出要加快创新型国家建设，强化知识产权的创造、运用和保护。中共中央和国务院将保护知识产权工作提到了一个前所未有的高度，先后发布了《中共中央国务院关于深化体制机制改革加快实施创新驱动发展战略的若干意见》《国务院关于新形势下加快知识产权强国建设的若干意见》《"十三五"国家知识产权保护和运用规划》等纲领性文件，

---

* 黄祥钊，深圳市司法局经济法规处处长。

提出必须实行严格的知识产权保护制度，使知识产权保护制度成为激励创新的基本保障。习近平总书记特别强调"要加大知识产权保护执法力度，完善知识产权服务体系"。国务院总理李克强在2018年政府工作报告中也提出"对各种侵权行为要依法严肃处理"，"强化知识产权保护，实行侵权惩罚性赔偿制度"。2018年7月在会晤欧盟领导人时，李克强总理再次重申"对侵犯知识产权的，要加大惩罚力度，甚至加倍惩罚，对恶意侵犯知识产权的，罚到倾家荡产"。2019年2月18日，中共中央、国务院发布《粤港澳大湾区发展规划纲要》，明确要求深圳要"发挥作为经济特区、全国经济中心城市和国家创新型城市的引领作用，加快建设现代化、国际化城市，努力成为具有世界影响力的创新创意之都"。《粤港澳大湾区发展规划纲要》还提出要强化知识产权的保护和运用，加强知识产权行政执法和司法保护，开展知识产权保护规范化市场培育和"正版正货"承诺活动。推动通过非诉讼争议解决方式（包括仲裁、调解、协商等）处理知识产权纠纷。不断丰富、发展和完善有利于激励创新的知识产权保护制度[①]。创新背景下的深圳，以打造国家知识产权强市为目标，对标世界知识产权发达城市，努力建设成为知识产权创造运用能力突出、知识产权保护水平领先、知识产权发展环境一流的中国知识产权强市，为建成现代化国际化创新型城市打下坚实基础。广东省委副书记、深圳市委书记王伟中多次强调，深圳要加快知识产权综合管理改革，实施最严格的知识产权保护制度，加快推进知识产权保护条例的立法工作，强化知识产权执法，提高知识产权违法侵权成本，加快打造国家知识产权示范城市。为此，深圳要率先在全国建立最严格的知识产权保护制度，形成以司法保护为主导，行政保护为支撑，仲裁调解、行业自律和社会监督为补充的知识产权保护格局，建立与创新驱动发展要求相匹配、与国际通行规则相接轨的知识产权保护体系，将深圳打造成为全国知识产权严格保护示范区和具有世界影响力的知识产权保护高地。

---

① 2019年2月18日中共中央、国务院发布的《粤港澳大湾区发展规划纲要》第四章第三节"优化区域创新环境"。

（二）知识产权大市必须严格保护知识产权

据深圳市知识产权局统计，截至2017年底，深圳累计有效发明专利量达106917件，占全国有效发明专利总量的7.56%。有效发明专利维持5年以上的比例达86.72%，居全国大中城市首位。2017年PCT国际专利申请量超2万件，占全国PCT国际专利申请总量的43.07%，连续14年居大中城市首位；国内发明专利突破6万件大关，排名全国第二；在第十九届中国专利奖评审中，深圳获专利金奖5项，占全国总数的20%，居全国大中城市第一。2018年，深圳获得16项国家科技奖，有效发明专利5年以上维持率达84.99%，高于北京、上海、广州等大中城市；PCT专利申请1.4万多件，继续位居全国第一，在全国大中城市中实现"十五连冠"。从2017年和2018年的统计数据来看，深圳是名副其实的知识产权大市，知识产权的创新活力以及在国内外市场的总量均位居全国前列。经深圳市申请，国家知识产权局于2018年6月批复，将深圳列为国家知识产权强市创建市，创建周期定为2018年6月至2021年6月。但是目前深圳的知识产权保护措施和保护水平，尚难以与当前的创新实力相匹配，知识产权维权保护举证难、成本高、赔偿低、效果差等问题仍然存在，创新型企业的知识产权被侵害事件屡有发生，一些被侵害知识产权的企业处境艰难，企业的创新积极性受到严重挫伤，企业保护知识产权的信心也受到打击。社会各方尤其是创新型企业认为加强知识产权立法，在深圳实施最严格的知识产权保护措施势在必行、刻不容缓。要从根本上遏制和禁止知识产权侵权行为的现象，必须"重典治乱"，严厉打击各种侵犯知识产权的违法犯罪行为，加大知识产权司法保护力度，大幅提高知识产权侵权赔偿额上限，规定知识产权惩罚性赔偿标准，构建知识产权失信违法联合惩戒机制，使企业和发明创造者愿意研发并加大投入，使全社会尊重创造发明，形成一个真正保护创新的公平市场竞争环境。

（三）严格保护知识产权立法必须先行

改革开放40年来，中国对知识产权的保护逐年增强，有关专利、商标、著作权、商业秘密、电路设计等知识产权的法律法规也日趋完备。为加强知识产权保护工作,2008年4月,深圳就制定颁布了《深圳经济特区加强知识产权保护工作若干规定》,对知识产权有关管理部门的联席会议制度、执法部门联合执法、建立知识产权诚信档案、知识产权会展保护、知识产权侵权行为取证、知识产权涉嫌违法犯罪案件的移送等做出规定,为深圳开展知识产权保护提供了基本依据。但是深圳的企业和社会各界人士,包括行政机关、司法部门和社会组织普遍认为,现行法律法规对知识产权刚性保护太弱,起不到对知识产权侵权行为的震慑作用。在知识产权运用开发产生的巨大经济利益驱动下,故意侵犯知识产权的行为屡禁不止。对侵犯知识产权的行为,即使司法机关或行政机关依照法律法规规定的最高标准,从严从重判决赔偿或实施行政处罚,被侵权人得到的赔偿还是得不偿失,极大地挫伤了知识产权的发明创新动力。因此,深圳于2018年制定出台了《深圳经济特区知识产权保护条例》(以下简称《特区条例》),从立法层面从严保护知识产权。

二 深圳严格保护知识产权的措施

(一)设立知识产权保护中心

深圳作为知识产权大市,正在创建国家知识产权示范城市,必须实施强有力的知识产权保护措施。为加大知识产权保护力度,经深圳市申请,国家知识产权局于2018年7月批复同意建设中国(深圳)知识产权保护中心。设立知识产权保护中心,需要为中心开展保护工作提供法规依据和制度保障。为发挥知识产权保护中心在打造国家知识产权示范城市中的重要作用,需要通过立法对知识产权保护中心的职能职责做出明确规定,将中心打造成为集专利申请、快速审查、快速确权、调解执法、保护协作、维权援助、宣传推广等于一体的一站式综合服务平台。《特区条例》明确规定知识产权保护中心可履行下列职责:一是承担国家知识产权主管部门委托的专利申请、

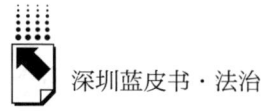

专利快速审查和快速确权工作；二是宣传推广知识产权相关知识，促进企业知识产权自主创新；三是承担知识产权保护协作、业务咨询、监测预警、维权指引、快速维权服务等公益性职责；四是对市、区政府的知识产权保护工作提出意见和建议；五是市政府赋予的其他工作职责。

（二）建立知识产权保护"直通车"

深圳建立知识产权保护"直通车"制度，通过知识产权保护"直通车"，为企业提供知识产权重点指导、优先受理、快速保护等方面的一站式服务。一是拟定深圳市知识产权保护重点企业名录，对属于知识产权保护重点企业的，实行专人联络，双向联系，提供知识产权重点指导、优先受理、快速保护、案件快速查处等知识产权保护直通车服务。二是对重点高新技术企业以及专利、商标申请量或拥有量在100件以上的企业，深圳知识产权主管部门可推荐申请广东省知识产权保护重点企业。加强对重点企业产品进出口、参展等涉及知识产权活动进行保护和维权。三是知识产权主管部门应加强全市知识产权总体状况的分析和研究，以"直通车"形式全面掌握知识产权领域重点行业、重点产业、重点企业的知识产权保护现状，掌握当前知识产权保护中存在的问题和不足，有针对性地提出知识产权保护的政策和措施，增强知识产权保护的有效性。四是由知识产权主管部门建立知识产权保护专家库，探索在重点企业直接派驻知识产权保护专员，开展企业知识产权风险预警，建立知识产权案件动态监督预警机制，预防预判知识产权风险，对知识产权重点案件建立挂牌督办制度，组织开展知识产权执法维权专项行动。五是知识产权相关执法部门实行执法协作和执法衔接，知识产权行政执法部门要与公安、海关等执法机关建立紧密的执法保护协作，推进市场监管、公安、海关与其他知识产权管理部门的信息共享和执法互助，形成打击知识产权侵权合力。六是探索建立粤港澳大湾区知识产权保护执法合作机制，深圳要加强与粤港澳大湾区内各个城市的知识产权执法协作，通过知识产权维权援助热线、网上执法交流服务平台和部门联合执法等形式，收集来自企业和社会各界的知识产权保护问题和建议，实现知识产权保护信息互联互通，及时跟踪调查核实并快速处理知识产权违法线索和违法案件，建立各城市之间的知识产权保护问题反馈机制，助力粤港澳大湾区企业加强知识产权保护。

（三）加大行政处罚力度

为贯彻落实李克强总理关于"加大知识产权侵权行为惩罚力度，对恶意侵犯知识产权的，罚到倾家荡产"的指示，深圳通过特区立法，可以进一步加大对知识产权侵权行为的惩戒力度。一是提高行政处罚幅度。目前国家层面的立法对知识产权侵权行为的处罚较轻，如《中华人民共和国专利法》第六十三条、《中华人民共和国商标法》第六十条仅分别规定对专利或商标侵权者分别处以非法经营额三倍以下、违法所得四倍以下罚款；非法经营额或违法所得难以计算的，分别处以二十万元以下、二十五万元以下的罚款。国家立法综合考虑全国经济平均发展情况，所以在法律和行政法规中规定的行政处罚数额幅度相对较低，但深圳的经济发展水平相对要高于全国大部分地区，考虑到深圳经济特区的实际，为与经济发展水平相匹配，深圳知识产权保护立法突破了国家相关法律规定的幅度，相对提高行政处罚的幅度，在没有违法经营额或者违法经营额无法计算的情况下，可以突破法定的二十五万元最高罚款额度；情节较重，社会影响较大的，还可以处以违法经营额八倍以下的罚款；情节严重，社会影响恶劣的，甚至可以处以违法经营额八倍以上十倍以下罚款。二是对于侵权人重复侵权、屡罚屡犯的恶意侵权行为，《特区条例》还规定对知识产权侵权人加重双倍处罚。三是对于知识产权执法过程中妨碍行政执法，甚至暴力抗法的侵权人，在法规规定的处罚上限加重处罚。通过加大行政处罚力度，以期震慑和遏制知识产权侵权行为，从而达到有效保护知识产权的目的。

（四）提高侵权赔偿数额

深圳和其他城市一样也不同程度地存在知识产权维权难、侵权赔偿低等问题。为解决知识产权被侵权后赔偿低、效果差等问题，在特区立法中进一步加大知识产权侵权赔偿力度，大幅提高侵权赔偿的幅度。一是在因被侵权所受到的实际损失、因侵权所获得的利益难以确定等情形下，《特区条例》不受国家现行《中华人民共和国专利法》《中华人民共和国商标法》《中华人民共和国著作权法》等规定的赔偿数额上限的限制，按照侵权情节和危害程度，专利权在十万元以上五百万元以下、商标权在五万元以上五百万元以下、著作权在一万元以上五百万元以下确定赔偿额。二是对侵权情节严重或者造成恶劣社会影响的知识产权侵权行为，赔偿数额还可超过国家法律规定的五百万元上限。提高赔偿数额不仅可以弥补被侵权人所受到的损失，还可以加大侵权人的违法成本，有效打击和遏制知识产权侵权行为的发生。

（五）探索实施惩罚性赔偿

在中央领导针对知识产权保护的有关讲话和国家有关政策文件中，已明确提出要探索实施惩罚性赔偿。对知识产权侵权行为实行惩罚性赔偿，主要是针对侵权人侵犯他人知识产权而导致权利人遭受损失时，为增加侵权人的违法成本，判定侵权人承担超出实际损害之外的惩罚性经济赔偿，从而维护知识产权权利人的合法利益和社会公共利益。《中华人民共和国商标法》明确规定了商标侵权的惩罚性赔偿制度。全国人民代表大会常务委员会正在修改的《中华人民共和国著作权法》《中华人民共和国专利法》也分别引入了惩罚性赔偿制度。为严格保护知识产权，深圳通过制定《特区条例》，明确规定惩罚性赔偿制度，对恶意侵害知识产权的行为，要求侵害人在承担补偿性赔偿责任之外，还须承担一定数额的经济惩罚，以惩戒侵害人实施的知识产权侵权行为。通过《特区条例》设立惩罚性赔偿金，对明知属于他人知识产权，或者知识产权侵权情节严重以及造成恶劣社会影响的，规定侵权人除了要赔偿被侵权受害人的经济损失，还应当支付两倍到三倍的惩罚性赔偿金。

（六）加强知识产权信用监管

严格保护知识产权，必须加强知识产权保护信用监管，建立知识产权守信激励和联合惩戒制度。目前深圳已经出台实施《深圳市公共信用信息管理办法》,对社会公共信用信息进行了立法规范。在健全社会信用体系的基础上,深圳以公共信用信息监管为抓手,开展知识产权领域的信用惩戒,强化对知识产权失信人的惩戒力度,让知识产权失信违法行为人受到处罚和惩戒,使其受到严格限制甚至寸步难行,促使知识产权失信行为人不敢为、不能为、不愿为,并为其失信行为终身买单。一是建立健全知识产权信用评价、诚信公示和失信惩戒机制,将知识产权失信行为人有关违法信息纳入信用监管体系,将知识产权失信违法信息、知识产权权利人违背知识产权合规性承诺的信息,以及知识产权侵权违法案件信息全部纳入公共信用信息系统,依法公开知识产权行政执法案件信息,公布知识产权侵权违法典型案例,完善失信惩戒清单,加大失信惩戒力度。二是建立知识产权服务诚信档案,完善知识产权领域执业信息披露制度,公开知识产权代理机构和从业人员的信用评价等相关信息,规范知识产权中介机构管理,公开知识产权代理机构和从业人员信用评价等信息,进一步提高知识产权领域的社会信用水平。三是行政机关在提供行政管理服务时,必须查询了解相关管理对象的知识产权信用状况,包括管理对象是否涉嫌侵犯他人知识产权,是否存在违反知识产权合规性承诺等方面的信息;在政府投资、招标投标、政府采购、政府资金扶持等活动中,以虚假材料申请与知识产权相关的政府投资、政府采购、招标投标、政府扶持资金和表彰奖励等信息。四是建立财政资助项目相关知识产权信息披露制度,在政府投资、政府采购、招标投标、政府扶持资金等方面,对知识产权失信违法行为人给予严格限制,禁止其采购相关货物、工程和服务,限定其三年内不得承接政府投资项目、不得参与政府采购和招标投标,不得申请政府扶持资金和政府的表彰奖励等。

(七)构建知识产权保护社会共治格局

加强知识产权保护,应当营造社会共建共治的体制机制,构建知识产权保护工作社会共治格局。一是构建知识产权保护社会参与机制,发挥市场对知识产权资源配置的导向作用,通过资金扶持、政策引导等措施,鼓励企业、行业协会、专业性服务机构和个人等社会力量参与知识产权保护。二是主管部门要构建集知识产权举报投诉、专家会诊、案件分办、行政保护、司法保护、纠纷调解等于一体的知识产权保护综合服务平台，为企业提供知识产权保护方面的一体化服务。打造知识产权大数据服务平台，运用互联网等信息化手段，建立健全知识产权行业组织成员单位之间的信息沟通和协作机制，探索"互联网＋知识产权"新常态下的知识产权保护机制。三是政府有关部门应积极履行公共管理服务职能，为知识产权的保护提供政策指导、技术咨询、信息情报、预警引导、跨境维权、人才培养、法律服务等公共服务，制定发展规划鼓励和支持知识产权服务业的发展，加强互联网市场在线监测和大数据分析，提供知识产权分析预警、证据收集、维权援助等社会保护措施。四是深圳市知识产权联席会议要统筹协调各成员单位，建立健全知识产权工作协调机制，指导各部门、各区开展知识产权工作，协调好跨部门、跨区重要事项；统筹协调全市知识产权保护工作，完善知识产权保护沟通协调机制，加强知识产权保护协作；研究制订知识产权保护实施计划，加强部门联动，推动市场监管、公安、文体、海关等部门开展知识产权联合执法，加强情报交流，提高协作效率，推进实施最严格的知识产权保护。五是企事业单位内部应建立健全知识产权管理和保护制度，及时检索、查询有关国家或者地区的相关知识产权状况，建立企事业单位知识产权自主保护、自我保护机制。六是充分发挥人民调解、商事调解、行业调解组织和知识产权服务机构在知识产权纠纷调解中的作用，规定知识产权案件经行政调解达成调解协议并履行完毕，可以不予立案或者依法从轻、减轻、免除处罚的处理机制。七是加强知识产权行业监管和自律，鼓励建立知识产权相关行业协会和产业联盟，完善知识产权行业组织管理体系，发挥其在知识产权保护工作中的作用，加强对知识产权代理机构的监管，规范代理机构审批、年度报告和惩戒制度，强化行业组织自治自律能力建设，实现行政监管与行业自律有机结合。

（八）建立纠纷多元化快速解决机制

为强化知识产权保护，深圳应当建立知识产权纠纷多元化解决机制。一是行政机关可以在知识产权案件立案前后进行调解，立案前达成调解协议并履行完毕的，可以不予立案，立案后达成调解协议并履行完毕的，可以依法从轻、减轻、免予处罚或者应投诉人请求撤销案件。二是支持建立专门的知识产权仲裁机构，为企业及个人提供专业的知识产权争议仲裁服务。仲裁机构可以在知识产权案件立案前和受理前进行调解，达成调解协议的，人民法院可以予以司法确认或者根据调解协议制作调解书，仲裁机构应当根据调解协议制作裁决书或者调解书。三是构建行政机关、司法机关、仲裁机构、专业机构、行业协会、产业联盟等相关单位快速协同保护知识产权大格局。为企业提供知识产权快速受理、授权、确权和维权服务，强化一站式知识产权快速维权与保护协作，整合咨询指引、纠纷调解、鉴定评估、侵权分析、监测预警等多领域、多环节服务资源。四是大力推进知识产权纠纷预防和调解工作，组建知识产权调解委员会和调解员工作队伍，创新知识产权纠纷解决机制；加强人民调解、行政调解、司法调解工作，推动开展知识产权案件诉前调解，鼓励和支持行业组织、专业机构建立知识产权调解机构，逐步建立人民调解与司法审判、行政执法和仲裁相衔接的多元化纠纷解决机制。

三 深圳知识产权保护的制度创新

（一）设立行政执法技术调查官制度

深圳的知识产权保护工作同样面临知识产权侵权案件调查取证难的问题，为进一步加强知识产权保护工作，充分发挥专业人士的技术专长，解决知识产权侵权案件调查取证难问题，《特区条例》明确规定了知识产权技术调查官制度。特区立法主要参照《最高人民法院关于知识产权法院技术调查官参与诉讼活动若干问题的暂行规定》关于"知识产权法院配备技术调查官，技术调查官为司法辅助人员"[①]的规定，在《特区条例》中明确规定

---

① 《最高人民法院关于知识产权法院技术调查官参与诉讼活动若干问题的暂行规定》。

深圳市知识产权保护行政主管部门可以配备技术调查官，并以立法明确其工作职责，发挥技术调查官的专业性作用，为知识产权行政执法提供专业技术支持，协助查明案件所涉技术事实。《特区条例》规定技术调查官履行的职责包括：（1）对技术事实的调查范围、顺序、方法提出意见；（2）参与调查取证，并对技术调查的方法、步骤等提出意见；（3）提出技术审查意见，作为知识产权主管部门办理案件的技术事实依据；（4）知识产权主管部门指派的其他技术调查相关工作。《特区条例》还规定，技术调查官在执行职务过程中，遇有可能影响其公正履行职责的情形需要回避的，应当主动回避。当事人也有权提出回避申请。技术调查官的选任和管理办法，由深圳市政府另行规定。

（二）创立知识产权合规性承诺制度

为了营造尊重知识、崇尚创新、诚信守法的知识产权保护环境和氛围，《特区条例》创设性规定设立知识产权合规性承诺制度，鼓励和引导自然人、法人和非法人组织在涉及知识产权的民事合同中约定知识产权合规性承诺条款和相应的违约责任，参与政府投资、政府采购和招投标等活动应当提交知识产权合规性书面承诺。对于参与政府投资、政府采购、招标投标、政府资金扶持以及政府表彰奖励等活动的单位和个人，应当向政府主管部门提交未侵犯他人知识产权的合规性书面承诺，在签订协议时约定违背书面承诺应承担的相应责任。政府主管部门在实施行政管理过程中，也可以主动对有关单位和个人在涉及知识产权的民事合同中约定的知识产权合规性承诺进行审查。对于发现违背知识产权合规性承诺的单位和个人，由有关行政主管部门将其失信行为纳入公共信用信息系统，并依法给予相应的惩戒。

（三）扩大直接责令停止侵权的适用范围

加强知识产权保护必须贯彻实施"快保护"和"严保护"的要求，为此国家规定了直接责令停止知识产权侵权的条件和范围。深圳在国家规定的知识产权行政执法中直接责令停止侵权的条件和范围基础上，在《特区条例》中规定了扩大直接责令停止侵权的适用范围，当知识产权权利人或者利害关系人投诉涉嫌知识产权侵权行为的，深圳市知识产权主管部门或者其他知识产权管理部门对有证据证明确实存在侵权事实，可能给予行政处罚的，可以先行发布禁止令，责令涉嫌知识产权侵权人立即停止侵权行为，并依法接受处理。经调查，涉嫌的侵权行为不成立的，主管部门应当及时解除禁令。构成侵权行为的侵权人拒不执行禁令停止侵权行为的，知识产权管理部门应当予以加倍处罚。

（四）创建自贸区知识产权保护新模式

深圳前海蛇口自贸区是深圳特区中的"特区"，《特区条例》授权在深圳前海蛇口自贸区创建知识产权保护新模式。结合前海蛇口自贸区的实际，在前海蛇口自贸区试点推行新型执法模式，建立区域联合办案、同类型案件联合督办等大要案办理模式，建立集中统一的知识产权执法体系，完善知识产权创造、运用、保护、管理和服务体系。深圳市知识产权保护中心在前海蛇口自贸区设立一站式知识产权服务窗口，开展统一的知识产权保护服务，整合知识产权保护业务咨询、维权指引、纠纷调解、鉴定评估、侵权分析、监测预警等多领域多环节服务资源，引入知识产权审判、仲裁、调解、公证和司法鉴定等机构，探索建立多元化、一体化、国际化知识产权保护维权服务体系。深圳前海蛇口自贸区还探索粤港澳大湾区知识产权合作新机制，借鉴港澳知识产权保护制度优势，引进港澳先进的知识产权保护制度、标准和工作机制，加强与港澳在知识产权创造运用、制度建设、人才培养、服务升级、信息交流等方面的协作配合，打造知识产权保护合作新平台，进一步推进粤港澳大湾区知识产权联合保护合作新模式。

（五）加强海外知识产权维权

深圳作为外向型经济特区，积极鼓励和支持加强知识产权海外维权服务。深圳在对外贸易主要目的国和对外投资目的地，探索建立知识产权海外维权服务站点，为深圳的企业和个人进行海外知识产权维权提供援助，为境外投资企业提供维权咨询与法律指导服务。深圳市知识产权主管部门应当制定企业海外维权实务指引、国外知识产权法律环境查明和诉讼程序指引,指导企业积极应对海外知识产权纠纷。深圳市政府和知识产权管理部门积极支持重点行业、企业建立海外知识产权维权联盟,提高知识产权权利人处理海外知识产权事务的能力。知识产权主管部门不断加强国外知识产权法律制度研究,发布相关国家和地区知识产权制度环境等信息。同时加强在知识产权创造、运用、保护和贸易方面的国际合作,不断健全和完善海外知识产权维权和保护工作制度。

B.4
深圳海绵城市建设管理立法前评估研究

瓮洪洪 王荣*

摘 要： 本报告结合海绵城市建设实际需要，对深圳海绵城市建设管理进行了立法前评估研究。报告认为，对海绵城市建设管理进行立法能够取得较好的社会、经济和生态效益，对于加强深圳市海绵城市的规划、建设和维护工作，推进社会经济持续、健康、有序发展，促进社会和谐稳定，保障人民生命财产安全具有十分重要的作用和意义。该项立法既具有必要性，又具有可行性。在具体立法时，建议以分散立法路径为主的同时兼顾开展综合立法研究。在构建具体制度时，建议以明确职责权限、确定管控节点与加强管控措施为主线。

关键词： 海绵城市建设管理 地方立法 立法前评估

立法前评估，指在启动立法程序前，对立法项目的立法必要性、可行性和法规草案中主要制度的科学性、可操作性以及法规实施的预期效果、立法成本、社会影响等进行分析、评价，进而为立法主体提供必要的立法建议的制度。[①] 开展立法前评估，可以就立法项目的成熟度、主要制度、预期实施效果进行充分论证，为立法机关提供参考。

2016年4月22日，深圳市通过了财政部、住建部、水利部联合组织的

---

* 瓮洪洪、王荣，深圳市法治研究中心。
① 王锡明：《立法前评估是提高立法质量的积极举措》，《人大研究》2012年第11期。

2016年国家海绵城市试点竞争性评审，成为2016年全国14家海绵城市试点之一，光明新区（现光明区）凤凰城成为国家海绵城市建设试点区域。海绵城市建设试点三年来，深圳取得了重要成就。一些部门和学者建议制定海绵城市建设管理立法。对于海绵城市建设管理立法，是否有立法必要，选择何种立法路径，规范哪些海绵城市建设内容，有必要在立法之前对相关事项予以评估，以从源头排除影响海绵城市建设立法质量的各种不利因素，减少立法不成熟而导致的试错成本，这对于提高海绵城市建设立法的科学性、民主性和规范性具有重要作用。

一 立法的必要性

建设海绵城市，是落实"创新、协调、绿色、开放、共享"发展理念，系统解决水问题，提升城市规划建设运维水平和质量，促进新时期城市可持续发展的需要。而"海绵城市是一种新型的城市发展方式和开发理念，海绵城市建设不是具体工程，没有所谓'海绵城市建设工程'，有的是'落实海绵城市理念的建设项目'"[①]。对于保障海绵城市建设理念在建设中全面落地，立法十分重要；对于深圳而言，进行海绵城市建设立法尤其具有重要意义。

（一）立法是完善海绵城市建设与管理立法体系的需要

当前国家海绵城市建设相关标准规范、管理体系尚不健全，国家和广东省层面都没有海绵城市建设与管理的专门立法。在国家层面，与海绵城市建设相关的法律法规主要有《城乡规划法》《水污染防治法》《城镇排水与污水处理条例》等法律法规。虽然海绵城市建设相关内容在里面有所体现，但是由于规定相对宏观、要求不具体等原因，难以在操作层面上落实到位。在广东省一级，没有关于海绵城市建设的立法，主要通过各种规范性文件进

---

① 徐慧纬、陈玮、梁雨雯等：《海绵城市建设立法核心制度设计探讨》，《城乡建设》2018年第13期。

行管理,如《广东省人民政府办公厅关于推进海绵城市建设的实施意见》（粤府办〔2016〕53号）。在深圳市一级,也没有专门的海绵城市建设的法规或者政府规章,相关海绵城市建设内容散见于规划、排水等立法。因此深圳市有必要制定相关专门立法,填补空白,完善立法体系。

（二）立法是适应深圳市海绵城市建设新形势发展的需要

随着城市的建设发展,深圳市的地面硬化占比不断提高,与1980年相比,2013年城市综合径流系数增加24%,地表径流量增加约40%,汇流时间缩短,峰值流量增大。雨洪调蓄空间萎缩,水面率从1980年的13%下降到2013年的4.61%,减少65%,远低于规范要求的城市适宜水面率下限值8%和《广东省人民政府关于加快推进城市基础设施建设的实施意见》（粤府〔2015〕56号文）要求的10%[1]。深圳的城市化进程改变了水文条件,也破坏了自然条件,改变了河道自然生态,减弱了自然蓄洪能力及污染治理能力,加大了内涝风险,对于水安全和水环境建设提出了更高的要求。近年来,深圳极端天气呈现多发频发趋势,2015年暴雨造成深圳市多起积水、内涝、河流漫溢等险情灾情,对城市的生产生活造成了极大影响和严重威胁。因此,尽快完善深圳市海绵城市立法,提升深圳市海绵城市建设管理能力和水平十分紧迫。

（三）立法是理顺海绵城市建设与管理机制的需要

海绵城市建设与管理,涉及建设、水务、规划和自然资源、生态环境等诸部门管理职责。深圳市海绵城市建设工作机制已初步形成,各相关部门将海绵城市建设纳入了部门日常行政管理工作中,但是由于现有法律法规对涉及海绵城市的行政管理职责的规定并不系统,且较为分散,在统筹规划、建设、管理以及协调等方面不能满足各相关部门工作需要。相关部门三定方案未对海绵城市的管理职责划分进行规定,深圳市仅在

---

[1] 方胜:《深圳大力推进"海绵城市"建设》,《深圳特区报》2016年1月13日。

《深圳市推进海绵城市建设工作实施方案》（深海绵办〔2016〕3号）中进行宏观分工。而深圳海绵城市建设过程中也存在种种不足，比如，对海绵城市的理解不到位，个别部门和人员观念陈旧，没有从区域、城市和街区多个尺度系统去解决问题，而是局限于个别项目；海绵城市涉及诸多部门，但不同部门之间在海绵城市建设过程中尚未形成合力，市海绵城市工作机构的统筹指导作用未能得到充分发挥；海绵城市涉及规划、设计、建设、维护等各个环节，但个别部门更注重建设，忽视了其他环节。诸如此类的问题，不但需要在实践的层面解决，也需要在立法中从根本上予以解决。

（四）立法是及时固化深圳市海绵城市规划建设管理成功经验的需要

2016年《深圳市推进海绵城市建设工作实施方案》（深海绵办〔2016〕3号）提出，将深圳市打造成为国际一流的海绵城市。为此，深圳市编制出台了《深圳市水务工程项目海绵城市建设技术指引（试行）》《深圳市海绵城市规划要点和审查细则》等30部海绵城市建设规范标准，基本实现市、区、片区三级海绵城市规划全覆盖，实行"一书两证"规划审批，将海绵城市建设纳入"多规合一平台"，建立项目全流程管控机制。2017年4月，深圳市获得了"2016年度海绵城市试点绩效评价"第二批国家试点城市第一名。其中一些做法在实践中证明是行之有效的，如"一书两证"审批管理、海绵城市建设项目库。这些做法和措施主要是以规范性文件、技术标准的形式，而规范性文件和技术标准位阶较低，权威性与强制性不足，约束力较低，在执行过程中难免存在打折问题，因此需要以立法的形式固化下来。

（五）立法是实现深圳市海绵城市规划建设工作规范化、常态化的需要

海绵城市建设涉及城市建设的方方面面，系统性、综合性、创新性强，市政府作为海绵城市建设的责任主体，需要动员全社会各行各业积极参与，全面协作，共同推进。政府应在海绵城市建设中发挥组织、引导作用，通过立法，为参与海绵城市建设和管理的政府各职能部门、企业、社会团体和市民提供统一的管理办法作为依据，使深圳市海绵城市建设工作常态化、规范化和程序化，从而提高城市服务和管理水平，推动海绵城市建设的质量提升。

（六）立法是落实国家督导意见的需要

根据住房和城乡建设部于2018年1月下发的《关于做好第二批国家海绵城市建设试点工作专项督导意见整改的通知》（建城海函〔2018〕7号）以及《深圳市海绵城市建设试点工作专项督导专家意见》，深圳市海绵城市立法工作需要及时启动。国家海绵城市建设试点最终考核验收，将是否建立法定化的管控制度作为重要评分项（占8分）。为落实专项督导意见，做好2019年住房和城乡建设部等3部委对深圳市海绵城市建设工作考评的迎检准备，也需尽快启动深圳市海绵城市建设立法工作。

二 立法的可行性分析

（一）有一定的制度基础

在国家层面，关于海绵城市的规定散见于《中华人民共和国城乡规划法》《中华人民共和国水污染防治法》《中华人民共和国城镇排水与污水处理条例》《气象灾害防御条例》《气候可行性论证管理办法》等立法；同时国家还制定有大量的政策性文件，如《中共中央 国务院关于进一步加强城市规划建设管理工作的若干意见》（中发〔2016〕6号）、《国务院办公厅关于推进海绵城市建设的指导意见》（国办发〔2015〕75号）、《水利部关于印发推进海绵城市建设水利工作的指导意见的通知》（水规计〔2015〕321号）、《海绵城市建设技术指南——低影响开发雨水系统构建》。深圳市在海绵城市试点以来，制定了《深圳市海绵城市建设管理暂行办法》《深圳市海绵城市规划要点和审查细则》《深圳市海绵城市建设项目施工、运行维护技术规程》《深圳市海绵城市建设水务实施规划与指引》《深圳市房屋建筑工程海绵设施施工图设计要求和审查要点》等数十项政策和技术标准；光明区、大鹏新区分别制定了《深圳市光明新区规划建设管理办法》《深圳市大鹏新区海绵城市建设管理办法（试行）》。这些制度规定为全市海绵城市建立了较好的制度基础。

（二）有相关管理机制运作经验积累

深圳市在海绵城市试点以来，成立市、区两级海绵城市建设工作领导小组，相应设立市、区海绵办，完善了海绵城市管理机制；将海绵城市建设要求纳入"一书两证"管控，进行全流程管控；建立了全市海绵城市建设重点项目库；完善考核机制，将"海绵城市建设实施情况"指标纳入政府绩效评估指标体系和生态文明考评等考核体系。这些均为海绵城市建设管理立法提供了有益的积累。

（三）有较好经济基础和财政实力的保障

从各地海绵城市建设管理实践来看，海绵城市设施多是作为城市基础设施来开发建设的。而公共设施的开发建设是需要相对雄厚的经济基础和财政投入保障的。相比国内其他城市，深圳市在综合经济实力和财政保障方面有着明显的优势，有利于为海绵城市更好的规划管理及相关制度建设提供更有力的保障。

（四）有其他城市海绵城市专门立法及政策可资借鉴

近年来，国内一些城市陆续出台了海绵城市建设管理的专门立法，如河南省鹤壁市在《鹤壁市循环经济生态城市建设条例》中以专章形式对海绵城市进行规范，江苏镇江2017年通过《镇江市海绵城市管理办法》（镇江市政府令第4号）专门对海绵城市管理进行立法，上海、武汉、太原、宁波等城市也先后出台了海绵城市管理的专门规范性文件，如《上海市海绵城市规划建设管理办法》（沪府办〔2018〕42号）、《武汉市海绵城市建设管理办法》（武政规〔2016〕6号）等，这些城市的相关制度设计，可为深圳市相关立法提供比较借鉴之处。

三 立法路径和形式

在海绵城市建设的具体立法路径选择方面，存在不同看法。有的认为应当进行综合立法，有的认为应当采取分散立法。所谓综合立法，指的是在一部法规中对深圳市海绵城市规划、建设、施工、维护等各方面内容进行统一规定。而所谓分散立法，指的是在深圳市相关立法中，涉及海绵城市建设管理的，就该内容在该立法中做出特殊规定，如就与海绵城市相关的排水与污水处理的特殊要求，规定在排水与污水处理立法中；与海绵城市建设相关规划设计的特殊要求，规定在规划设计相应立法中。

经研究，笔者认为，深圳市海绵城市建设立法采用综合立法还是专项立法路径各有利弊。

（一）综合立法

采用综合立法，可以系统规定海绵城市管理制度，并统领和指导全市海绵城市建设规则，有效整合各立法。但是综合立法可能限于篇幅，不能对具体制度做出详细规定；由于部分立法中就海绵城市内容已有相应规定，可能造成立法上的重复。同时，涉及规划、土地、建设等各个方面的法规或者规章，整合难度较大。

（二）分散立法

采用分散立法，即在相关立法涉及海绵城市建设管理时，做出特殊规定。该路径在保持原有立法体系的前提下，做出海绵城市特殊规定，有利于相关部门和单位在从事该领域工作时，并可以有效解决海绵城市某一局部问题，但可能存在难以系统解决问题，存在立法缺失。而且分散立法，由于涉及立法较多，且由不同部门主管，可能立法周期较长。

目前，《深圳市排水条例》《深圳经济特区水土保持条例》等立法已于2017年做了部分修订，但未就海绵城市建设内容做出特殊修订。关于政府投资建设项目施工许可和社会投资建设项目报建登记,深圳市政府于2018年制定了规章《深圳市政府投资建设项目施工许可管理规定》《深圳市社会投资建设项目报建登记实施办法》,对相关海绵城市建设内容做了规定;《深圳经济特区河道管理条例》也已经启动修订工作。

经综合考虑,笔者认为,两种方案并非简单的非此即彼的关系,可以并行不悖:在单行立法成熟的情况下,对单行立法进行起草或者修改,贯彻海绵城市的理念;同时,对综合立法进行认真研究分析,考虑制定综合立法《深圳经济特区海绵城市建设管理条例》。换言之,一是对进入修订程序的立法,如《深圳市排水条例》《深圳经济特区水土保护条例》等,在修订时增加海绵城市建设的内容和要求;二是对既有的《深圳市规划条例》《深圳经济特区河道管理条例》《深圳经济特区建设工程施工招标投标条例》《深圳经济特区土地使用权出让条例》等进行研究,在城市建设的各个环节落实海绵城市相关内容;三是抓紧梳理分析海绵城市建设管理中的难点问题,对于需要立法解决的问题进行充分论证,在条件成熟的时候启动立法程序。

根据《立法法》规定,深圳市拥有经济特区立法权和设区的市立法权两个立法权,其中经济特区立法可以在遵循国家法律法规基本原则的前提下,对国家法律法规进行变通;设区的市立法可以根据本市具体情况和实际需要,在不同宪法、法律、行政法规和广东省地方性法规相抵触的前提下,制定本市地方性法规。考虑到经济特区立法可以突破上位法的限制,在上位法规定之外创设管理措施,建议制定经济特区法规。

同时,如果认为以法规形式进行立法时机不成熟,也可考虑以政府规章先行立法,继续总结经验。

四 海绵城市建设管理立法的主要制度

在海绵城市建设管理立法时,应当在明确条例适用范围和海绵城市建设工作职责的基础上,以海绵城市建设流程作为制度设置主线,着重考虑以下内容。

（一）明确海绵城市的定义及适用范围

尽管海绵城市已经成为各界熟识的术语，但是对于具体哪些建设项目需要遵循海绵城市建设与管理，在实践中还有所争议。为此，立法应当将《海绵城市建设技术指南——低影响开发雨水系统构建》确定的海绵城市内涵予以法定化，同时明确海绵城市建设的范围。立法在正面规定的同时，授权海绵办组织各部门制定负面清单，将部分建设形式比较特殊的工程排除在海绵城市建设管理范围之外，如桥梁、隧道、轨道交通、电力通信管线等建设工程等。

（二）明晰政府部门职责划分

海绵城市建设是一项多部门运营管理的联动工程，主要涉及市发展和改革、财政、规划和自然资源、生态环境、交通、住建、水务、城管、审计等部门。一方面，要强化海绵办的龙头作用，即明确海绵办在海绵城市规划建设管理中的统筹协调作用，由海绵办负责统筹海绵城市规划的审查意见、组织制定海绵城市相关标准、重大海绵城市设施项目管理等职能；另一方面，要厘清各部门职责，强化部门责任，在立法中规定市发展和改革、财政、规划和自然资源、生态环境、交通、住建、水务、城管、审计、前海管理局等部门和单位的主要职责。

（三）强化规划编制管理

对于规划责任主体，要明确市规划和自然资源部门负责组织编制、修订海绵城市专项规划，各区据此编制区、片区级海绵城市专项规划（详细规划）及建设计划。

对于各类规划的原则及主要管控内容，要明确编制城市总体规划、海绵城市建设相关规划时，应当根据实际确定地块年径流总量控制率等核心指标。同时，协调各类规划关系，明确编制各层次道路、绿地、水系统、排水防涝等专项规划时应当与各层级海绵城市专项规划充分衔接。编制各类、各层次城市规划编制技术规定时，应当明确编制技术要求。

对于规划报批程序，规划应当征求各相关单位、专家及社会公众意见，并按照《深圳市城市规划条例》规定的程序批准后实施。

（四）优化项目前期管理

在责任单位的确定方面，建设单位作为责任单位，组织设计单位开展海绵城市专项设计，并在各阶段报送材料中编制海绵城市相关内容。

在可行性研究报告及规划许可审查方面，建设项目可行性研究应当就海绵城市建设适宜性进行论证，对海绵城市建设进行全面分析，明确建设海绵设施的必要性及海绵设施建设目标。市、区发展改革部门在评审政府投资建设项目可行性研究报告评审时，应当对海绵设施技术合理性和投资合理性进行审查。

在建设工程方案设计委托技术审查方面，建设项目方案设计阶段，建设单位应当按照规定编制海绵城市方案设计专篇，完成自评价表连同承诺书一并提交方案审查部门。规划和自然资源部门对海绵城市方案设计专篇进行形式审查。授权政府部门通过政府购买服务的方式，委托第三方技术服务机构对海绵城市方案设计专篇进行监督抽查。

在委托审查方面，第三方技术服务机构应当对海绵城市专篇内容进行审查，并出具核查意见书。市规划和自然资源等部门应当将海绵城市列入建设工程方案设计核查意见。

在施工图审查方面，施工图设计阶段，建设单位应当组织设计单位编制海绵设施施工图设计文件。施工图设计文件审查机构审查海绵设施施工图设计文件后，应当出具审查意见，建设单位应当根据审查意见组织修改。

建设单位可视项目建设情况自行决定是否委托第三方开展施工图审查，对建筑规模较小、技术要求简单等无须委托审查的，在项目申请施工许可时做出书面说明。各审批部门不再对施工图的技术内容进行实质性审查和审批。项目建设、设计单位或审查单位及其相关负责人员、执业资格人员对建设工程的质量负相应终身责任。建设单位委托具备资格的服务机构对海绵城市等设计内容技术进行统一图审的，应当向海绵城市工作机构进行备案。

（五）施工建设及验收移交

在施工建设方面，立法明确相关关键节点内容，要求施工应当遵守"先地下、后地上"的施工顺序。建设项目应当严格执行国家、省、市制定的行业技术标准和安全、质量规范，不得取消、减少项目或者降低施工标准。

在验收和移交方面，立法应当明确：建设单位编制项目竣工验收报告时，应当载明海绵城市建设相关工程设施的建设落实情况。项目竣工验收组织方应当对海绵设施进行专项验收，并写入验收结论。建设单位可以根据实际情况，进行联合验收或者分项验收。住房建设、交通运输、水务等行业主管部门应当配合建设单位开展联合验收或部分联合验收。建设单位采取分项验收的，由各专项验收主管部门并联组织验收。经验收不符合海绵城市建设要求的，应当要求建设单位按规定限期整改。相关部门应当参与政府投资海绵城市设施的验收，施工图设计文件为验收标准。经验收合格后，海绵设施应当与主体工程同步移交。

（六）运营管理

对于运营管理主体，《深圳市海绵城市建设项目施工、运行维护技术规程》明确了"谁建设，谁管理"的维护管理责任确定原则，并在实践中发挥了积极作用。新的立法应当对这一措施予以固化，明确在运营管理阶段，根据项目类型的不同由相应的责任主体进行运行维护。政府投资建设的海绵设施项目，依性质不同由相关职能部门按照职责分工分别监管，或者委托运营管理。社会投资建设项目的海绵设施则由其产权单位或者其委托单位进行运行维护。

对于海绵城市设施运行维护，要求海绵城市运行维护单位建立海绵城市设施运行维护管理制度和操作规程，并及时进行巡检维护。

对海绵城市运行维护标准，目前各海绵城市设施主管部门都有对其主管范围海绵城市运行维护标准政策的规定，往往会出现类似内容不同标准的现象。建议在海绵城市建设管理立法中明确由市海绵办组织各行业主管部门编

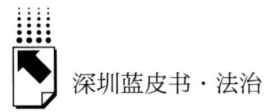

写,统一相关标准。

对于海绵城市设施保护,应当禁止单位和个人破坏海绵城市设施,运行维护单位有权制止相关单位和个人的破坏行为。

对于雨水排放收费,由于雨水排放管理是海绵城市建设的重要内容,实施雨水排放收费,有利于扩大雨水排放设施建设资金渠道,减少财政开支;有利于激励社会主体建设雨水吸收积蓄设施,增加雨水渗入土地,减少雨水排入市政管道。美国、德国等海绵城市建设典范国家就雨水排放收费已有多年立法及实践①。

中国目前尚未建立雨水排放收费制度。如果要在深圳建立雨水排放制度,主要有三重障碍:

一是深圳在行政事业性收费项目及标准方面的权限不足。根据《行政事业性收费标准管理办法》(发改价格规〔2018〕988号),在向公民、法人和其他组织提供特定公共服务过程中,向特定对象收取的费用属于行政事业性收费,必须纳入国家或者省行政事业性收费目录清单。换句话说,确定行政事业性收费项目及标准的权限属于国家和省,深圳市作为副省级城市没有设定雨水排放费等行政事业性收费项目及标准的权限,也无法通过立法的方式回避该规定。根据规定,需设立收费项目和确定收费标准的,由省业务主管部门或市人民政府提出,经省物价部门会同省财政部门审核后,报省人民政府审批,并报省人大常委会备案②。如深圳市拟开展雨水排放收费,则建议事前与广东省发改等部门进行沟通,由广东省设定雨水排放收费项目及标准,在深圳试点实施。深圳再在立法中明确缴纳范围及管理制度。

二是与国家减少行政收费的导向冲突。国家目前对税费管理比较严格,正在大力压缩税费,减轻企业及居民负担。而实施雨水排放收费,有增加企

---

① 参见李俊奇、刘洋、车伍《发达国家雨水管理机制及政策》,《城乡建设》2011年第8期;李纯、胥彦玲、李梅:《国外都市雨水管理政策措施及对京津冀区域的借鉴初探》,《环境工程》2017年第11期;涂楠楠、王建龙、席广朋等:《美国雨水收费制度设计及其启示》,《中国给水排水》2018年第6期。
② 《广东省行政事业性收费管理条例》第八条第二款。

业及居民负担之嫌。因此，实施雨水排放收费，不但要取得国家和省的支持，还要取得民意支持，不能给社会造成为收费而收费的印象。

三是要解决雨水排放收费的法理依据，否则收费的正当性可能会受到质疑，并引起立法争议。而此争议，可能会给政府带来被动影响。

另外，实施收费也有成本、具体实施问题，如果收费成本过大，甚至高于雨水排放收费，在经济上也不划算。如何进行收费，也应当继续开展相关的研究工作。

如果深圳立法建立雨水排放收费制度，则可以考虑规定以下方面的主要内容：一是对雨水排放不达标的用于生产经营的物业，由业主缴纳雨水排放费，对居民暂不考虑收取雨水排放费；二是雨水排放费应当纳入市、区财政预算管理，专项用于城市雨水处理处置设施的建设和运行，不得挪作他用；三是收取的雨水排放费不足以支付雨水处理处置成本的，市、区人民政府给予补贴；四是雨水排放费的收取、使用情况应当向社会公开；五是雨水排放监测机构接受市海绵城市工作机构委托从事有关监测活动，不得向物业产权人收取任何费用。

除上述重点节点内容外，立法应当就信息共享机制、海绵城市设施数据库建设、海绵城市建设工作考核、财政支持与社会资本鼓励以及法律责任等做出具体明确的规定。

五　结论

通过立法前评估，笔者认为，对海绵城市建设管理进行立法能够取得较好的社会、经济和生态效益，对于加强深圳市海绵城市的规划、建设和维护工作，推进社会经济持续、健康、有序发展，促进社会和谐稳定，保障人民生命财产安全具有十分重要的作用和意义。该项立法既具有必要性，又具有可行性。在具体立法时，建议以分散立法路径为主的同时兼顾开展综合立法研究。在构建具体制度时，建议以明确职责权限、确定管控节点与加强管控措施为主线。

政府法治篇

Government Rule by Law

B.5
2018年深圳市法治政府建设回顾总结与未来展望

邓达奇*

摘　要： 2018年深圳市法治政府建设迈上了新高地。行政立法层面，规范性文件的制定更加规范有据，合法性审查和清理机制也从源头上保障了规范性文件的协调性和体系性，同时行政立法更具创新性和超前性，行政立法技术不断革新，精准引领和推动深圳市各项改革。行政执法层面，放管服改革的深化，行政执法"三项制度"全面实施，重大行政决策的法治化，公正文明执法水平的提升，执法监督机制的优化标志着依法行政能力的提高。保障措施层面，政府法律顾问制度和纠纷解决机制的法治化也共同为法治政府的建设保驾护航。2019

---
* 邓达奇，西南政法大学博士后，武汉大学法学博士，深圳市社会科学院政法研究所副研究员。

年深圳市法治政府建设的目标和任务也十分明确。推动制度供给侧改革，深化行政审批改革，完善重大行政决策机制，优化政府法律顾问工作，保证行政执法信息化和规范化，加强行政执法内外部监督和督查考核等多措并举，合力加快深圳法治政府建设的步伐。

关键词： 深圳　法治政府　科学立法　依法行政

近年来，深圳法治政府建设一直走在全国各大城市前列，出台了全国首个法治政府建设指标体系，提出了建设一流法治城市的战略目标，成为法治中国的典范城市，为全市经济社会良好发展提供了有力的法治保障。2018年以来，深圳市委、市政府按照《中共中央　国务院关于印发〈法治政府建设实施纲要（2015~2020年）〉的通知》、《广东省法治政府建设实施纲要（2016~2020年）》和《深圳市法治中国示范城市建设实施纲要（2017~2020年）》等国家、省、市工作部署，朝着"法治中国示范城市"和"中国特色社会主义先行示范区"方向，对标新要求，谋划新举措，不断推进法治政府建设，取得了积极成效，以总分790.13分荣登2018年中国法治政府评估的榜首。现将2018年法治政府建设方面的工作进行回顾总结，并对下一步深圳法治政府建设发展做出展望。

一　推动行政立法体系的制度化和规范化

2018年，深圳市政府紧密联系市情，根据国家大政方针政策，与时俱进，站全局，抓方向，加大行政立法规划的组织力度，不断提高行政立法的规范性、科学性和系统性。

（一）抓紧落实各项规范性文件的制定

制度的构建和创新离不开行政规范性文件的支撑。行政规范性文件的制定是行政机关依法履行职能的主要方式，是社会公共目标的实现载体，在行政法治实践中发挥着至关重要的作用。截至2018年11月28日，深圳市政府围绕创新产业发展、生态环境保护等重点领域，完成了立改废规章28项，市政府发布规章13件（其中新制定规章9件，修改1件，废止3件），超额完成了2018年度立法工作计划。

深圳市政府发布的主要规章项目有：《深圳市关于加大营商环境改革力度的若干措施》着力于为更加开放的贸易投资环境和公平公正法治环境铸造法治轨道，有利于将深圳打造成为贸易投资最便利、行政效率最高、服务管理最规范、法治体系最完善的城市；《深圳市行政机关规范性文件管理规定》要求规范性文件的出台要经过合法性审查和征求公众意见的程序，为行政规范性文件体系的净化提供了制度性指导，使众多任意出台的"红头文件"不再成为依法行政的掣肘，有利于提高行政立法的规范性、科学性和民主性；《深圳经济特区知识产权保护条例》落实"实施最严格知识产权保护"的指示要求，建立了知识产权合规性承诺制度、行政执法技术调查官制度、违法行为信用惩戒制度等创新制度，对接国际知识产权保护标准，牢牢牵住"知识产权保护"这一重要营商因素的牛鼻子，极大释放了社会创新活力；《深圳市生产经营单位安全生产主体责任规定》从安全生产责任、安全生产投入、安全生产教育和培训、风险分级管控和隐患排查治理、设备设施和作业安全管理以及应急救援和事故报告六个方面夯实了安全生产经营基础；《深圳市政府投资建设项目施工许可管理规定》提出"深圳90"的改革目标，要求建设项目从立项到施工许可办理完成的总审批时间不超过90天，压缩了2/3的审批时限，继续加大简政放权的力度；《深圳市人民政府关于印发战略性新兴产业发展专项资金扶持政策的通知》以优惠政策的形式促进高端产业发展，提高企业自主创新能力和产业配套服务能力，拓展金融支持手段，加快现代化产业体系的建设。

总之，上述政府规章的出台，为发展改革工作合法、合理配置行政资源，科学设置权利、义务，依法实施行政管理，提供了有效的法制依据和保障。

（二）加强规范性文件的监督和管理

为从源头保证规范性文件的质量，推动依法行政、法制统一和政令畅通，确保政府抽象行政行为的合法性，深圳市认真履行规范性文件前置审查、清理和备案职能，着力于规范性文件的监督和管理工作。

首先，进一步完善规范性文件管理制度。深圳市政府法制办积极制定出台有关制度和文件，自 2018 年 4 月 1 日起施行《深圳市行政机关规范性文件管理规定》（深圳市人民政府令第 305 号令）。"305 号令"明确提出了合法性审查是政府规范性文件审议和出台前的必经环节。同时，深圳市法制办在发布"三统一"①的基础上，结合深圳市工作实际情况，修订了《深圳市行政机关规范性文件管理规定》，梳理形成了规范性文件的"八统一"管理模式，即"统一要求、统一审查、统一征求意见、统一有效期、统一登记、统一编号、统一发布、统一查询平台"，在规范性文件制定主体、范围、权限、程序等方面，提出了比国家要求更为严格和具体的要求。例如，在制定住房和处理违建政策时，市政府按照"八统一"的要求严格履行了公开征求意见的义务，避免了程序上的瑕疵，同时对文件制定部门形成有效制约，保障了文件可能涉及的行政相对人的合法权益。

其次，定期开展规范性文件的专项集中清理。2018 年，深圳市先后组织开展产权保护、公平竞争、生态环境保护、证明事项清理、民营经济发展等多次专项清理，确保现行规章和规范性文件与上位法保持一致，实现全市规范性文件的协调性、时效性和针对性。同时推进相应的立改废工作，进一步理顺了行政管理依据。针对原特区内外政策措施不一致有关情况，深圳市政府法制办进行了对相关政策文件的专项梳理工作，认定市政府规范性文件 29 件、部门规范性文件及其他各区各部门实际执行的政策措施 7 件存在原特区内外不一致的规定，并分别提出了处理意见：对符合尊重历史、反映实

---

① 政府部门规范性文件"三统一"制度是指政府法制机构对政府部门制定的规范性文件，在公布前进行前置审查，并统一登记、统一编制登记号、适时集中统一公布的制度。

际、推动原特区内外一体化要求的,建议保留,并根据原特区内外一体化的进程及时进行修改完善;对可能或者已经妨碍原特区内外一体化的个别政策措施,会同有关部门启动立改废工作。

最后,形成了严格的规范性文件的审查机制。严格按照《深圳市规章和规范性文件清理办法》规定,2018年深圳市政府加强了对各部门的规章和规范性文件的审查工作,总共审核了204件规范性文件,其中审查通过的有165件,占总数的80.9%;没有通过审查的39件,占总数的19.1%。相较于2017年,2018年规范性文件的审查力度进一步加大,没有通过审查的规范性文件从8.5%增长到19.1%。与此同时,各级政府职能部门也加强对本部门出台的规范性文件进行审查与评估。以深圳市司法局为例,该局严格执行《深圳市行政机关规范性文件管理规定》,对以局名义发布的1322个文件进行全面清理核查,没有发现未经法定程序发布的规范性文件。深圳市发展和改革委员会也严格按照《深圳市规章和规范性文件清理办法》规定,按照省、市相关部署,开展规范性文件审查工作,对相关规范性文件提出清理意见,并将清理结果及时函送市法制办。值得一提的是,深圳市政府拓展了规范性文件的审查深度和广度,实现从注重形式(程序)审查到注重实体(内容)审查的转变,不仅审查规范性文件制定程序的合法性,也审查规范性文件内容的合理性、协调性,规范性文件的逻辑结构、文字表述、制定技术等内容,也更加关注规范性文件的实施对社会经济发展的实质性影响。例如,2017年11月深圳市开始实施公平竞争审查制度,对妨害排除竞争的政策措施开展审查评估,一旦违反公平竞争审查标准,则不允许出台,或要求政策制定者修改,或提供替代方案。该制度不仅保障了公平竞争的市场秩序的构建,也使制约企业发展、影响法治化营商环境的规章和政策及时得到废立改,形成统一、协调的营商环境制度体系。

(三)行政立法创新引领与助推重大改革举措

深圳市始终坚持立法决策与改革决策相结合,及时制定改革和发展重点领域的规章和政策,及时调适、修改部分与改革不同步的规章和条款,确保重大改革措施在法和政策的支撑下顺利实施。

一是营造良好法治营商环境，推动创新驱动发展战略实施。2018年1月17日，深圳市政府印发实施《深圳市关于加大营商环境改革力度的若干措施》（以下简称《措施》），推出了20大改革举措126条政策，激发高科技企业创新活力，为"营造平等保护各种所有制经济产权和合法权益的法治化营商环境"的改革动员提供了政策保障。

为了贸易投资环境更加包容开放，投资更加便利化，《措施》推动深圳和香港在金融领域的深度合作，完善通关贸易监管程序，减少企业贸易投资壁垒。如将外商企业设立和变更备案办理时限缩短至3日，探索"互联网+出口退税"方式，提高出口退税效率。为了压缩产业发展的综合成本，《措施》提出减少企业税负，通过财政鼓励和政策支持为企业带来融资便利，提高企业的创新积极性。如支持辖区政府建设保障性产业用房，免收经批准剩余用地上增加的自用性工业厂房和辅助设施的地价，减少用地成本；开展涉企经营服务性收费专项清理行动，提高非法收费的处罚力度和违法成本。为了给深圳输送更多的人才，为经济社会发展汇聚智力，《措施》建立人才住房封闭流转机制，探索人才房先租后买、以租抵购制度，减少人才引进战略实施的住房阻碍。为了进一步简政放权，《措施》提高政务公开的水平和透明度，充分借助信息技术的东风，深化政务服务水平，"让群众少跑腿，让数据多跑路"，遵循"互联网技术+优化政务服务"思路，对企业开办、施工许可、税费缴纳、用电报装、不动产登记、水气供应"一网通办"。为了使深圳市更加宜居、美丽，把握绿色发展的方向，《措施》实施提升城市环境质量的多项举措，提出探索建立环保法庭，筑牢"生态环境利益维护和救济"的最后一道防线。为了提高法治化的水平，《措施》贯彻公平公正的法治理念，实行最严格知识产权保护制度，建立更加规范的涉企执法制度。制定知识产权特区法规，率先实施惩罚性双倍赔偿制度，极大提高知识产权人的维权积极性。

二是深化全市住房制度二次改革。针对深圳市住房市场商品房价格高企、住房供需不平衡、住房结构不合理的问题，2018年8月3日，深圳市政府发布《深圳市人民政府关于深化住房制度改革加快建立多主体供给多渠道保障租购并举的住房供应与保障体系的意见》(以下简称《意见》),拉开了新一轮住房改革的序幕。《意见》提出了国企、民企平等参与的主体供给的理念,坚持以住房供给侧结构性改革为主线,统筹解决各类居民的住房问题,有力地推动了深圳市住房制度改革政策的顺利出台。具体而言,第一,提出"八大供给主体、六类保障渠道、三类(四种)住房、三类补贴",突出多层次、差异化、全覆盖,有针对性地实施住房保障策略。"差异化"和"有针对性"主要体现在注重对受保障居民群体收入水平和人才专业技术的区分;"多层次"和"全覆盖"则体现在保障性住房供给主体的多元,供给渠道的多元和供给方式的多元。第二,调整住房供给结构,将住房分为市场商品住房、政策性支持住房、公共租赁住房三大类,并且根据实际的住房需求,制定2018~2035年的供给计划,严格控制每类住房的数量比,确保深圳市住房供给结构科学合理。第三,允许出售的安居型商品房和出售的人才住房实行一定年限内的封闭流转,购房人在产权封闭期内可以转让给其他符合条件的购房对象或由政府回购,化解高房价对部分人才的挤出效应。第四,大力发展住房租赁市场,建立全市统一的住房租赁交易服务监管平台,打通各个租赁环节通道,减少租住双方的信息不对称,引导市场合理定价。

(四)不断提高行政立法技术

深圳市通过一系列提高行政立法技术水平的措施,不断加强政府规章的可操作性,完善依法行政的制度体系。

首先,进一步提高政府规章立法工作的规范化水平。深圳市政府法制办在总结立法工作实践经验和借鉴其他城市做法的基础上起草了《深圳市政府规章立法技术规范(试行)》,该技术规范对规章立法工作中经常遇到的、带有共性和普遍性的有关规章内容结构、形式结构、条文表述、立法语言规范和有关立法文本格式等立法技术事项进行了规范和统一,为进一步提高深圳市政府制定政府规章质量提供了保障。

其次，创新立法体例，坚持以问题为导向，摒弃大而全的传统立法模式。深圳市注重为需而立、立以致用的行政立法理念，不求多、不求快，不断提升立法质量。以垃圾分类投放规章为例，经过反复论证和修改，对草案直接采取不分章节的简约化立法模式，并重点聚焦分类投放环节这一核心问题，最后将草案条文压缩至20条，这些条文的设置，立足于管用、够用，解决实际问题，实现了规章的针对性和可操作性。

最后，广泛听取基层群众和专家意见。为确保立法质量，政策制定者主动深入基层和实地开展立法调研，摸清社会实际情况，通过召开座谈会、听证会，广泛听取基层群众以及人民群众的意见，确保掌握准确的第一手信息。例如，在电动自行车新规制定过程中，市法制办赴顺丰、圆通等快递企业和街道办、农贸（农批）市场等多地调研电动自行车配置数量、运行区域等情况，委托专业机构实地调查全市100家农贸（农批）市场共24083个商户的电动自行车使用情况，邀请不同行业的代表参加立法座谈会，全面摸清不同群体使用电动自行车的实际情况。

二 不断提升依法行政的能力

（一）深化"简政放权、放管结合、优化服务"改革

为了使"放管服"改革向纵深推进，全力促进经济社会持续健康发展，深圳市多措并举，提高行政效能。一是继续简政放权。2018年共调整行政职权事项164项，其中取消129项，下放3项，其他调整32项。二是加强事中事后监管。创新监管方式，在全市积极推行"双随机一公开"，对95%以上的日常市场监管事项实施"双随机"抽查。三是不断优化政府服务。权责清单事项实现省、市、区"三级十同"，为审批服务"马上办、网上办、就近办、一次办"奠定基础；在全市推广无人工干预自动审批的"秒批"新模式，涉及事项已达48个；"三十证合一"使14个部门分头办理的行政事项集中在一个窗口，让群众和企业办事更加便捷；第一批100个

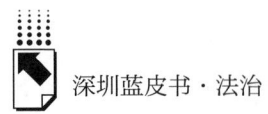

"不见面审批"服务事项清单面世,实现申请人和工作人员不需见面就能审批办结的审批服务模式。总之,简政放权的"减法"和优化服务的"加法"降低了社会交易成本,减少了企业负担,激发了民间投资的活力,更好地为法治营商环境的构建发挥制度的支撑、保障、激励作用。

(二)积极推动行政执法"三项制度"全面实施

全面推行关于行政执法"三项制度"[①],是推动深圳法治政府建设的重要途径。深圳市政府围绕行政执法"三项制度"改革工作,不断创新工作思路和工作方法,在各项执法工作中取得显著成效,为深圳创造了良好的法治环境。

一是加强执法主体管理与执法能力培训。行政执法"三项制度"要求行政执法人员必须转变执法观念,坚持执法文明,熟练掌握现代执法手段和技术。为此,深圳市政府按照行政执法"三项制度"的要求,积极采取"线上学习,线下考试"的方式,加强对执法人员的培训,提高执法人员的素养。截至2018年底,深圳市政府举办全市执法人员岗前培训班22期,培训3755人次;组织执法人员岗前考试20场,参加考试2500人次;换发执法证件13545人次。

二是加强行政执法公示。全力推进深圳法治政府信息平台项目建设,借助数字政府建设的契机,深圳市政府将"深圳法治政府信息平台"作为深圳"数字政府"综合改革方案项目任务进行建设,并以行政执法监督为抓手,要求执法部门在门户网站上建立行政执法公示统一专栏,制定本单位行政执法全过程记录清单,推动行政执法部门做好事前、事中、事后三个阶段的执法公示工作。同时,深圳市司法局制定了《深圳市司法局关于推行行政执法公示信息的内部审核和管理制度的工作方案》,建立健全了行政执法公示信息的内部审核和管理制度。

---

① 即行政执法公示制度、执法全过程记录制度和重大执法决定法制审核制度。

（三）落实重大行政决策实现法治化

深圳市从完善行政决策的程序、管理和审查几个方面的机制入手，保障了重大行政决策法治化。

一是加强重大行政决策程序的法治化建设。2018年，深圳市政府为提高深圳市重大行政决策的质量，结合深圳市实际，继续推进《深圳市重大行政决策专家咨询论证暂行办法》《深圳市人民政府重大行政决策公示暂行办法》《深圳市重大事项社会稳定风险评估办法》的修订工作，重申公众参与、专家论证、风险评估、合法性审查、集体讨论决定作为行政决策必经程序的重要性，保障科学民主依法决策。

二是优化重大行政决策目录管理。根据《深圳市人民政府2018年度重大行政决策事项目录》和《深圳市人民政府2018年度重大行政决策听证事项目录》，2018年市政府总共梳理出8项重大行政决策事项目录和2项听证事项目录，并及时通过门户网站进行公布。纳入目录范围的事项由承办单位严格按行政决策程序认真组织实施，上级部门对各职能部门和市辖区落实决策程序进行督促考核。

三是建设重大行政决策信息发布和公众参与平台。推动各区政府、新区管委会和市政府部门在门户网站开设重大行政决策信息发布和公众参与专题栏目，方便社会公众进行重大行政决策信息的查询，提出建议。

四是开展重大行政决策合法性审查。落实《深圳市人民政府重大行政决策合法性审查办法》，市政府法律顾问室对市政府重大行政决策开展合法性审查工作，对重大改革、重大项目、重大合同等重大行政决策全过程进行法律层面的把关，防范法律风险。

（四）提升公正文明执法水平

为切实提高执法人员公正文明执法能力和水平，深圳市政府通过强化执法组织队伍建设，实行针对性的监督活动，借力和配合检察力量，进一步严肃执法纪律，推进公正廉洁执法。

一是构建"1+8+X"行政执法体系。"1"为城管综合执法,承担市容市貌等15类执法权,实现了执法内容法定化;"8"为大部门内综合执法,劳动、文体旅游、卫生等8个大部门内部形成专业性综合执法队伍;"X"为各区基层执法创新点,如大鹏新区整合生态环保、农林水务、规划土地、海洋渔业等执法资源,设立生态资源环境综合执法局,强化自然生态资源执法统筹。

二是发挥特邀行政执法监督作用。市政府特邀行政执法监督员先后参与了安全生产、商品食品抽检、校园周边儿童服装玩具、医药卫生、城市管理等领域专题执法监督活动,以第三方角度对社会热点、痛点、难点进行执法监督,提高了监督公正性,同时取得良好的社会效果。

三是加强行政执法和刑事司法衔接工作。截至2018年底,全市共261家单位加入"两法衔接"信息平台,开通用户761个,共有4700宗案件信息录入平台接受了监督。在安全生产、环境污染违法犯罪和危害食品药品安全犯罪等方面制定两法衔接工作指引,加强了与检察机关的协调联动,加大打击违法犯罪合力。

(五)加强行政执法考核与监督

行政执法考核与监督,是实现文明执法的重要保障。为此,深圳市委市政府以落实《关于贯彻落实〈法治政府建设实施纲要(2015~2020年)〉的重点工作安排》为主线,采用内部考核和外部监督相结合的方式,统筹推进法治政府建设各项工作。

一方面,主动加强行政执法内部考核。第一,制定2018年度法治政府建设考评指标,具体包括制度建设、行政决策、行政执法、依法接受监督、依法行政保障、加分和减分项目,共7个一级指标,满分100分,着重强化基层行政执法、重大行政决策、规范性文件制定、接受司法监督等方面的要求。第二,结合近年来法治政府建设考评发现的问题,法制办制定了《深圳市2018年法治政府建设工作要点》(深法治办〔2018〕23号)并印发实施,提出7大板块40项具体举措,每项举措详细列明了具体工作任务和责任单位,着力推动各区各部门认真落实法治政府建设工作任务,加强薄弱环节整改提升。第三，为让社会各界更好地了解深圳法治政府建设的进展和成效，法制办于7月13日首次公开发布法治政府建设状况白皮书，从"依法全面履行政府职能""完善依法行政制度体系"等七个方面进行编章，以客观描述的方式，通过大量实例和数据集中反映了市政府及其部门，以及各区（新区）政府2017年度依法行政的状况。

另一方面，自觉接受公众外部监督。一是自觉接受人大、政协监督。2018年，市政府督查机构在市"两会"期间梳理人大代表、政协委员分组讨论时对政府工作提出的意见建议1266条，转各相关部门研究办理。办理全国、省人大代表建议、政协提案82件，跟踪督办市人大代表建议和政协提案1358件；市政府有关部门主动向市人大常委会专题报告工作60余次，向市政协通报工作50余次，邀请市人大代表、政协委员视察、调研工作100余次。二是自觉接受社会监督。按规定编制、公布了政府信息公开目录和指南，及时主动更新在门户网站公开的政府信息，将信息编辑任务指标分解到各个责任处室，纳入年度考核。同时以公开投诉电话、通信地址和电子邮箱，聘请监督员等多种形式，畅通监督、举报和投诉的途径，主动接受社会监督。例如，2018年6月、8月、11月，行政执法监督员先后前往龙华区安监局、市市场和质量监管委、龙岗区龙城街道开展安全生产、商品抽查食品抽检和校园周边儿童服装玩具、食品检查、城管执法等领域的专题执法监督活动，并向相关执法单位反馈监督的有关情况，帮助执法单位改进执法工作。三是自觉配合检察院的检察监督。行政机关联合检察机关在环境公益诉讼和食品药品公益诉讼领域成立专门工作小组共同推进协作工作。市法制办会同检察机关，共同研究将行政机关落实行政公益诉讼检察建议情况纳入年度法治政府建设考评。

三 积极推进政府法律顾问制度实施

为了充分发挥政府法律顾问团队的参谋、助手作用，深圳市政府确保法律顾问团队全流程介入政府事务。目前深圳已在市、区两级普遍设立政府法律顾问室，法律顾问全面参与政府事务，形成了一支由专职法律顾问、兼职

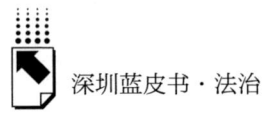

法律顾问以及法律专家咨询委员组成的具有深圳特色的政府法律顾问队伍。如 2018 年 12 月 20 日，由司法部与深圳市合作培育的"司法部粤港澳大湾区法治建设研究基地"揭牌，聚焦于粤港澳大湾区法治化营商环境和产业制度配置、国际通行商事规制和程序等研究。截至 2018 年底，市政府法律顾问室共出具法律意见 590 份，处理咨询投诉意见 148 宗，代理行政复议 4 宗，代理未经复议直接以市政府为被告的行政诉讼 516 宗，代理民事及仲裁案件 105 宗（涉案金额约 4.1 亿元），参与重大项目决策 298 件，历史遗留问题 26 件。政府法律顾问制度的全面实施，有效发挥了这一制度在促进依法决策、依法行政、依法保障公民合法权益的重大作用。

（一）全面防范政府法律风险

政府也相当于理性经济人，由于可行性论证的不充分、部门利益的不当考量以及对 GDP 增长和经济效率的政府绩效的过分追求，在制定公共政策时很大程度上会产生失灵，忽略潜在的法律风险，从而导致某项政府决策的成本和收益比例失衡。政府法律顾问具有相对独立和"去行政化"的角色价值，他们在履行职责时，能够站在全局和专业的高度，提供客观和中立的法律意见，既能保障公共利益目标实现，又能使法律风险趋于最小值。

2018 年以来，深圳市政府在实施行政许可时，积极听取政府法律顾问的意见，通过法律顾问单位对行政许可程序、许可内容进行论证、对许可或者不予许可的法律风险的专业化评估，最大限度地防范违法行政于未然，从而有效控制了行政诉讼案件的发生率，保证行政诉讼案件的胜诉率，避免了具体行政行为不当带来的执行阻力和社会负面效应。

（二）为深圳市政府部门提供法律支持

为了保障行政决策的科学性和正当性，深圳政府法律顾问活跃在政府决策的第一线，为政府部门提供有效法律支持。

第一，政府法律顾问参与政府重大决策的合法性审查。例如，参加广深港高铁西九龙口岸各专责小组，参与联合协调会议，审理各项实施方案及法律文件，为广深港高铁的顺利开通提供法律保障；参与招商局前海土地整备和合资合作项目，多次就土地整备方案和合资合作方案出具书面意见；参与一级水源保护区清退事宜，对南山、罗湖等6个区的清退补偿方案出具书面法律意见，为按时顺利完成清退工作提供有力法律保障；继续参与大货运交通相关工作，为龙大高速、南光高速、盐排高速、盐坝高速、水观高速、清平高速、东部过境高速的回购工作提供法律意见。

第二，政府法律顾问参与政府重大建设项目并提供法律支持。例如，参与华星光电第11代T6、T7超高清新型显示器件生产线项目，为《合作协议》《股权转让协议》《增资协议》等提供意见，为项目的顺利推进提供保障；作为筹建指挥部成员单位，全面深入参与深圳国际会展中心项目，就国际会展中心投资建设模式、招标方案、建设运营监管协议、配套商业用地土地出让等多项问题进行研究并提供法律意见；参与了赣深铁路建设，为土地综合开发事项和管线迁改等事项研究提出意见，参与轨道交通建设三期、四期相关工作，为项目的投融资方案（含PPP模式）、建设招投标方案、管线迁改、工程开工等事项提供法律服务。

第三，政府法律顾问对市政府及市政府授权签订的合同进行审查。深度参与深圳市与北京大学、清华大学、中国科学院、中山大学等各类合作办学项目，以及深圳市与国家心血管病中心、中国医学科学院、中山大学等合作办医项目提供法律服务，参加相关会议，审查、修改相关协议文本，不仅审查政府合同的合法性，对与合法性相关的合理性问题也一并进行审查，全面防控法律风险，维护了市政府的合法权益，又极大地促进了深圳市高等教育及医疗卫生事业的发展。

第四，政府法律顾问积极促进深港法律合作。参与河套地区深港合作项目，对港方草拟的项目公司章程进行研究并提供法律意见，为项目的推进提供全程法律服务；在广深港高铁西九龙口岸的涉法事务处理方面聘请联营律师所，充分发挥港方律师的作用；在2017年10月深港两地续签《法律合作安排》基础上，派员赴香港开展专题学习交流，进一步加强两地法律事务的沟通和联系。

（三）有利于新领域新的法律问题的解决

现代经济社会的发展和各类新兴领域的出现为政府行政管理能力的提升和公共服务质量的优化带来了新的机遇，同时也使政府在基础设施、民生保障、产业发展等领域面临更多的挑战，比如，如何探索政府和社会资本、金融机构和大型财团的合作模式，如何推动PPP、PPT、BT、BOT、PFF等新兴事物在法律的轨道内健康发展，都是政府必须予以正面回应的崭新课题。无法否认的是，政府法律顾问为政府在新领域的新法律问题的解决发挥着积极的作用。

深圳政府法律顾问除了履行基本的工作职责，还致力于工作新领域的开拓，进一步发挥政府法律顾问在依法行政工作中的"智慧外脑"作用：一是推动建立行政纠纷多元化解决机制建设。2018年11月22日，深圳市政府法制办与盐田法院签署《关于建立行政纠纷多元化解决机制的合作备忘录》，创新行政争议解决机制，强化诉前调处工作，建立法院推动、政府法制机构协调、政府部门参与的行政纠纷多元化解决平台，形成行政纠纷化解合力，为实质性化解社会矛盾打下基础。二是积极促推前海公共法律事务调处中心运作正常化。在协调前海自贸区条例立法工作、前海投控公司租赁土地资源开展公益项目、前海商事登记制度、前海管理局行使市政府委托的土地管理权限等方面提供咨询服务，对前海城市新中心国际学校项目运营主体公开遴选事项提供法律意见。

四 依法有效化解社会矛盾纠纷

（一）加强和改进行政复议工作

一年来，深圳市政府继续贯彻执行行政复议法，保障行政复议工作的质量和效率，不断推进行政复议和行政应诉能力建设。

第一，妥善处理大量行政复议案件。2018年，深圳市政府共收到向市政府提出的行政复议申请1615宗，其中受理1309宗，不予受理110宗、告知处理109宗、申请人撤回87宗。在已办结的行政复议案件（1147宗）中，维持531宗，占46.3%；驳回249宗，占21.7%；终止249宗，占21.7%；撤销和确认违法、责令履行118宗，占10.3%；行政复议直接纠正率10.3%；行政复议综合纠正率32%。尤其是妥善处理了复议案件中涉及罗湖区棚改、尘肺病人工伤认定等重大复杂事项，有效化解了社会矛盾。2018年，深圳市政府行政复议办公室办理行政复议案件具体数据见表1。

表1 2018年深圳市政府行政复议办公室办理行政复议案件情况

登记复议申请:1615件				受理后办结（含上年度结转）:1147件					
受理	不予受理	告知处理	申请人撤回	维持	撤销	确认违法	责令履行	驳回	终止
1309	110	109	87	531	70	35	13	249	249

第二，提高行政复议案件办理效率。深圳市政府主动作为，对现有的行政复议立案、审理、决定及行政应诉所涉及的法律文书进行全面梳理，按照行政复议及应诉工作流程，规范创新行政复议工作制度，逐步形成了统一的法律文书样式，规范了法律文书格式和文号，进一步提升了办案效率。为进一步畅通行政复议渠道，在微信公众号"深圳法制"开通行政复议栏目，提供申请书格式样本，方便咨询、网上预约，并对常见问题进行解答。

第三，提高行政复议案件办理质量。通过加强行政复议听证工作，充分发挥行政复议建议书和典型案例的指导作用，不断提高案件办理质量。对行政复议过程中发现行政机关存在的问题，积极发出行政复议建议书，先后就行政机关的文书送达、政府信息公开答复、规范证据形式等问题提出建议。数据显示，截至2018年10月31日，承办经复议后以市政府为被告的行政应诉案件485宗，市政府作为单独被告的无一宗败诉，无一宗因复议程序违法而被判败诉。这些数据充分体现了深圳市行政复议案件办理的高质量。

第四，深入推进行政复议工作制度改革。为破解行政复议案件量大、面广、人手少的困局，深圳市政府加快行政复议体制改革，积极探索全市行政复议集中案件管辖，不断提高行政复议的专业化水平。经赴浙江省杭州市，山东省济南市、淄博市等行政复议案件集中管辖开展比较好的地区进行专题考察调研,起草了《深圳市人民政府关于开展行政复议体制改革试点有关情况的报告》,对集中行政复议体制改革提出了设想与方案。

(二)积极参与与配合行政诉讼

依法履行行政应诉职责,积极配合人民法院做好审理工作,是衡量法治政府建设的重要指标。一方面,深圳市政府积极落实行政案件行政负责人出庭制度,协调行政首长出庭参加应诉,带头提升守法律、重程序、受监督、职权法定的法治思维。以光明区为例,2018年光明区严格遵守《行政诉讼法》的规定,高度重视行政机关负责人出庭应诉制度,在光明区2018年已开庭的22宗行政诉讼案件中,行政机关负责人出庭率达100%,行政机关主要负责人出庭率为27%,超额完成法治政府建设的相关要求。另一方面,持续保持行政诉讼高胜诉比率。深圳市政府法制办全年办理行政诉讼案件996宗(含一审、二审与再审),审结577,其中胜诉550宗,胜诉率为95.32%,败诉27宗,败诉率仅为4.68%。具体数据见表2。

表2 2018年深圳市政府行政复议办公室办理行政应诉案件情况

单位:宗

审级	受案		已审结			未结
	当年新受	上年结转	胜诉	败诉	原告撤诉	
一审	251	293	371	21	64	88
二审	319	120	173	6	49	211
再审	19	0	6	0	0	7

低败诉率不仅意味着行政机关更加重视对执法人员的能力培养,执法人员程序意识不断加强,责任边界进一步厘清,行政裁量权行使更加规范,也意味着行政执法与司法审判工作协调机制更加完善,畅通了经常性的信息沟通和情况反馈渠道。典型的例子是,深圳开通了全国首个网上行政诉讼服务

平台"法智云端",打通人民法院与行政机关之间的数据连接通道,充分发挥了司法建议促进依法行政的作用。

五 深圳市法治政府建设未来展望

2018年深圳法治政府建设取得了新突破,做出了许多具有开创性的工作。2018年7月,广东省政府发布2017年度全省依法行政考评结果,深圳市连续第五年被评为优秀等次,在地级以上市政府中位列第一。2018年9月,中国政法大学法治政府研究院发布《法治政府蓝皮书——中国法治政府评估报告(2018)》,深圳市在被评估的100个城市中排名第一。

当然,深圳市法治政府建设并不表示已经达到了法治状态,受全国法治政府环境以及传统人治文化影响,深圳法治政府建设仍然存在着制度供给不足、行政审批程序烦琐、行政执法权行使不规范等现象,亟须在未来的法治政府建设过程中加以不断完善。2019年,深圳市将继续贯彻落实上级部门和市委市政府的工作部署,不断提高法治政府建设水平,力争做出更大成绩。

(一)法治政府建设下一步总体指导原则

在下一步的工作中,深圳将继续朝着"法治中国示范城市"和"中国特色社会主义先行示范区"的方向,进一步贯彻落实深圳市《法治政府建设实施纲要(2015~2020年)》等国家、省、市相关要求,不断推进法治政府建设各领域工作。

在全面梳理各单位落实国家《法治政府建设实施纲要(2015~2020年)》、《广东省创建珠三角法治政府示范区工作方案》和《法治中国示范城市建设实施纲要(2017~2020年)》等情况基础上,及时制定发布《深圳市2019年法治政府建设工作要点》,带动法治政府建设的各项工作全面开展。结合年度法治政府建设考评指标,就法治政府建设各领域工作制定相对全面、详尽的工作指引,方便各单位提前了解各项工作内容是什么、如何开

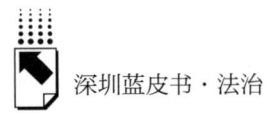

展、开展到什么程度、如何考核等，同时做好与各单位的日常沟通、答疑，有效提升法治政府建设成效。

（二）进一步强化制度供给

在转变城市发展方式、提高城市治理能力、加强生态文明建设和环境保护等方面，积极发挥立法的引领、推动和保障作用。围绕养老服务、电梯安全、建筑废弃物管理、环境保护等关系民生和经济社会发展的现实问题，推动相关政府立法加强规范和管理。创新行政立法方式，探索与其他兄弟城市聚焦互联网产业、大数据保护等开展联合立法，为粤港澳大湾区启动合作立法模式探索经验。统一政府立法程序的工作标准和要求，实现立法议案提出、审议、发言、表决等制度的规范化。继续完善微信平台听证系统，依托互联网技术，提升市民公众深度参与政府立法的便利性。打造具有全球竞争力的营商环境，贯彻粤港澳大湾区建设的驱动发展战略，继续将优化营商环境的相关政策措施列入2019年政府行政立法规划。

（三）深化行政审批改革并加强监管和服务

继续抓好建设项目审批制度"深圳90"改革，加快推行和完善网上并联审批、告知承诺等工作机制，促进建设项目审批提速提效。扎实推进"照后减证"工作，全面清理规范各类涉企许可事项，压减企业开办流程和时间。加快推进中介服务事项、中介服务机构入驻全省统一中介服务超市平台，进一步减少不必要的行政审批中介服务事项。继续推进"双随机、一公开"监管，健全"一单两库一细则"，突出监管重点，解决监管缺位越位错位问题。扩大"秒批"服务事项范围，更好解决企业群众办事堵点难点问题。推行"极简审批"改革，全面清理各类无谓证明，大力减少环节手续，切实利企便民。

（四）完善行政决策的法制审核工作与政府法律顾问工作

继续实施市政府、区政府和市政府部门重大行政决策目录管理机制，加强纳入重大行政决策目录事项的督查。进一步规范决策启动前的论证、风险评估、听取意见后的处理和反馈、执行后的纠错和调整等工作程序。政府法律顾问全程参与、深入介入涉及经济社会发展的重大项目，为行政决策的合法性以及决策目标的实现路径建言献策，为政府引导基金等新经济业态的形成、发展壮大把好法制审核关。在前海公共法律事务调处中心基础上，探索继续在高新区、创业园等高质量发展产业集聚区设置法律顾问工作点，以贴身服务方式协调解决公共法律事务。

（五）推进行政执法信息化和规范化建设

统筹考虑职能定位、风险等级、管辖范围、社会影响力等因素，合理划定市、区、街三级事权和执法职责，继续下移执法重心。合理划定综合行政执法范围，稳步推进综合执法体制改革。推进执法检查规范化建设，完善法定检查事项随机抽查机制。积极推广利用高科技手段辅助执法，提高执法效率。继续全面推进执法全过程记录模式，完善执法公示制度和重大执法决定法制审核制度。加快推进法治政府信息平台项目建设，利用大数据分析、智能化辅助等手段，实现对全市所有行政执法全覆盖、全流程监控，提升执法监督的科技化、智能化水平。继续发挥特邀执法监督员的社会监督作用，优化监督方式，丰富监督内容，有力提升行政执法水平。

（六）提高政府自我监督和外部监督力度

市、区政府向同级人大常委会定期报告法治政府建设情况。加强行政机关出庭应诉工作培训，提高行政机关负责人出庭应诉比例。行政机关自觉接受行政检察监督，高度重视公益诉讼检察建议这一诉前程序，及时纠正违法行政行为。实行规范性文件制定和备案常态化检查。升级改造行政执法电子信息平台，完善行政预警监督机制。按广东省统一部署推进集中行政复议管辖，不断提升复议监督成效。提高行政执法案卷评查的频率和力度，注意加强对各区行政执法的监督评查。加强财政收支审计，加大政府投资跟踪审计力度。

（七）全面加快实现法治政府建设指标

聚焦营造良好营商环境、提升城市核心竞争力等关键领域，积极借鉴其他发达城市的先进经验和实践，梳理、完善法治政府建设体系的核心要素，不断提升法治政府建设考评的公正性、客观性和可操作性。充分利用"互联网+新技术"，搭建行政立法和公众参与的桥梁，深入基层和实地调研，提升政府规章的质量。形成包括决策程序原则及具体工作规范和配套措施在内的重大行政决策制度体系，加强决策合法性审查、跟踪督导和定期问效，强化重大行政决策的刚性约束。探索利用第三方力量参与法治政府建设核查工作，提高考核工作的公信力，提高法治政府建设成效。根据复议、诉讼、仲裁等案件办理情况，及时总结依法行政工作存在的共性问题和薄弱环节，加强业务指导，提高行政机关的履职能力。加强法治政府建设的日常督促和检查，确保按期完成国家、省和市部署的法治政府建设各项任务。

B.6 深圳法治化营商环境的优化路径

黄祥钊*

摘　要： 深圳要在2025年建成法治化、国际化、便利化营商环境，需要探索法治化营商环境的优化路径，在对法治化营商环境现状进行评估的基础上，重点清理营商环境制度障碍；加强营商环境立法；加强社会信用建设；规范行政执法；强化产权保护；建立多元化纠纷解决机制等。

关键词： 营商环境　法治化　深圳

近年来，党中央和国务院高度重视营商环境建设。党的十八届五中全会明确提出要完善法治化、国际化、便利化营商环境。习近平总书记明确要求北上广深等特大城市要率先加大营商环境改革力度，营造稳定公平透明、可预期的营商环境。笔者认为，无论是对标国际营商环境的最高标准，还是与营商环境优良的发达经济体相比，深圳法治化营商环境还有差距和短板，深圳应结合实际积极探索进一步优化法治化营商环境的路径。

一　深圳法治化营商环境现状评估

深圳作为中国最早设立的经济特区，经济社会发展取得举世瞩目的成就，与良好的营商环境是密不可分的。要率先加大营商环境改革力度，是习

---

* 黄祥钊，深圳市司法局经济法规处处长。

近平总书记赋予深圳的战略使命，也是深圳勇当"四个走在全国前列"尖兵，率先建设"社会主义现代化先行区"和"强国城市范例"的历史责任。为落实习近平总书记的重要指示，深圳市委市政府高度重视，加大力度进一步优化营商环境。2018年1月，深圳市政府以1号文出台实施《关于加大营商环境改革力度的若干措施》，从投资环境、产业环境、政务环境、人才环境、绿色环境和法治环境等6个方面，就深圳营商环境提出了20条改革措施，涉及126项政策任务。同时，深圳政府各部门制定营商环境改革配套政策和落实方案114个。目前，深圳企业开办时间缩短至4个工作日，外商登记备案压缩到1个工作日，出口通关时长压缩了60%以上。深圳率先推行"互联网+政务服务"模式，实施"深圳90""深圳33"改革目标，政府投资类和社会投资类建设项目从立项到施工许可办理完成，总审批时间分别不超过90天和33天，审批时限压缩了2/3，着力打造重效率、重服务的深圳营商环境。

良好的营商环境离不开法治，法治保障对营商环境至关重要。影响营商环境的因素包括经济秩序、市场要素、法治建设、政务环境、生活环境等。在影响营商环境的诸要素中，法治对营商环境有着重要影响。法治可以培养人们的规则意识，推动形成和谐稳定的社会关系；法治可以平等保护各类产权，增强市场主体创业创新活力和投资意愿；法治可以有效预防和解决矛盾纠纷，维护社会秩序和社会稳定。可以说，法治是营商环境的核心和关键，法治就是最好的营商环境。深圳历来重视法治环境建设，早在1986年2月，深圳就出台实施《深圳经济特区抵押贷款管理规定》等便利营商环境的法规和政策规定。1991年深圳市政府就编印了《深圳经济特区法律环境》，为中外投资者介绍深圳的投资环境及法治环境。1992年经全国人大授权，深圳在获得经济特区立法权后，陆续制定了《深圳经济特区股份有限公司条例》《深圳经济特区有限责任公司条例》等涉及企业开办和管理的法规。三十多年的特区立法，为深圳打造良好的法治化营商环境奠定了坚实的基础。截至2018年12月，深圳市人大及其常委会共制定法规226项，其中特区法规183项，设区市（较大市）法规43项，现行有效法规165项。深圳市政府共制定规章226项，现行有效116项。同时，深圳法治政府建设也连续多年位居国家和广东省的前列。2012年，《深圳市法治政府建设指标体系》荣获第二届"中国法治政府奖"；2017年，深圳市获评"法治政府建设典范城市"荣誉。深圳要率先建设"社会主义现代化先行区"，把加强营商环境建设摆在了更加突出的位置。2018年，深圳市委市政府将"营商环境优化行动"作为"十大行动"之首，明确提出要"坚定不移营造更加市场化国际化法治化的营商环境"。深圳要争取在2019年底前达到相当于全球经济体营商环境排名前30的目标，到2020年底前争取达到相当于全球经济体营商环境排名前20的目标，到2025年，建成法治化、国际化、便利化营商环境。

深圳营商环境综合改革实施一年来，营商环境综合改革举措得到了各界的充分肯定，企业普遍认为深圳营商环境良好，"营商环境20条"政策含金量高，政府没有开"空头支票"。深圳市发展改革委员会通过组织座谈会、问卷调查，以及委托第三方进行评估和大数据分析表明，深圳营商环境改革总体顺利，30项任务已经完成，88项任务正在推进，另有7项涉及中央或广东省事权的事项也在积极争取中。目前，深圳的营商环境也得到多家第三方评估机构的充分肯定。2018年2月，中国人民大学国家发展与战略研究院发布《中国城市政商关系排行榜（2017）》，深圳在中国285个城市政商关系健康指数中排名第二。2018年3月，新华通讯社新华指数有限公司发布《亚布力论坛·新华中国营商环境指数》，公布国内排名前10位城市排行榜，深圳位居榜首。2018年12月3日，粤港澳大湾区研究院发布《2018年中国城市营商环境评价报告》，深圳位居35个城市营商环境指数第一名。2018年12月12日，中央广播电视总台发布《中国城市营商环境报告2018》，深圳在中国城市营商环境综合排名中位居第三，在创新环境评价中排名第一。2018年11月，深圳市发展和改革委员会委托行业协会开展问卷调查，结合第三方营商环境评价报告，组织开展相关大数据分析等多维度综合评估，认为深圳市营商环境总体良好，营商环境最具优势的方面依次是市场化程度为82%、政务环境高效便利为78.9%、法治环境优良为64.8%、国际化程度高为50.8%。显然，相对于市场化程度和政务高效便利方面的得分，深圳的法治环境得分偏低，还存在一些不足需要改善和提升。

二 深圳法治化营商环境存在的主要问题

深圳营商环境综合改革虽然取得了较好的成绩，法治化营商环境也取得了长足进步，但与深圳经济社会协同发展的需求相比，与企业和社会公众的期待相比，法治化营商环境中的制度建设、立法规范、社会信用、执法规范、产权保护、权益救济等，在完善度、科学性以及落实效果等方面，比国内外营商环境一流的城市还有不足：一是有碍营商环境的法规政策文件未全面及时清理。在营商环境制度建设上，有些法规政策文件未能与国家出台的优化营商环境的法律法规和政策文件同步更新，有些扶持政策存在向重点领域、重点行业和本土企业倾斜现象，对其他市场主体在某种程度上有失公平；有碍统一市场建设的相关政策规定，以及增加企业负担、减损企业权益的政策规定还在一定程度上存在。二是营商环境立法不够健全。缺乏系统科学的营商环境立法规划，尚未完全建立起立法为商的理念，立法滞后于经济社会发展和改革创新实践需要，一些营商环境领域包括市场主体、商事制度、金融信贷、劳动关系、产权保护、社会诚信等方面的法规仍然处于空白状态。优化营商环境的综合性立法至今尚未出台，营商环境综合改革目前仍处于政策层面，优化营商环境的改革措施尚未通过立法加以固化，立法为优化营商环境提供引领、规范、促进和保障的功能尚未体现出来。三是社会信用建设需要进一步强化。企业在注册登记、经贸交易、税费交纳、劳动关系、破产清算、人员安置等方面还存在诚信缺失问题，个别政府部门也还存在新官不理旧账、政策没有连续性、官员不愿意承担责任等政务诚信问题。四是行政执法不规范。执法过程中还存在重检查、轻服务，重处罚、轻规范的问题；多头执法、交叉执法、重复执法的现象尚未有效杜绝，一些执法人员不认真履行职责，滥用自由裁量权，变通处理或者规避法定程序等问题还时有发生。过度执法、执法不公、执法不作为问题仍未根本解决。五是产权保护制度不够完善。主要是对非公有制经济产权保护仍有不确定性，尤其是对民营企业家最为关注的私有财产权保护问题认识不足，知识产权保护制度不健全，对知识产权保护工作缺乏系统、长远规划，导致对产权保护还存在不足。六是权益保护和纠纷解决的渠道还不够通畅。投资者权益保护需要有效的途径和渠道，经贸投资纠纷的解决也需要有快速高效的机制。但目前的权益保护和纠纷解决还存在周期长、成本高、效果差的现象。

三　深圳法治化营商环境优化的路径

（一）清理有碍营商环境的政策文件和证明事项

改革开放40年来，深圳先后出台不少涉及企业开办注册、投资审批、金融信贷、税费征收、产权保护等方面的法规政策文件，其中仍存在一些有碍营商环境的法规政策性文件，以及个别部门还留存有要求提供的重复证明事项。加快对这些法规政策文件以及证明事项的清理是当务之急。凡与国家法律、法规和政策相悖，妨碍统一市场建设，有碍市场活力、妨碍公平竞争、制约企业发展、减损企业权益，以及其他明显不利于优化法治化营商环境的法规政策文件，应当限期废止或者修改，为深圳营造国际一流营商环境提供制度保障。清理的内容主要包括：一是行政许可设置是否于法有据，是否必要，行政许可的条件、程序是否合理。二是设立行政处罚是否于法有据，行政处罚程序、处罚幅度等是否科学合理。三是行政事业性收费设立是否于法有据，是否必要，收费标准是否合理，监管措施是否完善。四是公共服务是否完善，政务服务是否高效透明，委托、授权中介提供服务是否有依据和适当，所提供的服务质量是否达到要求；财政资助补贴是否合理、公开；公共服务相关监管、监督措施是否完善；等等。五是还要对各区各部门设立的循环证明、重复证明进行全面清理，从制度和机制上清理规范证明事项和办事手续，继续加大"减证便民"力度，该取消的坚决予以取消，该

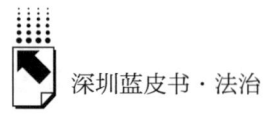

规范的严格予以规范,从源头上解决企业和群众办事难问题,为进一步优化法治化营商环境清除制度障碍。

(二)加强营商环境制度建设和立法

其一,注重营商环境制度建设。近两年,深圳在全面清理有碍营商环境制度的基础上,陆续出台实施进一步优化营商环境的一系列法规、规章及规范性文件,包括综合类5项,产业发展环境类8项,人才发展环境类3项,政务环境类3项,绿色发展类1项,法治环境类2项,其中2项为特区法规,其他均为政府规章或规范性文件,这些法规、规章及规范性文件为全面推进法治化营商环境建设提供了重要的制度保障。

其二,加强营商环境立法规划。优化法治化营商环境需要健全立法,做到"有法可依"。针对目前深圳营商环境立法相对滞后,缺乏系统立法规划的状况,需要科学编制和有序推进营商环境立法规划和年度立法计划,健全优化营商环境的立法框架。健全和完善营商环境立法,要加强重点领域法规制度建设,为进一步优化法治化营商环境提供立法保障。改革开放40年来,深圳涉及经济方面的立法数量不少,但是涉及营商环境方面的立法为数不多,尤其是关于市场主体、商事制度、社会诚信、劳动关系、市场监管、产权保护等方面的立法还需要进一步加强和完善。加强营商环境法治化建设是一个系统工程,需要各个领域密切配合,由市政府相关部门拟定营商领域的立法项目,由立法部门形成一个全面系统的立法规划框架,同时建立营商环境立法储备制度,并根据轻重缓急制订出年度立法计划,再由起草部门会同立法部门按计划付诸实施①。深圳营商环境立法规划可以借鉴香港、新加坡有关营商法规,参考世界银行关于营商环境评价提出的主要指标,围绕加快推进企业开办、投资审批、许可实施、融资信贷、税费征收、跨境贸易、网络交易、合同履行、公平竞争、社会信用、财产登记、产权保护等重点领域

---

① 深圳拟于近期制定的营商环境立法项目共29项,其中特区法规22项,政府规章6项,规范性文件1项,涉及综合总类、市场主体、信用、审批许可、产权、融资、保障、保护、执法监管、公共服务、纠纷解决等各方面。

进行立法。在拟定立法规划后，对条件具备、时机成熟的，成熟一项立法一项，最终形成一套有利于优化营商环境的法规规章体系。

其三，制定营商环境综合性立法。为保障营商环境综合改革的成果，深圳亟须制定一部《深圳经济特区优化营商环境条例》，对优化营商环境进行框架性的总括规定。加快制定《深圳经济特区优化营商环境条例》，通过立法营造稳定公平透明、可预期的营商环境，保证立法与营商环境改革相衔接。《深圳经济特区优化营商环境条例》应侧重从公共服务、市场主体、社会信用、产权保护、政府监管、监督保障等方面进行制度创新。《深圳经济特区优化营商环境条例》的内容框架大致可包括总则、公共服务、市场主体、社会信用、产权保护、政府监管、监督保障、法律责任和附则等。该项立法要聚焦当下深圳营商环境的热点、难点和焦点问题，对深圳推行的"互联网+政务服务"模式，全流程网上商事登记和电子营业执照，以及"多证合一、一照一码"登记制度等内容做出制度性规定。立法应明确规定政务服务事项的办理流程，规定建立项目落地保障机制和承诺办结制度；明确规定平等对待不同所有制企业，不得歧视非公有制企业，平等保护各类市场主体，对制定出台市场准入、招商引资、产业发展、招标投标、政府采购、资质标准等涉及市场主体的政府规章、行政规范性文件以及其他政策措施，应当进行公平竞争审查；明确规定执法部门实施监督检查，应采取检查对象随机抽取、检查人员随机选派的方式，推进合并和联合检查，检查不得妨碍企业正常的生产经营活动；管理服务对象可以对行政机关及其工作人员的不作为、乱作为等行为进行举报投诉，对违反规定的单位和个人应明确承担相应的法律责任等。

（三）加强社会信用建设

深圳早在2001年就发布实施《深圳市个人信用征信及信用评级管理办法》《深圳市企业信用征信和评估管理办法》等政府规章。经过十多年的摸索，深圳在信用法规建设、征信系统搭建、信用监管探索、信用服务发展等方面积累了一定的经验，奠定了较好的基础。2012年8月，深圳按照时任广东省委书记汪洋关于"三打两建"的统一部署,全面推进社会信用体系建设。2013年,深圳出台了《深圳市社会信用体系建设规划(2013~2020年)》,积极推进社会信用体系建设。深圳政府有关部门还陆续出台包括《深圳市纳税信用管理实施办法》《深圳市食品安全信用信息管理办法》《深圳市网络经营者交易信用信息管理办法》《深圳市房地产行业诚信档案管理办法》《深圳市律师诚信档案实施办法》《深圳市药品零售企业信用管理办法》等信用建设文件,将违规失信行为记入诚信档案或征信系统,落实信用奖惩联动机制,推动形成系统性的信用规范体系。2017年10月1日,深圳市政府又颁布实施政府规章《深圳市公共信用信息管理办法》,对全市公共信用信息的记录归集、公开披露、查询应用、日常管理、信用承诺、信用修复等做出相应规定。下一步深圳要继续强化信用法规建设,拟抓紧制定《深圳市社会信用条例》,从健全信用法制规范、保护信用主体合法权益、促进诚信行为褒扬激励、强化信用联合奖惩、加强失信行为约束惩戒等方面进行立法规范。一要建立覆盖全社会的征信系统,归集包括各类涉及法人和自然人的信用信息,制定信用信息应用清单,便于查询和使用相关主体的公共信用信息。二要推进社会信用监管,通过立法对社会信用信息的采集、保存、披露、共享,以及信用评价、信用服务等进行规范。三要完善信用信息安全保护机制,在经济建设和社会管理等多个领域落实信用评价和分类监管,不断强化监管合力。四要建立失信联合惩戒机制,对扰乱市场秩序,损害市场主体和社会公众利益等行为要实行联合惩戒,制定罚则或规定相应的法律责任,推动形成守信者一路畅行、失信者寸步难行的诚信社会环境。五要加强政府诚信建设,凡是政府承诺的服务事项必须严格履行,不得以政府换届、领导人调整变更为由拒不履行签订的合同或协议;不得随意撤销、变更赋予市场主体权益的行政决定;因法定事由需要变更、调整的要对利害关系人依法予以补偿。

(四)规范行政执法

进一步规范行政执法尤其是涉企执法,避免执法扰企扰民。规范行政执法的重点措施包括：一是规范行政执法主体，以行政执法主体公告形式，严格界定各执法主体的执法权限。力求减少执法层级，整合执法资源，加强监管协同，形成监管合力。统筹配置执法资源，整合精简执法队伍，相对集中行政处罚权，建立健全跨部门、跨区域执法联动响应和协作机制，尤其是在规划建设、市场监管、城市管理、生态环境保护等城市管理执法部门之间，实现监管标准互通、执法信息互联、处理结果互认，避免多头执法、重复检查。二是规范执法程序，明确具体执法操作流程，严格执行调查取证、权利告知、执法听证、法制审核、送达执行等执法行为程序规范，充分保障行政相对人的陈述权、申辩权、救济权，促进行政执法规范化。三是行政执法检查实行"双随机一公开"，执法检查对象要随机抽取，执法检查人员须随机选派，抽查事项、抽查情况及处理结果应当及时向社会公开，保证行政执法公开、透明。四是健全行政裁量权基准制度，规范裁量范围、种类、幅度，细化行政裁量标准，防止执法人员滥用裁量权。坚持严格执法、宽严相济、处罚适当的原则，防止越权执法、违规执法、过度执法。五是全面推行行政执法公示制度、全过程记录制度，所有执法部门逐步配置执法记录仪，对执法全过程跟踪记录，实现执法环节全程可追溯，倒逼执法人员自我约束、文明执法。六是增强基层执法队伍业务素质，强化岗前岗位培训及考核，行政执法人员应当参加上岗培训考试，考试合格者方可申领执法证件。

（五）依法严格保护各类产权

按照中共中央和国务院关于完善产权保护制度依法保护产权的要求，营造平等保护各种所有制经济的产权的法治化营商环境。一要坚持平等保护、依法保护、全面保护的原则，不断推进产权保护法治化水平，增强各类产权主体创业创新动力。切实保障不同所有制企业、大小企业在企业融资、资质许可、政府采购、资金扶持、参与招投标等方面的公平待遇，严禁滥用行政权力排除和限制竞争。二要进一步加大知识产权保护力度。2019年3月1日出台并实施《深圳经济特区知识产权保护条例》，明确规定实施最严格的知识产权保护制度，规定了知识产权合规性承诺制度，加大了知识产权侵权行政处罚力度，提高了知识产权侵权法定赔偿上限，实施知识产权惩罚性赔偿，同时建立知识产权失信违法信用惩戒机制等。三要切实维护各类市场主体的合法权益，强化各种所有制经济权益的保护。采取有效措施加强股东权益保护，依法保护中、小股东的表决权、知情权、利润分配权、经营监督权等法定权利。四要依法查处各类侵犯企业产权的违法犯罪行为。依法打击各种黑恶势力、金融诈骗、制假售假、侵犯知识产权等破坏市场秩序的行为。五要依法妥善处理涉企经济纠纷案件，严格区分经济纠纷与经济犯罪、合法财产与违法所得、正当融资与非法集资等问题，严格区分个人财产和法人财产、合法财产和违法所得的界限和标准，防止将经济纠纷变为刑事犯罪，将民事责任转变为刑事责任。

（六）构建多元化民商事纠纷解决机制

市场主体在市场运行中产生矛盾纠纷不可避免，法治化营商环境制度建设需要通过设定诉讼、仲裁、调解等多种途径，帮助争议各方解决纠纷、化解矛盾，维护市场秩序和当事人的合法权益。为进一步优化营商环境，深圳需要构建起多元化民商事纠纷解决机制。一是构建人民调解、行政调解、司法调解、商事仲裁有机衔接的商事纠纷解决机制。建立和不断完善行政调解、行政裁决、司法调解、商事仲裁和民事诉讼等有机衔接、相互协调的解纷机制，健全完善调解与诉讼、仲裁、复议对接的工作机制。二是政府部门加强民商事纠纷预防和化解能力建设，提供必要的公共财政支持，促进民商事纠纷解决组织的发展；同时整合政府部门、社会团体、行业协会中的经贸、法律、财会、审计等专业人士，发挥专业人才的业务专长，为民商事纠纷提供调解服务。三是发挥深圳仲裁机构的仲裁调解功能，强化深圳国际仲裁院（深圳仲裁委员会）和其他贸易仲裁调解机构的作用，拓展仲裁服务范围，创新仲裁服务方式，利用仲裁云平台，开展网上仲裁受理、网上裁决民商事案件，为民商事纠纷当事人提供低成本和高效便捷的仲裁服务。健全商事纠纷非诉解决机制，拓宽商事纠纷解决渠道。创建商事纠纷大调解格局，引入行业协会、商会及其他具有调解职能的组织共同参与调解。四是组建专业性调解组织或委托行业协会、社会组织等第三方调解机构实施调解，允许其实行市场化运作，依法为民商事纠纷当事人提供调解服务。五是鼓励社会力量依法提供公益性的纠纷解决服务。具备条件的行业协会、商会可以设立公益性调解组织，为民商事纠纷当事人提供公益性调解服务。

B.7
深圳市公平竞争审查制度实施情况研究

邓达奇　张泊宁*

摘　要： 公平竞争审查制度2016年在深圳市全市范围内实施,虽然实施时间不长,但已初见成效,市区两级均搭建了相应的工作机制,且避免了一些妨碍和排除竞争的政策的出台。然而作为一项新兴制度,它的实践仍然反映出许多问题,如"自我审查"模式的分散性和欠公正性,监督机制的不力,审查工具和程序的不健全,信息公开的质量不高,公平竞争审查制度要在深圳市取得明显的成效仍须多方面努力,当务之急是针对实践中的漏洞有针对性地完善制度细则,确保审查主体多元化,提倡量化审查方法,增加二次审查程序,优化制度豁免和加大信息公开力度,推动深圳市公平竞争审查的实践走向成熟。

关键词： 深圳　公平竞争审查制度　自我审查

从市场经济建设前景的维度评价,公平竞争审查制度"保证市场公平竞争秩序"的本质目的与"统一开放竞争有序的现代市场体系"的推进方向是耦合的;从制度合宪性的维度评价,公平竞争审查制度具备充分的"保障市场主体公平竞争权"和"制约政府经济权力"的价值内涵;从竞争法体系构建的维度评价,公平竞争审查制度避免了《反垄断法》在规制政

---

* 邓达奇,西南政法大学法学博士后,深圳市社会科学院政法研究所副研究员;张泊宁,法学硕士,广州市道路扩建工程办公室。

府限制竞争行为上的"跛脚前行"。2016年6月14日《国务院关于在市场体系建设中建立公平竞争审查制度的意见》的公布，标志着公平竞争审查由名词概念转变为一项具有基本框架的制度性安排。根据该意见的要求，深圳市陆续起草出台了《深圳市人民政府关于在市场体系建设中建立公平竞争审查制度的实施意见》（以下简称《深圳市意见》）、《深圳市公平竞争审查联席会议制度（征求意见稿）》、《关于明确公平竞争审查工作程序的通知》（深市质〔2017〕126号）等文件，并陆续召开两次联席会议，积极推进深圳市公平竞争审查工作的开展，取得了阶段性的成绩。然而，由于公平竞争审查制度尚处于探索建立的"摇篮期"，深圳市的审查实践也存在诸多不足，例如，审查范围不精准、审查主体单一、审查工具欠科学、监督制约机制不完善等，公平竞争审查制度若要为深圳市场带来真正的制度实效，仍面临着许多难题和阻碍。为此，应当深入分析目前深圳公平竞争实践中存在的问题及原因，结合深圳市场发展现状思考解决方案，为制度的完善以及今后工作的进一步开展铺平道路。

一 深圳市实践取得阶段性成效

从公平竞争审查制度实施意见和实施细则出台开始，深圳市一直在努力探索最符合本市市场竞争实际的审查模式，目前在审查制度的构建以及公平竞争秩序的维护上都取得了一定的成绩，一些可能存在竞争损害的政策措施得到清理和修正。例如，由于《深圳市群众性公共体育活动资助管理暂行办法》第四条涉嫌歧视对等性待遇，将资助对象限定为依法在深圳市民政局登记注册的体育类社会组织，使在深圳市外注册登记的组织无法获得公平的优惠待遇，该规范性文件被废止；又如，《深圳市龙华区小型建设工程承包商预选库暂行管理办法》第十五条规定投标报名的建设从业单位必须符合在深圳市范围内有满足需要的固定办公场地、设备和相应的工程技术人员等条款存在限制竞争的情况，该条文因设定了严苛的准入条件，损害市场主体参与公平竞争的能力和积极性而被删除。

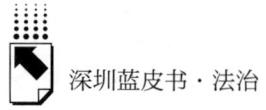

（一）审查覆盖面广泛

比较特殊的是，深圳市的公平竞争审查是以存量政策而非增量政策作为主要审查对象，任务更为艰巨，也昭示了深圳市大力推动公平竞争审查制度的强大决心。据统计，截至2018年12月，已对1108份文件开展了清理审查工作，其中市政府文件32份，市政府所属部门文件526份，区政府（新区管委会）文件115份，区政府（新区管委会）所属部门文件435份。经过清理，修改调整市政府所属部门文件2份、区政府（新区管委会）文件4份；废止市政府文件9份、市政府所属部门文件14份、区政府（新区管委会）文件2份。① 当然，深圳市同时也将增量政策作为审查重点，截至2018年12月，全年共审查市政府文件11份，市政府所属部门文件148份，区政府（新区管委会）文件72份，区政府所属部门文件400份。经过审查，修改调整市政府所属部门文件2份、区政府所属部门文件41份。② 审查的范围包括深圳市出台的有关市场主体开展经营、参与商业活动和市场竞争的法规、规章和其他政策性规范文件，覆盖了市场准入、产业发展、贸易投资、招商投标、政府采购等多个领域。

（二）组织机制完备

深圳市的公平竞争审查由深圳市市场与质量监督管理委员会统筹开展，由其召集发改委、财政委、各区政府等33个成员组成联席会议，对市各区、各部门的公平竞争审查工作进行协调指导、跟踪监督、定期评估。目前，深圳市区两级已全部建立联席会议机制，并明确了联席会议的成员构成、职权责任、工作程序以及运行机制。联席会议于2017年11月和2018年9月共召开了两次，通过随机抽查审查实施主体和公共经济政策的督查方式，组织督查小组深入各实施单位督查内部审查机制建设、政策措施的存量清理和增

---

① 存量政策审查处理结果分布的百分比可见图1。
② 增量政策审查处理结果分布的百分比可见图2。

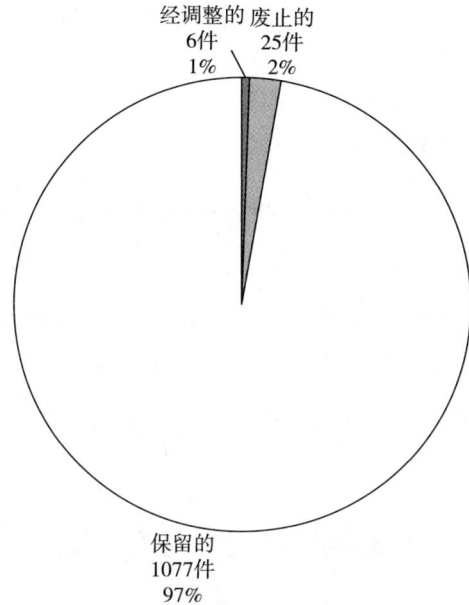

图 1　存量政策处理审查结果分布

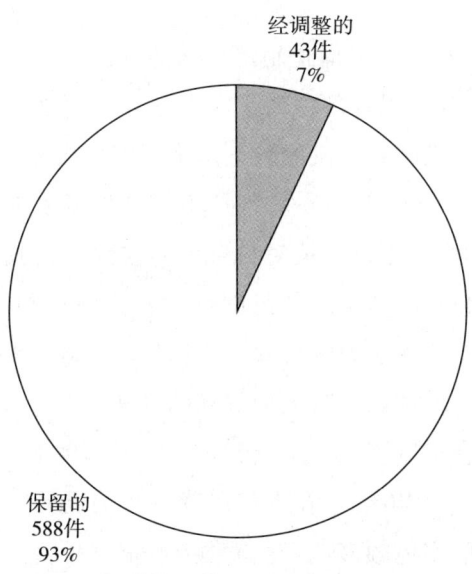

图 2　增量政策处理审查结果分布

量审查情况,来倒逼各实施单位积极、规范、公正地开展公平竞争审查。同时,通过深圳大学等第三方评估主体对联席会议的督查结果进行再次审查,

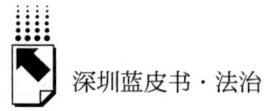

从相对客观和专业的视角对"自我审查"初步结果的有效性予以更深层次的保障。

(三)配套保障措施到位

为了保障审查工作有据可依,《深圳市政府立法工作规程》和《深圳市行政机关规范性文件管理规定》中增加了公平竞争审查相关规定,将公平竞争审查作为法规、规章、规范性文件的前置法制审查的必要步骤。同时,也注重运用激励机制来增强各方开展公平竞争审查的积极性,将各部门单位是否履行公平竞争审查职责作为法治政府和绩效考评的计分项目。

二 制度实践中仍然存在不足之处

(一)"自我审查"的分散性和欠公正性

《深圳市意见》根据政策措施制定名义的区别,对公平竞争审查的实施主体作出了具体规定:"以各部门名义印发的政策措施,由各部门负责自行审查;以多个部门名义联合印发的政策措施,由牵头部门主要负责审查;以市、区政府(新区)或政府办公室名义印发的政策措施,由起草部门负责审查。"这其实是由政策制定机关对自身行为进行"自我审查"的细化。由于深圳市公共政策数量巨大①,自我审查相对于专门机构审查更加符合现实,不失为一种缓解审查压力的有效方式。另外,政策制定机关本身对于某项公共政策出台的价值依据具有更加清晰的判断,在政策涉及的具体部门和领域,政策制定者在信息资源占用量和技术掌握程度上比起第三方审查主体更有优势。然而"自我审查"依然存在着一些明显的弊病:第一,深圳市具有政策制定权限的主体颇多②,这就意味着审查将会过于分散,每个审查

---

① 经北大法宝网检索和不完全统计,截至目前深圳市人民政府发布的规范性文件达2857件,深圳市其他机构发布的规范性文件达20314件。
② 包含深圳市政府和市人大在内,深圳市拥有政策制定权限的市级主体共291个。

主体在审查标准的大致框架下都拥有一定的自由裁量权，这会使审查结果"波动过大"，甚至会产生"同案不同判"的不公正情形。再加上不同的政策制定者对于"竞争知识"的掌握程度不同，比如通常来说，具有经济执法权的政策制定者比文体领域的公共政策制定者更有能力去分析自身行为的竞争合规性。因此，审查主体的分散性在很大程度上会折损审查结果的客观、统一和公正。第二，从保障市场公平这一最核心的价值层面来考察，政策制定机关作为规则的制定者，又作为该规则的矫正者，当限制竞争的某项政策能够给制定者带来更大程度的利益时，很难保证政策制定者能够认真、积极地执行公平竞争审查，且当竞争执法机构和社会公众的参与程度不高的话，审查将更难以取得可观的成效。总之，公共政策制定者是否能够成为公平竞争审查最适合的审查主体，仍然值得思考。

（二）缺少量化审查工具的运用

深圳市公平竞争审查基本上从以下几个维度来展开，即考察某项政策是否限制公共资源交易的市场竞争主体的数量、是否限制商品和资源的自由流动、是否限制公共资源交易市场主体的竞争能力以及是否限制公共资源交易市场主体参与竞争的积极性。由此可见，深圳市公平竞争审查方式为在对政策措施的限制竞争影响的类型化划分的基础上开展的定性分析，这种分析方法是一种描述性的、对结果的"质"的研究，灵活度较高，能够充分利用审查人员的专业知识和主观能动性，是一种节省时间和成本的审查工具。然而，如果仅将定性分析作为唯一的审查方式，则会影响审查结果的精确性和规范性，因为一方面，定性对数据资料的依赖性更小，审查结果相对粗糙；另一方面，定性分析给予了审查者较大的自由裁量权，可能会产生"结论主导"的主观意识，即忽视审查过程，为了追求一个既定的审查结论而进行审查论证，这种颠倒式的审查方法过于形式化，具有很大的随意性。当某项政策涉及特定公共目标的实现、竞争影响评估、其他社会收益等多维度的评价指标时，纯粹的定性分析会导致评估结果的偏差，因此定性分析应当作为定量分析的一种辅助和支撑，可以作为首要的审查环节，对可能影响竞争的政策措施进行初步筛选，为下一环节的定量分析缩小范围。由于国家立法评估中的政府管制的成本—效益分析方法的运用空白，加上竞争审查的专业经验不足，同时缺少量化的评估指标，目前深圳市仍以定性分析为主要评估工具。

（三）豁免的范围和程序不具体

《深圳市意见》列举了四项适用例外规定的政策措施，分别是国家利益层面维护国家安全需要的，社会保障层面扶贫救助需要的，社会公共利益层面环保节能需要的和法律法规规定的其他情形。例外规定即为公平竞争审查的豁免，原本适用公平竞争审查制度的相关政策，只要具备这四项所述的不可或缺的政策目的，即使存在一定程度限制竞争的影响，只要不严重排除和限制竞争，且审查者完成了做出说明、明确时限并及时进行定期评估的程序后，该政策也可以不适用公平竞争审查制度，允许出台实施。然而，这四项例外规定的情形过于抽象，只是粗略地要求"不会严重排除和限制市场竞争"，语义外延的丰富性模糊了其适用边界，且尚未有如何确定政策目的的必要性，及如何衡量该必要性与竞争利益的原则和具体操作方法，加上其四的兜底条款缺少具体的适用条件及启动和认定程序，这就相当于给政策制定者任意裁量的机会。换言之，在行政机关存在利益偏在，自我矫正动力不足，限制竞争因素的隐蔽性显著，竞争影响评估能力有限的前提下，隔靴搔痒的豁免制度设计大大降低了公平竞争审查对于政府经济权力运行规制的有效性，可能为政策制定主体滥用例外规定逃避清理限制、排除竞争的政策措施提供可乘之机。①

（四）再次审查程序和监督制衡机制空白

根据《深圳市意见》"经审查认为不具有排除、限制竞争效果的，可以实施；具有排除、限制竞争效果的，应当不予出台，或调整至符合相关要求

---

① 朱静洁：《公平竞争审查制度实施情况的实证研究》，《竞争政策研究》2018年第4期。

后出台。没有进行公平竞争审查的，不得出台"可知，政策制定机关的审查结果为最终结论，因此制定机关的自我审查便是终局审查。考虑到存量政策巨大，这样"一次终审"程序能够节省时间，提高审查效率，但在客观性、有效性、公平性方面却难以保证，因为一次终审缺乏其他有力的审查力量牵制，若政策机关的审查结果存有瑕疵，则无法得到矫正。竞争评估经验相对成熟的法域基本上都设置了二次审查的程序。如在韩国，政策制定机关对法规的政策进行初步审查，但公平交易委员会（KFTC）若不支持初步审查的结论，则有权要求复查，在此过程中，KFTC提出的建议和意见，初审机关有义务认真听取。在日本，各政府部门完成对政策措施的自我审查后应将审查报告提交至公正交易委员会，公正交易委员会对审查结果进行监督和提出意见，虽然日本的公正交易委员会并不像KFTC可直接作为审查主体介入审查程序中，但它的竞争执法活动拥有竞争法层面的保障，日本《独占禁止法》第44条第2款规定：公正交易委员会对实现本法目的的相关事项，可以经由内阁总理大臣向国会提出意见。具体在竞争评价实施层面，公正交易委员会将会对一次审查的结论进行主动细致的审查，并且它是审查依据——竞争评价工具书的制定者，意味着它对竞争评价结果的偏向具有较大程度的影响。然而，深圳市的竞争执法机构[①]——深圳市市场监督管理局的角色定位并非是公平竞争审查的二次审查的主角，只是发挥着咨询、答疑和事后监督的次要作用。虽然市场监督管理局作为联席会议的组织者，有接受公众举报和提出建议的权力，但相关文件对于审查者是否必须采纳其提出的建议没有确切回答，据此，深圳市市场监督管理局不能针对政策制定者在审查过程中出现的错误及时予以制止。另外，根据《反垄断法》第51条，针对行政垄断行为，反垄断执法机构只有对违法的行政机关及其上级机关提出

[①] 在国务院机构改革方案出台以前，负责涉及价格垄断行为执法的发展和改革委员会，负责经营者集中执法的商务部，以及负责其他垄断执法的工商管理部门与反垄断委员会为中国的竞争执法机构，在改革后，"三驾马车"职能整合，统一为国务院的直属机构——国家市场监督管理总局，各地方则由对应的地方政府机构合并的市场监督管理机构作为竞争政策的执行者。

"建议"的权力。因此，市场监督管理局缺乏实质的、强制性的执法权来对具有排除竞争因素的政策措施予以撤销或提出替代方案，也并不能够直接追究政策制定者的责任，可见，深圳市的竞争执法机构对公平竞争一次审查是难以发挥制衡作用的。

（五）信息公开力度不够

《深圳市意见》要求竞争审查后应当形成书面意见，并公开向社会征求意见。虽然深圳市的公平竞争审查实施初见成效，但在市场监督管理局的官网等政府信息公开平台上，公平竞争审查制度实施的相关信息却十分难寻，所公开的文件仅呈现为简要的工作报告和粗略的数据列举，对于具体的审查主体，审查的启动时间、启动方式和程序，被审查政策文件的名称、数量、制定主体和效力级别，哪些政策文件被评估为妨碍公平竞争，涉案政策的数量、出台时间，以及涉案政策所违反的审查标准，制定主体采取的救济措施，定期评估情况等均没有形成书面审查结论向公众公开。审查信息公开不力导致审查透明度缺失，一方面抑制了审查主体开展审查工作的主动性和严肃性，另一方面则难以保障各类主体的知情权和参与的可行性，达不到构建外部监督途径的基本要求，从而使公平竞争审查在一定程度上形如虚设。

三 深圳市公平竞争审查制度完善的现实进路

（一）合理均衡配置审查权力

政策制定机关作为自我审查主体能够保证效率性，但也存在着信息孤岛、缺少公平性等固有弊病，因此，只有将审查权进行有效的配置，以权力和权利的联合制约权力，才能矫正自我审查的弊病，提高审查质量，真正发挥公平竞争审查制度推进政府经济行为的自我规范和自我转型的作用。

首先，应当强调反垄断执法机关的实质参与。当政府失灵时，这一原本的管制主体成为被管制的对象，它就不被允许继续承担也无法胜任规制自身行为的职责，因此公平竞争审查的实施主体需要更加中立和独立。反垄断执法机构专门执行国家的竞争法律和政策，相较于其他两个相对中立的部门——立法机关和司法机关来说，反垄断执法机构介入公平竞争审查制度有以下两个方面的优势。一方面，反垄断执法机构具有处理复杂多变的经济事件的专业技能；另一方面，司法审查具有消极性，与此相反，反垄断执法机构开展竞争审查是一种主动的执法方式。因此，在公平竞争审查的实践中，可以赋予深圳市反垄断执法机构——市场监督管理局牵头的联席会议实质介入公平竞争审查的权力，它可以主动向政策制定机构提出实质性的修改、撤销或替代性方案的建议，也可以自行决定启动公平竞争审查程序来核实。同时，经审查有证据表明某项法令可能具有限制竞争因素，联席会议还可以撤销该法令、确认全部或部分违法或无效，或要求停止实施。

其次，公平竞争审查的主体应当多元化，除反垄断执法机构以外，还应包括由掌握竞争分析技术以及政策所涉及的特定行业的专家组成的第三方评估组织，以提高审查的系统性和规范性。第三方评估方可以对政策措施进行公平竞争审查，对已审查的政策措施进行定期评估，对适用例外规定的政策措施进行逐年评估，对存量政策进行审查清理以及可以对政策制定机关的"自我审查"进行综合评价和监督。第三方评估只需轻度介入，即解释说明行业的竞争态势、演示相关的专业技能等，从而为"自我审查"提供专业化的帮助。

最后，在"自我审查"阶段，应当提高透明度，强化监督和公众参与。政策制定机关应当举办座谈会、听证会、网络直播等形式，拓宽公众参与审查的渠道，吸收和采纳利益相关者、专家、社会组织和公民的意见，以保证审查的科学性和民主性。在会议过程中，初审小组应当公开政策草案和初审情况，并进行相应的解释说明，参与人员有权对政策制定机关和专家提出疑问，相关主体予以认真回答。

（二）构建再次审查的程序

为了保证审查的科学性，应在考虑本市经济政策数量巨大这一客观现状的前提下,参考国外经验,构建再次审查程序,以联席会议作为再次审查的主体。采取备案和抽审的方式作为再次审查的一种方式,即当政策制定机关经过初审认为相关政策措施不具有限制竞争效果的,应当提交至联席会议备案,由其随机抽样审查。第一种方式为主动抽审。联席会议在对审查报告进行专业分析后作出是否对备案的政策措施予以抽审的决定,并将决定结果通知给政策制定机关。第二种方式为被动审查。当初审机关认为自身缺少竞争评估经验,或受限于考虑问题视角,对某一政策是否限制竞争存疑时,则应提至同级联席会议予以再次审查,得出更加专业化的深入评估意见。经初审认为具有明显限制竞争的政策,联席会议应当禁止提交下一步审议或者要求修改。据此,针对初次审查得出的不同结论,分情况决定是否提交再审,并非要求每一个经过初审的政策都须进入再次审查程序,以此适当减轻联席会议的工作压力,是既充分考虑到深圳市经济和法制环境的制约条件,又能够提高竞争审查质量的折中方案。

(三)提倡量化审查工具的运用

公平竞争审查应当采用定性和定量分析相结合的方法,并优化审查步骤,首先进行定性分析,在定性分析的基础上开展定量分析。为此可借鉴澳大利亚的经验,在定性评估环节,运用相关的基础理论,首先对汇总整合的政策措施的政策目标进行类型化的识别,然后对拟审查的政策措施可能存在限制竞争因素进行分类。在定量评估的环节,一要预估政策实施后限制竞争影响的程度,可以根据深圳市市场竞争的现状细化审查标准,并设计一系列的询问,比如对于"市场准入和退出标准",可以细化为"在相关市场是否存在独占垄断或寡头垄断的情形?""营业执照是否可以自由转让?""行政许可审批的数量和效率是否直接限制企业进入市场?"等提问,对每项提问的肯定回答配以一定的数值权重,随后通过统计数据和计算模型得出量化的结论,分值越高则限制竞争的影响越大。二要采用成本—收益的分析工具将政策措施实施可能取得的收益与对竞争损害的成本进行比较,只有收益大于成本,该项政策才能出台实施。

（四）采用比例原则考量例外规定

比例原则是行政法的一项基本原则，目的是实现一个行政行为的行政目的时，也应当将其对行政相对人的不利影响缩小到最低限度。它包括适当性原则，即实施的行政行为的手段必然能够实现行政目的；最小侵害原则，即当实现行政目的可有多种手段时，应当选择损害最小的一种；均衡原则，行政行为产生的收益和由此产生的成本或损失维持在同一水平。公平竞争审查的对象可视为具体的行政行为，而例外规定的若干种情形是以实现一定公益性目的为前提的，必然会产生一定的负外部性，对市场竞争造成非市场化的影响。因此，比例原则的结构模型与法理特征更和豁免制度的具体构建深度契合。[1] 在分析何种政策措施适用公平竞争审查的豁免制度时，必然涉及多个法益冲突，此时可以引入行政法的比例原则进行深入分析。具体而言，首先必须对例外规定的四种情形作出更加详细的解释，避免语义上的曲解和滥用。其次在考虑豁免时，应当对以下问题作出肯定的回答：该项政策措施是否必然能够实现特定的政策目的？该项政策目的是否高于市场竞争利益，且能够随着情势变化动态调整？该项政策目的的实现手段对市场竞争的损害是否是最小的，且没有其他更优的替代方案？

（五）提高信息公开水平

信息公开一方面应提高透明度，各审查主体在完成审查后应当形成书面审查报告，并在遵守《信息公开条例》的前提下，定时向公众公开全区的公平竞争审查情况。未形成书面审查结论出台政策措施的，视为未进行公平竞争审查。书面报告应详尽地包括审查主体、时间和程序，审查文件的名称和类型，涉嫌违反公平竞争审查制度的文件以及违反的具体情形以及处理的结论等。同时，每个季度应当形成《公平竞争审查工作统计表》，审查机关

---

[1] 邹新凯：《公平竞争审查例外规定实施的规范分析与完善方向——以比例原则为分析工具》，《经济法论丛》2018年第2期。

定时向联席会议汇报实施情况，接受联席会议及第三方评估机构的监督。信息公开还应打破信息孤岛，提高审查主体和联席会议、社会公众和第三方主体之间的信息交融的程度，借助网络技术，搭建公平竞争审查的统一信息公开平台，各个相关主体可以在平台上参与到审查工作的整个过程中，加强互动，发表意见，互相监督。① 通过该平台保障相关主体及时提出异议和质询，提高审查的效率和质量，为政策制定机关带来一定的舆论制约压力。

---

① 王贵：《论我国公平竞争审查制度构建的基准与进路》，《政治与法律》2017年第11期。

B.8 深圳行政机关诉讼败诉原因研究
——以市场监管部门败诉案例为研究对象

佟翰 陶婧源 许娇*

摘 要： 近年来，深圳市各级人民法院受理的行政诉讼案件总量再创新高，虽然败诉率连续三年下降，但是持续增长的案件败诉总量不容忽视，其暴露出来的深层次问题更是不容小觑。本报告以深圳市场监管部门败诉案件为例，从程序和实体两方面切入，深入探讨导致行政机关败诉的共性问题。行政机关败诉率高是程序问题与实体问题的共同作用，其表层原因包括多类执法程序并存、大环境带来的执法困惑以及行政裁量权不当运用，其深层次原因包括法律法规滞后繁复、缺乏统一信息平台、职业举报人恶意举报、与司法机关尚未建立协作机制、执法人员未完全适应新职能、执法的权责界限难以掌握。

关键词： 行政诉讼 败诉 深圳

引 言

2018年8月，深圳市中级人民法院发布2017年度（2017年6月~2018年5月）《深圳市行政审判工作报告》（以下简称《报告》）。《报告》显示，2017年度，深圳两级法院受理各类行政案件10135宗（其中旧存1517宗，

---

* 佟翰，深圳市市场监督管理局六级执法员；陶婧源，深圳市市场监督管理局副主任科员；许娇，深圳市市场监督管理局六级执法员。

新收8618宗），同比增长12.6%，行政机关败诉189宗，败诉率为6.4%，败诉率连续三年下降，但生效案件中判决驳回原告诉讼请求的案件1109宗，行政机关实际胜诉率37.8%。从部门来看，市场监管、人力资源、规划国土、公安机关四部门被诉案件占全部新收一审行政诉讼案件的68.3%，其中市场监管部门为被告的782宗，占22.7%[①]。《报告》指出，行政机关在行政执法和行政诉讼中仍存在不足，事实认定不准确是其败诉的主要原因，其败诉比率占全部败诉案件的63.5%。《报告》建议"行政部门自觉在法律框架内行使权力，准确适用法律，不得随意缩减公民权利或者课以法外义务，并完善公众参与机制，规范日常执法与应诉，提升法治形象"[②]。

本文认为，事实认定不准确仅为行政机关败诉的一个原因，行政机关败诉率高是程序问题与实体问题的共同作用所致，其表层原因包括多类执法程序并存、大环境带来的执法困惑以及行政裁量权不当运用，其深层次原因包括法律法规滞后繁复、缺乏统一信息平台、职业举报人恶意举报、与司法机关尚未建立协作机制、执法人员未完全适应新职能、执法的权责界限难以掌握。因此，行政机关需要完善法律修订制度，明确执法核心规范，让执法人员有"确法可依"；行政机关各部门需要打破信息封锁的壁垒，构建统一的信息监管平台，发挥信息资源优势；行政机关应重视职业举报人的举报，对其恶意举报应会同公安部门加以处理，正本清源营造良好的执法环境；行政机关应提升行政能力，构建行政执法与司法审判的协调工作机制，提升行政机关的诉讼效率；行政机关应重视对执法人员的能力培养，建设高素质、专业化的行政队伍；行政机关还应该厘清责任边界，推动责任落实，确保履职到位，降低诉讼风险。

2017年深圳市市场和质量监督管理委员会参与一审行政诉讼848宗，败诉83宗，败诉率为9.8%；2018年参与一审行政诉讼549宗，较2017年下降35%，收到生效败诉判决44宗，败诉率8%，败诉率下降1.8%。通过

---

① 2017年度（2017年6月~2018年5月）《深圳市行政审判工作报告》，http://www.szcourt.gov.cn/sfjj/mtjj/2018/08/10103810423.html。

② 2017年度（2017年6月~2018年5月）《深圳市行政审判工作报告》，http://www.szcourt.gov.cn/sfjj/mtjj/2018/08/10103810423.html。

对败诉案件的大数据分析，本文认为其败诉原因包括表层原因及深层原因，将分别予以论述，并针对深层原因给出改进建议。

一 败诉表层原因透析

（一）多类执法程序并存

深圳市市场监督管理局成立于2019年，由原工商行政管理局、原食品药品监督管理局、原质量技术监督局等多家行政单位合并而成，对市场主体的相关行为进行统一监管。作为行政机构改革的先驱，深圳市场监管部门的运作模式和省部级市场部门的监管模式并不兼容，多年以来一直处于多头领导状态，在2019年4月1日《市场监管行政处罚程序暂行规定》实施前，深圳市市场监督管理局单就执法程序而言就存在《技术监督行政处罚委托实施办法》《质量技术监督罚没物品管理和处置办法》《工商行政管理机关行政处罚程序规定》《质量技术监督行政处罚程序规定》《食品药品行政处罚程序规定》等多种规定。在实践中，市场监管部门的行政执法人员，要同

表1 行政处罚案件各环节办理期限

案件类型	受理期限	立案期限	办案期限	处理结果告知
食品、药品、医疗器械、化妆品违法案件	药品、医疗器械、保健食品、化妆品在研制、生产、流通、使用环节以及餐饮服务环节食品安全违法行为投诉举报案件	五个工作日内作出决定。经审查符合受理条件的，受理之日起十五个工作日内告知投诉举报人。不符合受理条件的，自作出不予受理之日起十五个工作日内告知投诉举报人，并说明理由	七个工作日内核查并决定是否立案	自受理之日起六十个工作日内办结；可适当延长办理期限，但延长期限不得超过三十个工作日	价格违法案件，应当在举报办结后15个工作日内告知举报人对被举报的价格违法行为的处理结果。其他类型案件，应在合理期限内告知。可参考价格违法案件关于期限的规定。法律、法规、规章做出规定的，从其规定
著作权违法案件线索来源于被侵权人、利害关系人或者其他知情人的投诉或者举报的	收到材料之日起十五日内，决定是否受理并通知投诉举报人。不予受理的，应当书面告知理由	在发现情况或者接到移送材料之日起七日内决定是否立案	无明确规定	

续表

案件类型	受理期限	立案期限	办案期限	处理结果告知
专利侵权纠纷调处案件		收到请求书之日起五个工作日内立案并通知请求人;不符合前款规定条件的,应当在收到请求书之日起五个工作日内通知请求人不予受理,并说明理由	自立案之日起四个月内结案。可适当延长办理期限,但延长期限最多不超过一个月	价格违法案件,应当在举报办结后十五个工作日内告知举报人对被举报的价格违法行为的处理结果。其他类型案件,应在合理期限内告知。可参考价格违法案件关于期限的规定。法律、法规、规章做出规定的,从其规定
对涉嫌违反质量技术监督法律法规规章的违法行为	无明确规定	发现违法行为线索之日起十五日内组织核查并决定是否立案	无明确规定	
除质量技术监督、著作权违法案件、专利侵权纠纷调处案件外的其他市场监督管理范围的行政处罚案件	假冒专利案件	无明确规定	应当在七个工作日内核查并决定是否立案;特殊情况下,可以延长至十五个工作日内决定是否立案	自立案之日起一个月内结案。可适当延长办理期限,但延长期限最多不超过十五日	
除药品、医疗器械、保健食品、化妆品研制、生产、流通、使用环节以及餐饮服务食品安全违法举报案件、专利侵权纠纷调处以及假冒专利案件外	无明确规定	无明确规定	自立案之日起九十日内做出处理决定,可以延长三十日;案情特别复杂,经延期仍不能做出处理决定的,可第二次延期,延期期限没有确定的,不得超过三十日	

法律、法规、规章对案件办理期限另有规定的,从其规定

主要依据:《工商行政管理机关行政处罚程序规定》《食品药品行政处罚程序规定》《价格违法行为举报处理规定》《专利行政执法办法》《著作权行政处罚实施办法》《食品药品投诉举报管理办法(试行)》

时兼顾各个领域的案件，需要熟练掌握各个领域的程序规定，执法难度不可谓不大。而现实的状况是，现有的各种程序各自为政，并不统一，诸多细节问题存在冲突，难以归纳出统一执法程序。例如，各程序中所指的日期是否均为工作日、去函协查的时间是否计入办案时间、案件起算日期是受理之日还是立案之日等细节均有出入，稍有不慎就会出现程序错误。

表2 行政处罚案件投诉处理期限

投诉类型	受理期限	办理期限
工商类投诉	有管辖权的工商行政管理部门应当自收到消费者投诉之日起七个工作日内，予以处理并告知投诉人是否受理；不予受理的，告知不予受理的理由	有管辖权的工商行政管理部门应当在受理消费者投诉之日起六十日内终结调解；调解不成的应当终止调解
价格类投诉	价格主管部门应当自收到消费者价格投诉之日起七个工作日内，作出是否受理的决定并告知消费者	价格投诉应当自受理之日起六十日内办结，并告知消费者
质量技术监督类投诉	技术监督行政部门应当在接到产品质量申诉后七日内作出处理、移送处理或者不予处理的决定，并告知申诉人	负责产品质量争议调解的技术监督行政部门应当在接到申诉材料后五日内分别通知申诉人和被申诉人；在接到申诉人提供的书面材料之日起三十日内终结调解。对于复杂的产品质量争议可以延长三十日。调解不成的，应当及时终止调解
其他类投诉	收到投诉之日起七个工作日内予以处理	

法律、法规、规章对投诉处理期限另有规定的，从其规定
主要依据：《工商行政管理部门处理消费者投诉办法》《产品质量申诉处理办法》《价格违法行为举报处理规定》

表2仅从大方向简单总结了各规定在案件办理环节和投诉举报处理环节的差别，已颇为复杂，如果案件涉及听证等更为细致的、相对独立的环节，掌握相关规定并做到程序合法更为不易。

一直以来，程序正义作为"看得见的正义"，被认为是实现实体正义的手段，也是司法审查的重点。深圳市场监管部门成立初期，大量案件因程序问

题败诉，占了诉讼案件的一半以上。时至今日，虽然行政执法人员的程序意识不断加强，因程序败诉的比例不断降低，但由于缺乏统一执法程序规定，由逾期未受理、延期未告知、逾期未答复等程序问题导致的败诉仍然时有发生。

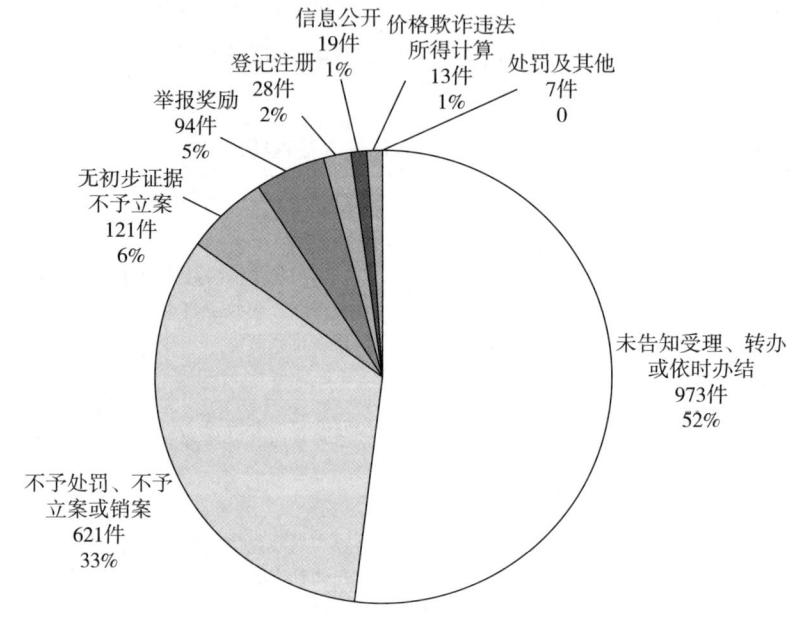

图1　2014年诉讼案类型分布

（二）大环境带来执法困惑

2013年3月1日，《深圳经济特区商事登记若干规定》正式实施。深圳市作为商事登记改革的先锋，其公布实施的《深圳经济特区商事登记若干规定》降低了商事登记的门槛，简化了商事主体的批准程序，放宽了设立商事主体的条件，使商事主体的申请人仅通过网络备案就可以在深圳设立公司，这就造成深圳商事主体的数量迅猛增长，相关业务部门的审核压力与被诉风险同时倍增。以深圳市不断增长的电商领域的行政诉讼为例，在现场检查环节，被投诉举报人（网络交易平台，以下简称"平台"）不在注册地址经营的情况普遍存在，如何进一步办理案件成为执法实务中难以破解的僵

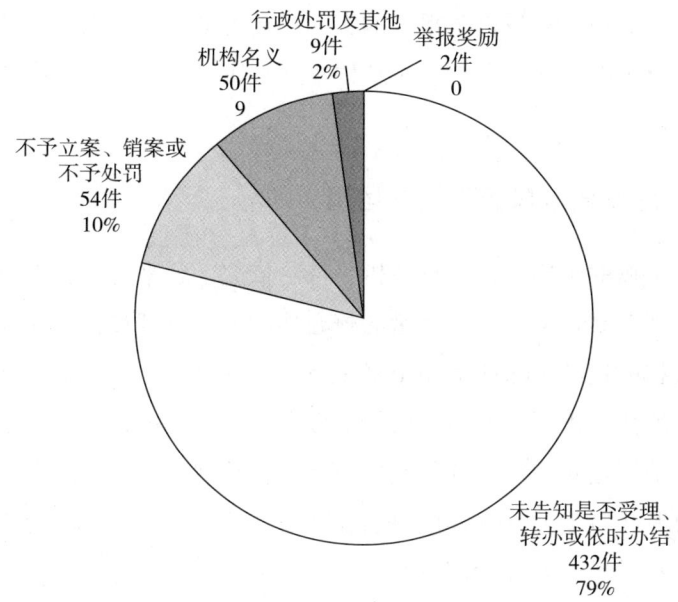

图 2　2014 年败诉案件类型分布

局。通常情况下,行政执法人员会将被投诉举报人列入异常名录,并在平台的注册地址处张贴公告要求其限时接受调查,然后再向平台所在地工商部门或者平台提供者去函,要求其提供平台后台数据,以确认平台的实际经营地址。事实上,以淘宝网为代表的电商平台,由于全国各地的协查函纷纷寄往余杭区,当地工商部门和阿里巴巴公司没有足够的精力予以协查,调查函往往得不到回应。在这种情形下,行政执法人员通常以被投诉举报人下落不明、无充分证据证明违法事实存在、不能确认违法行为发生为由,做销案处理。然而,在司法实践中,这种销案处理的做法往往不被法院认可。例如,深圳市中级人民法院认为,被投诉举报人虽然未在注册地址经营,但是其所开设的网店仍处于正常经营的状态,若以证据不足为由销案属于未完全履行调查职责,亦不符合具体行政行为合法性要求。[①] 于是同时期大量被投诉举报人下落不明类型的案件败诉。对于行政执法人员而言,该如何做才算完全

---

① 详见广东省深圳市中级人民法院判决书 (2018) 粤 03 行终 1038 号。

履职、如何才能找到被投诉举报人的实际经营地址、如何控制案件办理的时间、将管辖权再次移交给余杭能否从根本上解决问题等一系列问题都困扰着行政执法人员。

（三）行政裁量权的不适当运用

行政裁量权的正确行使是行政机关依法依规、公平正义行使行政处罚权的基础，实现个案正义是行政裁量的核心功能，行政裁量权能够在形式法治状态下更大程度地满足法律适用中对个案正义的要求。① 行政裁量要求行政执法人员在法律积极明示的授权或者消极默许的范围内，斟酌行政行为。虽然市场监管部门在法律规定的范围内设置了行政裁量权行使的基本准则，也对各类行政违法行为的处罚幅度进行了细化，但是仍不能满足实际的需求，其问题主要在于裁量基准适用不当。

所谓裁量基准，是指行政机关在法律规定的裁量空间内，依据立法者意图以及比例原则等的要求并结合执法经验的总结，按照裁量涉及的各种不同事实情节，将法律规范预先规定的裁量范围加以细化，并设以相对固定的具体判断标准。② 裁量基准的核心是对法定的行政处罚幅度进行分割，并针对可能存在事实情节及违法严重程度，设定分割标准，预设分割幅度。裁量基准通过区分情节轻重对行政处罚的裁量幅度进行分类，裁量大多分为三档，具有从轻情节、具有从重情节和一般情节，相对应的是最低处罚幅度、最高处罚幅度和居中处罚幅度。

以市场监管部门为例，由于市场监管领域行政处罚的依据大多是货值金额，通货膨胀导致货值金额不断攀升，罚款金额屡创新高。如依据《食品安全法》，一个较为轻微的违法行为可能被处以 10~20 倍甚至 15~30 倍的罚款，即便行使裁量权的时候适用了最低一档的处罚，罚款数额也可能是几百万元甚至是上千万元，往往超出了当事人的经济承受能力。这样的处罚结果，不

---

① 傅延华、陈云生：《高考考务车违法"一律不处罚"是否正当》，《检察日报》2006年6月26日。
② 周佑勇：《裁量基准的正当性问题研究》，《中国法学》2007年第6期。

符合《行政处罚法》第四条"设定和实施行政处罚必须以事实为依据，与违法行为的事实、性质、情节以及社会危害程度相当"规定。

如果执法人员处于保护当事人合法权利的目的，对情节显著轻微的案件适用了低于最低处罚幅度的处罚，即在法定幅度范围以下予以处罚，由于缺乏统一执法标准，难以准确把握是否符合比例原则的要求，若有不慎恐有履职风险，涉嫌滥用职权，这就导致行政执法人员不敢大胆运用裁量权的局面。一些行政执法人员宁愿多罚，不愿意少罚，等着提起行政诉讼，法院判决败诉再按法院的要求执行。在这些行政执法人员看来，这种处理方法既符合法律要求又保护了自己，殊不知这样做会增加当事人的负担，也极大浪费了司法资源。从司法角度来说，一般情况下司法机关对于行政行为的审查是合法性审查，行政裁量涉及合理性问题，司法机关不予干涉，只有在极端例外的情形下才予以审查，行政执法机关如果将判断行政裁量权的行使是否合理的压力转嫁给司法机关，将会使司法机关处于被动的局面，对于行政机关的公信力和形象也是一种损害。

二 败诉深层原因分析

研究行政机关行政败诉的深层原因，十八大以来推行的机制体制改革是无法回避的核心原因。以市场监管为例，2014年以来，以理顺市场监管体制为目的，贯彻落实党中央、国务院关于深化行政执法体制改革的重要部署，全国的大市场监管体制建设日益完善，多地将工商、质监、食品药品等职能部门合并，推行大市场监管格局。大市场监管体系对解决工商、质监、食品药品等部门职能交叉、职责不清的顽疾，统合执法力量、发挥综合执法的优势，加强商标、版权和质量以及食品药品安全等执法监督能力，维护市场经济秩序的稳定和谐具有重要作用。但随着大市场监管体制在全国范围内日益扩展成形，原工商、质监、食品药品等监管部门固有的工作模式遭遇重大变革，面临着如法律规章滞后繁复，缺乏统一的信息平台，职业举报人恶意举报索赔，执法部门无法及时得到司法机关反馈，监管部门之间缺乏统一

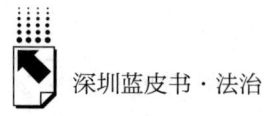

的执法规范，执法人员业务能力亟待精进等一系列难题，而这些，本文认为都是致使行政诉讼败诉的深层次原因。

（一）法律法规滞后繁复，增加了执法难度

大市场监管格局形成后，市场监管部门在行政执法时所遵循的法规制度，就必须涵盖原工商、质监、食品药品、知识产权等多部法律法规。以深圳市为例，深圳市市场监督管理局曾对与其日常工作职能相关的规范性文件进行梳理，最后形成6大本法律法规汇编（约4000页），可谓卷帙浩繁。上述法律法规由于立法时间相隔久远、立法环境变化巨大、立法标准前后不一，因此法律规范与现实脱节等情况普遍存在。如果以这样的法律汇编为执法依据，不但增加了行政机关正确履职的难度，而且间接造成了行政人员行政行为的错误率提升，同时，由于执法依据本身不准确，行政机关一旦被诉，败诉风险极大。

（二）缺乏统一的信息平台

这种缺乏表现在两个方面，一是政府各部门间的信息互不相通，执法部门无法全面掌握各种批复、答复、函的要求，执法时容易步入雷区。目前虽然国家市场监管总局已经成立，各省市的市场监管局已经逐渐成形，但是"信息孤岛"的现象仍普遍存在，其主要表现在两个方面：一方面，国家顶层信息平台未构建完成，工商、质监、食药、知识产权等部门的政务信息尚未整合，信息割裂现象仍然存在；另一方面，信息检索系统尚不完善，各地行政机关无法精准查询掌握国家总局对具体行政业务的批复、答复、函，进而无法保证行政行为与国家总局要求保持一致，导致在行政诉讼中无法以不知晓国家总局的决定、指导作为抗辩理由，增加了败诉风险。二是政府和企业间的信息亦不相通，企业协助调查的义务难以履行。对于淘宝、天猫等电商平台来说，各政府部门发去的协查函往往石沉大海，发去的违法线索通知函也未见回应。市场监管部门找不到的不在注册地址经营的商事主体，仍然活跃在网络上，继续从事着违法行为，这是对监管部门执法能力的讽刺，既

透支着人民对监管部门执法能力的信任，长远来看也不利于电商行业的健康发展。

（三）职业举报人恶意举报

职业举报人，是指对商品具有一定的专业鉴别知识，以牟利为目的购买不合格或不合规的商品，然后以消费者身份向有权机关主张权利，索取高额惩罚性赔偿的个人或组织。① 职业举报人之所以给监管部门造成干扰甚至阻碍，其原因在于如果职业举报人的不合理诉求得到满足，将会助长这种不正之风，给执法部门的正常执法造成极大的负面影响；如果职业举报人的诉求未得到满足，职业举报人便凭借低成本的行政复议、行政诉讼持续纠缠执法部门，特别是行政诉讼，已经成为职业举报人对行政人员制造心理压力、迫使其妥协的常用手段，严重干扰了执法人员的正常工作，耗费了执法部门大量的人力、物力。据深圳市市场和质量监督管理委员会（以下简称"市监管委"）内部杂志《深圳大市场监管》2017年的报道，职业举报人的举报投诉行为牵制了全委60%的精力，严重浪费了行政资源。同时，由于职业举报人往往专精某一领域（常为食品某一细分领域），并且经常一次向法院提起大规模诉讼，使行政人员疲于应付，故行政机关此类行政败诉屡见不鲜。

（四）工作协作机制尚未建立，大量诉讼案件无法得到司法反馈

目前除个别地区外，行政机关与司法机关之间的联系，仅限于行政机关在审判之后就部分司法判决和少量司法建议与司法机关进行沟通，部门之间日常的工作协作机制尚未建立，沟通交流渠道不畅，行政机关难以就行政诉讼案件及时得到司法反馈，更无法在审判前与司法机关特别是法院就案件进行充分沟通。这固然有利于保证司法审判的独立性，保护诉讼相对方合法权益，

---

① 高芳：《山西省太原市六城区食品领域职业举报情况分析及应对策略》，《医药卫生（文摘版）》2017年第5卷。

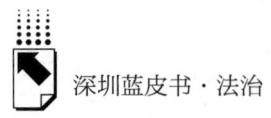

但由于缺乏沟通协调机制，大量败诉原因类似的重复性诉讼案件无法及时得到司法机关的指导和反馈，导致行政机关败诉的情况一再发生，间接鼓励了部分职业举报人恶意投诉的行径，增加了司法机关的工作压力。

（五）行政职能转变，行政队伍执法素质能力不足

随着行政体制改革的深入，多部门行政职能逐渐整合为单一部门职能，行政人员的执法权力快速膨胀。以市场监管部门为例，在乡镇、街道层面，原行政人员承担的职责已经不再局限于原工商管理领域，而是集食品药品、知识产权、质量技术、工商管理等职能于一身，几乎囊括了所有市场监管行政职能。在监管领域多元化的同时，行政人员必然经历行政职能从精分至统筹、局部到整体的转变。行政决定、行政公开、行政处罚等行政行为的固有模式也随之发生巨大改变。与此同时，现有行政队伍还处在摸索、调整、提高的阶段，大多数工作人员基本能够掌握和运用常用的行政法律法规，但由于每名工作人员的素质和认知能力不尽相同，一些行政人员的业务素质和能力还需提高，在一定程度上影响了行政队伍整体水平，进而影响到监管部门的整体执法水平，在一定程度上增加了被诉风险和行政败诉风险。

（六）责任界限不清，工作难度增加

行政机关存在日常监管与行政执法界限不清、行政监管与技术检验检测界限不清、政府职责与企业责任界限不清等问题。这些问题的存在，一方面给监管部门和监管人员的日常执法工作带来履职风险，另一方面间接造成行政人员不作为、乱作为，导致行政败诉风险增加。

三 解决问题的举措

（一）完善法律修订制度，明确核心规范

法律法规的滞后和繁复既是产生行政争议的重要原因，也是增加行政机

关履职难度的核心因素。要实现法治政府目标，降低行政败诉案件数量，首先，要建立法律法规修订制度。各部门对一些过时和与上位法或改革相冲突的地方性法规、规章要及时提出修改意见，并报送各级人大及法制部门审核修订，确保行政行为于法有据，从源头减少行政争议的发生。其次，要及时清理规范性文件。规范性文件是行政机关履行职能的重要依据，往往也是行政诉讼中争论的焦点。然而长期以来，行政机关未高度重视规范性文件的清理工作，既导致规范性文件自身内容混乱，又导致规范性文件的适用混乱。为降低行政败诉案件数量、减少行政风险，各级政府及部门应集中力量，对本地区本部门的规范性文件进行清理，对过时或与现实情况脱节的规范性文件及时修订或废除。最后，在法规修改的过渡阶段，针对现有法规过于繁复，不利于行政人员清晰掌握、正确履职的情况，各级政府及部门的法制机构应以解决执法人员实务中面临的实际问题为导向，划定适用法规的核心区域，编制重点法规目录，减轻行政人员的工作负担，提升行政效率。

（二）打破信息孤岛，构建统一信息平台

由国家顶层设计、牵头，各省市机关积极参与，各相关职能部门充分配合，构建统一的综合信息监管平台，破除数据壁垒，打破信息孤岛。强化各级各部门市场主体及行政信息的数据交换及共享，实现行政信息资源的统一归集、共享、互联互通，并建立健全各业务领域综合数据库，实现各类行政信息的实质性对接和实时交互应用，促使行政信息资源充分利用，确保行政机关及时全面掌握各种批复、答复、函，使其行政行为能够紧跟时代发展，与国家顶层意识保持一致，增加抗辩依据，降低败诉风险。同时，建立与企业的信息交换平台，对于市场监管部门需要协查的事项通过网络交换的方式进行，既有效约束了从事电子商务的商事主体，又降低了行政成本，提高行政效率。

（三）加强对职业举报人的管理，消除恶意诉讼根源

深圳市市场和质量监督管理委员会前端小组积极作为，不断摸索，多措并举，探索出一条新的路径，提高了应对职业投诉举报的效率。首先，将职

业举报人的身份与普通消费者予以区分。不以生活消费为目的、消费项目和方式与普通消费者有明显差异的行为，不被认定为消费行为，不适用《消费者权益保护法》的相关条款，也不支持其"退一赔三"的诉求。在行政诉讼领域，对于以消费者身份提起诉讼的职业举报人，市场监管部门应诉人员将对其是否具有诉权提出质疑。其次，对于职业举报人投诉举报的热门领域（如无证经营、无证生产）的违法事项，区分类别减轻处罚。对于抽检合格，未造成严重社会危害的商家，如果在现场检查前获得了许可，不作行政处罚；如果在案件调查终结前获得了许可，减轻处罚，仅作象征性罚款，不以货值金额作为处罚基础。最后，核实投诉举报主体身份。在与执法部门斗智斗勇的过程中，职业举报人也提高了"举报能力"，现在的许多职业举报人往往使用他人的身份信息、虚假地址购买产品，然后进行投诉举报，以逃避执法部门的"围追堵截"。在受理环节，受理人员对投诉举报主体的身份应加强核实力度，对于非消费者本人的投诉举报作不予受理处理。通过上述措施，深圳市市场和质量监督管理委员会实际受理的职业举报数量已从高峰期每月数千件下降至每月300余件，极大地降低了行政人员的工作压力，净化了行政人员的执法环境。

（四）建立行政执法与司法审判工作协调机制，提升行政能力

以昆明市官渡区为例，该区以十九大报告"深化依法治国实践，建设法治政府，推进依法行政，严格规范公正文明执法"意见为指导，通过建立行政执法与行政审判工作协作机制，构建了行政机关和人民法院行政审判之间经常性的信息沟通和情况反馈渠道，使行政执法工作和行政审判工作的信息可以及时交流互通，加强了行政执法与行政审判的相互衔接，充分发挥了司法建议促进依法行政的作用，促使行政机关持续开展对重大和复杂疑难问题的研究和探讨，不断落实司法反馈、建议，有效地降低了行政败诉率。

（五）注重提升依法行政水平，建设高素质专业化行政队伍

行政队伍的能力素质和专业水平，直接影响依法行政水平，影响行政案

件侦办查处成效。随着机构改革日趋深入，越来越多的行政人员进入全新领域从事行政执法工作，特别是行政案件查处工作，部分执法人员在执法水平低下、对相关法律法规研读不透的情况下被迫开始从事新领域工作，不但影响案件有效查处，也加大了行政败诉的风险，甚至导致社会负面评价。此种情况下，行政部门要大力加强对执法人员执法能力和行政素养的教育培训，不断提高行政人员业务能力和水平，建立一支行政能力过硬、专业技术拔尖、层次较高的行政队伍。以深圳市为例，市监管委以同公安、海关的联合行动为契机，以外省市执法人员来访为机会，以执法骨干为基础，多次组织实地教学及技能培训，极大地提高了行政人员的业务水平，既获得行政人员的广泛认可，也有效降低了败诉风险。

（六）厘清责任边界，推动责任落实

在行政工作特别是行政监管领域，应根据法定职权，对外厘定政府监管部门与技术检验检测单位的责任界限，明确政府职责与企业责任的边界，做到不懒政，不越权，各尽其职，通力合作；对内打通日常监管与行政执法之间存在的部门隔阂、壁垒、断层、交叉、重叠，做到监管与执法一脉相承，相互促进，形成部门合力，进而实现同向发力，确保履职到位，减少行政争议，降低诉讼风险。

四 结语

行政机关败诉率高，反映出部分行政机关行政水平不高、依法行政意识不强的问题，在损害群众利益的同时，也增加了行政人员自身的行政风险。行政机关应不断提高依法行政意识、厘清权力边界，妥善开展社会管理工作，降低行政机关败诉率，让一些原本可以避免的败诉案件，消弭于毫末。

司 法 篇

Judicature

B.9
深圳法院深化司法体制综合配套改革的路径和实践
——以全面落实司法责任制为落脚点

田 娟*

> **摘 要：** 党的十九大对深化司法体制综合配套改革、全面落实司法责任制提出了新的要求，这也标志着新一轮司法体制改革进入了新的阶段。深圳法院在既有良好改革基础上，对深化司法体制综合配套改革进行了整体谋划，明确了改革路径和重点方向。其中，针对全面落实司法责任制的痛点和难点，健全了有序放权与依法监督相结合的审判监督管理机制。同时，抓住缓解司法供需矛盾、提升办案效率、加快实现胜诉权益等问题，做好综合配套和整体协同，改革效能不断显现。面

---

* 田娟，深圳市中级人民法院审判员。

对深化改革依然存在的问题，还需要从顶层设计、人力资源调配、制度完善和加强科技应用等方面，进一步加以系统解决，不断提升司法体制综合配套改革的效能和影响。

关键词： 改革规划　司法责任制　综合配套改革

党的十九大报告明确提出，深化司法体制综合配套改革，全面落实司法责任制，努力让人民群众在每一个司法案件中感受到公平正义。[①] 作为新时代司法改革的重大部署，综合配套改革将与"主体工程"的进一步完善相协调相促进，共同推动公正高效权威的社会主义司法制度的建设。[②] 深圳法院一直走在全国司法改革的前列，也始终将"当排头、作示范"作为特区法院的使命和担当，如何在司法改革的新阶段寻求新突破、新提升，实现改革初衷，确保成效持续发挥，是必须解决的问题。为此，深圳法院致力于谋划科学的发展路径，抓住重点核心和关键环节，实现司法审判能力的再提升，为深圳特区打造社会主义现代化先行区提供更加有力的司法保障。

一　背景：深圳法院深化司法体制综合配套改革的基础

党的十八大以来，深圳法院率先探索并落实司法责任制、人员分类管理、法官职业保障和人财物统管四项重点改革任务，在落实重点改革任务的同时，还同步推进了一系列综合性改革举措，为司法责任制精准实施、全面落实提供了有力支撑，改革成效显著，为全国司法体制改革提供了许多"深圳经验"。特别是对于司法责任制这个司法改革的"牛鼻子"，深圳法院

---

① 引自习近平总书记代表第十八届中央委员会于2017年10月18日在中国共产党第十九次全国代表大会上所作的报告：《决胜全面建成小康社会　夺取新时代中国特色社会主义伟大胜利》。
② 《"司法体制综合配套改革"专题编者按》，《中国应用法学》2018年第3期。

持续探索，针对改革运行中需要完善的地方加以修正①，"让审理者裁判，由裁判者负责"的新型权力运行机制和责任追究机制运行良好。随着改革的不断深入，全国的司法体制改革已经从夯基垒台、立柱架梁进入全面落实、综合配套、深化实践、提升效能的新阶段，深圳法院也已具备深化司法体制综合配套改革的良好基础。

二 路径：深圳法院深化司法体制综合配套改革的总体框架和思路

围绕着党的十九大提出的深化司法体制综合配套改革，全面落实司法责任制的总体要求，2018年5月，深圳中院结合两级法院实际，制定出台了《深圳法院深化司法体制综合配套改革全面落实司法责任制工作规划（2018～2019）》（以下简称《改革规划》），从缓解司法供需矛盾、完善监督管理制度、健全人才养成机制、加强依法履职保障、优化司法职权配置、深化诉讼机制改革、加快智慧法院建设、营造诚信法治环境八大方面，安排了60项重点改革任务，勾勒出深化司法体制综合配套改革、全面落实司法责任制的整体蓝图。

（一）改革的目标

司法体制综合配套改革的目的，就是在新的起点上，以更高站位、更大力度扎扎实实把新时代人民法院的改革推向深入，不断巩固党的十八大以来司法责任制改革成果，坚持问题导向，着力破解责任不实、合力不强、监督不力、尺度不一、激励不足等难题，以综合配套改革促进司法责任制全面落

---

① 2016年，深圳两级法院同步出台了《落实司法责任制工作指引》，在全国最早以系统性、全流程方式落实司法责任制。2018年，深圳中院结合落实司法责任制的新情况、新要求对指引做了进一步修订，并增设专章规范执行工作流程，实现了立案、审判、执行工作全覆盖。

实。① 深圳法院推进司法体制综合配套改革，不仅是对既有司法改革成果进行的"深加工"和巩固升华，是在前一阶段司法改革"四梁八柱"主体框架上的"精装修"，也是对司法工作中存在的难题和短板的持续突破，从而推进特区法院继续先行先试，在更多领域率先取得新突破和新经验，打造更多改革品牌。

（二）改革的主要内容

一是缓解司法供需矛盾。推进矛盾纠纷前端治理，实现涉诉纠纷二次分流，深化案件繁简分流机制改革，健全纠纷多元化解与繁简分流衔接机制，重点解决近年来案件数量激增与有限司法资源之间的突出矛盾。二是完善监督管理制度。细化个案监督清单，建立信息化全程融入监督制度，建立案件强制检索报告制度，完善专业法官会议制度，建设优秀文书和精品案例库，健全案件质量评查机制，完善业绩考评制度，完善法官惩戒机制，抓住全面落实司法责任制的关键问题，做好配套完善。三是健全人才养成机制。建立后备法官培养机制、法官遴选配套机制，完善法官能力培养机制，探索法官单独职务序列与领导干部选任对接，完善法官员额动态进出机制，推进法官助理职务序列改革，健全司法人员招录培养机制，进一步夯实人才队伍基础。四是加强依法履职保障。主要从法官职业待遇保障、司法警察职业待遇、司法人员履职保护三个方面，切实解决履职保障落实问题，确保司法人员依法履职更有底气、更有担当。五是优化司法职权配置。共安排了九项改革任务，包括完善审判团队工作模式，推进法院内设机构改革，实现法院购买社会化服务等项目，通过整合优化现有司法资源从而进一步提升效能。六是深化诉讼机制改革。围绕新时期不同专业领域的新需求，在诉讼机制方面寻求突破，包括深化知识产权和金融审判机制改革、参与构建"一带一路"争端解决机制、研究扩大独任制审判适用范围等十四项重点内容。七是加快

---

① 《人民法院报》评论员：《以综合配套改革促进司法责任制全面落实》，《人民法院报》2018年7月30日。

智慧法院建设。加快建设矛盾纠纷在线解决平台，建立裁判文书资源的智能加工和运用机制，完善智能辅助办案系统，完善电子卷宗流转机制，系统安排了智慧法院建设十大重点项目，为深化改革、全面落实司法责任制提供技术支持和保障。八是营造诚信法治环境。切实解决执行难问题，建立不诚信诉讼行为的防范和惩戒机制，建立司法信用数据共享机制，探索第三方参与信访化解模式，充分发挥司法导向功能，有力维护司法权威和司法公信。

（三）改革规划的主要特点

一是改革重点精炼突出。司法体制综合配套改革具体涉及司法办案、监督管理、人才队伍、司法服务等方方面面的工作，可谓千头万绪，庞杂繁复。《改革规划》立足于对中央和上级法院部署改革任务的细化落实，不贪多求全，不点面俱到，而是紧扣中央改革要求，结合深圳法院实际，围绕前期改革亟待完善的问题、实际工作中面临的困难，通过八大方面60个改革项目，简练精要地规划出两年来的重点改革内容。《改革规划》整体内容重点突出，针对性强，通过集中发力、重点突破的方式，努力解决广大人民群众和司法干警最关心、深圳法院发展最迫切需要解决的关键问题。

二是具体举措操作性强。深圳法院的改革规划建立在全面调研、深入听取意见的基础上，每一项安排都立足于问题导向，解决实际需求。八大方面60项重点改革任务没有局限于原则性的条文表述，而是对改革具体工作提出了明确要求，并对以制度规范固化改革成果作了同步安排，各类改革责任主体能够清晰地知道要改什么、怎么改，从而确保每项改革能够有抓手、真落实，步步见成效、出经验。例如，明确提出通过发挥专业法官会议的作用，以专业讨论的方式，对各专业审判领域的个案监督清单加以细化，制定司法人员合法权益遭受侵害时的救济指引，类似这些举措既简明扼要，又清晰直观，具有很强的操作性。既是统筹深圳法院改革全局的纲领性文件，也是指导改革推进落实的操作指引。

三是前沿探索创新亮点多。《改革规划》不仅对上级改革精神充分贯彻落实，也对司法理论和实践的前沿问题开展前期研究和探索，为今后通过顶层设计系统性解决问题打下良好基础。《改革规划》率先提出"司法供需矛盾"的概念,将改革视角从被动应对"人案矛盾",转换到主动整合社会资源和司法资源、从源头化解矛盾纠纷的思路上,构建出"前端治理+二次分流+繁简分流+诉非衔接"系统性解决方案。此外,深圳法院还对建立专家辅助人制度、探索扩大独任制审判适用范围、探索裁判文书海量资源智能加工及运用机制、探索互联网审理模式下电子证据固定规则等一系列改革任务做了安排,对一系列全国司法改革领域的前沿问题率先研究和先行实践,对于完善立法和法律实施具有很强的参考价值,并能为全国司法体制改革提供全新的经验和实践参考。

三 关键:健全有序放权与依法监督相结合的审判监督管理机制

深化司法体制综合配套改革,最终还是落脚在全面落实司法责任制,让人民群众在每一个案件中感受到公平正义的追求上。而全面落实司法责任制度的关键是"让审理者裁判,由裁判者负责"。然而,改革的痛点和难点就在于,如何实现这一目标?深圳法院作为全国最早探索司法责任制改革的先行者,在深化改革的关键节点上持续开展了深入探索。按照"充分放权,监督到位"的总体思路,深圳法院推动法官从请示汇报案件向独立裁判转变、院庭长从微观个案审批向宏观审判监督管理转变,实现了有序放权与依法监督的有机结合。

(一)明确审判权责,防止放权不到位

一是建立审判职权清单。通过《落实司法责任制工作指引》《合议庭规则》《审判委员会工作规程》,明确独任法官、合议庭和审判委员会作为不同审判组织,具有何种审判职权和责任。以"禁止性规定"明确除按规定应由审判委员会讨论的案件外,其他案件均由独任法官或合议庭独立审理并裁决,院庭长不得审核签发未直接参加审理案件的裁判文书。二是限制提请

上会讨论案件类型。严格限制提请审判委员会讨论的案件类型，明确可以提请上会讨论的案件仅为十类。将提请专业法官会议讨论作为审判委员会讨论案件的前置程序，实现有效过滤，防止有的法官或合议庭依赖集体决策，不能充分独立行使裁判权。三是院庭长主要职能向办案转变。制定《院庭长办理细则》，明确办案指标，确保院庭长的主要职能和精力从案件审批向直接办案转移。2018年深圳法院的院庭长承办案件达到108417件，占全年结案总数的26.4%。可以看到，改革后传统的案件层层请示、逐级审批制度已经全面取消，法官和合议庭独立办案机制在两级法院扎根运行。全市法院99.8%的案件裁判文书均由独任法官或合议庭直接签发。

（二）加强监督管理，防止监督缺位越位

一是解决不敢监督的问题。制定《院庭长个案监督权力清单》《院庭长审批事项清单》《执行工作审签权限清单》《经审委会讨论案件裁判文书的制作时限与审核签发》等一系列监督管理清单，确保院庭长准确把握监督管理的边界和内容，消除放权后院庭长担心由监督造成越权的顾虑。二是解决不善监督的问题。细化院庭长监督范围，将院庭长有权要求合议庭报告案件进展和评议结果的四大类案件，细化、限定为17小类，个案监管范围更加具体化、更有操作性。建立"提请监督"制度，明确法官配合监督的义务和方式，堵塞重大敏感案件监督漏洞。规范院庭长行使审判监督权和审判管理权的方式，院庭长对个案的意见均通过专业法官会议、审判委员会公开提出，全程留痕，存卷备查，确保监督管理到位不越位。三是解决不愿监督的问题。将院庭长履行监督管理职责情况纳入综合考核，把定期召开专业法官会议、疑难法律问题研讨会、发改案件质量评析会、审判态势分析调度会等审判管理监督工作纳入业务部门正职考核体系，促进院庭长履行监督管理职责规范化、可量化、可考核。

（三）规范自由裁量权，推动裁判标准统一

依托专业法官会议、审判委员会等平台，建立梯次化、递进式的法律统

一适用机制,规范法官自由裁量权。一是严格合议庭评议程序。法官自由裁量事项是否有相应法律法规、司法解释、最高人民法院指导案例、上级法院规范性文件及本院裁判指引的规定,必须专项讨论。实行类案强制检索制度,合议庭评议、专业法官会议和审委会讨论案件时,承办人必须报告类案检索情况,减少"类案不同判"的风险。二是强化专业法官会议功能。制定《专业法官会议规则》,进一步明确召集程序、议事方式、结果运用。庭长、审判长和其他专业法官"集中会诊"疑难案件,通过个案讨论平衡裁判标准。加强审判经验总结,为合议庭正确适用法律提供咨询意见。三是转变审判委员会职能。审判委员会讨论个案数量逐年下降,同时不断强化总结审判经验、统一法律适用的指导职能,实现了微观到宏观的转变。深圳中院已经先后发布了针对融资租赁纠纷、场外配资纠纷等类型化案件的78个裁判指引。同时,还制定了《关于激励法官办理"精品案"加强案例指导工作的实施办法》,定期编发典型案例和优秀裁判文书,统一类型化案件裁判标准,2018年已发布示范案例45个。

(四)完善评价考核机制,严格责任追究

一是解决激励导向问题。完善审判绩效考核制度,出台《人案动态平衡调配暂行规定》《审判绩效量化计算办法》,明确案件权重系数,科学评价法官工作量和办案质效,发挥绩效考核的激励和导向作用。二是解决责任发现问题。加强案件质量评查,成立案件质量评查委员会,下设评查合议庭;建立案件质效第三方评估机制,专门聘请法学专家、退休资深法官等专业人士作为第三方,参与到案件质量评查中,形成公正、客观、专业的评查机制。将常规评查和专项评查有机结合,将上级法院发改等七类重点案件逐案评查,结合审判工作实际开展专项评查。三是解决责任落实问题。将案件质量评查作为责任认定与责任追究的前提,评查结论与责任追究、业绩考核挂钩,属于问题案件的,移交监察部门审核追责;质量评查情况记入法官业绩档案,作为法官等级、薪级升降和年度考评的重要依据。2018年,深圳中院和基层法院先后对1749件案件进行了专业评查,主要类型包括长期未

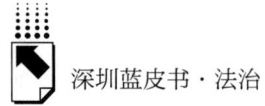

结、超期移送、再审改判、重大信访等案件,并根据评查结论按照程序对13人进行了追责。

(五)依托科技手段,改进监督管理方式

在《深圳"智慧法院"建设三年规划》中,深圳中院作出了一系列安排,为全面落实司法责任制提供配套信息技术保障。一是为监督管理提供便利途径。开发符合审判业务特点的案件管理系统,对简案、繁案、重大敏感案件等进行标识,畅通院庭长发现问题、监督案件的渠道。二是为"类案同判"提供技术支持。推进智能辅助办案,建立矩阵证据中心、"融·智·慧"全流程信息化智能审判平台、"法智云端"网上行政诉讼服务中心、类案检索推送系统等,为统一法律适用、"防止类案不同判"创造更大可能性。三是为流程动态管控提供平台。开发民商事案件收结案态势预警系统,设置均衡结案警戒线,自动生成审判执行态势日报,进行动态监控和预警。依托电子卷宗系统和综合业务系统,完善从立案到归档的全流程节点监控体系。2018年4月,在首届数字中国建设峰会上,深圳法院"深融·多元化平台""法库·电子卷宗平台""鹰眼执行综合平台"围绕审判、服务法官的建设经验,得到了广泛关注和认可。

四 配套:整体性、协同性司法改革项目的推进情况

综合配套改革就是"连点成线、搭线成面、叠面成体"的工作,故整体性、协调性应被特别凸显出来。[1] 围绕着"全面落实司法责任制,努力让人民群众在每一个司法案件中感受到公平正义"[2] 的目标,深圳法院按照

---

[1] 顾伟强、朱川、卢腾达:《新时代背景下司法体制综合配套改革的若干思考》,《中国应用法学》2018年第3期。
[2] 引自习近平总书记代表第十八届中央委员会于2017年10月18日在中国共产党第十九次全国代表大会上所作的报告:《决胜全面建成小康社会 夺取新时代中国特色社会主义伟大胜利》。

《改革规划》的部署安排，对一系列关联度高、耦合性强的改革项目进行了整体推进，体现出改革的配套性、系统性，不少改革已经取得了非常显著的进展。

（一）创新发展新时代"枫桥经验"

着眼于矛盾纠纷前端疏源，深圳法院将多元化纠纷解决机制改革作为创新社会治理、破解案多人少矛盾、满足群众多元司法需求的重要举措，坚持党政主导，借助社会合力，依托现代科技，充分发挥司法的引领、推动和保障作用。到2018年底，深圳法院已经在市中院和九个基层法院建成10个诉调对接中心，共引入129家调解组织、935名特邀调解员，共同推动矛盾纠纷在基层解决、源头化解，全年共有22214件得到成功调解。同时，实现"线下人工"结合"线上智能"，完善纠纷在线解决平台，提高调解效率。目前，深圳地区的部分街道、社区已经建立42个在线司法确认工作室，实现人民调解与司法确认无缝衔接，增强社会调解公信力，已有9431件调解成功的纠纷得到司法确认，调解协议具有法律强制执行力。①

（二）优化繁简分流机制

深圳法院长期以来面对案件数量持续大幅增长、人案矛盾异常突出的压力，这也制约着改革效果的发挥。2016年6月起市中院在全国首家全口径、系统性推进案件繁简分流改革。2017年，深圳中院和各基层法院一并被确定为"全国法院案件繁简分流机制改革示范法院"。2018年，深圳法院又出台《进一步深化案件繁简分流机制改革的意见》，从优化资源配置、完善简案快办机制、完善繁简分流标准化工作体系等方面，提出15项举措，优化繁简识别标准、加强综合配套、实现整体推进。目前，深圳法院配备的速裁

---

① 数据来源：2019年1月18日，深圳市中级人民法院院长万国营在深圳市第六届人民代表大会第七次会议上作的《深圳市中级人民法院工作报告》。

快执法官共计166名，占全市法官的18.3%。这"小部分"法官，办结了"大部分"可以快速处理的简单案件，占全市法院结案总数的64%。其中，民商事速裁案件平均结案周期45天，刑事、行政速裁案件不超过10天，快执案件不超过50天。①

（三）率先推行法院购买社会化服务改革

2018年，深圳中院会同深圳市财政委，制定发布了《深圳市法院购买社会化服务暂行办法》，在全国法院首次以规范性文件的形式，明确法院购买社会化服务的内涵，对购买主体、承接主体、购买内容及指导性目录、预算管理和购买标准、购买方式和程序、监督管理和绩效评价等进行全方位、体系化规制，为实施购买服务提供制度遵循和规范指引。针对法院购买社会化服务，深圳法院建立了7类41项社会化服务购买目录清单，将一般性辅助类、技术类事务外包，依靠社会力量，盘活有限司法资源，提高司法效率。同时，将法院购买社会化服务纳入深圳市财政预算范畴，为法院购买社会化服务长效发展提供了经费保障。

（四）率先探索"执行转破产"机制

深圳法院在全国最早探索执行不能案件转破产程序，通过对民事诉讼和执行制度的不断完善，发挥破产审判对化解执行积案的促进功能，建立起"立案、审判、执行、破产"四环节相互衔接的民商事司法工作机制。2018年，深圳中院制定了全国首个《关于执行案件移送破产审查的操作指引》和《关于执行移送破产案件管理人工作指引》，"执转破"工作力度不断加强，全年依法对73家执行不能的企业进行破产宣告，使24735件执行案件得以终结消化。深圳法院办理的"松晖实业公司执行转破产清算案"作为"执转破"的实践示范，入选全国破产审判十大典型案例、全国法院解决执

---

① 数据来源：2019年1月18日，深圳市中级人民法院院长万国营在深圳市第六届人民代表大会第七次会议上作的《深圳市中级人民法院工作报告》。

行难十五大典型案例。"执转破"经验的深圳经验得到最高人民法院的肯定，并在深圳召开现场会，向全国推广。

（五）率先基本解决执行难

2018年，深圳法院在前期执行工作机制改革的基础上，开展"基本解决执行难"攻坚战，为当事人胜诉权益的实现不断努力。一是不断强化综合治理执行难工作格局，充分发挥执行联动的效应，目前银行、海关、车管等执行联动单位已达到49家。二是继续将信息化作为提升执行效率的重要手段，深圳法院的鹰眼执行综合应用平台不断升级，实现财产查控一体化、辅助办案智能化、执行事务集约化，成为全国智慧法院十大创新案例。三是加强执行威慑惩戒力度。限制高消费159033人次，公开曝光失信被执行人62982人次，司法拘留772人，追究刑事责任25人。四是全面实行执行财产网络拍卖，执行财产变现更加公开透明、便捷高效，变现价值实现最大化，全年网络拍卖成交金额99.93亿元，溢价率49.6%。2018年，深圳法院办结执行案件163131件，实际执行到位金额327.89亿元，最高人民法院委托第三方评估的基本解决执行难核心指标全部达标。深圳中院被评为全国"基本解决执行难"样板法院，是全国首批唯一入选的中级人民法院。[①]

五 检验：深化司法体制综合配套改革取得的初步成效

从近几年深圳法院改革运行情况来看，整体效果良好，为改革路径规划和实践探索的科学性、务实性提供了有力验证。

一是有力促进了办案质效的提升。在近年来案件数量持续大幅增加的巨大压力下，深圳法院案件质效持续提升，当事人和老百姓有较为实在的获得感。2015~2018年，全市法院结案分别达到224488件、277631件、376913

---

① 数据来源：2019年1月18日，深圳市中级人民法院院长万国营在深圳市第六届人民代表大会第七次会议上作的《深圳市中级人民法院工作报告》。

件、410378件，法官人均结案数由217件上升到452件，收结案数量连续多年位居广东省第一。2018年深圳中院收案62530件，办结49207件，成为全国案件量最大的中级人民法院。

二是司法公信力不断提升。2018年，深圳法院共有19个案件被评为国家级、省级精品典型案例，发挥了重要的裁判标杆和示范作用。此外，深圳法院审理的华为诉IDC案，入选中国改革开放40周年40个重大司法案例，在"伟大的变革——庆祝改革开放40周年大型展览"中作为极具影响力的示范案例向全世界展示。

三是改革示范性和影响力持续提升。2018年深圳改革榜单中，有4个改革项目来自深圳法院。其中，深圳中院"'执转破'当好生病企业医院"获改革攻坚奖，盐田法院"全市行政案件集中管辖改革"获改革质量奖，福田法院"多元化解纠纷的福田模式"、南山法院"'互联网+'知识产权审判"两项获微改革优秀案例。① 国际商事纠纷多元化解决机制改革被作为全国法院司法改革示范案例②。最高人民法院专门出版《人民法院改革开放40周年成就展（深圳法院卷）》，作为纪念改革开放40周年的法治献礼，得到社会各界的关注和赞许。

六 瓶颈：继续深化司法体制综合配套改革面临的问题

虽然深圳法院的司法改革工作取得了积极成效，但仍存在一些困难和问题，有待通过进一步深化改革加以解决。

一是案件基数大、增长快，制约改革效果。近些年来，深圳法院案件总量持续迅猛上升，2018年已达到48.3万件。虽然通过改革深入挖潜，结案

---

① 《2018深圳改革榜单揭榜！深圳法院4项改革获奖》，http://www.sohu.com/a/285511399_100116740，访问时间：2019年1月12日。
② 《最高人民法院司法改革领导小组印发〈人民法院司法改革案例选编（五）——案例15：满足"一带一路"新需求 探索商事解纷新路径〉》，https://www.chinacourt.org/article/detail/2018/11/id/3571027.shtml，访问时间：2019年1月9日。

总数和法官人均结案数均大幅上升，但存案仍然处于高位。法官年均办案任务远远超过正常工作量，导致每个案件上分配的时间、精力相对有限，制约了办案的精细化程度。如何在案件持续增长、政法编制不足、员额制改革后法官数量相对下降的情况下，确保司法公正，提高司法效率，彰显改革成效，面临十分严峻的挑战和考验。

二是政法编制配备不足影响法院人才可持续发展。深圳法院收、结案数量和法官人均结案数均已位居全省第一，但政法专项编制没有相应增长，现有数量远远低于广州法院，案多人少问题非常突出。虽然省里在法官员额分配上给予深圳很大倾斜，深圳也加大改革力度通过聘用劳动合同制人员补充司法辅助人员，在一定程度上缓解了人案矛盾。但受政法编制总量制约，在尽可能把更多的编制用于配置员额法官时，必然导致政法编司法辅助人员、司法行政人员短缺。目前深圳两级法院员额法官共1049人，已占全部政法专项编制数的一半。按中央要求，法官助理原则上应是政法编制人员，但目前深圳法院法官助理队伍中相当大一部分是劳动合同制或聘任制人员。在今后相当长的时期内，政法编法官助理仍是初任法官的主要来源，政法编制紧缺不仅制约了人案矛盾的根本解决，也不利于法官队伍健康、持续发展。

三是审判监督的"关键少数"案件尚需进一步细化。虽然最高人民法院对于应当进行监督重点个案案件范围作了规定，深圳法院也在此基础上将四类重点案件细化为17类。但是具体落实到办案实际中，由于案件类型、专业分工等方面的差异，哪些属于应当监督的重点案件范围仍然显得比较原则，院庭长行使审判监督权力时，依然存在一些把握不准的地方，需要根据不同的业务领域特点和需求进行进一步细化，形成清晰的监督节点。

四是现代科技手段对深化司法改革的支撑力度还需加大。新一轮司法改革与信息技术发展深度融合，全面落实司法责任制需要依托信息技术加以支撑。深圳法院在智慧法院建设方面虽然已经取得了很大进展，但是客观上还存在一些短板，司法大数据平台不够完善，对司法规律和审判态势的研判还不够及时精准，办案智能辅助系统的开发建设有待提速，院庭长履行监督管理职责的信息化手段还没有完全跟上，在一定程度上制约了改革成效。

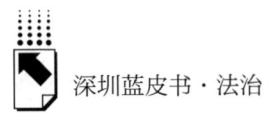

五是改革的社会认同度需要进一步提升。司法责任制改革强化了法官的责任，也对当事人的诉讼能力提出了更高要求，部分当事人和群众对"谁审理、谁裁判、谁负责"还不完全理解，仍习惯于找领导或通过信访争取达到自己的诉讼目的。由于个别法官能力、素质以及改革过渡期多种因素的影响，有的案件裁判质量、裁判效率仍有待提高，影响了群众的改革获得感。

七 建议：进一步加强综合配套、全面落实司法责任制的几点思路

一是积极争取加快推动政法编制的动态统筹增配。一方面，积极争取中央继续支持，考虑深圳地区管理人口、案件数量等因素，为深圳法院继续增加中央政法编制。另一方面，建议运用好人财物省级统一管理的契机，推动政法专项编制省级统筹管理、动态调整，对已分配至各地但尚未使用的政法专项编制进行统筹调剂，适当增加深圳等人案矛盾突出地区政法编制数量。

二是进一步推进多元化纠纷解决机制立法。要从根本上缓解司法供需矛盾，仍须推进多元化纠纷解决机制改革，这是营造共建共治共享社会治理格局的重要方面，也是从源头上减少矛盾纠纷的治本之策。但目前在改革推进过程中，的确还存在相关部门重视程度不够、社会力量参与度不深等问题，亟待通过法治化方式深化完善。建议加快推动多元化纠纷解决机制特区立法进程，保障多元化纠纷解决机制法治化、长效化运作。

三是从顶层设计层面构建法官工作量与严格责任追究之间的平衡机制。超负荷的工作量必然影响案件审判质量，加之目前辅助人员能力素质有待提升，法官对辅助工作也要承担相应的责任风险，压力非常大。如何在严格责任承担与科学工作量之间寻求平衡，也是全面落实司法责任制的重要内容。建议加快推动最高人民法院的顶层设计层面确定一套科学合理确定法官工作量的规则或标准，为地方法院在全面落实司法责任制过程中完善相关机制提供有力依据。

四是将智慧法院建设纳入智慧城市建设一体推进。法院"正从过往的信息化办公时代、现在的大数据支持时代,走向未来的智能化办案时代。智能化正在助推司法体制综合配套改革向纵深发展"①。近年来深圳法院在智慧法院建设方面已经打下了良好基础,但如何运用大数据、智能化手段有力提升审判质效,需要加快建设智慧法院来实现。智慧城市建设是国家信息化发展战略的组成部分,智慧法院建设也是智慧城市建设的重要内容。建议大力推动智慧法院建设与智慧城市建设有机融合、一体推进,同时政府部门特别是发改、财政等部门继续给予法院更多支持,加强统筹协调,充分发挥现代科技对司法改革的支撑推动作用。

五是将审判人才纳入全市人才库。"人才是第一资源",目前,深圳法院已有9名全国、全省审判业务专家,接下来还将评出一批全市审判业务专家。这些人才都是司法审判领域的领军带头人才,也是推动司法改革持续深化的关键资源。建议有关部门将包括审判专业人才在内的法院人才队伍纳入全市的整体人才规划,给予相应的人才优惠政策,形成可持续的人才发展机制。

结　语

2018年,习近平总书记视察广东、深圳并发表重要讲话,作出重要批示。习近平总书记视察广东、深圳重要讲话和批示精神特别是关于新时代改革开放的重要论述和对深圳城市定位的新要求,也为深圳法院的改革创新工作指明了方向。深圳法院也正致力于在进一步深化司法体制综合配套改革,全面落实司法责任制工作中继续当好改革排头兵、加快建设具有社会公信力和国际影响力的一流法院,全力服务新时代改革开放,为深圳努力创建社会主义现代化强国的城市范例提供更加有力的司法保障。

---

① 王猛:《智能化助推司法体制综合配套改革》,《河北法学》2018年第5期。

B.10
买"岗位"抑或买"项目":审判辅助事务社会化购买模式的权衡与选择

成少勇*

摘　要： 探索审判辅助事务社会化购买是缓解人案矛盾、优化资源配置和深化司法体制综合配套改革的重要方面。在推进审判辅助事务社会化实践中,主要有"购买岗位"和"购买项目"两种模式,二者各有优势。应当坚持以审判辅助事务区分为基础,合理选择审判辅助事务购买模式:长远来看,应当逐步摒弃"购买岗位"的模式;就目前而言,应当综合考虑辅助事务性质、管理成本、司法效益、承接主体发育等因素,构建差异化购买模式体系,对一般性审判辅助事务采取"购买项目"模式,专业性辅助事务采取"购买岗位"模式,同时加强质效管控和引导培育,实现审判辅助事务社会化购买运作效应最大化。

关键词： 审判辅助事务　购买模式　购买岗位　购买项目

2018年中央政法工作会议明确提出,要把适合由社会力量承担的司法辅助事务集中起来,外包给有资质的企业、中介机构和其他组织,让司法人

---

* 成少勇,深圳市中级人民法院审判员。

员专注于核心业务，实现减负增效。① 实施审判辅助事务社会化购买是深化司法体制综合配套改革的重要内容，对破解案多人少难题、改善司法供给具有重要价值。目前，法院购买辅助事务的研究较为薄弱，实践中究竟采取何种购买模式，也面临一些问题和困惑，亟待开展精细化研究，厘清边界、权衡利弊，明确辅助事务社会化的购买模式、实施路径和配套保障。

一 动因：法院购买审判辅助事务的背景和价值

"法院社会服务购买是一个子概念，它来源于政府购买公共服务的上位概念。"② 作为政府购买服务之一，法院购买服务发端于后勤保障类事务，随着实践发展，广东、福建、山东、安徽等省份的部分中基层法院陆续开展购买辅助事务探索。

（一）破解司法供需矛盾的现实需求

进入新时代，中国社会主要矛盾发生历史性转变，在司法领域体现为群众日益增长的多元司法需求与不平衡、不充分的司法供给的矛盾凸显，案多人少问题日趋严重。2013~2017 年的 5 年间，最高人民法院受理案件 82383 件，地方各级法院受理案件 8896.7 万件，分别比前五年增长 60.6% 和 58.6%。③ 在日益繁重的审判任务倒逼以及政法编制无法大幅增加的现实制约下④，通过

---

① 2018 年 7 月 24 日召开的"全面深化司法体制改革推进会"也提出，完善多方参与机制，善于运用市场力量促进政法机关减负增效。见《中央政法工作会议：要出台错案责任追究具体办法，严肃问责》，https://baijiahao.baidu.com/s?id=1590384280727061700&wfr=spider&for=pc，最后访问时间：2018 年 8 月 24 日；《十九大后第一次司法体制改革推进会在深圳召开》，https://baijiahao.baidu.com/s?id=1606944230121186104&wfr=spider&for=pc，最后访问时间：2018 年 8 月 24 日。
② 赵铁、刘震：《新时期人民法院社会服务购买内容研究》，《立案工作指导》2016 年第 2~3 辑，人民法院出版社，2017。
③ 周强：《最高人民法院工作报告——二〇一八年三月二十九日在第十三届全国人大一次会议上》，《人民法院报》2018 年 3 月 26 日。
④ 2013 年 3 月 17 日，国务院总理李克强提出"约法三章"，一是政府性的楼堂馆所一律不得新建；二是财政供养人员只减不增；三是公费接待、公费出国、公费购车只减不增。

购买审判辅助事务，引入社会力量增加司法供给，成为法院破解案多人少难题的现实选择。

（二）全面落实司法责任的配套保障

当前，司法改革已经进入综合配套改革阶段，无论是法院人员分类管理、法官员额制改革，还是新型审判团队组建，落实办案责任，都要求配强配足审判辅助人员。但人员配置短缺、来源渠道单一成为各地法院普遍面临的瓶颈。《全面深化人民法院改革的意见——人民法院第四个五年改革纲要（2014～2018）》明确提出，拓宽审判辅助人员的来源渠道，探索以购买社会化服务的方式，优化审判辅助人员结构。这既为法院购买审判辅助事务提供了政策依据，也推动了实践蓬勃发展。

（三）优化司法资源配置的重要方式

"社会容量和社会密度在客观上表现在不断变大，就意味着分工登场。"① 随着案件量增长，审判事务繁杂，要求将法官和法院从繁杂的事务性工作中解脱出来，让法院和法官专注于司法审判的核心事务。以购买辅助事务的方式促进法院事务精细化分工，让"专业的人做专业的事"，充分发挥市场主体和社会组织在人力资源招募、培训、管理和辅助事务组织实施等方面灵活、高效的优势，既有助于优化资源配置，减轻法院辅助事务负担，也有助于增强司法效率。

（四）配置司法辅助人员的较优选项

传统的辅助人员配置采取"养人"模式，存在人力资源管理成本大、包袱过重等不足。实践中，招录和聘用的辅助人员，只要不犯原则性错误，即使效率低下、质量不高，法院亦很难将其辞退或与其解除合同。长此以往，"逆向淘汰"效应凸显，辅助事务运作效率和活力受到制约。此外，在

---

① 〔法〕埃米尔·涂尔干：《社会分工论》，梁敬东译，生活·读书·新知三联书店，2017。

员额制改革下,由于法官员额紧缺,辅助人员沉积,容易造成职业发展"独木桥",既影响工作活力,也削弱了法院对优秀人才的吸引力。实施辅助事务社会化购买,变"养人"为"养事",能够减少管理成本,增强工作活力,促进法院人才梯队建设和良性发展。

二 检视:现行辅助事务购买模式与实践困惑

审判辅助事务社会化购买模式,是指在实施法院购买辅助事务中,服务承接主体提供或承担辅助事务的方式,即以"人"为中心还是以"事"为中心,购买并实施辅助事务。合理选择购买模式,对发挥法院购买服务的效益影响甚巨。政府购买服务一般分为"购买岗位"和"购买项目"两种模式①,法院购买服务亦同②。实践中各个法院采取的购买模式不尽相同,由此引发的问题和困惑日益凸显。

(一)现行辅助事务购买模式:购买岗位与购买项目并存

据不完全统计,目前24个省(直辖市)超过68家法院探索实施向社会购买服务,购买审判辅助事务的超过32家。③ "购买岗位"与"购买项目"并存,大多数法院采取购买岗位模式,其中安徽省铜陵中院、广东中山第一法院④、福建厦门思明法院⑤和深圳法院最具代表性(详见表1)。

---

① 齐海丽:《我国地方政府购买服务模式研究——以上海市政府购买岗位为例》,《西北农林科技大学学报(社会科学版)》2013年第5期。
② 也有论者称为"项目外包"和"岗位外包",参见厦门思明区法院课题组《法院审判辅助事务改革中引入购买社会服务的路径初探》,《东南司法评论》2016年卷。
③ 笔者在"百度"的"网页"搜索栏中分别输入"法院 服务外包"和"法院 购买服务"关键词,对检索结果进行筛选、整理得出上述数据。
④ 参见《人民法院司法改革案例选编(一)》第13号改革案例:广东省中山市第一人民法院以社会化解决操作性事务推进专业审判纵深发展。
⑤ 2017年6月,最高人民法院、司法部联合印发《关于开展公证参与人民法院司法辅助事务试点工作的通知》,对厦门思明法院做法进行了推广试点。

表1　现行辅助事务购买模式及主要特征对照

购买模式	代表性法院	主要做法	运作特征
购买岗位	铜陵中院	2014年3月起,通过订立协议,由承接主体派驻21人进驻该院从事执法办案辅助服务	承接主体以劳务派遣的方式,指派工作人员进入法院工作,法院提供办公场所、设备和一定的工作保障,劳务派遣人员在法院指挥、管理和调度下,完成相关服务事项
	深圳法院	2006年起,深圳南山法院探索后勤保障事务外包,目前深圳中院和各基层法院均已开展购买审判辅助事务。	
购买项目	中山一院	2014年起,中山第一法院结合辅助事务集约化,将涉及审执服务、速录、诉讼服务中心、档案整理等方面58项一般性操作类事务交由服务承接主体实施	法院将所需服务项目以承揽的方式,交由承接主体承担,承接主体以自身的设备、技术和劳力完成并交付工作成果
	思明法院	2016年11月起,思明法院与厦门鹭江公证处合作,将司法送达、调查取证、财产保全、执行辅助等非核心辅助事务委托给鹭江公证处承接实施	
	深圳法院	同上	

（二）购买模式选择中的问题与困惑

目前,法院购买社会服务尚处于起步阶段,辅助事务购买模式选择存在一些问题和困惑。

1. 困惑一："集约化"抑或"流程化"

传统的审判辅助事务实施主要采取"流程化"方式,法官助理和书记员配置到各业务庭,分属各审判团队,在法官指导下全程参与办理案件排期、文书送达、信息录入、材料收转、庭前准备、庭审记录、材料审查、案卷归档等辅助事务,分散性、链条式、平行化特征明显。随着实践发展,一些法院已经探索将案件审理中的共性事务环节提取出来,以合并"同类项"的方式,统一交由专门人员或团队集中管理[①],集约化特征日益

---

① 靳学军:《以集约化工作思路应对"案多人少"挑战》,《人民法院报》2017年5月17日。

凸显。"流程化"有利于发挥团队合力，法官对辅助事务的指导、管控力较强。但随着办案量迅猛增长，资源整合、集约运作的需求高涨，"流程化"运作的弊端日渐暴露。"集约化"有助于资源统筹调度和集约利用，但也容易造成条块分割，增加协调难度。如何把握二者平衡点，还有认识和实践上的困惑。

2. 困惑二："买岗位"抑或"买项目"

"购买岗位"和"购买项目"在理论逻辑、运作机制、各方关系上均有所不同（详见图1）。但在实践中，尚缺乏对两种模式内在逻辑和利弊优劣的充分认知，究竟是"买岗位"还是"买项目"，问题和困惑较多：一方面，针对同类辅助事务，不同地区甚至同一地区的不同法院购买模式大相径庭，如对司法送达，有的法院采取"购买项目"方式，法院并不参与送达的具体实施过程，有的法院采取"购买岗位"的方式，由承接主体派驻送达人员，在法院在编人员全程参与、搭配下开展送达工作；另一方面，多数法院在人案矛盾的倒逼下，依据当地的惯常做法，对辅助事务购买匆匆上马，既缺乏对辅助事务购买模式的理性、清晰认知，也来不及考虑厘清各方的法律关系，对人员管理方式、辅助事务质效管控方式及风险防范作出合理安排，埋下担责隐患。

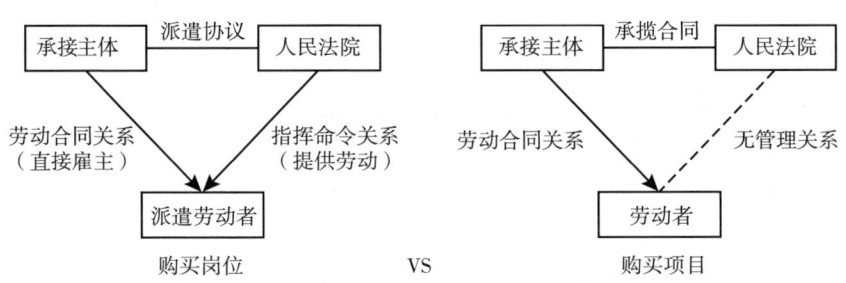

图1 "购买岗位"和"购买项目"中各方关系对比

3. 困惑三："管人"抑或"管事"

提高辅助事务办理质效是辅助事务社会化的重要目的。辅助事务购买模式既影响着法院、承接主体和辅助人员的法律地位，也要求建立相应人员管理和质效管控方式（见图2）。"购买岗位"强调"管人"，作为实际用工单位，法院可以对从事辅助工作的人员进行直接指挥和工作安排，以提升审判质效。而"购买项目"更强调"管事"，作为委托方，法院更关注事务办理效果，而无须关注事务办理过程，也不宜对事务办理人员进行直接指挥和管理。但在实践中，在不同模式中，法院具体管理行为的尺度、边界和具体标准并不清晰：有的法院对劳务派遣人员缺乏技能培训和日常管理，绩效考核体系不健全；有的法院在购买项目中，采取直接指挥、安排、管理等方式，对从事辅助事务项目人员随意安排、调度，有的工作人员甚至被安排从事其他工作，沦为相关部门附庸，既违背了购买项目辅助事务的运作要求，也客观上增加了法院的责任和风险负担。

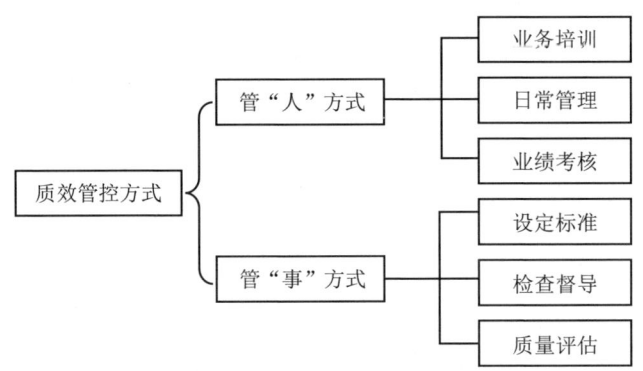

图2 辅助事务质效管控方式对比

三 权衡：辅助事务社会化购买方式的优劣对比

（一）管理成本和风险负担：资源配置"减负"功能之实现

是否有利于减轻法院负担，是确定辅助事务购买模式的重要考量因素。从管理成本投入看，在"购买岗位"场合，法院的管理成本和风险负担更重，突出表现在：（1）管理成本高企。采取劳务派遣的方式，服务承接主体"对于入职岗位培训、具体工作安排等劳动过程的领导、监督、管理均让渡给实际用人单位，由该实际用人单位负责"①，作为实际用工单位，法院需要耗费更多精力用于辅助人员的业务培训、业绩考核、日常管理等。（2）风险负担更重。受劳动法律法规和侵权责任法的制约，法院将面临诸多潜在风险（详见表2）：其一，"同工同酬"的薪酬负担风险；其二，侵权责任负担风险；其三，劳动法上的工伤保险责任和连带责任风险。② 而对于"购买项目"，由于法院无须介入辅助事务办理过程，法院与具体从事辅助事务的人员并无法律上的直接关系，除了购买费用，管理成本相对较小，也无担责风险的后顾之忧，更有利于减轻法院负担，增进辅助事务办理效益。

表2 购买岗位模式面临的各类风险

风险类型	风险来源	法律规定
"同工同酬"的薪酬负担风险	被派遣劳动者"同工同酬"的权利	《中华人民共和国劳动合同法》第六十三条规定,被派遣劳动者享有与用工单位的劳动者同工同酬的权利。用工单位应当按照同工同酬原则,对被派遣劳动者与本单位同类岗位的劳动者实行相同的劳动报酬分配方法。用工单位无同类岗位劳动者的,参照用工单位所在地相同或者相近岗位劳动者的劳动报酬确定
侵权责任负担风险	侵权责任法上的用工单位义务	《中华人民共和国侵权责任法》第三十四条第二款规定,劳务派遣期间,被派遣的工作人员因执行工作任务造成他人损害的,由接受劳务派遣的用工单位承担侵权责任;劳务派遣单位有过错的,承担相应的补充责任

---

① 李海明、白永亮：《劳务派遣法律规制的理论与实务》，法律出版社，2017。
② 在政府购买服务实践中，因被派遣人员与劳务派遣公司发生劳动纠纷，而政府机关被诉诸法庭的案例也不在少数，甚至引发群体性事件。据广东省高院《信息专刊》2014年第18期《政府服务外包项目劳动纠纷牵连政府机关需引起重视》，2012～2013年，广州法院共受理此类案件140件。

续表

风险类型	风险来源	法律规定
工伤保险责任和连带责任风险	劳动法上的用工单位义务	《劳务派遣条例》第十条第一款规定，被派遣劳动者在用工单位因工作遭受事故伤害的，劳务派遣单位应当依法申请工伤认定，用工单位应当协助工伤认定的调查核实工作。劳务派遣单位承担工伤保险责任，但可以与用工单位约定补偿办法 《中华人民共和国劳动合同法》第九十二条第二款规定，劳务派遣单位、用工单位违反本法有关劳务派遣规定的，由劳动行政部门责令限期改正；逾期不改正的，以每人五千元以上一万元以下的标准处以罚款，对劳务派遣单位，吊销其劳务派遣业务经营许可证。用工单位给被派遣劳动者造成损害的，劳务派遣单位与用工单位承担连带赔偿责任

（二）事务办理质量和效率：辅助事务"增效"目的之达成

法院购买审判辅助事务的核心要义，在于充分发挥市场机制作用，提高辅助事务办理质效，由此，承接主体发育状况成为影响辅助事务质量、选择购买模式的重要考量因素。承接主体专业性强、市场化发育完善，意味着从事辅助工作的人员素质高，法院可以通过"购买项目"，把辅助事务放心地交给承接主体承担，反之，承接主体知识、经验和能力欠缺，发育不成熟，就需要法院发挥引导、示范作用，通过"购买岗位"，在业务培训、日常管理等方面投入较多精力，对辅助事务的过程给予更多介入。随着国家对社会服务承接主体培育力度加大，从业人员职业化、标准化建设水平将不断提高，辅助事务承接主体的专业性将会越来越高。但就目前而言，由于辅助事务的专业性、特殊性，以及市场主体经验、专业的欠缺，辅助事务购买市场尚不成熟。能够承接审判辅助事务的主体并不多，一些专业性强的审判辅助事务面临"想买但买不到"的尴尬境地，即便勉强买得到，由于服务人员素质参差不齐，实际运作效果并不理想。因此，应当根据辅助事务的专业性要求，考虑承接主体对优质辅助事务的供给能力，合理确定购买模式。

（三）岗位和人员比例限制：社会化购买之长远发展

从购买服务可持续发展的角度看，"购买岗位"的实质是以劳务派遣方式购买服务。① 但根据《中华人民共和国劳动合同法》和《劳务派遣暂行规定》的规定，劳务派遣用工作为补充形式，用工单位只能在临时性、辅助性或者替代性的工作岗位上使用被派遣劳动者，且被派遣劳动者不得超过用工总量的10%。虽然在2014年1月26日，人力资源和社会保障部劳动关系司负责人就《劳务派遣暂行规定》答记者问时表示，机关事业单位编制外用工不属于该暂行规定适用范围，但也明确，对机关事业单位编制外用工问题，应当通过深化改革和完善法律逐步加以解决。这就意味着，机关事业单位不可能也不应当无限制通过劳务派遣方式购买服务。况且，法院采取劳动派遣方式仍然适用劳动合同法，受劳动合同法的规制。显然，"购买岗位"将面临诸多制度约束和法律障碍，适用范围将受到极大限制，其发展空间也将趋紧、收窄；而"购买项目"则无法律限制，可以做大做强。

（四）辅助事务协调和衔接度：机制顺畅运作之保障

工作连续性和衔接度也是辅助事务购买、实施中的重要因素。"购买岗位"运作中，购买服务的辅助人员对法院的人身依附性强，归属感和认可度较高，流动性相对较小；而"购买项目"运作中，由于从事辅助事务的人员与法院并不存在关系，相应的归属感相对较低，辅助事务人员队伍不稳定、流动性较大，工作连续性也受到影响。同时，由于在"购买项目"中，法院并不介入辅助事务的办理过程，在一定程度上影响了辅助事务办理与案件上下游流程衔接流畅度，增加了工作沟通、衔接的成本。但"购买岗位"的辅助人员直接配置到审判团队，流程衔接相对较顺畅，节省了沟通、衔接成本。值得注意的是，这并不意味着在购买项目场合，无

---

① 谭玲：《关于法院购买社会服务的做法与建议》，《中国审判》（新闻旬刊）2017年第33期。

法保障辅助事务的连续进行和顺畅运作,相反,这带来启示,即在购买项目时,应当注重完善运作机制,以便促进辅助事务统筹、集约运作,顺畅、高效运转。

四 选择:辅助事务社会化购买的模式确定与操作实施

确定辅助事务社会化购买模式不宜搞"一刀切",简单地"非此即彼",而应综合考虑辅助事务性质、司法效益、承接主体发育及国家政策走向等因素,构建差异化购买模式体系,并合理安排质效管控和运作方式,加强承接主体的培育引导,实现减负增效之价值功能。

(一)辅助事务社会化购买模式远、近期方案:以审判辅助事务区分为前提

1. 以专业性为标准合理区分审判辅助事务

实践中,虽然审判辅助事务纷繁芜杂,从类型化思维角度,依照专业性强弱程度,仍可将审判辅助事务分为一般性事务和专业性事务。[1] 专业性辅助事务,即需要经过特殊法律专业训练的人员方可完成的事务[2],该类事务业务性、专属性强,属于法官助理的职责范围,且往往需要法官的即时指导和安排,主要包括审查证据材料、协助组织调解、组织证据交换、归纳争议焦点、草拟裁判文书以及办理委托鉴定、评估、审计等事务;而专业性审判辅助事务以外的则属于一般性审判辅助事务,实践中主要包括案件排期、文书送达、信息录入、庭审准备、庭审记录、案卷归档、案卷扫描等,属于书记员的职责范围。一般性辅助事务和专业性辅助事务在专业性、独立性以及对法官的依附性等方面存在较大差别:首先,专业性方面,后者专业性较强,对辅助人员的学历、知识、能力要求较高,而前者

---

[1] 叶锋:《司法改革视野下审判辅助事务管理模式初探》,《东方法学》2015年第3期。
[2] 邹碧华:《审判事务的分类与法官辅助人员的配置探讨》,《法律适用》2002年第12期。

的操作性特征明显，对相关人员学历和专业知识要求不高；其次，独立性方面，后者与案件整体审理进程联系紧密度高、黏合性强，事务办理的线条性特征明显，而前者则具有较强的独立性，区块性特征明显，适宜剥离重组，集约实施；最后，在对法官依附性方面，后者的办理往往随时需要做好与法官沟通、协调，接受指导安排，而前者操作性、程序性特征更加明显，无须法官随时指导。辅助事务的区分，根本上决定了购买范围厘定和模式选择：于购买范围而言，将专业性事务交由市场主体承担，并无比较优势，也容易遭受是否专业和权威的质疑，逻辑上不宜向社会购买专业性辅助事务，但囿于人案矛盾现实，实践中专业性事务购买仍大量存在且有需求空间；于购买模式而言，对专业性辅助事务，应更注重专业要求和质量控制，应采用"购买岗位"，而一般性事务侧重关注效率和效益，宜采用"购买项目"。

2. 以辅助事务区分为基础构建差异化购买体系

合理选择购买模式，既要权衡不同模式的优劣，也要考虑不同性质事务办理需求，以及承接主体的发育程度。购买岗位模式下，法院不可避免地承担更多管理成本和风险负担，且受到"临时性、辅助性、替代性"岗位和使用人员比例的刚性约束，法律障碍难以逾越，实际上，也不符合中国政府购买服务的政策走向。2018年6月，财政部起草《政府购买服务管理办法（征求意见稿）》并向社会公开征求意见，其中明确将"属于《劳动派遣暂行规定》规范的以劳动派遣用工"列为禁止购买内容。① 因此，从长远看，在购买服务市场机制完善、承接主体发育成熟的条件下，应当禁止向社会购买专业性辅助事务，相应地，放弃购买岗位，只保留购买项目模式，这是终极选择。

但现阶段，一方面，承接主体发育尚不完善，相应的经验、能力和水平

---

① 根据财政部起草的《政府购买服务管理办法（征求意见稿）》第二十二条的规定，"购买主体的人员聘用，属于《劳动派遣暂行规定》规范的以劳务派遣方式用工，以及设置公益性岗位等事项"等八类事项不得作为政府购买服务的内容并列入指导性目录，参见 http: zqyj. chinalaw. gov. cn/readmore? listType = 2&id = 2490，于2018年8月23日访问。

有待提高；另一方面，随着司法体制综合配套改革深化，有的法院审判辅助人员严重短缺，新型办案团队难以有效建立①，有些不适合采用"购买项目"的专业性辅助事务引入社会力量承担的需求依然较大。因此，应当坚持"两条腿"走路，构建审判辅助事务差异化购买体系，即对一般性辅助事务，在从审判单元剥离、集约实施的基础上，通过购买项目的形式交由社会力量承担；而对专业性辅助性事务，通过购买岗位，由承接主体派驻辅助人员加入审判团队，在法官的指导下实施，以确保辅助事务质量，促进辅助事务购买效应最大化（见表3）。

表3　法院审判辅助事务差异化购买模式

辅助事务类型	涵盖事项	主要特征	购买模式	实施前景
专业性辅助事务	审查证据材料；组织证据交换；协助组织调解；办理委托鉴定、评估、审计；草拟审理报告、裁判文书等	法官助理职责事项；专业性事务、链条式运作以及对法官的强依附性	购买岗位	现实选择，随着承接主体发育成熟，应当逐步放弃
一般性辅助事务	案件排期、文书送达、信息录入、庭审准备、庭审记录、案卷归档、案卷扫描等	书记员职责事项；操作性事务、集约化运作以及与审判流程的独立性	购买项目	终极选择，有助于法院减负增效，可做大做强

（二）辅助事务社会化的操作实施：以辅助事务集约化运作为基础

辅助事务社会化运作实施取决于购买模式选择。如果说"购买岗位"的辅助人员应当加入审判团队，在法官指导下，以团队化运作方式办理辅助事务，那么"购买项目"则应当以一般性辅助事务的集约为基础，以项目化的方式集中和统筹运作，实现社会化、集约化、信息化有机统一（详见图3）。

---

① 周强：《最高人民法院关于人民法院全面深化司法体制改革情况的报告——2017年11月1日在第二届全国人民代表大会第三十次会议上》，《人民法院报》2017年11月2日。

买"岗位"抑或买"项目"：审判辅助事务社会化购买模式的权衡与选择

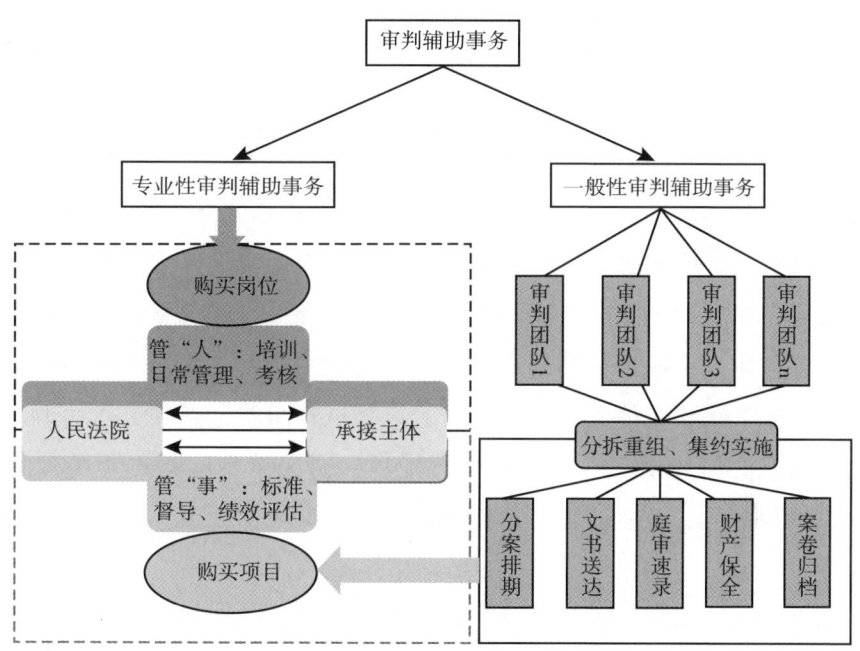

图3 法院审判辅助事务集约化、社会化运作实施图

1. 实现一般性辅助事务集约化运作实施

辅助事务集约化就是把一般性辅助事务剥离出来，交由专门机构和人员集中管理和统一实施，促进司法资源高效、集约利用。① 集约是项目化运作的基础，也是司法资源精简、高效运作的保障。应当破除"个案"无法再度解构的思维局限②，依托审判流程，对分散实施、平行运作的案件排期、文书送达、财产保全、庭审速录、案卷归档、案卷扫描等辅助事务进行拆分重组，重构为独立项目，并设立一般性辅助事务集约办理中心，强化项目管理，实施集约化、社会化运作。

2. 实施以"管事"为特征的质效管控方式

较低的管理成本和风险负担是"购买项目"的比较优势，但实施中

---

① 靳学军：《以集约化工作思路应对"案多人少"挑战》，《人民法院报》2017年5月17日。
② 龚成、李降兵：《审判辅助事务制度化剥离的探索与创新》，《人民法院报》2015年12月9日。

也要求进一步规范质效管控方式。否则，一旦对从事辅助工作人员管理不当，就很可能面临担责风险。① 因此，对"购买项目"的，应当设立合理绩效管控方式：首先，把避免直接指挥、安排、管理服务人员作为不可逾越的红线，破除实际的人身依附，避免以项目外包之名为劳务派遣之实的嫌疑，防范和杜绝法律风险。其次，科学安排服务质效管控机制：事前，通过购买合同的形式明确项目实施操作流程、质量标准；事中，加强检查督导，对发现的问题及时向承接主体进行反馈，督促整改；事后，完善绩效评估体系，以评估结果为依据，支付购买费用，选择承接主体。最后，还应要求承接主体派驻专职人员，对接审判团队，做好工作协调；赋予审判团队对集约事务一定的动态调配权，对因个案因素产生的二次排期、送达等事务，及时调整由审判团队实施，保障辅助事务顺畅衔接、高效运作。

3. 完善辅助事务办理的信息化、智能化

确保辅助事务办理质效，既要推进机制创新，也要加强信息技术支撑。应当充分利用智慧法院建设成果，推动辅助事务的高效、智能办理，一方面，充分利用大数据、人工智能技术，结合各类服务集约办理特点，研发手机 App、微信小程序等智能操作平台，实现各类辅助事务模块化、标准化、可视化、智能化运作；另一方面，运用技术手段对辅助事务办理流程进行实时、动态、全留痕的精细化管控，以堵塞漏洞，防范风险。

（三）辅助事务社会化的配套保障：以承接主体的引导培育为重点

辅助事务承接主体发育程度影响购买模式选择，制约辅助事务社会化机制运作效应。实践中承接主体发育滞后、法院所需服务供给不足是制约事务办理质效的瓶颈。因此，应当将承接主体培育作为重要配套机制。

---

① 《劳务派遣暂行规定》第二十七条也规定，"用人单位以承揽、外包等名义，按劳务派遣用工形式使用劳动者的，按照本规定处理"。

1. 加强对承接主体的孵化培育

承接辅助事务市场主体的数量、质量是辅助事务办理效果的重要保障。因此,一方面,应当协调推动教育部门、司法行政部门和法学院校,重点加大对法院紧缺服务的社会力量孵化培育;另一方面,加强政策宣传推介,引导、鼓励和支持相关市场主体积极开展辅助事务承接业务,此外,还应引导和推动职业院校开设司法辅助技能培训课程,提高司法辅助事务从业人员的专业素养和技能,引导和支持市场主体提高管理水平能力,从根本上解决承接主体数量少、规模小、功能不强的问题。

2. 推动对承接主体的财税优惠

市场经济体制下,引导市场主体开拓新的业务领域,不仅要加强孵化培育,也要加强引导和支持。应当积极协调财政、税收等部门,出台针对承接辅助服务的市场主体税收优惠、财政补贴政策,加强政策扶持和倾斜力度,通过资金扶持、税收优惠、优先采购等政策,积极培育相关社会力量发展壮大,提高专业性、竞争性。

3. 促进从业人员职业化、标准化

人力资源是实现辅助事务社会化购买机制功能的核心要素。应当探索推动完善承接主体从业人员的培训机构、资格认定和服务保障体系,通过制定能力等级标准、开发等级认证系统、设计职业发展通道等体系化制度安排,设置多层次、多类型的职业发展阶梯①,提升从业人员能力素质,保证司法辅助事务办理质量。

结　语

亚当·斯密在《国富论》中指出,"劳动分工是提高劳动生产率的重要原

---

① 在此方面已有相关探索,如深圳市司法局与深圳职业技术学院共同建立"法律职业辅助人才培养基地",对法律职业辅助人员开展继续教育专项培训,以提升其实践能力和职业技能。http：//www.legaldaily.com.cn/index/content/2017-08/27/content_ 7295420.htm,于2018年8月22日访问。

因"。当分工的触角触及司法领域,司法事务区分日益精细,因应破解人案矛盾、司改配套需求,在基层孕育、顶层呵护之下,审判辅助事务社会化购买机制应运而生、野蛮生长,既显勃勃生机,也有成长烦恼。而辅助事务购买模式关涉购买内容、制约司法效应,应综合权衡、审慎选择,并坚持社会化、集约化、信息化三位一体,加强承接主体培育,推动辅助事务社会化行稳致远。

B.11
暴力袭警从重处罚刑法条款适用研究

——基于深圳市罗湖区 115 宗案件的分析

黄海波*

摘 要： 增设暴力袭警从重处罚条款，彰显立法者力图提高警察执法权威和保护警察权益的坚强决心。由于社会矛盾错综复杂、警察职责层层累加、警务执行保障能力不足等原因，暴力袭警案件屡见不鲜。要正确理解并严格执行暴力袭警从重处罚条款，提高全社会法律意识，规范警察执行公务程序，提升警务技术保障水平，依法及时全面维护警察权益。

关键词： 暴力袭警 妨害公务 从重处罚 警察

一 问题的提出

2015 年 8 月 29 日全国人大常委会通过的《刑法修正案（九）》规定在《刑法》第 277 条中增加一款作为第五款："暴力袭击正在依法执行职务的人民警察的，依照妨害公务罪的规定从重处罚。"这一规定为长期以来关于是否增设袭警罪之争画上仍然存有巨大争议的句号。

暴力袭警从重处罚条款的规定，不仅是立法者对部分全国人大代表、司法机关尤其是公安机关一直呼吁在刑法中新设袭警罪的正面回应，更彰显了

---

* 黄海波，深圳市罗湖区人民检察院检察员，法学博士。

立法者力图提高警察执法权威和保护警察权益的坚强决心。只有准确理解和适用暴力袭警从重处罚条款，才能办好暴力妨害警务案件，充分发挥其震慑和预防犯罪功能。

为了考察暴力袭警从重处罚条款的司法适用状况，笔者以《刑法修正案（九）》施行的2015年11月1日为中间点，选取了前后各一年深圳市罗湖区人民检察院办理的暴力袭警案件作为样本进行分析，力图展现法律条文适用效果的直观对照。从2015年11月1日至2016年11月1日，罗湖区人民检察院共办理暴力袭警案件36件49人，从暴力手段看，犯罪嫌疑人持刀的1人，持其他械具的3人，驾车冲撞的2人，徒手的43人。从伤害后果看，毁坏警车的1件，造成警察受轻伤的1人，受轻微伤的（含巡防员）42人，有12名犯罪嫌疑人暴力袭警但未造成轻微伤以上后果；从审查逮捕情况看，暴力袭警案件共批准逮捕犯罪嫌疑人35人，不批准逮捕14人，逮捕率为71.4%；从案件处理结果看，犯罪嫌疑人未被提起公诉的有5人，起诉后被告人被判处拘役的有11人，判处有期徒刑的20人；从刑期长短看，被告人被判处的平均刑期是6个月，较2014年11月1日至2015年11月1日判决的29名被告人被判处平均刑期的4.4个月有36.4%的增长。此后的司法实践也呈现出从重处罚条款得以落实的样态，从2016年11月2日至2018年12月31日，罗湖区人民检察院共办理暴力袭警案件44件48人，其中从暴力手段看，犯罪嫌疑人持刀的4人，持其他器械的4人，驾车冲撞的2人，徒手的38人；从伤害后果看，造成警察（含巡防员）轻微伤的34人，从审查逮捕情况看，暴力袭警案件共批准逮捕犯罪嫌疑人33人，不批准逮捕15人，逮捕率为68.75%；从审判结果看，犯罪嫌疑人未被提起公诉的3人，起诉后被判处拘役的25人，判处有期徒刑的10人，被告人被判处的平均刑期为5个月。

由于研究样本来源、数量和区域等诸多局限，不能简单推演出当下暴力袭警犯罪的暴力手段较轻、伤害后果不大的结论，更不能轻易根据平均刑期的加重作出从重处罚条款已经执行到位的判断。数据显示，暴力袭警从重处罚条款施行后一年罗湖区人民检察院提起公诉的31名被告人中被处缓刑的为9人，缓刑率为29.0%，而施行前一年29名被告人中被处缓刑为2人，缓刑率仅为6.9%，即被告人缓刑率有较大上升，监禁服刑率反而下降。刑法增设暴力袭警从重处罚条款以来至2018年底暴力袭警被判处有期徒刑的更是大幅下降。暴力袭警从重处罚条款在具体适用中仍然存在巨大分歧，司法人员对该条款的理解仍然存在较大差异。例如，如何界定"暴力"的程度？"从重处罚"如何判处？警察维权是否影响案件办理？这些认识差别需要经过更多案例与法条的相互作用后方能逐步厘清并达成共识。

二 规制暴力袭警行为的立法考察

（一）规制暴力袭警行为的立法模式

暴力袭警行为严重损害警察执法权威和国家社会控制，因而被世界各国列为刑事犯罪予以惩戒。由于法治传统和立法文化迥异，英美法系国家和大陆法系国家对暴力袭警行为的立法规制也表现出截然不同的特征，各自采用特殊规制模式和一般规制模式。

英美法系主要国家的特殊规制模式是单独设立袭警罪以保护警察权，遏制和惩治袭击、伤害和杀害警察等暴力袭警行为。在英国，法律明确规定暴力袭警行为构成犯罪且处罚力度高于非暴力袭警行为。英国1996年《警察法》规定：袭击正在执行职务的警察或者正在协助警察执行职务者，构成犯罪；对抗或者恶意妨碍正在执行职务的警察或者正在协助警察执行职务者，也构成犯罪，处罚略低于前款。[1] 而在美国，严厉打击暴力袭警行为的法律决心最为坚决。联邦和各州刑事法律均对暴力袭警犯罪作出了具体规定，明确任何接触正在执行职务警察身体的行为都视为违法，任何威胁和伤害正在执行职务警察的行为都构成犯罪。法律不仅赋予警察在发生暴力袭击

---

[1] 参见《英国刑事制定法精要（1351～1997）》，谢望原译，中国人民公安大学出版社，2003。

行为时，有权采取自卫措施保护自身安全，甚至赋予警察在判断将发生暴力袭警危险时有毫不犹豫使用包括枪支在内的警械予以制止的权力。在刑事追责上，暴力袭警行为人将会承受袭警、暴力攻击甚至二级谋杀的指控，且一般不得单处罚金而必须入狱服刑。美国有的州还根据暴力袭警造成警察伤害后果的轻重规定了次第加重的刑罚，最高可以判处死刑。

大陆法系国家则采用一般规制模式，即把警察与其他依法执行职务行为的公务人员同等对待并在法律上予以同等保护。大陆法系主要国家通常没有将暴力袭警行为单列为袭警罪，而是纳入妨害公务罪（或称抗拒公务员罪）一并处罚，暴力袭警被视为妨害公务犯罪的一种类型和情节。德国刑法典把暴力袭警规定为抗拒执行公务官员罪。在日本，刑法典规定对执行职务的公务员实施暴行或者胁迫的，构成妨碍执行公务罪，可处3年以下徒刑或者监禁。《俄罗斯联邦刑法典》将侵害公务人员的犯罪根据对人身的侵犯程度分为蓄意侵害执法机关工作人员生命罪、暴力对抗权力机关代表罪、侮辱权力机关代表罪，对于其中的蓄意侵害执法机关工作人员生命罪，其法定刑远重于一般的故意杀人罪，甚至可以处以死刑[①]。

值得注意的是，在经济全球化的背景下，法律的国际化特征更加明显，两大法系法律体现出更多的互相糅合、互相渗透的趋向。从暴力袭警立法实践看，诸多国家摒弃法系的界限，兼采特殊规制模式和一般规制模式之所长，更有利于全面保护警察依法履行职务。例如，加拿大没有沿袭英美法另设袭警罪的立法传统，而是根据暴力程度和伤害后果，把暴力袭警犯罪分别归入抗拒公务人员或治安官、伤害治安官、解除治安官的武装和谋杀治安官等罪名中予以惩治。新加坡刑法亦是如此，暴力袭警并非独立成罪，而是散见于妨碍公务员履行职责、以伤害威胁公务员、故意造成伤害以阻止公务员履行职责、故意造成重伤害以阻止公务员履行职责等条款中。[②]

纵观英美国家特殊规制模式和大陆法系一般规制模式，虽然法律规定不

---

① 《俄罗斯联邦刑法典》，赵路译，中国人民公安大学出版社，2004。
② 参见《新加坡刑法》，刘涛、柯良栋译，北京大学出版社，2006。

一、罪名适用相异，但遏制和惩罚暴力袭警行为的立法意图殊途同归。特殊规制模式单设一罪，将警察的职务身份和执法保障置于突出地位，且袭警罪入罪门槛较低，轻微暴力袭警行为都将被刑事追诉，有利于树立警察执行公务不容侵犯的社会观念，有利于警务保障和警察安全。而一般规制模式则构建妨害公务犯罪条款体系，将包括警察在内的公务人员予以整体保护，对警察既不区别对待又一体保护，统一保障公务人员和公务行为的标准，对暴力抗法犯罪的打击更为全面。

（二）规制暴力袭警立法的中国选择

作为一个特殊群体，警察承担着打击犯罪和维护秩序等社会责任，是处置社会管理事务尤其是紧急事务的重要力量。警察依法执行职务行为不仅关乎公民个人生命财产安全，更关乎公众对警察权威和社会稳定的信心。暴力袭警行为绝非仅仅是对警察个人身心的伤害，更是对社会秩序和规则的伤害。对持有警用装备、具有专门能力的警察实施暴力袭击，其主观恶性和客观危害要显然大于袭击其他执行公务人员，应当予以严惩。

由于警察是控制社会冲突尤其是突发性紧急社会事件的主力军，始终坚守在解决化解社会矛盾的第一线，因而不可避免地遭受各种利益主体的冲击和攻击，妨碍警察执行公务甚至暴力袭警行为屡见不鲜。正是基于暴力袭警犯罪的高发态势，许多全国人大代表和公安机关呼吁在刑法中单独设立袭警罪，以独立条款阐明法律保障警察执行警务的强硬态度，以震慑和预防暴力袭警犯罪。

但国家立法机关经过慎重研究，没有采纳单设袭警罪的立法建议，而是通过设立暴力袭警从重处罚规定来回应立法诉求。立法机关是从法律体系、刑法结构和司法实践等多方面考量的：①现有法律规定涵盖了暴力袭警犯罪。中国刑法有妨害公务犯罪的详尽规定，暴力袭警行为完全契合妨害公务罪的犯罪构成，是一种针对特殊主体的妨害公务犯罪，再另设袭警罪既不需要，也无必要，否则就造成立法资源的重复和浪费，而且有可能引起公众过度反应甚至反感，导致警民情绪对立，警民关系僵冷，警察执法更加机械固执。②现有法律规定足以打击暴力袭警犯罪。国家搭建了比较完备的从行政法到刑法的警察执勤保护体系，就暴力袭警行为而言，轻微袭警未达到刑事追诉标准的，有治安管理处罚法规处罚；暴力袭警未造成伤亡后果的，以妨害公务罪论处；暴力袭警造成警察伤亡后果的，以涉嫌故意伤害罪、故意杀人罪追究刑事责任。③现有法律规定实施标准应当保持统一。警察执行警务行为虽然在社会治理结构中占有重要地位，但其他社会治理主体的公务行为同样不可或缺，例如，审判机关、检察机关以及工商、城管、税务等行政机关工作人员在履行各自公务行为时，遭遇暴力抗法事件也屡禁不止，如果对拥有专门执法装备和专业执法能力的警察要用独立罪名予以特殊保护，则明显将警务人员执法地位置于其他公务人员之上，破坏了妨害公务犯罪的统一实施标准，伤及刑法整体结构的稳定性。

三　警察维权视野下的暴力袭警

（一）暴力袭警行为的原因分析

在当下价值多元、利益多元、诉求多元的社会，诸多矛盾累积叠加，警察直面各种尖锐冲突并需要迅速作出判断予以处置，被冲突一方或多方视为对立面而遭受冲击、袭击的危险倍增，执法风险不断加大。

1. 社会矛盾更加错综复杂

随着中国社会转型和经济改革的不断深化，社会结构调整诱发的过程阵痛仍将在很长一段时期内存在。利益分配的格局调整和受益不均，部分社会群体权益被弱化、地位被边缘化，产生诸多不和谐因素，暴力袭警隐患重重：①社会对个人控制能力减弱。中国社会正处在由熟人社会渐次向陌生人社会发展阶段，各种社会单元对个人的控制力持续减弱，个人的流动更加自由，公安机关的社会管控职责越来越重，各种围攻、殴打、伤害警察的风险点越积越多。②社会公众权利义务意识不匹配。法治国家建设有效提高了社会公众的民主法治意识，公众个人主体意识不断加强，但权利义务意识发展不平衡，往往只讲权利，不论义务；关注个人私权，漠视国家公权；只顾自己利益，罔顾他人利益，一旦警察执法对己不利就无视法律暴力抗法。③社会解决发展矛盾能力有待提高。经济社会的高速发展必然伴随各种矛盾，而且往往是历史遗留矛盾尚未解决，新的矛盾冲突已经出现，而社会管理机关解决问题常常滞后且应对乏力，不能及时发现、有效处置，民愤民怨的积蓄迟早会达到爆发的临界点，而执勤出警的警察很容易成为公众宣泄失望和不满的对象。

2. 警察职责不堪重负

从整体上看，中国社会治安综合治理体制还在不断完善，但治安形势仍不乐观，刑事犯罪总量在高位徘徊，犯罪的集团化、暴力化趋势比较明显，警察在制止抓捕犯罪分子中遭受抗拒袭击的伤亡较重。

而警察又承担着大量非警务的社会管理职能。公安机关因其独有的装备训练和纪律性，而被地方各级政府倚为解决棘手问题的重要手段。警察被动参与到土地征用拆迁、违法建筑拆除、城市管理整治、群体事件处置等种种非警务活动中，直接站在矛盾对抗甚至是暴力对抗的风口浪尖。

3. 警察执法和警务保障能力不足

警察执法能力不足是发生暴力袭警的重要原因。一是依法执法意识不足，主要是指警察服务社会、保障民众意识贯彻不彻底，仍然固守管理者居高临下姿态，作风粗犷，方法简单，又普遍存有迷信职业权威和轻敌思想，自我防范和自我保护意识薄弱，使暴力袭警者有机可乘。二是规范执法能力不足，主要是指警察没有严格按照法律法规的规定执行警务，执法程序瑕疵在较大范围内存在，容易引起执法不公和区别执法的质疑。而实践中较为普遍的粗暴执法和软弱执法两种极端更是给予暴力袭警空间，其中前者摒弃警民互动沟通，极易激发警民对立，后者则束缚警察手脚，刺激暴力抗法滋生发酵。三是执法防卫能力不足，主要是指警务资源捉襟见肘，警察训练和实战时间有限，警务装备落后，对暴力袭警者的震慑力较低，抗暴、制暴水平不高。

另外，警务保障能力不足也是引发暴力袭警的重要原因。这种警务保障能力不足是多方面的，不仅包括经费不足、装备不足等物质原因，而且包括公安机关对警察执法限制过严，警察防暴的时机和手段受到重重禁锢，还体现在警察自身维权意识不强、警察维权机制不健全等原因。

（二）警察维权的必要性和原则

警察作为和平时期最危险的公务人员，其履行警务行为有利于社会运行平稳有序，提升公众安全感和幸福感，但暴力抗法、暴力袭警事件屡禁不止，不利于警务治理的顺利进行和绝大多数公众权益的维护。警察依法执行公务，执法权威不容侵犯，职务行为需要公众更多的理解、支持和尊重。

长期以来，对暴力袭警行为打击不严、惩治不力，是暴力袭警时有发生尤其是群体性暴力袭警事件屡禁不止的重要原因，这导致警察执行警务时自缚手脚，谨小慎微，受到暴力袭击时应对软弱，不敢果断处置。为充分保障警察依法履行警务，各地公安机关在严厉打击暴力袭警行为的同时，设立维护民警正当执法权益保护委员会，保护警察身心健康和职业荣誉感，防止警察流血又流泪，这不仅非常必要，而且非常重要。

警察维权要坚持以下原则：①要依法维权。既要维护警察公正履行职责，又不袒护警察执法过错。对于暴力袭警者，违反治安处罚规定即给予行政处罚，涉嫌犯罪的要依法追究刑事责任。公安机关可以定期与检察机关、审判机关沟通信息，但不能对后续的审查逮捕、提起公诉和审判等环节施加压力，干预司法独立和公正。②要及时维权。公安机关维权部门要建立24小时全天候维权机制，一旦接到办案单位民警遭到暴力袭击的报告后，必须在第一时间到达现场，第一时间查明事实、固定证据，第一时间使被袭民警知道的自身合法权益始终受到法律的保护。③要全面维权。全面维权不仅是指公安机关对执法民警的内部保护，而且应引入社会力量共同保护警务活动。同时，对被袭警察要区分情况给予物质补偿、精神安抚和心理慰藉，特别是要重视基层民警在繁重警务任务和遭受暴力攻击双重压力下的心理紊乱问题，采用看望慰问、交流谈心、专业治疗等多种方式矫正心理偏误，疏导负面情绪，确保警察正视职业，热情执法。④要专业维权。要培养民警依法执法理念和证据意识，在遭受暴力袭击时胸有成竹，不慌不乱，依法应对；公安机关要完善警用执法装备，既保障警察人身安全和执法能力，又记录固定执法流程，使维权工作有据可循。

四 暴力袭警从重处罚条款的司法适用

暴力袭警不仅直接伤害执法警察，破坏正常警务，而且损害执法权威，扰乱社会秩序。对暴力袭警者依法予以惩处，一直是社会公众的基本共识。但是，适用暴力袭警从重处罚条款，打击暴力袭警，尊重警务权威，并不意味着对警察僵硬执法甚至滥用权力的无视和纵容，而是要求警察首先要做知法懂法守法的执法者，依法执法，规范执法，防止因执法不当而引起警民冲突甚至暴力对抗。

（一）对暴力袭警从重处罚条款的理解

对"暴力袭击正在依法执行职务的人民警察的，依照妨害公务罪的规定从重处罚"这一条款的正确理解，直接关乎法律适用的正确与准确。

1. 关于"暴力"的理解

"暴力"强调的是犯罪嫌疑人实施犯罪的手段，是指犯罪嫌疑人采用足以伤害警察身体的武力攻击警察，这种武力可以是徒手，也可以是持械，但都已经危害警察身体健康，且此种危害不限于已经发生的伤害后果，还包括可能发生的巨大危险。

犯罪嫌疑人使用"暴力"的后果应当达到一定的程度，即警察已经无法执行或者被迫放弃执行正常警务。因此，辱骂嘲讽的语言刺激、虚张声势的暴力威胁和轻微克制的身体接触都不能适用暴力袭警从重处罚条款。

2. 关于"袭击"的理解

"袭击"强调的是犯罪发生的突然性，是指犯罪嫌疑人使用暴力突然攻击警察。这种突然攻击一般理解为警察猝不及防，但不能狭隘地将袭击限定为出乎警察预判之外的攻击，对于警察已经在心理和装备上做好充分准备下仍然攻击警察的，虽然不具有发生时机的突然性，但也应当按照举轻以明重原则适用暴力袭击从重处罚条款，以更全面保护警察尊严。

3. 关于"警察"的理解

"警察"强调的是犯罪的对象，即暴力袭击的目标是警察。对此应当把握两点：①单纯暴力袭击辅警不能适用从重处罚条款。辅警是辅助警察执行公务的人员，不能独立执行警务，不是严格意义上的警察，因此辅警在独自履行事务性、辅助性警务时受到暴力袭击的，不能适用从重处罚条款。但是辅警在协助警察执行警务时一并受到暴力袭击的，其身份由于职务行为的履行而应当受到从重处罚条款的保护。②暴力袭击警用设备装备的不能适用从重处罚条款。暴力袭击从重处罚条款的立法使命就是对警察人身安全加以特殊保护，不能扩大适用于警察执行警务所必需的各种械具装备；如果犯罪嫌疑人破坏警用装备，已经妨害警察执行警务的，可以适用一般妨害公务罪予以处罚。

4. 关于"正在依法执行职务"的理解

"正在依法执行职务"强调警察职务行为的合法性和履职行为的时间性，具体包括：①职务执行行为合法，即警察按照法律的规定和警务工作的安排正常履行警务，不仅职务行为来源合法，有明确的法律依据，而且执行程序合法，拥有执法职权，履行了告知义务，没有滥用职权或者违法执法。②职务执行正在进行，即警察职务行为正在执行过程中。例如，实践中多发的行政案件转化为暴力袭警案件中，公安机关执法行为是否完全符合《公安机关办理行政案件程序规定》等法规要求，直接决定"正在依法执行职务"的认定。以口头传唤和强制传唤为例，对警察执法的程序提出了严格要求。《公安机关办理行政案件程序规定》第53条规定，对现场发现的违法嫌疑人，人民警察经出示工作证件，可以口头传唤，并在询问笔录中注明违法嫌疑人到案经过、到案时间和离开时间；对无正当理由不接受传唤或者逃避传唤的违反治安管理、消防安全管理、出境入境管理的嫌疑人以及法律规定可以强制传唤的其他违法嫌疑人，经公安派出所、县级以上公安机关办案部门或者出入境边防检查机关负责人批准，可以强制传唤。当警察执法由口头传唤向强制传唤转换时，审批程序是界定公务行为是否合法的最重要参考。

必须强调的是，"正在依法执行职务"不能苛求警察在处理任何警务尤其是紧急突发警务时其所采取的措施和作出的决定都是准确无误的。为有效保护国民和公共利益计，法律有必要赋予其在事态尚不明朗之际当机立断的权利，或者如一些德国学者所言，有必要授予国家一定的"犯错误的特权"。①

5. 关于"从重处罚"的理解

《刑法》第62条规定："犯罪分子具有本法规定的从重处罚、从轻处罚情节的，应当在法定刑的限度以内判处刑罚。"从重处罚，是指在法定刑的幅度内，对犯罪分子适用相对较重的刑种或者处以相对较长的刑期。② 对暴力袭警犯罪要"从重处罚"的理解，应当从以下方面把握：①相对从重，即从重处罚应当在暴力袭警犯罪行为应当适用的法定刑幅度内从重，不能超越法定刑幅度；②适当从重，即从重处罚并非等同于判处法定刑幅度的最高刑罚，亦非一律在法定刑幅度的中间线以上判处刑罚，而是应当遵从罪责刑相适应原则，依据犯罪分子的主观恶性、犯罪情节和危害后果，比较没有暴力袭警情节的一般妨害警务案件所判处的刑罚适度从重。

（二）暴力袭警从重处罚条款的适用

警察维权应当在法律法规的框架内进行，不能超出必要的限度，必须遵循程序正义原则。

1. 暴力袭警与刑事和解

刑事和解是指在刑事诉讼程序运行中，被害人和加害人（即被告人或犯罪嫌疑人）以认罪、赔偿、道歉等方式达成谅解后，国家专门机关不再追究加害人的刑事责任或者对其从轻处罚的一种案件处理方式。③ 刑事和解

---

① 陈璇：《正当防卫中公力救济优先原则的适用——以暴力反抗强拆案和自力行使请求权案为例》，《法学》2017年第4期。
② 郎胜主编《中华人民共和国刑法释义》（第六版），法律出版社，2015。
③ 陈光中：《刑事和解的理论基础与司法适用》，《人民检察》2006年第5期。

有助于促进加害人真诚悔罪，保障被害人合法权益，节约司法成本，提高诉讼效率，但刑事和解也因"以钱赎刑"、非自愿和解等问题而饱受质疑。

暴力袭警属于严重的妨害公务犯罪，不允许加害人与遭受袭击的警务人员进行和解，理由是：①没有法律依据。刑事诉讼法限定刑事和解程序仅适用于由民间纠纷引起，涉嫌侵犯公民人身权利、民主权利罪，侵犯财产罪且可能判处三年有期徒刑以下刑罚的公诉案件和除渎职犯罪以外的可能判处七年有期徒刑以下刑罚的过失犯罪公诉案件，且犯罪嫌疑人、被告人真诚悔罪，通过向被害人赔偿损失、赔礼道歉等方式获得被害人谅解，被害人自愿和解的，双方当事人可以和解。暴力袭警属于妨害社会管理秩序犯罪中的扰乱公共秩序案件，不属于可以刑事和解案件。②警务人员没有刑事和解权。暴力袭警属于严重的行政犯罪和刑事犯罪，侵犯的是社会管理秩序和国家执法权威而非警察个人权益，警察不具备被害人的诉讼地位和诉讼权利，其遭受的身心伤害可以通过执法的公务性、行为的职务性而获得行政保障。③损害警务执法权威。如若暴力袭警犯罪分子可以通过刑事和解得到从轻处罚或者免于处罚的诉讼优惠，则有损于警务行为的权威和威慑力，不利于警察文明、规范、依法执法，甚至可能诱惑警察制造暴力袭警犯罪借机敛财，破坏执法公正。

2. 暴力袭警的入罪与出罪

国家法律对警务执法建立了较为全面的保护体系，应当对妨碍警务行为区分轻重，各自适用相应法律。具体来说，①应当保持与治安处罚行政法规的衔接，对轻微妨碍警务行为不能一律作为犯罪处理。因为警察是经过专门训练的特殊公务人员，有专业执法技能和装备，足以迅速制止各种袭警行为。②应当保持与一般妨害公务刑法条款的衔接，对使用轻微暴力或者非暴力手段妨害警察执法，构成妨害公务罪的，不适用从重处罚特别条款。③暴力袭警从重处罚中的"暴力"，应当达到足以阻碍警察执行警务的程度，且暴力直接针对的对象是正在执行公务的警察；对于采用暴力破坏执行公务的警用车辆、装备以及警察办公设施的，不宜适用暴力袭警从重处罚条款。④审慎对待由警察执法过错引发的暴力袭警案件，即对于由于警察执法程序不规范、态度较粗暴而引发的暴力袭警案件，要区别具体情况慎重审查；如果警察具有较大过错（如辱骂、推搡执法对象等），是引发暴力袭警最直接的原因时，不宜以妨害公务罪追究执法对象刑事责任；如果警察仅存在轻微执法过失（如执法文书有错漏、语言表达较生硬等），执法对象就借题发挥、趁机闹事并暴力袭警的，应当适用妨害公务从重处罚条款。

3. 暴力袭警案件的办理程序

按照程序正义原则，任何机关和个人不得担任与自己有利害关系案件的侦办者，因为案件的侦查办理程序直接关乎案件处理的公正和公信力。暴力袭警案件的侵犯对象和侦办机关具有同一性这一特殊特征，更是对案件的办理程序提出更严格的要求。

暴力袭警案件办理程序必须遵循回避制度，既包括被袭击警察的个人回避，也包括被袭击警察所在单位的整体回避，即被袭击警察及其所属单位都不得介入暴力袭警案件后续侦查程序的办理。因为暴力袭警案件的侦办，不仅关乎被袭击警察的个人权益，而且关乎其所属单位的整体公务，两者不回避则可能先入为主，产生有罪预断。只有落实回避原则，方能保证办案人员客观冷静地收集固定证据，保证暴力袭警犯罪嫌疑人得到无歧视偏见的平等对待，保证案件侦查程序和结果得到当事人的尊重和信任。例如，在犯罪嫌疑人林某某暴力袭警案中，林某某在用餐时与酒楼发生纠纷，酒楼报警后林某某又与出警民警欧某某发生冲突，被带到甲派出所后还与欧某某发生轻微肢体推搡，警方启动维权机制后案件按照规定交由乙派出所办理，甲派出所指派欧某某将林某某带往乙派出所，途中在车上双方矛盾升级，林某某突然攻击欧某某致其轻微伤。检察机关审查后认为：有利害关系的民警回避妨害警务案件的办理，不仅包括回避案件事实证据的侦查，而且应当回避押送犯罪嫌疑人、制作法律文书等程序性环节；甲派出所和欧某某没有遵守回避原则在前，发生暴力袭警致轻微伤后果在后，轻微伤结果应当予以排除，不得作为审查批准逮捕的依据，综合全案林某某妨害公务的情节显著轻微危害不大，不认为是犯罪。

五 暴力袭警行为的制度防范

（一）强化全社会尊法守法意识

从具体案件看，暴力袭警犯罪中累犯和再犯的占比极低，说明妨害公务刑罚的特殊预防功能基本实现，但暴力袭警案件屡见不鲜说明要实现妨害公务刑罚的一般预防功能任重而道远，社会公众对警察和警务的尊崇和敬畏感尚未树立。中国正处在建设法治国家的新征程，在健全法制体系的同时，要培育社会公众的尊法守法意识，尊重警察执法，尊重法律权威。在警察依法执法时，要恪守依法维权底线，服从法律实施，不得袭扰干预警务活动。报刊媒体要按照客观报道和依法报道原则，强化正面引导，宣传警察事迹，说明袭警后果，弘扬警察权威不容侵犯氛围。

正是由于社会转型期各种矛盾不断涌现，承担社会管理职能的机关部门左支右绌，勉力维持，一旦矛盾升级就诉诸警力，寄望通过警察来压迫式解决问题，从而埋下诸多暴力袭警隐患，削弱了警务执法的规范和权威。应当树立依法用警、依法出警和依法尊警理念，让警察和公众在法律法规的体系架构内互相尊重、互相配合，共同促进法律统一实施。

（二）正确对待暴力袭警从重处罚条款

暴力袭警犯罪分子挑衅警察抗拒法律，对法律实施具有极大的破坏性，应当予以严惩。公安机关在暴力袭警案件发生后，应当第一时间快速反应，全面依法提取固定证据；检察机关应当根据案件事实，依照法律规定快速审查批准逮捕和审查起诉；审判机关应当贯彻从重处罚精神，依法从重判处刑罚。只有司法机关通力协作，表明对暴力袭警行为的零容忍态度，保持对暴力袭警犯罪打击的时效性和严厉性，才能有效遏制暴力袭警犯罪，维护警察执法安全。

但是从重处罚绝非一律从严从重，更非一味顶格处罚。应当坚持宽严相济刑事司法政策，兼顾刑罚的惩戒和教育功能，对仅仅一时冲动、危害后果不大、事后真诚悔罪的犯罪嫌疑人可以无须羁押和重刑；但对于有组织有预谋、暴力手段残忍、危害后果较大、社会影响恶劣的犯罪嫌疑人，要坚决从严从重，保障警察执法安全。

（三）提升警察依法执法能力

一是要明确警察执法范围，确保警察不参与非警务活动。只有依法确定警察执法的具体事项，警察才能免于被动参加各种非警务的社会管理工作，而这些社会管理工作由于直接关系公众切身利益，应当更多地采用对话、沟通、说服等方法进行，适用控制性、强迫性和威慑性的警务手段介入并不对症，甚至效果会适得其反。二是树立警察依法执法意识，警察既是社会治理的重要力量，也是服务社会的重要力量，所有的警务活动都必须在法律体系内进行。三是要强化警察规范执法能力，警察要熟练掌握警务执法的流程和程序，既要依法执勤，严格执法，又要讲究执法艺术，不刺激扩大矛盾，同时对警务活动的可能危险有充分的预判和准备，对包括暴力袭警在内的异常行为都可以作出正确的处置，即便猝不及防，也能沉着应对。

（四）加强警务技术保障

一要加强警察人身安全保障，配备专业化人身防护装备，确保警察即便在猝不及防的情况下也能免受重大伤害。二要加强警察执法装备保障，配齐各种执法装备和记录装备，及时处置各种突发情况，并对执法过程进行录音录像，使警察依法维权和打击袭警犯罪有理有据。

B.12
羁押必要性审查之深圳实践与思考

黄瑞栋*

摘　要： 中国羁押必要性审查制度于2013年建立后，深圳检察机关依法办理了大量羁押必要性审查案件。本报告在简要分析羁押必要性审查制度价值的基础上，回顾总结深圳羁押必要性审查的司法实践，包括基本情况、体制机制创新、典型案件，分析存在的问题和原因，提出了完善制度、加强宣传、推进沟通协作和加强监督的建议。

关键词： 羁押必要性审查　深圳　司法实践

羁押必要性审查是由2012年3月第二次修正的《中华人民共和国刑事诉讼法》确立的一项刑事诉讼制度，自2013年1月1日起施行。2012年10月16日，最高检通过了《人民检察院刑事诉讼规则（试行）》，对羁押必要性审查程序进行了细化；2016年1月22日，最高检印发《人民检察院办理羁押必要性审查案件规定（试行）》，全面规范了检察机关办理羁押必要性审查案件工作。依据上述法律和有关规定，可以将羁押必要性审查定义为人民检察院对被逮捕的犯罪嫌疑人、被告人有无继续羁押的必要性进行审查，对于不需要继续羁押的，建议办案机关予以释放或者变更强制措施的一种刑事诉讼监督活动。

2013~2018年，特别是2016年《人民检察院办理羁押必要性审查案件规定（试行）》出台以来，深圳市、区两级检察院严格执行羁押必要性审查

---

* 黄瑞栋，深圳市史志办公室。

有关规定,办理了大量案件,进行了积极探索,积累了一定经验,较好地实现了羁押必要性审查制度价值,取得了良好的法律效果和社会效果。本文拟对羁押必要性审查制度进行理论分析,对其在深圳近年来的司法实践进行实证分析,提出进一步深入推进和完善羁押必要性审查工作的建议。

一 羁押必要性审查的价值

羁押必要性审查制度 2012 年出台之初就引发了学界热烈讨论。2012 年修订的《刑事诉讼法》第 93 条规定:"犯罪嫌疑人、被告人被逮捕后,人民检察院仍应当对羁押的必要性进行审查。对不需要继续羁押的,应当建议予以释放或者改变强制措施,有关机关应当在十日内将处理情况通知人民检察院。"在此条规定之前,中国刑事诉讼法律没有关于羁押必要性审查的规定,司法实践中侦查机关为保证侦查活动的顺利进行,很少主动将犯罪嫌疑人在羁押之后的案件侦查进展情况、表现情况与检察机关进行沟通,检察机关也很少进行捕后跟踪。虽然国家刑事诉讼法有强制措施变更制度,但从立法的目的、主体、适用强制措施范围来看两者有很大区别。

羁押必要性制度的出台填补了中国刑事羁押监督制度的空白,是国家刑事诉讼制度的重要突破。学术界普遍认为其主要价值在于:一是充分保障犯罪嫌疑人、被告人的合法权益。羁押使犯罪嫌疑人、被告人在法院宣判之前就被限制人身自由,对其有严重的"负面影响"。依据"国家尊重和保障人权"的宪法原则,以及刑事法律疑罪从无的原则,要避免不必要和不正当的羁押,可羁押可不羁押的不羁押,羁押必要性审查为犯罪嫌疑人、被告人提供了被逮捕后的一个重要救济途径。二是切实解决中国羁押率过高、看守所负担过重的问题。据统计,自 1997 年《刑事诉讼法》修改以来的 10 年中,中国刑事犯罪羁押率超过 90%,而全国法院每年判处 3 年以下有期徒刑、管制、拘役以及其他不需要限制人身自由的刑罚占 68%[1],大量可不羁

---

[1] http://edu.163.com/11/0901/09/7CRTB65700293L7F_mobile.html。

押的被羁押了，也造成看守所面临较大羁押压力，增加了司法成本、浪费了司法资源。尽管政法各部门多年共同努力，但超期羁押和久押不决问题仍然未得到彻底解决。羁押必要性审查主体是检察机关，检察机关是宪法规定的"法律监督"机关，该制度赋予检察机关对于司法活动的监督职责，同时，这种监督只是提出建议，而不是决定，因此羁押必要性审查性质应被定位为法律监督。同时，羁押必要性审查也不是司法权，检察机关只有建议权，对最终采纳与否没有最终决定权，这与国外常见的逮捕司法化也是不相同的。羁押必要性审查也是检察机关的一种自我监督，避免相关执法人员滥用职权，确保逮捕权的正确行使。

从《刑事诉讼法》的规定也可以看出羁押必要性审查有以下几个特点：一是羁押必要性审查是针对逮捕后的羁押进行审查，拘留后的羁押不属羁押必要性审查的范围。二是具有"诉讼化"的趋势。检察机关可以听取有关诉讼参与各方意见，可以邀请与案件没有利害关系的人员参加。三是具有"救济性"，逮捕造成犯罪嫌疑人失去人身自由和"社会负面评价"，逮捕必要性审查程序通过犯罪嫌疑人、被告人及其法定代理人、近亲属、辩护人申请和检察机关审查，可以建议变更强制措施，从而维护当事人的人身权益。

羁押必要性审查制度自建立以来不断完善。2012年3月14日，《关于修改〈中华人民共和国刑事诉讼法〉的决定》第二次修正案首次确定了羁押必要性审查制度。同年10月，最高检第十一届检察委员会第八十次会议第二次修订的《人民检察院刑事诉讼规则（试行）》对羁押必要性审查制度进行了细化，在"羁押和办案期限监督"部分规定了羁押必要性审查的启动主体、适用情形、审查方式、内部协作等内容。2016年1月13日，最高检通过了《人民检察院办理羁押必要性审查案件规定（试行）》，进一步规范了羁押必要性审查案件办理程序，相比之前的规定，主要变化在于：明确了检察机关内部办理羁押必要性审查案件的部门，增加了羁押必要性审查初审程序，对可能具有适用羁押必要性审查的才进行立案；明确了公开审查适用范围、参与人员等程序性要求，从而进一步增强了羁押必要性审查制度的可操作性,强化了检察法律监督和自身监督,也在司法实践中取得了良好效果。①

二 深圳羁押必要性审查的实践

2016 年《人民检察院办理羁押必要性审查案件规定(试行)》颁布和实施以来,深圳市检察机关认真履行刑事检察职能,不断加强羁押必要性审查工作,努力降低审前羁押率。

1. 基本情况

全市市、区两级检察机关 2016 年共受理审查逮捕刑事犯罪嫌疑人28150 人,批准和决定逮捕 23649 人,提出变更强制措施建议 1211 件,占批准和决定逮捕案件的 5.12%,办案单位采纳 1174 件,采纳率为 97%。② 2017 年,受理审查逮捕案件 25159 件 35723 人,批准和决定逮捕 23579 人,提出变更强制措施建议 1088 件,相关部门采纳 982 件,采纳率为 90.26%。③ 2018 年,全年共受理审查逮捕犯罪嫌疑人 29062 人,批准和决定逮捕 23858 人,提出变更强制措施建议 932 件,采纳率 93%。④

全市各区积极开展羁押必要性审查工作,办理了大量案件。例如,龙岗区检察院 2016 年开展羁押必要性审查工作,释放或变更强制措施 293 人,

---

① 2016 年 1 月至 11 月,检察机关经羁押必要性审查认为不需要继续羁押的,向办案机关提出释放或者变更强制措施建议后,38606 人被释放或者变更强制措施,同比上升 60.8%;向办案机关提出释放或者变更强制措施建议 42159 人,91.6% 的建议被办案机关采纳。2014 年,全国侦查监督部门办理的羁押必要性审查案件数量全年为 7669 人,而 2016 年全国刑事执行检察部门仅 12 月办案量就达到 8401 人,再次印证了统一归口审查的必要性。据"http://www.sohu.com/a/126228152_123753"。
② 深圳市人民检察院:《深圳市人民检察院工作报告——2017 年 1 月 14 日在深圳市第六届人民代表大会第三次会议上》,《深圳特区报》2017 年 3 月 4 日。
③ 深圳市人民检察院:《深圳市人民检察院工作报告——2018 年 1 月 18 日在深圳市第六届人民代表大会第六次会议上》,《深圳特区报》2018 年 3 月 3 日。
④ 深圳市人民检察院:《深圳市人民检察院工作报告——2019 年 1 月 18 日在深圳市第六届人民代表大会第七次会议上》,《深圳特区报》2019 年 1 月 20 日。

变更率达5.4%，办案数量位列全市第二。① 宝安区检察院2017年受理羁押必要性审查案件370件，立案后建议变更强制措施297人，被办案部门采纳284人。2018年上半年，宝安区受理羁押必要性审查案件193件，立案后建议变更强制措施177人，被办案部门采纳158人。

2. 办案机制创新与完善

羁押必要性审查是一项相对较新的制度，深圳市检察机关在严格执行法律和司法解释的同时，也结合深圳实际，推进羁押必要性审查工作的规范化。2017年6月15日，龙岗区检察院出台《深圳市龙岗区人民检察院推进羁押必要审查工作衔接办法（试行）》，这是深圳首部关于羁押必要性审查制度的法规。这部法规针对在办理羁押必要性审查案件时检察机关内部分工不够明确、相互衔接不够紧密的问题，进一步明确驻监所部门和控告申诉、案件管理、侦查监督、起诉等部门的职责，细化了受理、移送、通报、案情了解、处理、回复等各项工作和各个环节的工作流程，共有19条，增强了羁押必要性审查制度的可操作性。同时，拟制了《羁押必要性审查申请表》及《羁押必要性审查评估表》。

总结办案规律，明确办案重点。2016年，深圳检察机关在办理羁押必要性审查案件时，以重病患者、孕妇及未成年人为重点，上半年开展羁押必要性审查案件172件，提出变更强制措施建议82件。2017年，龙岗区交通肇事、危险驾驶案件多发高发，龙岗区检察院受理的上述两类案件占全院受理审查起诉案件总数的19%。为此，该院与交警部门协作，在深圳率先探索建立交通肇事、危险驾驶犯罪嫌疑人社会公益服务制度，对情节轻微、真诚悔罪的犯罪嫌疑人及时提出变更强制措施的建议，依法从宽处理，同时责令犯罪嫌疑人为社会提供公益服务，取得了良好的法律效果和社会效果。②

探索公开审查办案方式。2016年，南山区检察院办理了全市首起羁押必要性公开审查案件，其后多个区检察院也开展了公开审查办案工作。公开

---

① http：//www.lg.gov.cn/bmzz/rmjcy/xxgk/ghjh/ndgzjhzj/201809/t20180904_14062909.htm.
② http：//www.lg.gov.cn/bmzz/rmjcy/xxgk/ghjh/ndgzjhzj/201809/t20180905_14066654.htm.

审查的模式改变了以往办理羁押必要性审查案件通过书面材料审理的单一方式,通过听取犯罪嫌疑人、律师等的申请理由陈述,当面考察犯罪嫌疑人的认罪态度,了解犯罪嫌疑人在看守所的日常表现及身体状况,检察机关能够更加全面客观了解案情,从而提高办案质量、提高执法公信力。同时,公开审查也是对检察机关行使审查权的监督,通过司法监督人员等的参与,使检察权的行使更加透明,同时也增强了社会对检察机关的了解。

三 存在的问题和原因

尽管近几年来全市检察机关在羁押必要性审查方面办案数量、质量有了较大提升,始终维持了较高的建议采纳率,但在公众知晓度、适用范围、办案水平等方面仍需要进一步提高。

1. 这项制度公众认知度还不高

从启动方式上来看,检察机关依职权启动占有较大比例,犯罪嫌疑人自己提出审查的人数不多。其主要原因就在于有些犯罪嫌疑人尚不知晓自己拥有该项权利,办案机关没有及时告知其权利。受理在押人员及其家属等提出羁押必要性审查的渠道不够通畅。部分检察机关虽然会有针对性地对特定人员、特定罪名的案件重点审查,主动寻找案源,但这种审查方式成功率并不高,检察机关"案源"不足仍然是一个问题。

2. 涉及罪名和犯罪嫌疑人范围较为狭窄

由于这项制度出台不久,办案部门经验不足,办理案件主要集中于过失犯罪及其他轻刑犯罪,如交通肇事罪、故意伤害轻伤、盗窃等;涉及群体主要为严重疾病患者、未成年人、孕妇等。

3. 办案力量不足

检察机关羁押必要性案件审查归口管理后,由于驻监所检察部门长期以来力量配备较为薄弱,面对这项新型业务经验也不足,这项工作开展初期较为困难,办案质量也需要进一步提升。

4. 办案不够规范

虽然法律和最高检出台的规定明确了羁押必要性审查的基本制度，但面对复杂的现实情况，需要进一步构建完善的办案体制机制，包括内部机构设置、分工等，需要进一步发现问题和进行磨合。全市各区办案程序也不够统一，除龙岗等少数区出台了办案制度之外，大部分区办案制度建设尚需进一步加强。

5. 公开审查力度不够

有些区检察院在2018年才开始办理公开审查案件，有些区甚至至今还没有办理公开审查的案件。人民群众参与和监督此项工作的力度尚需进一步提升，羁押必要性审查工作的透明度较差，特别是人大代表、政协委员、司法监督员、特约检察员等人员参与不够。

6. 羁押必要性审查后诉讼保障机制需要进一步探索

检察机关提出变更强制措施建议后，公安机关采取的措施为取保候审或监视居住，但由于侦查阶段案件案情尚处在变化之中，犯罪嫌疑人的社会危险性具有动态性，可能出现重新犯罪、脱离监管、不及时到案等问题，需要进一步探索更为有效的应对措施，确保羁押必要性审查的公信力。

产生这些问题的原因既有法律规定等制度问题，也有机构设置、执行机制的问题。例如，制度设计的方面不够完善。《刑事诉讼法》中存在羁押必要性审查和强制措施变更审查两种并行制度，羁押必要性审查是一种法律监督性质的审查，检察机关只能提出建议，效力相对公安机关和法院的变更强制措施更弱。羁押必要性审查案件办理必不可少地要对案件实体内容进行审查，例如，对原逮捕条件重新进行审查，以及对审查逮捕时的决定是否适当进行审查，以及时解除对被羁押人错误的和不必要的羁押，但这和羁押必要性审查主要作为一种法律监督性质和程序性审查的定位相矛盾，且会造成较高的司法成本。同时，羁押必要性是由检察执行部门行使，监所检察部门不宜介入案件证据调查、犯罪嫌疑人主观认罪等案件实体内容。此外，对于审查期限、变更强制措施后的跟踪等制度也还没有明确规定。

又如，体制的问题。《人民检察院办理羁押必要性审查案件规定（试行）》虽然明确了检察机关内部由刑事执行检察部门主要承担，但监所检察部门力量弱、人员少，制约了羁押必要性审查办案工作的高水平、高质量开展。检察机关内部考评机制不完善也难以激励案件承办人员的积极性。

四 加强羁押必要性审查工作的建议

针对深圳在羁押必要性审查工作中存在的问题，应当进一步提高对羁押必要性审查工作重要性的认识，笔者认为可以从以下几方面进行完善。

1. 完善制度，构建机制

制度设计是否科学是关系到预期价值、目的能否落实的前提。当前迫切需要进一步做好细化审查标准、健全风险评估机制、完善审查后续监管机制等制度构建工作。《人民检察院办理羁押必要性审查案件规定（试行）》第十七、十八条明确了适用提出变更强制措施建议的四种情形，以及可以向办案机关提出释放或者变更强制措施的建议的十二种情形，规定较为全面，但实践中案件复杂多样，上述两条规定无法应对现实需要，应该建立更为客观、细化的评估程序，对犯罪事实、主观恶性、悔罪认罪表现、身体状况、案件进展、是否会再次犯罪、是否会妨碍诉讼正常进行、可能判处的刑罚以及社会危险性大小等项目进行综合评判，出台实施细则。例如，犯罪嫌疑人的社会危险性评估，就应进行细化，对其在犯罪中的作用、犯罪性质、初犯还是惯犯等因素，制定客观标准，借助电子数据系统，采取量化评估的方法进行，为审查自由裁量权行使设立规范性依据，防止主观随意性，使评估更为科学合理，增强审查结果的公信力。

完善制度的重点之一是羁押必要性审查后续监管机制。有关法律和最高检规定都未对此做出明确要求，是羁押必要性审查制度建设的一个"空白点"。现实中办案人员由于担心释放犯罪嫌疑人、被告人影响正常办案而不敢、不愿放人，如果建立了审查后续监管机制，对变更强制措施后的犯罪嫌疑人管得住、随时到案，自然可以解除办案人员的顾虑，提高羁押必要性审

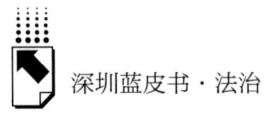

查变更强制措施建议的采纳率。

此外，犯罪嫌疑人权利告知机制、部门联动机制、建议跟踪监督机制等要完善。要及时总结经验，形成和出台羁押必要性审查实施细则。

2. 加强宣传，提高认识

要在检察机关和办案部门加强宣传，使办案人员树立正确的法治理念，增强保障人权的观念。传统上检察机关、公安机关等办案部门惩罚犯罪的观念深入人心，保障犯罪嫌疑人正当权益的理念相对较弱，因此在办理羁押必要性案件审查时、接受检察机关建议时积极性和主动性不够。应当通过组织专门业务培训、法治理念教育等方式强化有关人员的法治理念，转变执法观念，强化保障人权意识。告知犯罪嫌疑人、被告人申请羁押必要性审查的权利。办案机关在其被逮捕后要告知其有权向检察机关申请羁押必要性审查，驻监所检察人员应当通过谈话等方式，及时告知其可以提出羁押必要性审查申请。通过媒体公开宣传，普及羁押必要性审查法律知识，使利人民群众对这项工作进行监督。

3. 加强协作，形成合力

羁押必要性审查工作涉及多个部门，需要公安机关和法院协助了解案情、反馈建议结果。检察机关和公安机关、法院要加强沟通联系，特别是检察机关作为承办案件的职能部门，要及时和相关部门沟通，了解案件进展、听取各方意见建议，提高建议质量。建立公检法联席会议制度，及时、定期进行沟通。建立公检法以及司法行政机关等有关部门的案件信息共享电子数据系统，实现信息互联互通，共同做好案件办案、变更强制措施后监管等各项工作。同时，检察机关的刑事执行检察部门也要加强与侦监、公诉、案件管理、检察技术等部门之间的协作，加强羁押必要性审查工作与未成年人保护工作、刑事和解、轻微刑事案件快速办理等工作机制相结合，整合检察资源，形成工作合力。

4. 加强监督，规范办案

加大公开审查力度，增加案件透明度。目前深圳检察机关公开审查适用率低，影响了人民群众对此项工作的监督。因此应当提升公开审查案件比例，引入外部监督主体，增强审查的中立性，这样更有利于诉讼程序的文明、科学进行，防止审查主观随意和权力的滥用。

要加大内部监督力度。切实落实《人民检察院刑事诉讼规则（试行）》第28条规定的"检察人员有违规违法行为的，检察机关应当予以行政处分"的规定，建立监督制约办案人员的羁押必要性审查权的机制。

B.13
深圳电子数据采信情况研究
——以416个民事案例为分析样本

郝晶晶　陈雪莲*

摘　要： 作为法定证据种类之一，电子数据在司法实践中的适用日益广泛。鉴于电子数据在收集提取、法庭出示、审查判断等环节与传统的证据形式存在较大差异，加之现行立法未规定统一的审查标准，导致电子数据之实践应用受到掣肘。对该类证据进行有效性的审查与认定成为证据理论及实务界面临的新任务。电子数据在司法实践中的采信现状不容乐观，应转变电子数据智能作为间接证据的陈旧观念，为电子数据复制件配置恰当的认证方式，建立电子数据关联性的特殊证据规则。

关键词： 电子数据　证据规则　证据种类

伴随着科技的进步，信息技术的发展成果迅速融入日常生活的各个方面，对民事主体行为方式产生了深远影响。与此相伴，电子数据成为民事活动的重要记录工具，民事纠纷中以电子方式呈现的事实及证据材料也日益增多。为回应司法实践的现实需要，《民事诉讼法》于2012年修订时增设"电子数据"为法定证据种类之一。《民事诉讼法解释》第116条第2款对

---

* 郝晶晶，深圳大学法学院助理教授；陈雪莲，深圳大学法学院2018级硕士研究生。

电子数据的定义及范围予以明确："电子数据是指通过电子邮件、电子数据交换、网上聊天记录、博客、微博客、手机短信、电子签名、域名等形成或存储在电子介质中的信息。"《民事诉讼法解释》仅对电子数据的范围进行界定，未明确该类证据的特殊认定规则，此后在民事程序领域的相关法律文件中也未对该问题予以关注。统一规范的缺失导致司法实践中对电子数据之收集、审查、采信和证明力认定方面在不同案件或不同法院中有不同的裁判结果。电子数据的相关认证规则亟待建立。

一 电子数据概述

《民事诉讼法》《刑事诉讼法》《行政诉讼法》均将电子数据纳入立法中证据种类的一种，但未对其进行明确定义。学界对于电子数据的描述也从"计算机证据"到"电子证据""数字证据"，再到立法最终采纳的"电子数据"。① 中国现有关于电子数据适用的相关规定大多出现于刑事诉讼领域，如2010年《关于办理死刑案件审查判断证据若干问题的规定》（以下简称《死刑案件证据规定》）、2016年《关于办理刑事案件收集提取和审查判断电子数据若干问题的规定》（法发〔2016〕22号，以下简称《电子证据规定》）、2017年《关于办理刑事案件严格排除非法证据若干问题的规定》（法发〔2017〕15号）等。②

在2012年正式修法之前，学界曾就"电子数据"之种类归属持不同观点。考虑到电子证据可转化为书面材料等可读形式，又兼具以"非文字符号"的形式存储于"非纸质介质"的特征，多数学者主张对"视听资料"作扩张解释，将"电子数据"归类纳入其中。该观点也一度成为国家立法机关及司法机关的主流看法，如北京市高级人民法院在《关于办理各类案件有关证据问题的规定（试行）》中将视听资料解释为"包括录音录像资料

---

① 刘文斌：《电子证据与电子数据考辨》，《天津法学》2015年第1期。
② 王玉薇：《大数据背景下电子数据的审查与认定》，《中国司法鉴定》2017年第6期。

和电子数据交换、电子邮件、电子数据等电脑储存资料"。也有学者考虑电子证据的证明主要依赖其记载内容，这一特点与书证的本质属性更为相似，因此主张将其归类为书证，中国《合同法》也采取该种观点，第 11 条明确规定："书面形式是指合同书、信件及数据电文（包括电报、电传、传真、电子数据交换及电子邮件）等可以有形地表现所在内容的形式。"第三种观点是将其设为独立证据。2012 年修订的《民事诉讼法》最终认可了电子证据的独立证据分类。2015 年《民事诉讼法解释》也首度明确了网络即时通信记录、电子签名等内容的证据资格。遗憾的是，上述规定大多仅明确电子数据的法定证据地位及其表现形式，对实践应用中较易发生争议的认定规则等未涉及。

根据上述定义，电子数据的概念主要包含三个关键词："电子"、"数据"和"证据"。首先，电子数据以电子的形式存在，由数字信号组成，存储于某种电子设备如服务器、计算机、硬盘、手机、U 盘、录音笔等。其次，电子数据的内容是数据，包括但不限于电子设备在运行中产生的数据如系统自动备份数据、被存储于电子设备中的数据如 U 盘中的文件、在民事主体的操作中产生的数据如利用编辑软件对文档进行创作或修改时产生的信息。最后，电子数据是一种法定的证据种类，这也意味着电子数据具有与其他的证据种类一致的证据基本特性，也必须符合客观性、关联性和合法性的要求。① 电子数据的自身特征也较为明显。与传统的证据相比，电子数据与高新技术密切相关。其产生、存在和发展均依赖于互联网技术、存储技术和信息技术等。诉讼中对电子数据的收集和判断同样依赖高新技术的应用，给传统法庭调查带来挑战。除此之外，电子数据本身还具有易篡改性，且篡改过程极易造成原始数据的完全灭失和替代，这也为司法实践中的电子数据采信带来了艰巨的挑战。

电子数据的上述特点决定了其在证据法领域的独特属性，也足以表明为其设置特殊的认证规则的必要性。然而，前文已述，电子数据在民事证据领

---

① 汪闽燕：《电子证据的形成与真实性认定》，《法学》2017 年第 6 期。

域的规制现状却不容乐观。这一客观情形并未妨碍其在民事司法实践中的广泛应用。为探求电子数据之证据价值在民事案件审理过程中的采信状况，笔者以深圳市中院、深圳市南山区人民法院、深圳市福田区人民法院在2013~2018年的416份一审民事判决为样本，分析电子数据的具体采信要素，考量其证据能力与证据力在实践操作中的具体认定标准问题。

二 电子数据采信基本状况

（一）总体样本分析

笔者以搜索功能较为完善的"聚法案例网"为搜索平台，以"电子数据/电子证据＋判决＋一审＋民事"为限定条件，以"2013~2018年"为时间范围[①]，以"深圳市南山区人民法院"、"深圳市福田区人民法院"和"深圳市中院"为单位范围进行检索，再通过人工筛查，排除其中重复或无关的案例后，合计获得目标案例416份。其中，深圳市南山区人民法院一审民事判决中涉及"电子数据"的案例样本105份（其中著作权权属、侵权纠纷32份，侵害作品信息网络传播权纠纷15份，借贷合同纠纷10份，劳动合同纠纷21份，买卖合同纠纷10份，其他类型的纠纷17份），深圳市福田区人民法院一审民事判决中涉及"电子数据"的案例样本181份（其中借贷合同纠纷43份，追偿权纠纷39份，侵害作品信息网络传播权纠纷37份，劳动合同纠纷31份，买卖合同纠纷12份，其他类型的纠纷19份），深圳市中院一审民事判决中涉及"电子数据"的案例样本130份（其中侵害外观设计专利权纠纷18份，职务技术成果完成人奖励、报酬纠纷100份，其他类型的纠纷12份）。具体案例分布情况见图1。

---

① 2012年《民事诉讼法》修订中"电子数据"成为独立的证据种类，该修订内容于2013年正式实施，故以2013年为本文数据分析的时间起点。

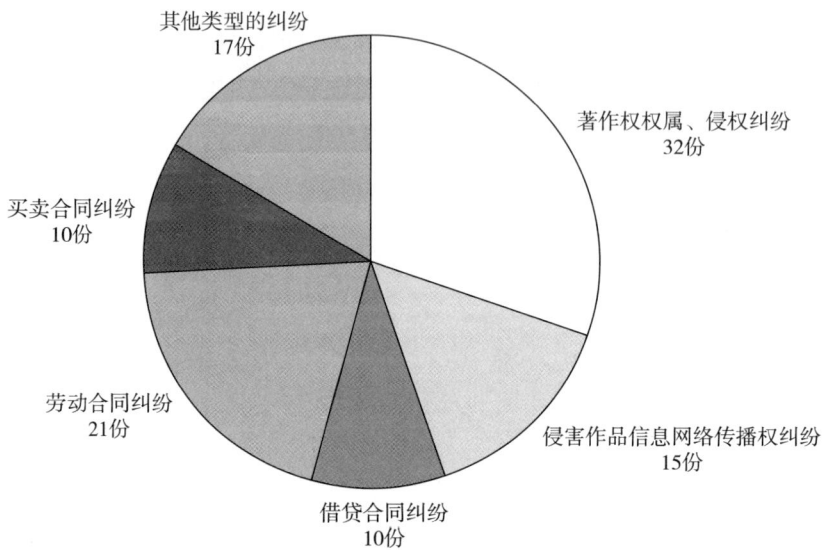

深圳市南山区人民法院2013~2018年电子数据总样本

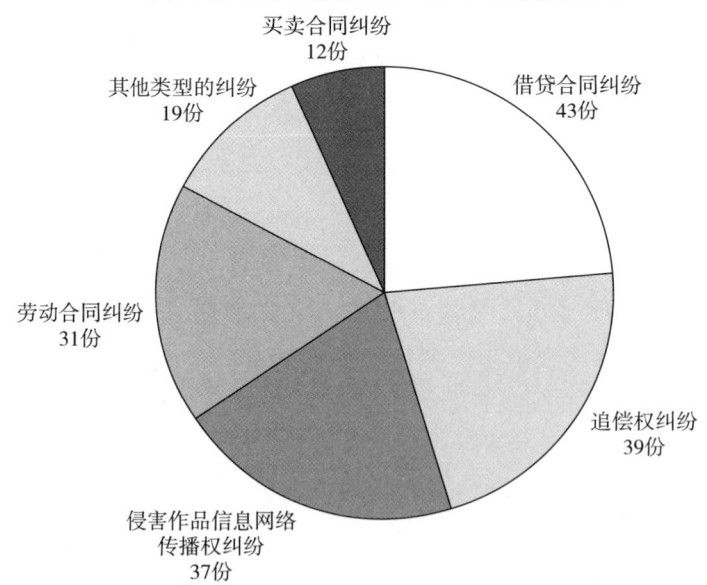

深圳市福田区人民法院2013~2018年电子数据总样本

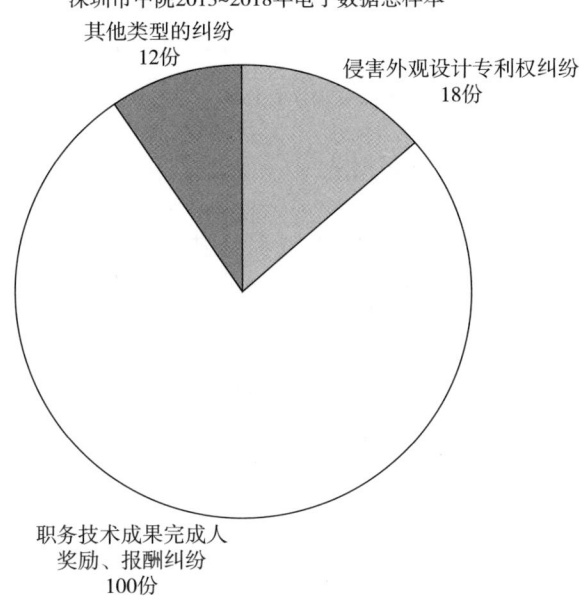

图 1　三所法院 2013～2018 年民事案例中出现电子数据的各类案件构成

进一步分析上述案例可知，深圳市南山区人民法院电子数据样本被采信的共 80 份，占样本总数的 76.2%；未被采信的样本（包括全部未被采信的和部分未被采信的）共 25 份，占样本总数的 23.8%。① 深圳市福田区人民法院电子数据样本被采信的共 145 份，占样本总数的 80.1%；未被采信的样本（包括全部未被采信的和部分未被采信的）共 36 份，占样本总数的 19.9%。② 深圳市中院电子数据样本被采信的共 120 份，占样本总数的 92.3%；未被采信的样本（包括全部未被采信的和部分未被采信的）共 10 份，占样本总数的 7.7%。③ 在 416 份总样本中，未被采信的总数为 71 份，占样本总数的

---

① 深圳市南山区人民法院未被采信的样本具体情况如下：著作权权属侵权纠纷 9 份、买卖合同纠纷 7 份、侵害作品信息网络传播权纠纷 2 份、劳动合同纠纷 6 份、名誉合同纠纷 1 份。
② 深圳市福田区人民法院未被采信的样本具体情况如下：买卖合同纠纷 5 份、侵害作品信息网络传播权纠纷 2 份、劳动合同纠纷 28 份、居间合同纠纷 1 份。
③ 深圳市中院未被采信的样本具体情况如下：侵害外观设计专利权纠纷 5 份、侵害实用新型专利权纠纷 4 份、专利权权属纠纷 1 份。

17.1%。对比相关学者对刑事诉讼证据中"电子数据"采信情况的统计结果，得出的不采信率仅为5.5%。① 通过数据对比不难发现，本文目标样本之民事诉讼中电子数据未采信率达到刑事诉讼相关统计数据的3倍之多。

（二）未采信样本原因分析

在深圳市南山区人民法院的105份样本中，未被采信的样本（包括全部未被采信的和部分未被采信的）共25份，占样本总数的23.8%，样本中体现的未被采信原因有以下几类：证据不足9份、来源不真实9份、未经公证5份、关联性不足2份。深圳市福田区人民法院181份样本中，未被采信的样本（包括全部未被采信的和部分未被采信的）共36份，占样本总数的19.9%，样本中体现的未被采信原因有以下几类：证据不足10份，未经公证20份，打印件、真实性存疑4份，与案件无关2份。

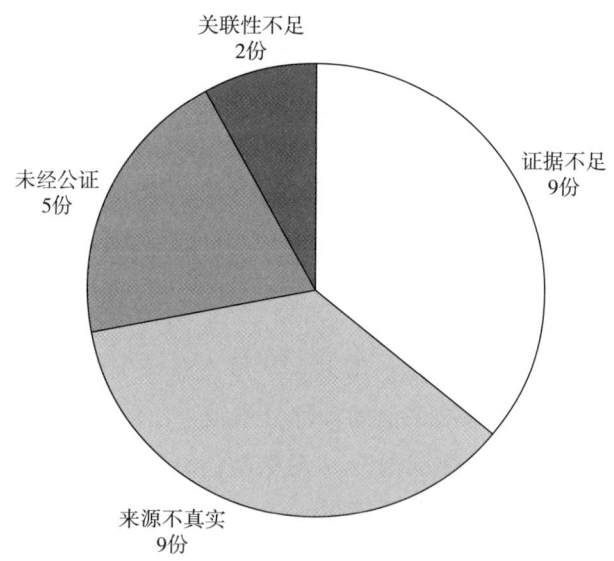

深圳市南山区人民法院电子数据未被采信原因分析

---

① 以电子数据为关键证据的典型刑事案例及相应刑事判决书110份，其中被采信的有104份，占94.5%；电子数据未被采信（包括整体未被采信与部分未被采信）的6份，占5.5%。相关数据来源于刘昊、罗文华《电子数据采信状况调查》，《人民检察》2017年第12期。

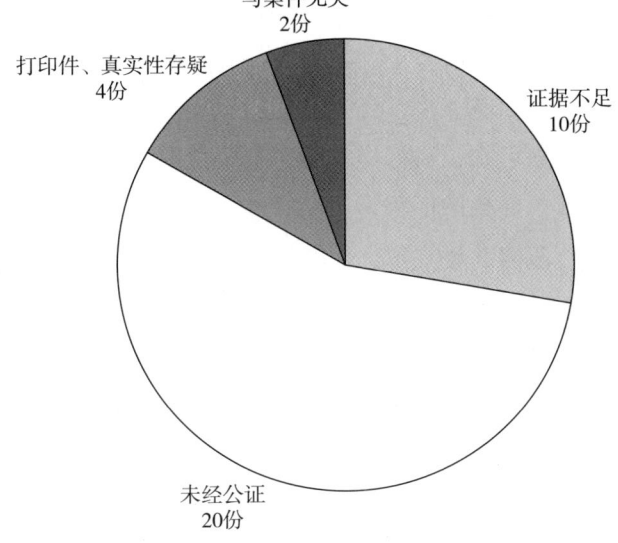

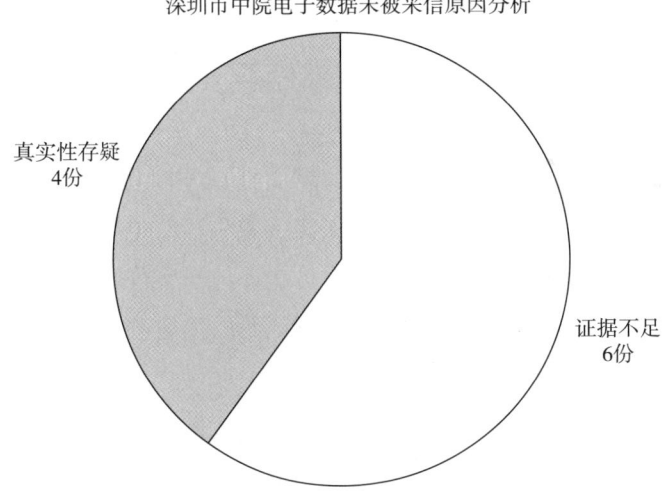

图2 三所法院民事案例中未被采信电子数据之原因构成

深圳市中院的130份样本中,未被采信的样本(包括全部未被采信的和部分未被采信的)共10份,占样本总数的7.7%,样本中体现的未被采信原因有以下几类:证据不足6份、真实性存疑4份。在416份总样本中,未被采信的总

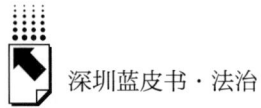

数为71份，其中，真实性存疑是否定电子数据的首要原因，合计42份，占总未被采信样本的59.2%；其他主要原因还包括证据不足和欠缺关联性，其中，证据不足的样本为25份，占总未被采信的样本的35.2%；与案件无关的4份，占总未被采信的样本的5.6%。

由以上统计数据可知，目标样本中对电子数据不采信的原因主要集中在证据形式及客观性、证据的证明力和关联性几个方面。上述原因看似与其他证据种类的不采信原因并无二致，但细细探究不难发现，法院对于电子数据的认证较多关注于数据本身的原始性、与实物载体（多为打印件）的一致性以及载体本身的形式效力问题。一方面，法院通常将电子数据视为间接证据，需要其他证据辅助才能认定案件事实；另一方面，法院否认电子数据的独立地位，对其打印件（或复印件）的形式不予认可，强调公证对于电子数据之证明力的背书作用，未经公证不能作为证据使用或者未经公证不能证明其来源的真实性。

三　电子数据采信要素分析

目标样本所载之法庭调查过程也反映了法院对于电子数据的审查规律：为了节约司法资源，提升诉讼效率，在实践中法官对电子数据的审查认证通常是从关联性到客观性、合法性，最后再次评估与案件待证事实的具体关联程度。第一，法庭初步判断该电子数据所证明的内容与本案事实之间是否具有关联性。第二，在确定电子数据与案件的关联性之后，对于该电子数据的合法性作出判断，包括审查该电子数据之实际载体的适格性、数据自身的客观性、原始性等。第三，具体判断该电子数据与待证事实之间的关联性大小。在深圳法院的416份样本中，法官在电子数据的审查顺序和审查方法上与上述规律保持一致。

（一）关联性审查

电子数据的关联性是指电子信息材料形成于案件发生过程中，且与案件事实之间具有因果联系。由于电子数据的特殊性，其实质上的客观性有时需要结合系统环境才能认定。电子数据的关联性不仅决定着其能否作为证明案件事实的有效证据，而且决定着其能在多大程度上证明待证事实，即证明力的大小问题。在目标样本中，有4份案例中存在电子证据因缺乏关联性而未被采信的情况，占总未被采信的样本的5.6%。遗憾的是，在裁判文书的证据评价部分，法院仅以"与案件无关"而对不予采信之电子数据的关联性问题一笔带过。

关联性是电子数据在认证过程中的关键指标。作为存在于虚拟空间的证据种类，电子数据要想获得法庭认可，必须同时满足内容和载体上的关联性。[①] 对电子数据之关联性认定应当从以下三个方面入手：首先，电子数据的数据信息需同案件事实有关，足以对案件事实的证明和认定产生实质性影响；其次，电子数据应当形成于案件事实发生过程中，而非预先或事后形成的电子存储材料，此方面可依据电子数据的时间值进行认定；最后，电子数据所承载的特定主体在虚拟空间的身份、行为、时间、地址等信息需同物理空间的当事人或其他诉讼参与人进行关联。

（二）合法性审查

电子数据的合法性审查集中于两个方面：一方面是指电子材料本身的形式、内容、收集方法和收集程序等要素须符合法律的相关规定，另一方面指电子数据在作为定案依据之前要经过法定程序审查。电子数据的形式、内容上的合法性要求与其他的证据种类并无二致，在合法性审查方面的特殊性主要体现在收集方式和收集程序上。《民事诉讼法解释》第106条规定，"对以严重侵害他人合法权益、违反法律禁止性规定或者严重违背公序良俗的方法形成或者获取的证据，不得作为认定案件事实的根据"。本条内容属于非法证据排除规则的相关规定。与法定证据之"视听资料"类似，"电子数据"在获取过程中极有可能使用"偷听偷录"等手段，对该类证据的合法

---

① 刘品新：《电子证据的关联性》，《法学研究》2016年第6期。

性认定是实践中无法回避的问题。

关于电子数据的收集程序问题,争议主要集中于特定形式的电子信息载体是否需要经过公证等认证程序。国家民事程序立法中并未强制要求电子数据在作为定案依据之前需要经过公证程序。然而,在司法实践中,鉴于电子数据在鉴别真伪上的技术难度,也有法院为了审理方便,直接否定未经公证的电子数据的合法性。如案号为"(2016)粤 0305 民初 819 号"的民事判决书中,法官否定了特定电子数据的合法性,理由是 QQ 记录、电子邮件、录音资料等作为电子证据,未经法定机构认证,法院不能认定其来源是否合法。

(三)客观性审查

传统的证据种类自身即为客观存在的特定物,故通常仅需考虑其证明内容与待证事实之间的关联程度。而电子数据所承载的无形的事实信息则总是需要借助特定的有形载体进行储存。这一特性也决定了电子数据客观性的双重含义。首先,电子数据应当是以特定形式的客观物为载体的,具有物质形式。其次,特定载体所承载的电子数据的确定内容应当是真实可靠的。在电子证据的采信过程中,对载体形式及所载内容的真实性审查都是不可或缺的重要部分。因此,电子数据客观性的审查通常与电子证据的特定载体之认证有关。根据《最高人民法院关于民事诉讼证据的若干规定司法解释》(以下简称《民事证据规定》)第 22 条第一款①,原则上当事人应向人民法院提供计算机数据的原始载体。然而,实践中的电子数据通常以打印件、复印件、网页截屏、照片截屏等形式提交,上述形式均属"复制件"的范围。有学者指出,电子数据的真实性并不主要依赖于载体是否为原件,不能简单地把电子证据复制件的真实性标准与原件的真实性标准相等同。②

对于电子数据的"复制件"应持宽容态度主要基于以下原因。第一,

---

① 《民事证据规定》第 22 条规定,"调查人员调查收集计算机数据或者录音、录像等视听资料的,应当要求被调查人提供有关资料的原始载体"。
② 樊崇义、李思远:《论我国刑事诉讼电子证据规则》,《证据科学》2015 年第 5 期。

电子数据具有易于精确复制的特点，其原件与复制件在物理属性上并不存在明显的实质性区别。第二，电子数据在生成、发送、传输、接收、储存、复制的各个阶段都可能在形式和载体上发生变化，判断其"原始出处"十分困难。第三，计算机硬盘、移动硬盘等电子数据的常见载体的使用寿命和存储空间有限，相关载体中的电子证据必然会规律性地被复制到其他载体之上，复制或剪切过程也意味着电子数据之"原件"的消失。第四，许多电子数据的载体因体积庞大等客观原因不方便移动，自然无法于法院上进行当庭提交，因此只能选择提交复制件，例如，大型的超级计算机、交换机等。第五，电子数据属于机读信息，其内容的展现必须依赖一定的设备进行显示或打印，因此，提交法庭进行质证和认证的内容也通常是打印件等其他符合要求的复制件。

样本案例中有17份民事判决出现了法官以"没有原件予以核对，法院无法确认其真实性"为由否定其证明作用。① 前文已对电子数据之复制件与原件之间的对应关系作出详细阐述，在司法实践中坚持原件优先理论，较大程度上不当限制了电子数据的证明价值。

四 提高电子数据采信率的相关建议

作为法定证据的一种，电子数据在认证原则和认证标准上与其他证据种类的共性毋庸置疑，但考虑其自身的数据特点，在认证方法、认证程序、认证规则等方面则必须作出特别规定。在认证方法上，电子数据如即时通信聊天记录往往需要借助专业技术手段先行完成技术认证。在认证程序上，法官应当针对电子数据中所呈现的社会关系、人格虚拟化等问题构建高度盖然性的证明过程。在认证规则上，电子数据应当借鉴已有行业的标准代码，或引

---

① 参见广东省深圳市南山区人民法院（2017）粤0305民初9935号民事判决书；广东省深圳市南山区人民法院（2015）深南法粤民初字第1864号民事判决书；广东省深圳市南山区人民法院（2016）粤0305民初1387号民事判决书；广东省深圳市南山区人民法院（2016）粤0305民初8033号民事判决书等。

入先进技术如数据哈希值的检验方法①，对电子数据之随意性需要有针对地构建鉴真规则等来进行克服。

（一）转变电子数据只能作为间接证据的陈旧观念

电子数据作为一种独立的证据种类，应有资格作为直接证据证明案件事实而无须其他证据佐证。在416个样本案例中，因证据不足而未被采信的样本有25份，占未被采信样本的35.2%，其中大多是由法官否定电子数据之直接证据资格所致。依照证据法理，直接证据与间接证据应以是否能够单独、直接证明案件事实有关，与证据的表现形式无关，即原始证据可能是间接证据，而传来证据也极有可能成为直接证据。实践中，电子数据作为直接证据的情形并不少见，如民事主体通过微信语音表达借款意思并订立借款合同，成立民间借贷之民事法律关系，只要两人的语音内容满足借款法律关系的成立要件，微信语音便足以成为直接证据；再如，双方当事人通过网上平台签订电子合同，若就合同所涉的权利义务关系发生争执，该电子合同对于双方合同法律关系的认定而言，则当然是直接证据。

（二）为电子数据复制件配置恰当的认证方式

从深圳地区三所法院的民事案件样本统计中不难发现，由电子数据之载体（多为文件复印件）未经公证导致真实性发生争议的案例很多，最终基于该理由而不予采信的电子数据占比超过了未被采信样本总数的半数以上。为提高电子数据采信率，应当解决电子数据的真实性问题，在尊重电子数据个性化特征的基础上提升取证技术水平，在保证电子数据完整性可靠性基础上承认复制件的同等证明力。前文提到的《民事证据规定》对于电子数据

---

① 哈希值检验方法便是一个能有效解决当前电子数据真实性保障问题的信息工具，是特征值检验方法中的一种。特征值指的是每一组电子数据根据特定算法得出的独特数值。其就像电子数据的"指纹"一样，不同的电子数据所对应的特征值也有所不同。故可通过对比同一电子数据前后两组特征值的方式来判断该数据在取得特征值的两个时点间是否存在更改。当前特征值检验被广泛应用于电子数据下载服务当中，以保证下载取得的电子数据与原数据保持一致。蒋平：《电子证据的发展历程及应用思考》，《公安研究》2014年第5期。

的原件和复印件之关系的规定并无创新,最高人民法院《关于行政诉讼证据若干问题的规定》第 64 条则有所突破。该条文规定了以有形载体固定或显示的电子数据获得与原件同等证明力的两种方式:电子数据的制作情况以及真实性,经对方当事人确认或者以公证等其他有效方式予以证明。

除上述两种方式外,通过司法鉴定或特定的技术手段来确认复制件的有效地位是合理可行并且可以大范围推广的认证方式。由鉴定机构提供的有关电子数据的真实性报告、由公证处提供的有关电子数据的公证书,在现行立法上都可以依法被法庭采纳。然而,考虑时间成本和费用成本,这两种途径均不是电子数据复制件认证的最佳手段。实践中出现了专门的电子数据保全及出证的相关服务,如为客户提供在线电子合同缔约、证据托管的"法大大"公司。借助电脑终端、手机 App 等平台,采用实名认证技术、电子数字签名技术、时间戳技术及防篡改技术,确保在该平台签署的电子合同及存储托管的电子文件具有与原件等同的法律效力。此类服务的提供可以较好地解决电子数据保存的即时性要求。在费用方面,一般不收取存证费用而仅收取出证费用,相比于司法鉴定或者公证服务,也可以相应地减轻当事人的费用负担。因此,电子证据保全出证相关服务,是电子数据之认证手段中较为经济便捷的选择,可以在司法实践中进行推广。

(三)建立电子数据关联性的特殊证据规则

证据规则是以法律形式规范司法证明行为的准则。国家现有关于电子数据的证据规则散见于刑事诉讼领域,如《死刑案件证据规定》第 29 条明确电子数据的审查内容,主要包括:电子数据的原始存储载体是否与打印件一并提交;是否载明该证据的形成时间、地点等相关信息;制作、出示等环节是否合法;内容是否真实;与案件事实有无关联性等。相关规定大多仅规定认证顺序,对电子数据之证明力问题的特殊认证规则未予涉及。[①] 笔者认

---

① 褚福民:《电子证据真实性的三个层面——以刑事诉讼为例的分析》,《法学研究》2018 年第 4 期。

为，电子数据特殊证明力规则可从以下方面进行规定。第一，由公证处、鉴定机构、司法机关认证的司法鉴定所、网络电信服务商提供的完整电子数据，可直接确认其真实性并予以采信，前述证据的证明力大于民事主体自行提供的电子数据。第二，在进行正常的工作业务中形成的加盖符合认证条件的相关法人公章之电子数据的证明力大于在诉讼发生后为其专门制作的电子数据的证明力。第三，有行业规范或法定格式、样本格式的电子数据的证明力大于未依法定格式制作之电子数据的证明力。第四，通过特定业务系统或操作系统自动生成并打印的电子数据的证明力大于民事主体自行制作或截图的电子数据的证明力。第五，专家辅助人、法官亲自勘验提供的电子数据，其证明力大于其他电子数据。

社会法治篇

Society Rule by Law

B.14
2018年深圳市经济犯罪形势综合分析

林秀萍*

摘　要： 深圳地处改革开放最前沿，是中国重要的跨境金融中心和最大的新金融、类金融机构聚集区。由此也带来经济犯罪向集团化、家族化、专业化、跨区域化发展的新情况，特别是以金融犯罪活动为主的经济犯罪案件持续高发、经济风险集中凸显，新型经济犯罪不断涌现，形势相当严峻。本报告通过对2018年深圳市经济犯罪态势、特点及原因的综合分析，对2019年深圳市经济犯罪趋势作了研判并提出相应对策。

关键词： 经济犯罪　金融犯罪　深圳

---

* 林秀萍，深圳市公安局经济犯罪侦查局综合处，一级警督。

一 全市经济犯罪总体情况

（一）受理经济案件微降而立案数基本持平

2018年全市共受理经济犯罪案件6289宗，立案侦查5810宗，涉案总值928004万元人民币，不予立案292宗。与上年同期相比，全市经济犯罪案件受理数下降4.5%，立案数上升0.1%，不予立案数上升22.7%（见图1）。

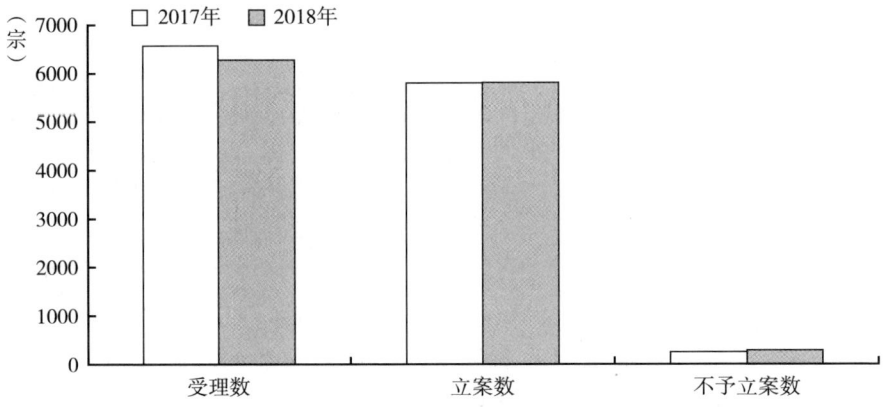

图1 全市受理立案经济案件情况

（二）破获经济案件有较大幅度的上升

全市共破获经济犯罪案件3368宗，结案1920宗，执行逮捕2283人，移送审查起诉案件1505宗，移送审查起诉2286人。与上年同期相比，全市经济犯罪案件破案数上升23.0%，结案数上升10.9%，执行逮捕人数上升6.5%，移送审查起诉案件上升7.7%，移送审查起诉人数下降19.3%（见图2）。

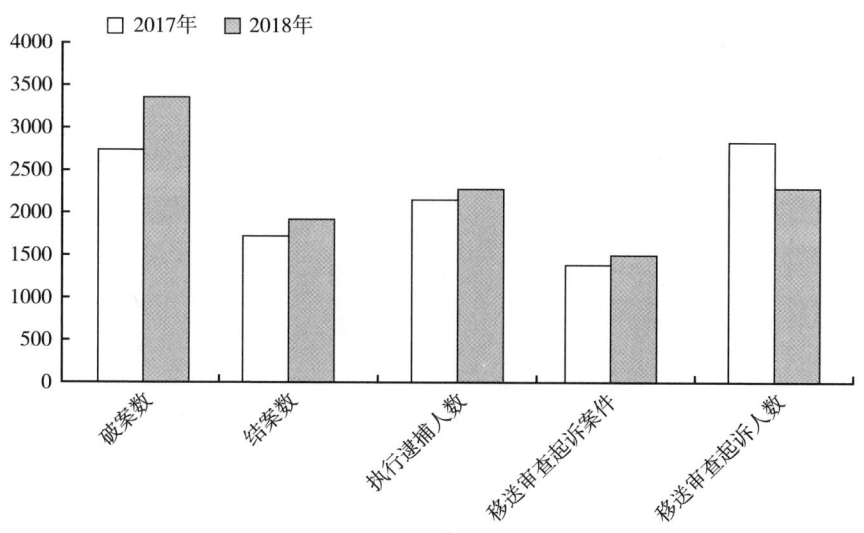

图 2 全市破获经济案件情况

（三）从经济犯罪活动区域来看，呈现"六降四升"

福田区立案 780 宗，同比下降 20.2%；罗湖区立案 650 宗，同比下降 14.9%；南山区立案 655 宗，同比下降 19.3%；盐田区立案 48 宗，同比下降 11.1%；光明区立案 115 宗，同比下降 28.1%；坪山区立案 98 宗，同比下降 22.2%；宝安区立案 1118 宗，同比上升 16.2%；龙岗区立案 1449 宗，同比上升 19.2%；龙华区立案 584 宗，同比上升 4.3%；大鹏新区立案 36 宗，同比上升 2.9%（见图3）。

（四）从犯罪案件集中度来看，六类案件为多发，占经济犯罪案件总数的79.4%

六类案件依次是信用卡诈骗案（1643 宗），合同诈骗案（1571 宗），虚开增值税发票用于骗取出口退税、抵扣税款发票案（399 宗），职务侵占案（382 宗），非法经营案（316 宗），销售假冒注册商标的商品案（304 宗）。这六类案件占全部经济犯罪案件立案数的 79.4%（见图4）。

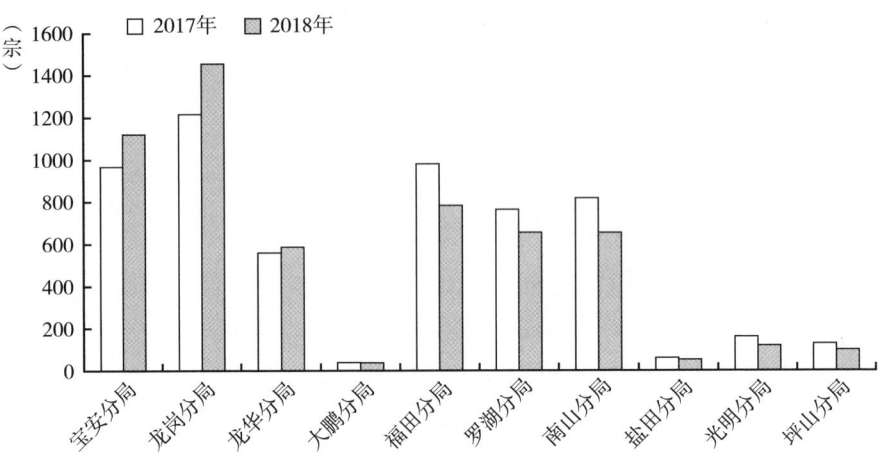

图3 全市经济犯罪活动区域情况

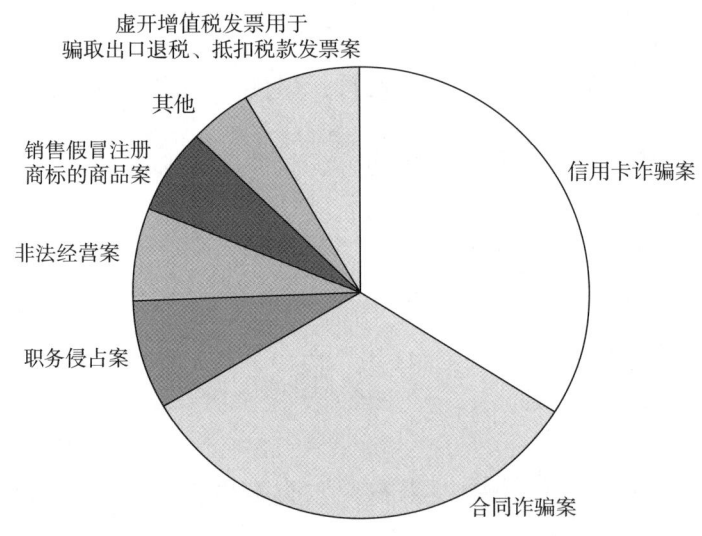

图4 全市犯罪案件集中度情况

（五）全市经济犯罪案件分类升降不一

2018年全市经济犯罪案件呈现出"两降三升一平"的态势：信用卡

类案1761宗（2017年2743宗），同比下降35.8%；危害税收征管案477宗（2017年528宗），同比下降9.6%；侵犯知识产权案560宗（2017年394宗），同比上升42.1%；职务侵占案382宗（2017年314宗），同比上升21.6%；扰乱市场秩序案1993宗（2017年1429宗），同比上升39.47%；涉众型经济犯罪案352宗（2017年350宗），同比基本持平（见图5）。

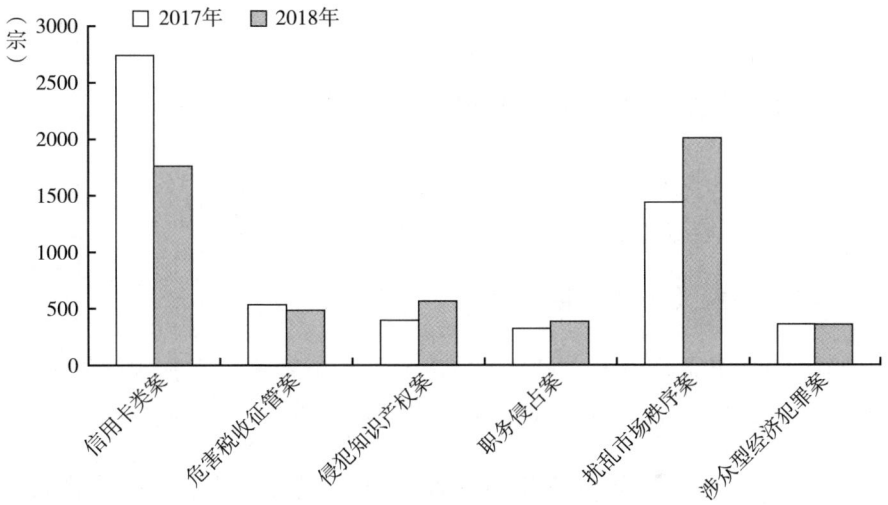

图5 全市经济犯罪案件分类构成情况

二 经济犯罪活动主要特点

（一）金融领域的犯罪虽得到一定程度的遏制，但金融风险隐患不容忽视

一是非法集资案件上升比较明显。2018年全市立非法吸收公众存款案144宗，同比上升111.8%；立集资诈骗案117宗，同比上升42.7%。二是假币犯罪有抬头之势。2018年全市立假币案件共50宗，同比上升28.2%，上升幅度较大。三是银行卡类案件下降明显，但仍在高位运行。2018年立

银行卡类案件1761宗，同比下降36.0%。其中立信用卡诈骗案1643宗，同比下降38.0%，居全市经侦案件立案数第一位。

（二）商贸领域经济犯罪案件呈上升趋势

2018年立商贸领域经济犯罪案件2490宗，同比上升35.6%。其中，立扰乱市场秩序案件1993宗，同比上升39.5%；立妨碍对公司、企业的管理秩序案件92宗，同比上升17.9%；立公司职务犯罪案件405宗，同比上升23.1%。

（三）侵权制假案件升幅明显

2018年深圳市立侵犯知识产权案560宗，同比上升41.1%。其中假冒注册商标案、销售假冒注册商标的商品案共534宗，占侵权制假案件的95.4%。

（四）涉税类案件小幅上升

2018年全市立逃税案，骗取出口退税案，虚开发票案和虚开增值税专用发票，用于骗取出口退税、抵扣税款发票案共467宗，同比上升1.3%。

（五）合同诈骗案件多发、形式多样，以投资理财和利用购销合同骗取现金或财物案件突出

2018年立合同诈骗案1571宗，同比上升71.9%，居全市经侦案件立案数第二位。

（六）非法经营案件仍处高位

2018年立非法经营案316宗，同比上升3.3%。非法经营案中，以非法经营外汇和非法经营香烟案件为主，如地下钱庄案。2018年全市立地下钱庄案件94宗，同比上升95.8%；破案89宗，同比上升50.8%。

（七）商业贿赂、串通投标案呈增长态势，传销案下降

2018年立非国家工作人员受贿案73宗，同比上升25.9%；立对非国家

工作人员行贿案 13 宗,同比持平;立串通投标案 12 宗,同比上升 1100.0%;立组织领导传销活动案 91 宗,同比下降 54.7%。

三 经济犯罪活动原因分析

(一)以承诺保本高息为诱饵骗人钱财

在非法集资案件中,犯罪嫌疑人的作案手法主要是通过网络金融贷款(P2P 平台)骗取投资人的投资款。据统计,2018 年全市立案查处 P2P 平台涉嫌非法集资案件 68 宗,涉案金额 582.4 亿元,涉及投资者 77.5 万人。如深圳"投之家"案。深圳著名网贷平台"投之家"通过公开宣传方式承诺保本付息,以年化 12%~14% 利率吸引投资者投入。后期整体行业严冬导致投资者挤兑崩盘。此案涉及投资者 3.65 万人,涉及投资金额 28.9 亿元。还有以公司准备上市,客户投资可获高利息为诱饵骗人钱财;以代人理财、推荐股票、打新股等形式骗人钱财;等等。

(二)假币犯罪网络化异地作案趋势明显

深圳市假币犯罪主要表现为假币"流入地"不法分子通过网上交流犯罪技术、联系货源并支付价款。如市经侦部门在办理"507"专案时,查获犯罪嫌疑人龙某是通过淘宝网购买假币,且其假币是从河北邢台市隆尧县寄出,遂循线追查,与河北邢台警方联手捣毁了假币印刷厂,抓获犯罪嫌疑人 6 名,捣毁假币仓储点 3 个,缴获假人民币 4120 万元,假港币 10 万元。

(三)随着互联网的发展,银行卡类案件的犯罪手法不断翻新

2018 年流行的 VPAY、WORLDPAY 等号称"提额神器"的便携式 POS 机,名义上是一款智能手持刷卡器终端,实际上就是信用卡信息窃录器。市经侦部门组织开展的"利剑 13 号"打击跨境窃取信用卡信息犯罪"VPAY"

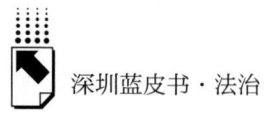

专案统一收网行动，全链条摧毁了运营已久的跨境窃取信用卡信息犯罪集团，查获被窃取信用卡信息100余万条，涉案金额10亿多元人民币。

（四）地下钱庄犯罪手法不断升级，隐蔽性日强

如犯罪分子以宗亲关系为纽带，组织非法经营网络；批量收购他人账户、公司，匿名使用；充分使用非实名网卡，集中使用手机移动上网；等等。市经侦部门加大了对工程建设、商贸领域商业贿赂等经济犯罪的打击力度，共破获"套路贷""羊头党""拉人头式"聚集型传销、串通投标、强迫交易和涉黑地下钱庄等犯罪团伙29个。

（五）合同诈骗案件多发、形式多样，以投资理财和利用购销合同骗取现金或财物案件突出

如市经侦部门办理的"经侦6号"专案，成功打掉一个涉嫌合同诈骗，敲诈勒索，组织、领导、参加黑社会性质组织的"套路贷"犯罪团伙，捣毁犯罪窝点两个，抓获涉案犯罪嫌疑人35人，刑事拘留26人。

（六）利用品牌效应，进行跨区域制假售假犯罪活动

假冒注册商标和销售假冒注册商标的商品案中涉及的产品主要是知名品牌手机、手表等电子产品。如深圳市破获的"12·22"假冒注册商标案，打掉制造假冒苹果手机工厂，涉案金额近亿元；另如深圳市发起的"广东深圳'6·22'销售假冒品牌手表案线索"全国集群战役，在公安部经侦局的指挥协调下，五省经侦部门同步开展集群打击，一举打掉横跨江苏、浙江、辽宁、安徽、广东等地制售假冒时尚品牌手表的犯罪团伙，有效摧毁了上中下游犯罪产业链条。

（七）团伙化专业化合作，反侦查意识极强

当前虚开骗税犯罪特点是跨地区成体系，以同乡、亲友关系为纽带，团伙之间分工明确，呈专业化发展趋势，且反侦查意识极强，涉案人数和金额

呈攀升态势。如市经侦部门近期侦破的吴某骗取出口退税案，捣毁骗取出口退税犯罪窝点22处，抓获嫌疑人46人，现场查获走私道具手机、显屏等16.5万个，冻结银行账号69个，冻结金额78万元，暂停出口退税2902万元（其中直接截停退库税额765万元）。初步统计各环节涉案金额59.8亿元人民币。

四 2019年经济犯罪主要趋势与应策

（一）趋势研判

1. 非法集资犯罪涉案金额屡创新高，维稳压力持续增大

据股权众筹行业内部盈灿咨询、鸣金网统计数据，全国共有各类众筹（包含公益众筹、综合众筹、股权众筹等）平台达250多家，其中北京、广东、上海高居前三位。而广东的众筹平台则大多数集中在深圳。数据表明，继"创投之都"后，深圳已成为"中国股权众筹中心"。一些机构违规经营参与股权众筹，通过拆分份额或项目卖给公众投资者，这种投资模式没有担保，易将风险转嫁给公众投资者，一旦无法兑付易引发群体性事件。

2. 网络传销犯罪改头换面、花样翻新，危害极易向社会稳定、政治安全问题传导

借助互联网金融发展东风，以往从事传统传销的犯罪分子转向以电子商务、金融互助、旅游互助、公益慈善为幌子，实施网络传销、金融传销犯罪。

3. 现货交易平台涉嫌非法经营期货犯罪、诈骗犯罪日趋严重，引发不稳定因素

几乎所有从事产权交易、文化艺术品交易和大宗商品交易的交易场所都在深圳设立会员单位，以炒现货名义从事非法期货交易，诱骗广大群众参与炒原油、贵金属等交易活动，犯罪手法隐蔽性、欺骗性强，给群众带来巨大损失。由于缺乏监管，现货交易平台及会员单位在深圳野蛮生长，违法违规问题日益突出，风险不断暴露。

4. 金融证券业违法犯罪形势越来越严峻

深圳作为全球一流金融中心城市之一，防范发生系统性金融风险的挑战突出，主要表现在：一是证券犯罪活动越来越猖獗；二是内幕交易犯罪持续高发，政府官员、国企高管内幕交易情况时常发生；三是利用未公开信息交易犯罪危害严重且有蔓延的趋势；四是操纵证券市场犯罪作案手段多样，技术含量高，危害大，可能引发系统性金融风险；五是背信损害上市公司利益犯罪和违规披露、不披露重要信息犯罪时而发生，可能导致上市公司退市，进而引发不稳定因素；六是深港通存在一定安全运行风险，跨境证券犯罪呈高发多发态势。

5. 合同诈骗案办案难度进一步加大

对于合同诈骗案这种属于经济领域的特色案件，公安机关处理的难点在于如何准确界定"以非法占有为目的"以及有效区分经济犯罪与经济纠纷。在司法体制改革后，检察院和法院对合同诈骗案的审查和把关更加严格，这对于司法的进步有着长远的影响。但就当下处理案件而言，这类案件的标准把握、证据获取以及进度推进对公安机关来说是一个较大的挑战，而且这种大难度的挑战将会持续相当一段时间。

6. 传统经济犯罪仍将呈多发态势

对深圳经济特区这一特殊地域，传统经济犯罪案件比如职务侵占、银行卡犯罪、制假售假、合同诈骗等，将继续维持较高发案趋势。主要是因为这几类传统经济犯罪案件涉及的范围都属于经济领域的常见环节，而现时经济处于转型升级的过程，其中产生的风险漏洞增加，群众对此类风险防范意识薄弱，再加上不法分子作案手段的不断翻新，增大了防控难度，甚至直接对经济秩序产生威胁。

（二）主要应策

1. 严厉打击涉众型经济犯罪

组织开展打击防范涉众型经济犯罪专项行动，重点打击网络借贷平台、互联网资产管理、私募基金领域犯罪和网络传销等犯罪。积极参与互联网金融风险专项整治、网络借贷风险专项整治,坚持分类处置、缓释风险、"阳光办案",有序推进网贷平台"爆雷"案件的侦办工作。

2. 完善工作机制

推进三级打击非法集资工作专班运作,加强分析研判,上下紧密联动,高效处置各类涉稳风险事件。加强数据信息共享,及时对突出风险隐患组织专题研判,加强全省涉稳重点人员分类、分级分析工作,提出针对性化解对策,不断提高专班维稳化解工作的精度和效率。

3. 加强监测防控和联合整治工作

完善涉众型经济犯罪防控中心和平台建设,提高预测预警预防工作水平。推动建立由党委政府牵头、相关职能部门参与的集中清理、防范、打击、处置一体化联动机制,形成行政监管、预警监测、刑事打击的闭环工作体系。联合证券、人行、银保监、市场监管等相关监管部门,全面排查P2P平台、互联网资管、私募基金、农合机构、虚拟货币、融资租赁等金融风险较为突出的行业机构,积极主动开展化解处置工作。

4. 做好重要节点安保维稳工作

严格落实"五同步"工作原则,针对中华人民共和国成立70周年纪念活动、春节、"两会"等重要节点,认真制定维稳工作方案,细化工作措施,加强排查监测,全力化解各类不稳定因素,确保不发生经侦领域不稳定事件。建议更早介入风险事件,把"打早打小"变成"防早防小",预警防控工作需要大幅度、大力度加强。必须跨行业、跨领域研究经济金融风险,提前干预提前介入,才能真正做好风险防控。

5. 加快刑民同步改革创新进程

为加快资金清退进程,帮助企业实现资金回笼,有效为案件去存量,达到执法效果和社会效果的有机结合,刑民同步问题亟须研究解决。部分P2P网贷平台依然存在优良资产、担保、抵押、质押、老赖欠款等可清退资金,但公司并无有效措施对这些资金进行收归回笼,且时间紧迫,刑民同步应当抓紧在公安机关侦查阶段着手同步进行,此时律师一旦到位即可与公安机关进行对接,获取诉讼案件材料较为容易,可以极大提高资金清退效率。建议

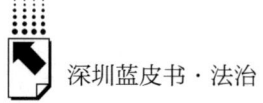

市政府、市政法委统筹安排，协调司法局以法律援助的形式为平台提供公益诉讼，协调法院提前介入指导工作。

6. 加强防范宣传工作

以防范涉众型经济犯罪为重点，认真组织开展"5·15"打击和防范经济犯罪宣传日活动。做好重大典型案件的日常宣传工作，线上线下同步开展宣传教育警示活动。加强舆情应对和引导，针对专项工作开展深度宣传报道，严防恶意炒作。向广大民众传授常见经济犯罪手段与防范技巧，全方位提高全社会防范经济犯罪的意识与能力。

B.15
2016~2018年深圳市电信网络新型违法犯罪综合分析与应对策略

深圳市反电信网络诈骗中心*

摘 要： 随着移动通信与互联网的普及，各种基于移动通信与互联网的犯罪呈现快速蔓延趋势，成为当前国家社会治安打击治理的难点。电信网络新型违法犯罪——电信网络诈骗是近年来深圳最为突出的新型犯罪，本报告通过剖析其发案形势、作案特点、打防困境，提出相关对策，以期促使全市打击治理该类犯罪迈向一个新台阶。

关键词： 深圳 电信网络新型违法犯罪 电信网络诈骗

2015年8月，按照深圳市委、市政府的决策部署，在市公安局党委的直接领导下，市公安局刑事侦查局承担起了全市反电信网络新型违法犯罪（以下简称"网络新型犯罪"）专项行动的牵头组织工作，把原来仅有公安一家单打独斗，扩展为全市84个政府部门、银行、通信、互联网企业共同参与。随着全市打击治理工作如火如荼地铺开，在公安部、省公安厅、市委、市政府和市公安局党委的高度重视下，在84个成员单位和市公安局各相关警种的大力支持下，刑事侦查局相继创新建成了"公安部打击治理电信网络新型违法犯罪深圳研判中心""市反电信网络诈骗中心""市公安局

---

* 执笔人：王征途，深圳市公安局刑警支队七大队副大队长；朱启亮，深圳市公安局刑警支队七大队四级警员。

8123467反电信网络诈骗专线""公安部打击治理电信网络新型违法犯罪深圳警企实验室"等工作平台,一举改变了以往由侦查资源不足、技术手段欠缺、警力投入不足导致的"警情无人理、处置无人做、侦查无人会、防范无人管、建设无人问"的旧面貌。以占网络新型犯罪绝大多数的电信网络诈骗(以下简称"电诈")打击治理工作为例,通过近三年的大力发展打、防、管、控、建"五位一体"反诈工程,实现了破案数增长36.3倍、逮捕数增长38.4倍、打团伙数增长41.7倍、拦截被骗资金数增长117倍、关停诈骗通信工具数增长256倍的显著成效,全局电诈破案率从0.54%提升至16.7%,每年为全省贡献三成以上的打击战果,"飓风行动"连续四年排名全省第一,被骗资金累计拦截9.7亿元,诈骗通信工具(网络链接)关停3.78万个,反诈宣传产品、渠道、平台和受众面呈几何倍数增长,群众反诈知识知晓率首次突破50%,被国务院、公安部和省委、省政府推广的深圳反诈经验多达11项,其中诈骗资金紧急拦截、被骗资金原路返回、涉电诈高危人员征信管控("污水池"管控)、银行卡开设强制风险提示等四项创新举措更是被国家采纳形成部门规章,深圳开创的"党委领导、政府主导、公安主力、企业协同、全员参与"的反诈新格局,得到了国务院、省政府联席办和市委、市政府的高度肯定,全国同行和国外警方纷至沓来,"深圳反诈"已经成长为全国打击治理电信网络诈骗战线的一面旗帜。

然而,由于全国各地打击治理电信网络诈骗犯罪的合力还没有形成,一些顶层设计还没有出台,根源性的治理还不到位,加之深圳市宣传防范基础比较薄弱,导致全市电诈案件依然高发,全市电诈犯罪态势以及打防形势依然复杂严峻。

一 当前深圳电信网络诈骗犯罪形势

电信网络诈骗,是指犯罪分子通过电话、网络和短信方式,编造虚假信息,设置骗局,对受害人实施远程、非接触式诈骗,诱使受害人给犯罪分子打款或转账的犯罪行为。目前已渗透到日常生活的方方面面,无论是从发案总量、造成群众的生命财产损失,还是从犯罪行为产业化、高科技化,都已经给正在持续好转的深圳社会治安和社会稳定造成十分恶劣的影响,全市整体形势非常严峻、非常紧迫,概括起来就是"发案高、损失大、侵蚀广、黑产厚、危害深",主要体现在五大方面。

(一)发案高居不下,占比持续攀升

2016~2018年(以下相同),深圳市110电诈警情分别是49594宗、42079宗和41731宗,电诈刑事立案分别为21327宗、30141宗和28398宗(2017年开始立案激增的原因是执行立案"零门槛"),发案量一直在高位徘徊;同时,随着深圳治安立体防控体系的逐步完善,人防、物防、技防手段的全面加强,八类暴力犯罪、"两抢两盗"等接触型犯罪急剧下降,电诈警情数、立案数却在全市的占比持续攀升,分别占同期全市110警情总数的17.63%、20.40%和19.85%,占同期全市刑事立案总数的23.85%、37.83%和39.68%(详见图1、图2),甚至出现在特殊安保防护期内全市刑事案件只有电诈案件,其他接触型犯罪为零的情况。

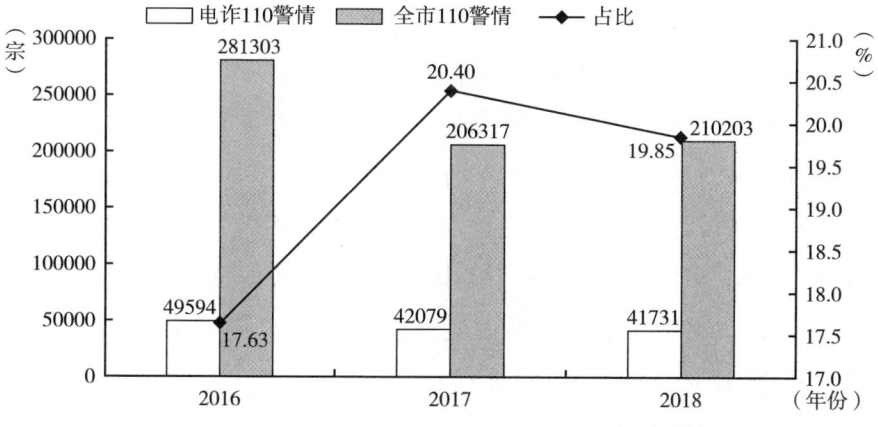

图1 2016~2018年全市电信网络诈骗警情与总警情关系

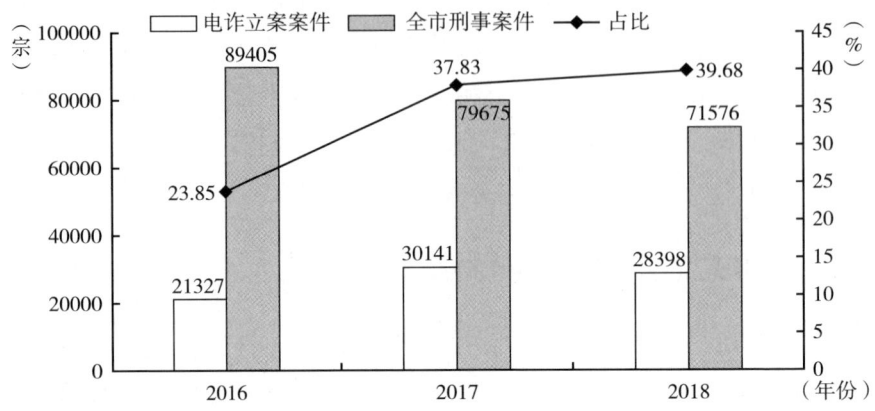

图2 2016～2018年全市电信网络诈骗案件与总刑事案件关系

（二）损失触目惊心，对象面广人多

随着移动支付的兴起和普及，深圳市民携带和存储现金数量越来越少，加之深圳销赃渠道管控越发严格，传统侵财犯罪分子"获利"越来越少，例如，在2018年初，深圳市连续发生的别墅入室盗窃系列案中，犯罪分子李某所盗百万余元的财物中仅有1万元现金。反观电诈案件，犯罪分子"获利丰厚"，一案动辄10万元、100万元甚至1000万元之巨。例如，2016年深圳能源集团财务人员被QQ诈骗公款3505万元、2017年盐田独居老人被冒充公检法诈骗1100万元、2018年布吉物业公司董事长被冒充公检法诈骗1350万元等。据统计，近三年深圳全市刑事电诈案件涉案金额分别高达6.68亿元、5.99亿元和6.77亿元，分别占同期全市刑事侵财案件涉案金额的53.02%、65.61%和68.52%。其中，电诈案件中涉及百万元的案件分别为76宗、92宗和132宗，分别占同期全市百万元侵财案件的77.55%、84.40%和89.80%（详见图3、图4）。

与此同时，电诈案件受害群体分布广泛，各行各业、各个阶层、各个年龄段都有发生，大学教授、政府官员、企业高管、人大代表和政协委员，乃至家庭主妇、在校学生、退休老人和务工人员（详见图5），无一幸免。其

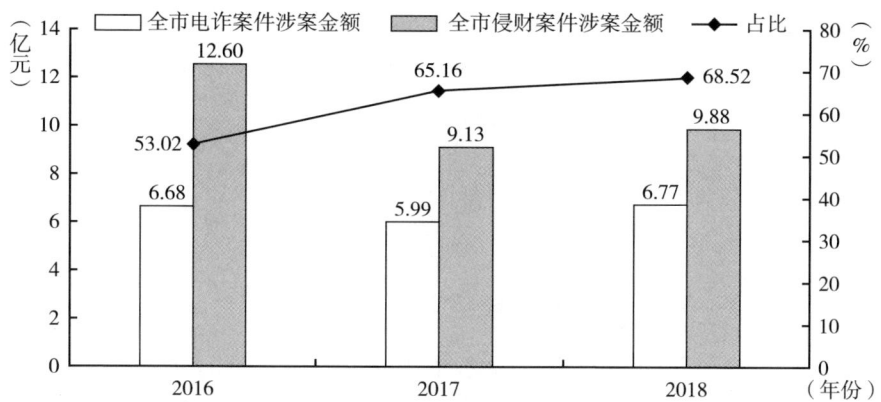

图3　2016~2018年全市电诈案件损失与全部侵财案件损失关系

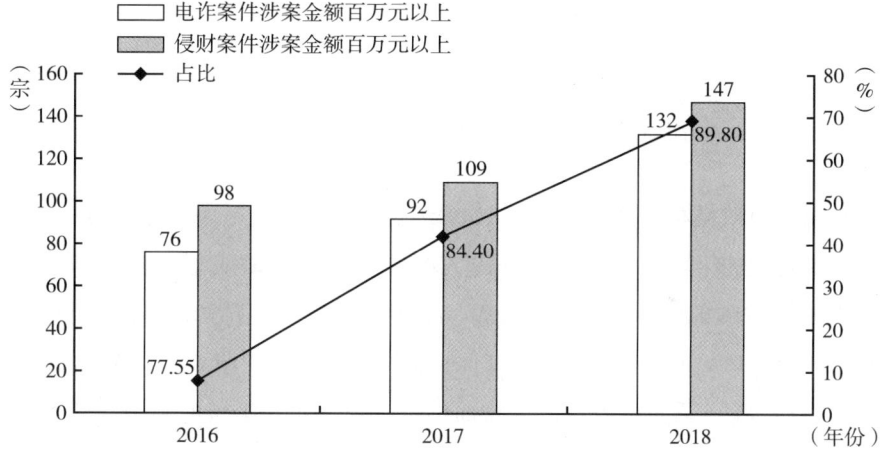

图4　2016~2018年全市电诈百万案件与全部侵财百万案件关系

中的弱势群体，一旦被骗，思想情绪波动极大，极易造成自杀等恶性事件，电信网络诈骗损失的不仅仅是金钱，甚至是生命。

（三）犯罪人员剧增，侵蚀无孔不入

当前，"80后""90后"已经成为刑事犯罪人口的主要构成人群，这个群体最熟悉的工具是电脑、智能手机和互联网；加之国家法律尚不健全，特别是对电信网络新型违法犯罪的认定、取证和处罚存在很多"空白地带"，公安

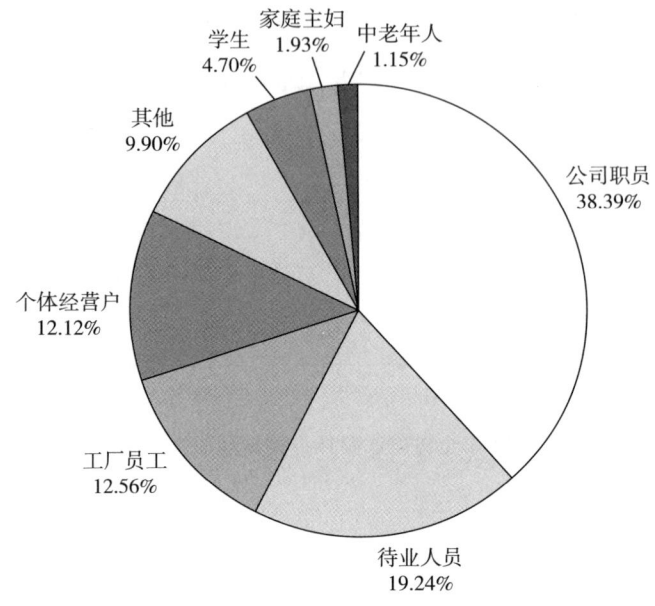

图5 当前深圳市电诈案件受骗人员维度分析

机关办理电信网络新型违法犯罪的力量远远不够,使打击成本高、犯罪刑罚轻,导致大量的年轻犯罪人口疯狂进入电信网络新型违法犯罪领域。与此同时,非现金的普及、黑客技术的泛滥、地下"暗网"(是指不受监管的互联网世界)的蔓延以及深圳市接触型案件破案率直线上升,越来越多的"两抢两盗""黄赌毒枪"等前科人员也不断涌进电信网络新型违法犯罪领域。近三年间,电信网络诈骗刑拘数分别为1757人、1823人和2365人,其中,"80后"和"90后"人数分别占79.62%、90.78%和93.07%,每年平均以16.75%的速度递增;非电信网络诈骗违法犯罪前科分别占14.57%、19.53%和21.35%,每年平均以40.46%的速度递增(详见图6、图7)。

此外,随着互联网、大数据和智能应用与日常生活、工作、生产息息相关,"硬币的另一面"——电信网络新型违法犯罪也一并快速发展起来,从个人隐私到生活工作、从手机"种马"① 到资金盗骗、从社交活动到经营交

---

① 手机"种马"是指被秘密远程安装木马病毒。

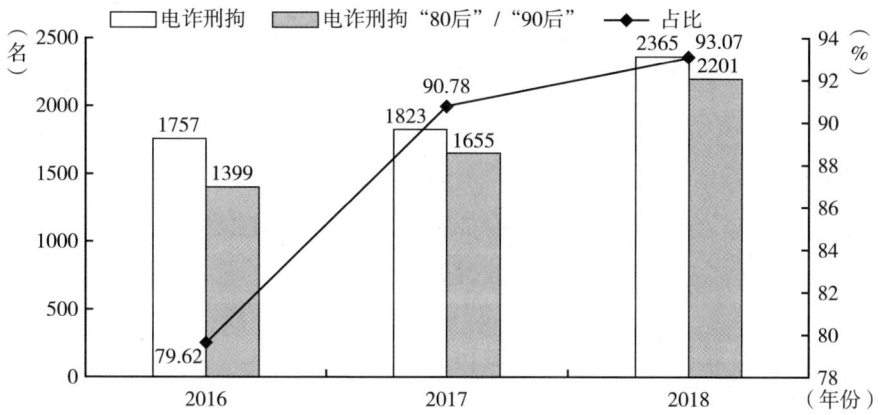

图 6　2016～2018 年深圳市电诈案件刑拘人员年龄统计分析

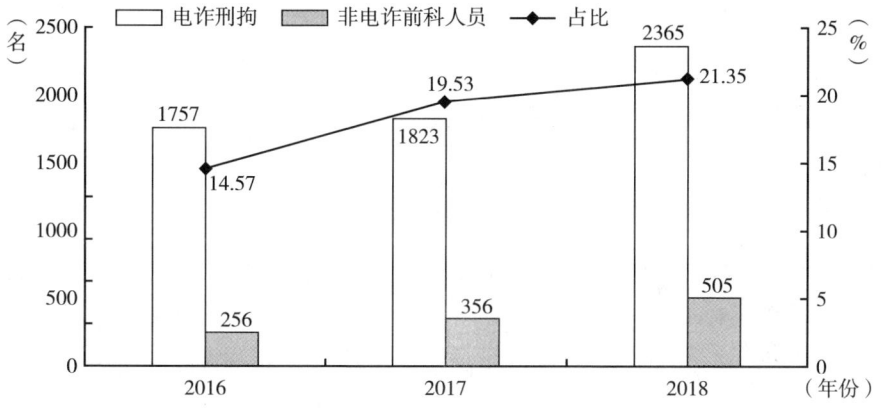

图 7　2016～2018 年深圳市电诈案件刑拘人员前科人员统计分析

易、从国家安全到社会稳定,电信网络新型违法犯罪活动正在快速地、肆无忌惮地侵蚀着全社会。据统计,在全国首创打击骚扰信息的前提下,虽然深圳市民 2018 年度电话、短信骚扰标识下降了 63%,但是仍然高达 12.6 亿次,全市 2000 万实有人口平均一年被骚扰 63 次;全国"暗网"沉淀被"拖库"① 的数据高达近 60 亿条,中国 13 亿多人口平均被盗个人信息近 5 次;近三年刑侦局冻结的涉电信网络诈骗银行卡 41348 张、关停涉案电话号

---

① 指个人信息被非法窃取、转移、交换。

码（6096）和上网卡（未知）6096个、封堵涉案网址链接3604个、监控掌握"撞库"（是指利用黑客手段多次测算各类账户登录密码）25698次、关停涉案QQ和微信号码2503个、冻结涉案第三方支付账户2568个、吊销列管涉案公司125个、"污水池"管控涉案高危人员4500名。

综上可见，深圳电信网络诈骗犯罪人口正发生着深刻的变化和调整，同时此类违法犯罪渗透到大众的方方面面，侵袭性极强。

（四）产业庞杂黑厚，手段日新月异

毫不夸张地说，当前电信网络诈骗活动已经形成一个庞大的、专业的、分工缜密的产业集群。有专门非法获取和买卖公民个人信息的、有专门提供IP语音技术和数据存储服务器的、有专门买卖改号软件和木马病毒的、有专门传播种植木马病毒的、有专门编写诈骗"话术剧本"的、有专门雇用诈骗"话务员"的、有专门收售他人银行卡和手机卡的、有专门买卖和"圈养"各类网络支付账户的、有专门利用商事改革注册"皮包公司"的、有专门利用网上购买充值"点卡"等易于变现商品进行对倒洗钱的……据统计，涉及电信网络诈骗犯罪各环节的多达37个产业，这些地下庞大的电诈配套产业"黑白交织"，有的面上正当生意、暗地里"帮衬"诈骗分子，有的有法可依、有的无法认定，尤其是这些黑灰产业高度松散又极为严密，全部通过网络联系、单线对接、信用认可、专机（专号、专卡）专用、用后即毁，作案拼凑、拿钱走人，来无踪、去无影，即使破案也因证据湮灭而让侦查民警束手无策。

与此同时，电诈分子面对公安机关的技术反制新措施、源头管控新机制和宣传防范新举措，并没有停滞不前，而是瞄准国家法律漏洞、监管盲区和科技创新，在不断地变化、升级其作案手段，"摩尔定律"[①]在电诈犯罪领域演示得淋漓尽致。例如，电诈分子针对建立的诈骗电话"四道防火

---

① 摩尔定律：当价格不变时，集成电路上可容纳的晶体管数目，约每隔18个月便会增加一倍，性能也将提升一倍。

墙"（拦截录音电话、强制提示高频电话、建模分析切断诈骗电话、民警上门劝阻干预），迅速将"战场"转向网络，网络刷单诈骗、网购诈骗、QQ冒充熟人诈骗异军突起，截至2018年第一季度，全市网络诈骗占电诈总量的占比上升23%，占到七成之多；又如，电诈分子瞄准国内重大事件、敏感问题、热点活动和科技成果，利用这些事物的新特性进行诈骗，让人防不胜防；再如，犯罪分子利用人们普遍存在的恐惧害怕、惯性思维、盲从意识、随意态度、贪婪本性等心理弱点，针对不同的诈骗群体，精心策划设计诈骗内容，达到"精准诈骗"。从深圳反诈中心接报警情初步归类，当前电信网络诈骗的形式多达279种，即便专业侦查民警也很难全部洞悉其诈骗手法，客观地说，当前全市乃至全国反诈刑侦民警力量仍须加强。

（五）社会危害严重

电信网络新型违法犯罪不仅危害着现在的"互联网+"，而且由此进化衍生出危害AI技术的发展，电诈3.0版本——AI网络犯罪已初露端倪，例如，在深圳市2017年侦破的"何大富被诈骗案"和2018年侦破的"1·25盗刷中信银行信用卡案"中，已经出现"利用AI技术撞库盗号—破解验证码—窃取贩卖公民信息—实施网络诈骗"的全链条网络黑灰产业，完全无须受害者配合的网络诈骗3.0版本快速兴起和扩散。

与此同时，电信网络新型违法犯罪也正在严重地危害着网络安全、金融安全和社会稳定。近年来，在全国疯狂蔓延的各类互联网金融平台诈骗，每个诈骗产品从互联网发端、线上扩散到骗局破裂，用时段大部分在数月之内，受害人群动辄数万、数十万甚至数百万之众，由此引发的群体性事件不断出现。

由此可见，电信网络诈骗犯罪绝不局限于简单的骗财范围，它不仅让人民群众无法再继续"愉快地上网"，整个社会信任危机正在快速蔓延；而且由于它的变异、迭代和进化，更是威胁到金融安全、网络安全甚至国家安全。

二 目前深圳市打击治理电信网络诈骗工作中存在的问题

虽然近三年来，全市电信网络诈骗工作取得了显著成绩，无论打击破案还是源头反制，无论宣传防范还是机制创新，无论反诈中心建设还是警企联勤联动，在全省乃至全国均排名前列；但是依然存在思想认识落后、反诈队伍设置缺失、专业力量配备不足、民警专业素质偏低、基层防控模式守旧、资源手段调配薄弱、综合评价体系缺位等问题，具体表现在"六大不相适应"。

（一）传统的观念与新型的犯罪不相适应

一是对打击治理电信网络新型违法犯罪工作重要性的认识存在偏差。没有充分认识到此类违法犯罪活动除了经济损失、引发受骗者死亡，还极易危害金融安全、网络安全和社会安全；更没有充分认识到人民群众对消除电信网络新型违法犯罪的渴望和期盼。二是对侦查打击电信网络新型犯罪工作难度的认识存在偏差。没能认识到此类犯罪活动已经发展为产业化、规模化运作，仍然停留在传统的侦查思维，认为只要交给技侦、网警上案就能"迎刃而解"，没有看到隐藏在电诈案件背后的地下黑灰产业，致使打不深、打不透、打不死。三是对设置打击电信网络诈骗专业队伍紧迫性的认识存在偏差。未能认识到电信网络诈骗与传统接触型侵财案件侦查模式的完全不一致，仍然把打击此类犯罪的专业队伍设立在刑侦侵财队伍中，没有将其完全拉出来，采用专业侦查思维开展专业化打击，致使全局打击成效难以跟上案件高发的步伐。四是对明晰市、区、所三级公安机关反电信网络诈骗工作定位的认识存在偏差。全局缺乏三级反诈工作职责的清晰划分，特别是派出所层面定位模糊不清、五花八门，有的分局派出所对电诈案件打防全包、有的分局派出所只防不打、有的分局派出所防打不管，派出所这支大部队没有充分发挥其在打击治理工作中的积极性和能动性，致使全局打击治理工作发展不均衡、不持续。

（二）单薄的警力与海量的任务不相适应

目前，全市专门负责反电诈工作的警力均为刑侦警力，仅有141名，占全局刑侦警力的3.2%，占全局总警力的0.6%。这些警力除承担全局每年占比高达37%的30141宗电诈案件研判、侦查、打击和抓捕以外，还要承担带领50名辅助人员（全部为反诈中心辅助人员）每天对1800余个电诈警情线索进行信息录入、指令流转、资金拦截、通信阻断；组织各派出所对每天1000余名精准预警事主进行快速劝阻；组织全市84个反诈成员单位以及2900余名"蓝马甲"反诈宣传队伍对深圳2100余万市民进行不间断宣传防范；对8.3亿元拦截诈骗资金、3.7万个关停通信工具、4500个高危人员进行逐一梳理、复核、返还和管控；公安部交付的每个月为全国精准研判10串能够"三定"落地（定人、定案、定窝点）的网络刷单诈骗类案硬性任务；为国家探索创建源头管控、技术反制、立法修法新路子的重要使命；对长期盘踞深圳的涉伪基站、黑广播、黑宽带、公民个人信息、骚扰信息等庞大地下黑灰产业进行围剿整治的重担；重点时段本分局扫黑除恶、禁毒摘帽、涉众型金融诈骗等重点工作。

反观广州、北京、上海、天津、南京等兄弟城市，均配足配强反诈机构和警力，警力均超过400名，实行专业化打击。由此可见，深圳反电诈专业警力极其单薄。

（三）现有侦查本领与打击电诈需求不相适应

如前文所述，当前电信网络诈骗的形式多达279种，每一种诈骗手法的侦查思路各不相同，很难用一个打法或几个套路将其"一网打尽"，例如，冒充公检法诈骗需从网络攻击渗透入手，从而获取远在国外的诈骗窝点信息和作案证据；电话冒充熟人诈骗需要从资金最终取款点入手，通过人脸识别、基站伴随等手段确定目标对象；冒充熟人QQ诈骗需要从登录IP入手，结合Wi-Fi热点和手机基站确定作案对象；网络刷单诈骗需要从支付宝、财付通登录信息和使用轨迹入手，结合航班同行、出入境记录等信息确定犯罪分子身份和落脚点……这就需要侦查民警不仅要具备传统的信息化侦查能力，而且还要具备大数据下的智慧侦查思维；不仅对现有的公安各类数据了然于胸，而且还要对互联网企业数据如数家珍；不仅要对线下跟踪、守候、走访、测点等侦查手段熟悉掌握，还要对线上数据分析、资金追查、远程渗透、VPN穿透、木马解析、建模扩衍等工作手段运用自如。

然而，目前的专业力量水平还很低。究其原因，一是电信网络诈骗近几年才大规模出现，同时作案手段发展变化非常快，致使侦查打击手段储备远远跟不上。二是大量侦查民警很难接触到网络核心资源和手段，更难以接触互联网、金融、通信企业，学习先进技术机会很少。三是民警普遍存在畏难情绪，主动学习前沿网络科技知识的能动性较差，能够熟练掌握现有条件下信息化侦查手段的已经是各单位的"宝贝疙瘩"，更难有动力去挑战新高度和新难点。四是骨干引领人才待遇不够，再加之这类人才都是各警种、各政府部门、各互联网企业争抢的"热馍馍"，致使骨干流失严重。据不完全统计，全国2016年第一批地市反诈中心建设骨干辞职、转岗和调离警队的高达六成，深圳近几年情况也是如此，如此一来"领头羊"的示范效应大幅下降，以老带新的培养模式难以为继。五是业务培训模式陈旧，仍然采取授课式培训，听课者面对大量新科技、新技术很难直观理解，普遍反映"内容生涩、听不懂"，从实践来看，以战代训、战训结合是最好的培训方式，但是由于这种培训方式耗时又耗力，致使电诈侦查培训始终难见实效。

（四）散碎化资源与产业化作案不相适应

专业化分工缜密到"牙齿"的电信网络新型违法犯罪产业，各个环节衔接紧密，犹如精密仪器一般运转自如。但是侦查民警能够使用和驾驭的资源手段却是分散的、碎片化的，即便在全国领先的深圳反诈中心，也未能将侦查打击中所需的资源手段进行有效糅合。其中，在公安内部资源手段方面，全市反电诈专业队民警拥有的侦查数据库权限与其他传统型犯罪侦查民警一致，面对公安部云搜、出入境数据等深层次、高等级数据只能"望洋兴叹"；专业民警均为刑侦民警身份，使用最需要的网警内网信息也只能参照传统做法，按流程审批后交给网警部门查询反馈，无法根据案件侦办实际，进行实时的多维度网络信息拓展和延伸；虽然技侦部门安排专人对接反诈中心，各驻区技侦大队也指定了专人对接驻区分局反电诈专业队，但是由于技侦部门其他侦查工作的需要，常常无法保证技侦民警专职与反诈民警在一起摸爬滚打，很多电诈案件侦查思路技侦民警很难理解，加之诈骗分子越来越多使用网络电话，致使技侦手段在打击电诈领域越来越弱化。在公安外部资源手段方面，虽然深圳反诈中心在建成的两年来，不断强化与相关政府部门、银行、运营商、互联网企业、第三方支付机构进行数据资源交换，但是由于反诈中心沟通层级较低，以及公安内部多头沟通，很多"数据寡头"（如工商税务部门、虚拟电话商、顺丰以外的物流商、腾讯、VIVO、OPPO、华为终端、网上银行等）不愿把相关资源汇集到反诈中心这一平台，导致反诈民警急需的社会性资源数据难以获取，全产业、全链条打击效果大打折扣。

（五）防范宣传短板与群众强烈呼声不相适应

当前，人民群众对电信网络诈骗信息深恶痛绝，期望政府采取强有力的措施和手段，切断封堵诈骗信息流转、防止被骗资金流失、揭露诈骗手法、消除电信网络诈骗违法犯罪活动。面对群众的强烈呼声和急迫需求，现阶段还没有准备好——在技术反制方面依然被动防御，虽然深圳反诈中心通过警企合作，打造了全国首创"诈骗电话四道防火墙"，但是随着诈骗分子技术升级，大量采用VPN技术，逐步绕过公安的诈骗电话"防火墙"；同时，网络诈骗拦截体系尚未建设，对互联网上大量的诈骗网址和链接（绝大部分服务器在国外），无法精准挖掘、快速断网和从源头封堵。在资金拦截方面被逐步绕过，虽然深圳反诈中心在全国第一个推行7×24小时紧急止付、银行卡开设强制告知、网银（手机银行）转账双重认证、买卡人员风险管控等做法，但是这些创新局限于深圳，诈骗分子仍然能够从外地大量购买作案银行卡；同时，诈骗分子大量使用的第三方支付，成功绕过公安与银行建立起的24小时资金追查拦截机制。在全民宣传方面难以入脑入心，虽然经侦局率先组建了反电诈宣传专业队伍（"蓝马甲"），市局相关警种和各分局积极开展反诈宣传，但是由于宣传工作缺乏一个统筹部门，各自为政、各唱各调，致使宣传工作很难形成合力；同时，宣传渠道不广，宣传方法方式落后，宣传内容空洞无趣，缺乏说服力和吸引力，缺乏专业研究，缺乏靶向个性宣传，最终导致反诈宣传实效不佳。反诈中心对2018年第一季度全市500名被骗群众回访，其中知道81234567反诈专线的占57%，接到过反电诈宣传的占32%，了解反电诈知识的占18%，关注过反诈中心和"终结诈骗"微信公众号的仅占4.3%，反诈宣传效果由此可见一斑。

（六）陈旧评价体系与调动队伍积极性不相适应

一是仅以打击战果来区分优劣，评价过于片面。反电诈工作做得好不好，各级领导主要看的是打击成效好不好，却忽略了防范工作的重要性；反诈民警表现好不好，各级领导主要盯着能不能出研判成果，能不能判断出嫌疑人身份，而忽略了资金拦截、基础调证、系统开发、资源拓展工作的重要性。二是考核方式老旧固化，造成忙闲不均。由于近几年省厅"飓风行动"均采取分派任务指标的方式进行评价，市局也不得不给各分局下达任务指标，但是因为下达方式过于机械，造成了小分局任务量轻、大分局任务量过重的情况，致使工作推动不均衡、不平稳。三是没有捆绑评价机制，配侦缺乏动力。近几年，无论是市局绩效考核还是省厅"飓风行动"考核，均是采取主侦单位负全责，技侦、网警、预审、治安等配侦单位既不负责也不能共享战果。但是在打击治理电信网络新型违法犯罪中，配侦单位是不可或缺的重要部分，由于没有这种捆绑评价机制，配侦单位缺乏工作积极性，反过来也致使主侦单位总得推着、求着配侦单位参与工作，久而久之，全局反电诈工作毫无活力。

三 应对电信网络诈骗犯罪的策略

要最大限度地解决"六大不相适应"，就公安机关而言，最核心的就是牢牢扭住"四个关键点",即明确定位、优化警力、实战运作、有力保障。

(一)明确定位,进一步厘清三级职责

权责清、工作明。在市、区、所三级定位中重中之重的"派出所在打击防范电信网络诈骗工作中扮演什么角色"的问题。针对前文所分析的电信网络诈骗特点以及打击难点痛点问题,派出所在打防工作中大包大揽或者什么都不做都是不科学的,建议三级定位的原则是"派出所主防、刑警大队主打、刑警支队主建",具体来说就是:

刑警支队:组织全市电信网络诈骗打、防、管、控、建五位一体的综合发展,是全局该项工作的组织者和牵头者;负责市打击治理电信网络新型违法犯罪领导小组办公室日常工作;负责市反诈中心的日常接警、紧急止付、涉案通信关停、反诈预警信息挖掘下发、反诈宣传组织;负责以市局"AI+警务战略"发展为契机,建设实战化的综合打防电诈案件智慧平台;负责创建和完善各项技术反制措施,探索建设源头管控新机制;负责采取以战代训、战训结合的模式,牵头建设全局反电诈骨干人才队伍,组织研判攻坚团队指挥全局电诈大要案件的侦查破案,牵头完成公安部交付的每月10串全国性网络刷单诈骗类案;组织开展全局打防综合效能评价,为市局党委决策提供科学性依据。

分局刑警大队:组织本分局电信网络诈骗打、防、管、控、建五位一体的综合发展,是本分局该项工作的组织者和牵头者;负责本区打击治理电信网络新型违法犯罪领导小组办公室日常工作;直接负责本分局的打击电诈犯罪的数量和质量,包括刑拘数、逮捕数、起诉数、破案数、打击跨区域团伙数各项任务指标;负责对本分局电信诈骗案件进行梳理串并研判工作,完成本分局电诈案件的银行流水和第三方支付的调取工作;负责在本分局内选取系列性、经营性、重点性的电诈案件进行侦查、抓捕、办结以及移送起诉工作;负责向刑警支队和所属派出所反馈案件侦办情况及典型案例,为技术反制和防范宣传提供依据,达到以打促防的效果;配合本分局绩效办对各派出

所电信诈骗案件基础工作情况开展评估工作。

派出所：负责电诈案件的首接责任制，电诈案件的受理和立案手续，及时在电诈侦查平台做好紧急止付、涉案账号冻结，开展案件直接线索的呈请调取证据报告书等基础工作；可以结合自身工作实际，自行办理关系简单、人员单一、落地容易的电诈案件；协助分局刑警大队专业队开展电诈案件信息采集、录入、清洗工作；配合本分局刑警大队专业队对涉电诈嫌疑人的看守、收押工作；负责市局推送的反诈预警信息落地、核查、劝阻和反馈工作；负责组织发动各力量，在本辖区大力开展反电诈宣传、教育和防范工作，最大限度地遏制案件高发态势；负责电信网络诈骗违法犯罪受害者的心理安抚和信访维稳工作，防止出现自杀等过激行为。

（二）优化警力，确保警力跟着警情走

以专业人员打击防范职业犯罪。面对来势汹汹的电信网络新型违法犯罪活动，必须下定决心组织专业机构、抽调精兵强将予以迎头反击，切实做到警力跟着警情走。一是建立健全市局、分局两级反电诈专业机构，在市局组建反电诈攻坚队，在各分局组建反电诈专业队；二是扩充增加市局、分局两级反电诈专业力量，警力应达到400名以上；三是赋予专业队民警刑、网双重身份。

（三）实战运作，始终瞄准犯罪新动态

一是依法严格落实首接受理案制度。严格落实打击电信诈骗犯罪"四个一律"要求，首接派出所应该及时受理登记，第一时间通知打击专业队，第一时间录入公安部侦办平台，第一时间快速冻结止付。二是坚定不移开展纵深打击。充分利用反诈中心的资源优势，力争在第一时间锁定涉案银行账户，确定涉案资金流向，绘制完整的资金分流数据"图谱"，实现全链条打击；积极开展深层研判，及时搜集涉案手机、网络的落脚地、关联人等信息，为侦查指明方向。三是不断健全完善合成作战机制。要真正实现落实资源整合，刑侦、技侦、网警打破警种壁垒，共享侦查技术资源、数据互通，

简化繁杂审批手续,充分利用反诈中心开展合成作战,聚焦侦查破案,开展深度研判,沿着"海量数据、分析梳理、建模扩衍、刻画犯罪、预警犯罪"的智慧新侦查路子,不断提升电信网络诈骗打击综合成效。

(四)有力保障,最大限度提升战斗力

一是整合各方数据资源。公安内部,要将情报、网侦、技侦等资源权限开放给专业队,赋予部分民警最高权限,简化审批流程;公安外部,要将目前获取到的企业数据资源进行梳理整合统一使用,同时通过高层沟通,获取更多如工商税务部门、虚拟电话商、顺丰以外的物流商、腾讯、华为终端等的数据。二是建立科学评价体系。对各区专业队的考评,要在完成每年公安部、省厅下发的任务前提下,结合各分局实际情况,按照"打击指标完成情况+宣防效果(含第三方调查)+自我评价"的方式综合考评;对配侦警种考评,要进行捆绑考核,全程参与;对专业队民警的考评,要在充分考虑其自身特点安排工作岗位的前提下,综合研判打击、资金拦截、基础调证、系统开发、资源拓展等工作进行考评。三是加大各项经费保障。要对新建专业队的办公场所、办案区域、办案经费等保障予以倾斜,要加大平台建设、技术反制的资金投入,要增加宣传经费,确保整个反诈队伍顺畅运转。

B.16
深圳律师办理法援案件情况调查报告

深圳市律师协会课题组*

摘　要： 深圳市律师协会课题组通过走访深圳市法律援助处以及福田、南山、罗湖等八个行政区的法律援助机构，发现深圳市及各区对法援案件承办律师执业年限限制、各区办案补贴标准和发放周期等方面存在一些突出问题，并提出进一步保障律师履行法律援助义务、提高法援办案补贴标准、对律师获得的法援办案补贴实行免税、加快法援办案补贴发放周期、切实提高法援律师办案质量等方面的建议。

关键词： 律师　法援案件　办案补贴　办案质量　深圳

　　法律援助工作的宗旨在于当公民遇到法律问题或者合法权利受到侵害时，可以获得来自政府提供的及时有效的法律帮助，使困难群众平等享有法律保护。近年来，深圳律师积极投身法律援助事业，认真办理法援案件，依法履责，无私奉献，为保障困难群众合法权益、维护社会公平正义做出了积极贡献。但不少律师反映在办理法援案件中存在承办资格受限、办案补贴过低等问题。为此深圳市律师协会成立课题组，于2018年5月至8月走访了市法律援助处以及福田、南山、罗湖等八个行政区的法律援助机构，就法援案件承办律师执业年限限制、各区办案补贴标准及发放周期以及办案质量等

---

* 课题组负责人：林昌炽、魏汉蛟、杨逍；课题组执笔人：王伟、董玉琴、穆清、肖伟东、曾艳青、徐天、袁媛、徐娟、马四军、杨波、占国志、王萃。

进行调研交流，以期为提高律师办理法援案件的各方面保障和办案质量提供建议。

一 现状

（一）法援案件律师执业年限要求

走访发现，深圳市、区各级法律援助机构对办理法援案件律师的执业年限要求不同，其中没有执业年限要求的1家，1~3年执业年限要求的4家，3年以上执业年限要求的2家，宝安区法律援助机构和坪山区法律援助机构对于招募本区、本区外办理法援案件律师（以下简称"法援律师"）执业年限要求不同。同时，各法律援助机构招募法援律师的范围也不尽相同，其中全市招募的5家，仅在本区招募的4家。目前市法律援助处和各区法律援助机构对法援律师的执业年限要求和招募范围见表1。

表1 深圳各法援机构招募法援律师条件

序号	法律援助机构	执业年限要求	招募范围
1	深圳市法律援助处	3年以上	全市招募
2	福田区法律援助处	2年以上	本区招募
3	罗湖区法律援助处	无要求	本区招募
4	南山区法律援助处	1年以上	本区招募
5	宝安区法律援助处	宝安区律师要求1年以上；宝安区外律师要求3年以上	全市招募
6	龙岗区法律援助处	1年以上	本区招募
7	龙华区法律援助中心	3年以上	全市招募
8	盐田区法律援助处	1年以上	全市招募
9	坪山区法律援助中心	坪山区律师要求1年以上；坪山区外律师要求2年以上	全市招募

（二）法律援助办案补贴标准

调研显示，深圳市、区各级法律援助机构补贴发放的项目大体相同，补贴范围主要包括刑事类案件援助补贴、民事类案件援助补贴、行政类案件援助补贴、值班补贴四个方面，但补贴标准和指派律师的规定略有不同，具体如下：

刑事类法援案件补贴按侦查、审查起诉、审判三个阶段指派，一般在不同阶段指派不同律师。南山区和坪山区原则上不同阶段指派同一律师。深圳全市普遍标准每一阶段为1500元，同一律师二次代理补贴则减半发放，福田、龙岗、罗湖、坪山区较普遍标准略低。

民事类法援案件补贴按劳动仲裁、一审、二审三个程序指派，二审由市法律援助处指派，一般不同阶段指派不同律师。龙岗、坪山及南山区原则上在劳动仲裁和一审指派同一律师。全市普遍标准每一程序均为3000元，同一律师二次代理补贴则减半发放。罗湖区较普遍标准略低，代理一个程序补贴为1800元；在办理劳动类集体案件中，全市普遍标准为每增加一人增加100~200元，最高不超过9000元，罗湖区和坪山区最高限额为20000元，高于普遍标准。

行政类法援案件一审由区法律援助处指派，二审由市法律援助处指派，补贴标准为每个程序3000元。

值班补贴主要包括法援律师在检察院、法院、看守所、信访办、劳动仲裁委、法律援助等窗口值班当日的补助，补贴标准为200元/天至500元/天不等，但存在部分单位无值班补贴的情况。部分法律援助机构还为法援律师提供午餐及停车位。另外，律师办理认罪认罚见证一般享有300元/宗的补贴，但龙岗区、罗湖区则不就该项目单独发放补贴。除此之外，坪山区对法援律师代书法律文书另行支付200元/宗的补贴。

（三）补贴支付方式和周期

调研发现，市、区各级法律援助机构支付办案补贴周期维持在2~3个月不等。对于值班补贴，3家法律援助机构不需要开具发票，直接支付律师个人，6家法律援助机构需要开具发票，直接支付律所。对于办案补贴，除南山区法律援助处不开具发票（代扣个人所得税）直接支付给律师本人外，其余8家法律援助机构均需开具发票并支付至律所（见表2）。

表2 深圳各法援机构办案补贴支付方式和周期

序号	法律援助机构	支付方式	支付周期	是否需要开具发票
1	深圳市法律援助处	值班费支付律师 办案补贴支付律所	3个月	均需开具
2	福田区法律援助处	值班费支付律师 办案补贴支付律所	2个月	值班费无需,办案补贴需开具
3	罗湖区法律援助处	值班费和办案补贴均支付律所	2个月	均需开具
4	南山区法律援助处	值班费和办案补贴均支付律师	值班费次月月底结 办案补贴2个月	均无需开具
5	宝安区法律援助处	值班费和办案补贴均支付律所	值班费当月结 办案补贴2个月	均需开具
6	龙岗区法律援助处	值班费和办案补贴均支付律所	3个月	均需开具
7	龙华区法律援助中心	值班费支付律师 办案补贴支付律所	2个月	均需开具
8	盐田区法律援助处	值班费和办案补贴均支付律所	2个月	均需开具
9	坪山区法律援助中心	值班费支付律师 办案补贴支付律所	3个月	值班费无需,办案补贴需开具

(四)律师办理法援案件情况

市、区各法律援助机构对于律师办理法援案件过程中提供的专业水准表示认可。在罗湖区,刑事类法援案件辩护意见采纳率(包括部分采纳和全部采纳)93%,民事类案件胜诉率(全部胜诉和部分胜诉)90%,人均挽回损失2.3万元;在南山区,刑事类法援案件辩护意见采纳率(包括部分采纳和全部采纳)95%,民事类法援案件胜诉率(全部胜诉和部分胜诉)96%,人均挽回损失2.5万元;龙岗区2018年1~9月法援案件共帮助受援人挽回经济损失2654.99万元;宝安区2018年1~10月已结刑事类法援案件749宗,辩护意见采纳率96.22%,民事类法援案件已结1049宗,胜诉率88.75%,为当事人挽回损失5686万元。同时,据不完全统计,律师在市委、市政府信访大厅每年协助接待信访人员约600人次,协助公安局等其他司法信访部门接待信访人员3000人次左右。

走访过程中，市、区各法律援助机构也反映极个别律师在办理法援案件时庭审走过场，不准备书面辩护意见或者代理词，与当事人沟通不及时等难以有效维护当事人合法权益的情形，遭到当事人的投诉。市、区各法律援助机构也对相关律师进行了批评教育，严重的直接取消其法援案件办理资格。但至今司法行政部门尚未对法援律师给予停止执业的处罚。

二　问题

（一）部分法律援助机构对承办法援案件律师的执业年限存在不当限制

深圳市法律援助处和部分区法律援助机构对承办法援案件律师的执业年限的要求均不一致，对法援律师的执业年限从1~3年不等，而部分机构对本区律师和非本区律师的执业年限要求也有不一致的情况。可见，深圳市各法律援助机构对法援律师执业年限的要求较灵活。根据走访了解，各法律援助机构对法援律师执业年限做出明确要求，基本都是从法援律师执业经验角度考虑，这种执业年限要求虽然对律师办理法援案件的质量有一定程度的积极作用，但与现行国家和地方相关法规、部门规章的规定并不一致，也在一定程度上对青年律师参与法律援助工作造成了限制。

国务院《法律援助条例》对于承办法援案件的青年律师没有执业年限的要求。《广东省法律援助条例》对于律师承办可能被判处无期徒刑、死刑的案件明确了3年以上刑事辩护执业经历执业要求；未成年人刑事案件，没有执业年限要求，但有熟悉未成年人身心特点的要求。[1] 2009年开始施行的

---

[1] 《广东省法律援助条例》第十六条规定："人民法院、人民检察院、公安机关通知法律援助机构指派律师为犯罪嫌疑人、被告人提供辩护的，法律援助机构应当指派律师为其提供辩护。对于可能被判处无期徒刑、死刑的案件，法律援助机构应当指派具有三年以上刑事辩护执业经历的律师担任辩护人。对于未成年人刑事案件，法律援助机构应当指派熟悉未成年人身心特点的律师担任辩护人。"

《深圳市法律援助条例》对于律师列入市法律援助人员名册，没有执业三年的明确规定①，仅规定了"列入名册的人员应当包括所有在本市注册的执业律师"。司法部《办理法律援助案件程序规定》对于律师办理法援案件除办理死刑案件的辩护人外没有执业年限限制②。

综上，在《法律援助条例》《广东省法律援助条例》《深圳市法律援助条例》《办理法律援助案件程序规定》等现行有效的法规和部门规章中，对于可能被判处无期徒刑、死刑的法援案件，才有执业三年以上或具有一定年限刑事辩护执业经历的要求，而对于承办其他案件的律师，均没有执业年限的要求。因此，律师列入法律援助人员名册（或列入法援律师库）不应当有执业年限的限制，对于律师执业年限的限制和要求没有法律法规的依据。

对法援律师设置执业年限门槛，并不能确保法援案件律师服务质量必然提升。众所周知，律师提供高质量的法律服务，不仅与律师的执业年限带来的经验有关，律师的办案态度、工作习惯、对待当事人和法援工作的责任感，也对服务质量和法援受援人评价具有极为重要的影响，提高律师法援案件办理质量完全可以通过制定办案指南、增加培训、以老带新等方式加以解决，而无需一味地强调执业年限。

（二）深圳市法律援助办案补贴标准过低

1. 法律援助办案补贴标准实际不足以完全覆盖直接办案成本

随着法治建设不断深化，对于律师开展法律援助工作有着更高的要

---

① 《深圳市法律援助条例》第三十四条规定："市司法行政部门应当根据法律援助实际需要，编制本市法律援助人员名册，建立相关信息档案。列入名册的人员应当包括所有在本市注册的执业律师和由市、区司法行政部门确认的其他申请提供法律援助的人员。申请提供法律援助的人员应当符合下列条件之一：（一）从事仲裁、公证工作满三年；（二）从事审判、检察工作满三年；（三）从事法律教学、研究工作满三年或者具有中级以上职称；（四）具有法律专科以上学历，从事其他法律工作满三年。"

② 《办理法律援助案件程序规定》第二十一条明确："法律援助机构应当根据本机构、律师事务所的人员数量、资质、专业特长、承办法援案件的情况、受援人意愿等因素合理指派或者安排承办机构、人员。法律援助机构、律师事务所应当指派或者安排具有一定年限刑事辩护执业经历的律师担任死刑案件的辩护人。"

求，同时对律师开展法律援助工作的保障也应随之不断增强。政府向法援律师发放办案补贴，实际上也有鼓励律师积极参与法律援助事业的考虑，然而现有的援助补贴往往连直接办案成本都不能完全应付，激励效果更显不足。

以办理刑事类案件为例，据被访问律师反映，直接办案成本包括多次往返看守所会见当事人以及往返法律援助中心、检察院、法院领取或提交相关案件材料的交通费用。承办案件期间，卷宗材料（有时几十本甚至上百本）、辩护意见、案件归档及各类文书的打印费用（材料需多套），与办案机构、当事人家属的通信费用，以及餐费等办案成本。

除直接办案成本外，办理法援案件还要耗费律师时间和精力成本。当时间花费在法援案件上时，意味着一定占用了其办理其他业务的时间。以办理刑事法援案件为例，会见当事人一次基本要占据半天时间，会见前需要做对应的准备工作，检察院阅卷，材料收集、分析工作量大，法院阶段做辩护准备及参与庭审，有些案件需要开多次庭、开多天庭，而每次开庭前必须会见，案件结束后还需要进行一系列材料完整的归档手续。因此，法援律师平均办理一宗刑事法援案件的时间都在54小时以上，但办案补贴标准仅为4500元/宗，相当于约83.33元/小时，相比2006年省司法厅制定的律师服务收费办法计时收费200~3000元/小时的标准，存在不小差距。而民事、行政诉讼代理，也一样需要会见、沟通、法律检索、阅卷分析、庭审辩护等一系列工作，耗费精力大。如遇集体诉讼案件或疑难复杂的刑事辩护案件，还可能存在长达数天或十数天的庭审。以上成本尚不包括律师需要支付的律所成本和因占用工作时间而失去从事其他律师业务获得的机会成本。

课题组认为，律师参与法律援助活动，的确是为社会提供法律服务的公益性服务，不具有获利性亦无可厚非，但办案的基本成本应当得到尊重，政府向法援律师支付办案补贴，本质上也是对法援律师投入时间的补贴。既然如此，在制定法律援助办案补贴标准时就应当与时俱进，充分考虑律师直接办案成本和时间成本这些重要因素。否则，必将损害律师参与法律援助活动的积极性和责任感。

2. 深圳目前实行的法律援助办案补贴标准已经有十六年未作调整，与深圳经济发展水平严重不相符

关于深圳法律援助办案补贴标准的规定最早为1997年颁布实施的《深圳市法律援助中心办理援助案件补助办法（试行）》，1998年《深圳经济特区法律援助办法》颁布后，根据该办法第二十七条"补助费由司法行政机关制定"的规定[1]，深圳市司法局于2002年9月9日重新发布补助办法，并对法律援助办案补贴标准进行了调整。现行深圳法律援助办案补贴标准仍系2002年公布的补贴标准，并于2008年6月11日重新发布，即办理刑事案件每阶段补贴750～1500元、民事案件1500～3000元[2]为标准沿用至今（各区标准见前文）。

此后，2009年重新制定施行的《深圳市法律援助条例》将补贴标准的制定部门由原市司法行政部门变更为由司法行政部门会同市财政部门共同制定。[3] 目前，深圳市司法局多次与财政局协商提高法律援助办案补贴标准事宜，至今未达成一致。

而作为全国改革开放的重要窗口，深圳在近二十年已然发生了翻天覆地的变化，如 GDP 从 2000 年的 2187 亿元增长到 2017 年的 21813 亿元，增长近 9 倍；深圳市最低工资标准从 2000 年的 547 元增长到 2018 年的 2200 元，增长了 3 倍多；深圳市在岗职工平均工资标准从 2000 年的 1920 元增长到 2017 年的 8348 元，增长了 3 倍多。居民收入水平和物价水平更是发生了极大的变化。作为经济特区，"深圳速度"闻名于世界，而法律援助补贴标准继续沿用 16 年前的法律援助补贴标准，显然与当前经济发展水平并不相符。

---

[1] 《深圳经济特区法律援助办法》第二十七条："法律援助机构应向承办法律援助的律师按件支付一定的补助费，在法律援助资金中列支。补助费的标准由市司法行政机关制定。"
[2] 《深圳市法律援助中心办理援助案件补助办法（试行）》第4~7条。
[3] 《深圳市法律援助条例》第三十三条第二款："法律援助办案补贴标准，由市司法行政部门会同市财政部门制定。"

3. 相对于全国法律援助经费投入不足的现实,深圳法律援助补贴标准甚至还低于其他城市的标准

2017年,全国法律援助的经费为25亿元。在中国这样一个拥有13亿多人口的国家,人均不到2元钱。英国是一个有6000万人口的国家,而该国法律援助的经费高达200多亿元。在发达国家,法律援助经费占财政支出的比例一般在0.5%~1%,中国法律援助经费仅有25亿元,只占国家全部财政收入的0.01%。

从山东省司法厅官网可以了解到,该省办理民事类法援案件补贴标准最低为1890元,办理最高刑为无期徒刑以上的刑事案件标准为5040元。福建省三明市办理刑事法援案件则分市区内外分别制定标准,市区内为1500~2000元,市区外为2500~3500元,而2017年深圳市城镇居民人均可支配收入为52938元,山东省为36789元,福建省为39001元,上述地区的经济发展水平均不如深圳,但当地政府投入了更多的法律援助经费,支持法律援助工作事业。

(三)要求提供律师事务所经营性发票依据不足

目前法律援助补贴领取方式分为政府直接支付给法援律师和政府收到律师事务所开具法律服务发票后支付给法援律师所执业的律师事务所,再由律师事务所将补贴扣除税费后给付法援律师。后者意味着法援律师所执业的律师事务所需要按照市场有偿法律服务对法律援助办案补贴进行纳税。事实上,法援律师领取法律援助补贴不应提供律师事务所经营性发票,理由如下。

1. 法律援助办案补贴的性质与发票内容不相符

《广东省支付办理法律援助事项补贴暂行办法》中明确规定补贴标准包含承办法律援助事项所需的支出费用范围①,即该补贴本质只是执业律师办案过程中的费用补贴。而律师事务所给委托人开具的发票是针对市场有偿法

---

① 《广东省支付办理法律援助事项补贴暂行办法》第二条第二款:"法律援助人员承办法律援助事项,按本办法规定标准领取补贴。本办法规定的补贴标准已包含承办法律援助事项所需的交通费、差旅费、通讯费、复印费、误餐等费用。"

律服务的纳税凭证，需要按照规定标准和比例向政府纳税。所以，要求律师事务所开具市场有偿服务发票与法律援助办案补贴所指向的费用本质不匹配。

2. 法律援助与有偿法律服务本质上的差异，导致法援机构要求法援律师事务所在执业机构开具法律服务发票，无异于变相对政府行政行为征税

现行律师承办法援案件均由政府设立的法律援助机构指派的法律规定，源于《律师法》第四十二条规定的法定义务。① 可以说，律师承办法援案件是受政府指派向有需要的人群履行法律援助的职责所在，其行为并非律师个人行为或者律师事务所的行为，更非有偿法律服务行为。再者，法援案件的办案补贴金额和标准完全由政府有关部门制定，法援律师不可能按照有偿法律服务的收费标准向受援人额外收费。因此，对法援办案补贴按照有偿法律服务开具律师事务所经营性发票，无异于变相对政府行政行为征税。现实中，很多法律援助机构提出需要律师提供律师事务所发票，只是为了体现专款专用的原则，考虑日后政府财政审计的便利，但该种做法并无法律依据，最终导致法律援助补贴再次降低。

3. 法援案件办案补贴属于律师的办案费用支出，应予免税

《国家税务总局关于律师事务所从业人员有关个人所得税问题的公告》规定，作为律师事务所雇员的律师从其分成收入中扣除办理案件支出费用的标准，在律师当月分成收入的35%比例内确定。② 显然，既然律师的合理办

---

① 《中华人民共和国律师法》第四十二条："律师、律师事务所应当按照国家规定履行法律援助义务，为受援人提供符合标准的法律服务，维护受援人的合法权益。"第四十七条："律师有下列行为之一的，由设区的市级或者直辖市的区人民政府司法行政部门给予警告，可以处五千元以下的罚款；有违法所得的，没收违法所得；情节严重的，给予停止执业三个月以下的处罚：（一）同时在两个以上律师事务所执业的；（二）以不正当手段承揽业务的；（三）在同一案件中为双方当事人担任代理人，或者代理与本人及其近亲属有利益冲突的法律事务的；（四）从人民法院、人民检察院离任后二年内担任诉讼代理人或者辩护人的；（五）拒绝履行法律援助义务的。"

② 《国家税务总局关于律师事务所从业人员有关个人所得税问题的公告》（国家税务总局公告2012年第53号）第一条第一款："《国家税务总局关于律师事务所从业人员取得收入征收个人所得税有关业务问题的通知》（国税发〔2000〕149号）第五条第二款规定的作为律师事务所雇员的律师从其分成收入中扣除办理案件支出费用的标准，由现行在律师当月分成收入的30%比例内确定，调整为35%比例内确定。"

案费用支出可以在税前扣抵税,那么本质上支付给法援律师的办案费用,即法援补贴当然应予以免税。

(四)补贴实际发放周期超出规定时间

2004年9月8日司法部颁布实施的《律师和基层法律服务工作者开展法律援助工作暂行管理办法》明确规定法援办案补贴的支付期限不超过30日。[①] 但在《深圳市法律援助条例》未明确支付法律援助办案补贴的具体时限,导致实践中深圳各法律援助机构补贴发放速度和次数不一,有些法律援助机构每两月发放一次,有些一季度只发放一次。不少律师反映法援办案补贴发放周期过长,影响参与法律援助的积极性。当然,也有部分承办律师结案的案件归档不及时,导致法援办案补贴的发放无法如期发放。

三 建议

(一)进一步保障律师履行法律援助义务

《中华人民共和国律师法》及《广东省法律援助条例》均规定了律师履行法律援助的义务[②],但根据2017年深圳律协开展的青年律师发展状况调查结果显示,74.5%的青年律师表示愿意承办法援案件,但77.11%的青年律师反馈未承办过法援案件。鉴于律师履行法律援助是法定义务,而如前所述,《法律援助条例》《广东省法律援助条例》《深圳市法律援助条例》都

---

① 《律师和基层法律服务工作者开展法律援助工作暂行管理办法》第十一条:"法律援助机构应当按照当地人民政府制定的法律援助办案补贴标准,自收到结案材料之日起30日内,向承办法律援助案件的律师或者基层法律服务工作者支付办案补贴。"

② 《广东省法律援助条例》第五十条:"律师、律师事务所应当依法履行法律援助义务。本地律师资源不足,无法满足法律援助需求的,由上一级司法行政部门组织协调。基层法律服务工作者、基层法律服务所应当承担与其工作范围相适应的法律援助义务。律师、基层法律服务工作者,律师事务所、基层法律服务所无正当理由不得拒绝承办本行政区域法律援助机构指派的法律援助事项。"

没有对律师列入法律援助人员名册（或列入法援律师库）有执业年限的要求。因此，建议从保障律师履行法律援助义务权利出发，深圳法援机构应当删除对律师列入法律援助人员名册（或列入法援律师库）的执业年限的规定，仅保留特殊类别的法援案件办理规定律师执业年限要求。

（二）逐步提高法律援助办案补贴标准

提高现行法援办案补贴标准符合国家政策要求。2017年2月17日，司法部、财政部印发《关于律师开展法律援助工作的意见》的通知中明确指出，律师办案补贴标准根据律师承办案件成本、基本劳务费用等因素合理确定，建立办案补贴标准动态调整机制。[①]

近几年法援案件增长幅度明显加大。2016年深圳市法律援助机构共受理法援案件10660宗，2017年深圳市法律援助机构共受理法援案件12069宗，2018年深圳市法律援助机构共受理法援案件22838宗。与此同时，随着人们维权意识的增强和刑事辩护全覆盖的推进，法律援助的需求会越来越大，对于法援案件办理的人员和办案质量要求也越来越高。但在律师业务竞争日益激烈的当下，商业化的法律服务市场对于律师的吸引力是不言而喻的，而现阶段差距甚远的法援案件办案补贴，难以吸引业务水平高的律师参与法援案件。另外法援案件办案补贴的多寡，也能够体现对法援律师法律专业知识和劳动价值的尊重程度和认同程度。只支付很少的办案补贴，不仅是对法援律师专业服务缺乏尊重，也必然导致法援律师对法律援助工作丧失认同感。

同时，青年律师已成为法律援助事业中的中坚力量，办理法援案件不仅可以让青年律师在一定程度上解决初期案源匮乏的处境，也可以切实提高其

---

① 《关于律师开展法律援助工作的意见》第五部分第二项"加强经费保障。完善法律援助经费保障体制，明确经费使用范围和保障标准，确保经费水平适应办案工作需要。根据律师承办案件成本、基本劳务费用等因素合理确定律师办案补贴标准并及时足额支付，建立办案补贴标准动态调整机制。推行法律援助机构律师担任法律援助值班律师工作。现有法律援助机构律师力量不足的，可以采取政府购买服务方式向律师事务所等社会力量购买法律服务，所需经费纳入法律援助工作经费统筹安排。发挥法律援助基金会募集资金作用，拓宽法律援助经费渠道。鼓励律师协会和律师事务所利用自身资源开展法律援助工作"。

实际办案的经验和技能。只要将法律援助办案补贴标准提高至合理水平，结合稳定的案源数量，相信律师尤其是青年律师在无需担心成本和生存问题的情况下，一定会全力以赴投入案件本身，为受援人提供更及时、更专业的法律援助服务。

综上，建议根据律师承办法援案件过程中产生的直接成本、时间成本、劳务投入等因素，抓紧出台法援办案补贴标准的新规，并在以后修订的《深圳市法律援助中心办理援助案件补助办法》中增加法律援助办案补贴标准动态调整机制的规定。

（三）对律师获得的法律援助办案补贴实行免税举措

对于法援律师的值班补贴，具有稳定和可预判的特点，列入当年市区各法律援助机构的预算支出后，由法律援助机构按照实际值班情况转入律师在法律援助机构备案登记的个人银行账户，免去所在律师事务所开票的要求。建议市区司法部门与市区同级各财政部门共同商讨可操作性的支付方案，探讨通过增加律师事务所的保证担保，降低专款非专用的财务风险。

（四）加快法律援助办案补贴发放周期

建议对《深圳市法律援助条例》第三十三条第一款进行修订，进一步明确在法律援助机构收到结案材料后 30 日内支付办案补贴的时限。与此同时，充分运用现有的电子办公系统，加强法律援助中心对于案件进度的掌握，设置系统提醒，明确结案后的归档日期和办案补贴发放日期，将逾期归档列入办案质量考察的范畴。司法行政职能部门还可制定《深圳市法律援助案件补贴实施细则》，或者选择某一个行政区先行制定细则，进一步规范法律援助补贴发放。

（五）切实提高法援律师办案质量

1. 采取有效措施解决刑事法援案件遇到的问题

一是解决刑事审判阶段遇到的阅卷问题。深圳移送审查起诉基本实现电子卷宗，但之前法援律师还只能对书面卷进行拍照。2019年1月16日，为提高法援律师的工作效率，市检察院、市司法局合作在全国首创建立了法援律师远程电子阅卷平台，不但解决了以往法援律师到检察机关申请阅卷费时费力问题，还为法援律师代理案件提供了安全、高效、便利的服务。二是刑事案件的侦查、审查起诉和一审审判程序，若无特殊情况，建议指派同一律师进行代理、辩护工作，以节约司法资源，让案件的办理具有连贯性，达到更好的辩护、代理效果。三是为做好刑事案件律师辩护全覆盖工作，建议由司法局牵头，邀请法院、检察院、公安局、财政局、民政局等相关部门定期召开刑事法律援助联席会议，加强刑事法律援助工作统筹协调，强化部门间协作配合，促进刑事法律援助工作顺利开展。

2. 深圳市律协从多角度对律师办理法援案件给予指导和帮助

一是制定各类型法援案件律师办理的规范指引。二是对办理法援案件的青年律师分批次进行系列培训。每次培训人数不超过100名，每年培训至少四次，每次至少1天。三是定期组织"法援律师专题讨论会"活动，对法援案件办理中遇到的问题进行讨论、探讨并总结相应办案技巧。四是探索组织青年律师与经验丰富的老律师以"两人一组""以老带新"的形式组团参与市区各法律援助处指派的工作，建立老律师和青年律师"传帮带"试点，以便让更多的青年律师加入法援案件办理中，从老律师的言传身教中成长和提高。五是组织律师每季度提交字数不少于2000字的专业文章，分享办理法援案件的心得。六是每年年底评选年度优秀法援律师，提升法援律师办理法援案件的荣誉感。

3. 强化律师事务所法援案件管理责任

律师事务所应制定办理法援案件的规章制度，建立法援案件的全流程管理，包括接受指派、内部审批、承办案件、案卷归档、投诉处理等，有条件的也尝试重大、疑难法援案件讨论研究机制，专人监督，严控办案质量，强化律师事务所的管理责任。

4. 实习律师岗前培训增加律师办理法援案件的培训内容，并纳入考核范围

作为即将进入律师执业队伍的"准律师"，实习律师应当了解办理法援

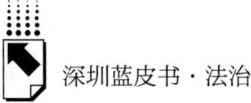

案件是律师的法定义务和重要使命,并对法援案件的基本特点和办理流程熟悉掌握,但目前在岗前培训期间还没有专门设置法援案件办理的相关课程,导致很多执业初期的律师对于法援案件的办理流程缺乏了解,一定程度上影响了青年律师参与法援案件的积极性。因此,建议在实习培训期间增加法援案件办理培训课程,这是强化律师履行社会主义法律工作者的职责使命,提高优质高效法律援助服务的客观需要。

B.17
深圳社会主义法治文化建设研究报告

深圳市社会科学院课题组[*]

摘　要： 建设社会主义法治文化是新时代建设社会主义法治国家的重要环节和方面，深圳在全国较早提出建设社会主义法治文化，并将法治文化建设纳入城市主流文化建设，积极打造法治文化平台和载体，壮大法治文化队伍，取得较好成绩。新时代，深圳仍需在全民法律素养培养、立法的科学性、法治化经商环境营造等方面继续推进，形成浓厚的法治氛围和法治文化环境，提升全社会法治观念。

关键词： 法治文化　主流文化　崇法　尚法

深圳较早认识到法治文化建设的重要意义，并提出加强法治文化建设的目标，把法律知识普及、法律意识培养、法治思维养成、法律信仰培育与文化建设结合起来，积极打造全民共享的法治文化传播平台，加强法治文化载体和法治文化工作队伍建设，推动社会主义法治文化成为主流文化，取得较好成效。

一　深圳较早明确提出加强社会主义法治文化建设

（一）深圳较早认识到社会主义法治文化建设的重要意义

"文以化人，文以载道"，社会主义法治文化作为社会主义文化的重要组

---

[*] 执笔人：李朝晖、邓达奇、吴燕妮、王庆恩。

成部分，能够为社会主义法治建设提供持久的精神动力、文化源泉，并成为行为保证。持续发展社会主义法治文化是解决提升公民整体法律素质原动力、涵养力不足问题的迫切需要，也是提升公民法治意识、培育公民法律素质的有效途径。社会主义法治文化能够为法治实践提供支撑推动作用，为立法提供理性指导，是规范执法、普遍守法的精神动力，对法治实践起推动作用。

作为拥有"改革与法治同频共振"诸多光环的深圳市，市部门机关的法治建设频频获得中国法治政府奖①，可谓法治建设的代表城市之一。深圳的法治实践能走在城市前列，其中重要原因毋庸置疑是良好的法治文化建设。

尽管中国从1986年就有计划地推动普法宣传教育工作，目前已经进入"七五"普法阶段。但在较长时间里，普法宣传的目标只是普及法律知识、培养公民法律守法意识，即普法更多地是从便于管理出发。因此，普法效果有限，公众更多地感觉到法律的约束，遵守法律似乎是被迫的行为。深圳较早意识到推动法治文化建设、培育市民法律信仰对法治城市建设的重要意义，早在2010年5月，深圳市第五次党代会就提出"加强法治文化建设，推动全民普法，树立法治理念，塑造现代法治公民，率先建成社会主义法治城市"的目标，把加强法治文化建设作为提高公民素质和建设法治城市的重要内容和手段。此后，深圳以培养公民普遍的法律信仰、加强市民法制宣传教育、建设法治文化基地、增强法治文化的感染力和影响力等为重点，大力推进法治文化建设，充分发挥了法治文化工作的引导、教育和服务作用，在全社会形成良好的法治文化氛围。

（二）推进社会主义法治文化成为主流文化

2014年党的十八届四中全会通过了《中共中央关于全面推进依法治国若干重大问题的决定》（以下简称《决定》）。《决定》指出，"法律的权威源自人民的内心拥护和真诚信仰。人民权益要靠法律保障，法律权威要靠人

---

① 参见《中国法治政府奖回顾》，法治政府网，http://fzzfyjy.cupl.edu.cn/info/1051/9023.htm。

民维护。必须弘扬社会主义法治精神,建设社会主义法治文化,增强全社会厉行法治的积极性和主动性,形成守法光荣、违法可耻的社会氛围,使全体人民都成为社会主义法治的忠实崇尚者、自觉遵守者、坚定捍卫者"。深圳市委随即出台的《关于贯彻落实党的十八届四中全会精神 加快建设一流法治城市的重点工作方案》,明确要求"进一步弘扬社会主义法治精神,建设社会主义法治文化,增强全社会厉行法治的积极性和主动性,增强全体市民的法治观念,使之成为社会主义法治的忠实崇尚者、自觉遵守者、坚定捍卫者",并从构建社会普法教育机制、推动领导干部带头学法守法、提升市民法治素养、创新法治宣传教育方式、建设社会主义法治文化等方面对普法工作和法治文化建设作出布置安排,引领党政干部和广大市民认同和接受依法执政、依法行政、公正司法、人人守法等现代法治文化观念,培养社会公众的法律意识,培育法律信仰,推动法治文化成为主流文化。2017年制定的深圳市"七五"普法规划也是站在弘扬社会主义法治精神、建设社会主义法治文化的高度对普法工作进行了详细布置。

二 深圳社会主义法治文化建设实践活动

社会主义法治文化体系并不是一个单一的概念,其内涵具有层次性,它是作为科学的法律思维方法的法治文化,是作为良善且文明的生活方式的法治文化,是社会公众对法律所确立的秩序的内在自觉。发展社会主义法治文化体系,必须加强法学基础理论和中国特色社会主义法律体系研究,夯实法治文化的理论基础;更要通过适当的指引,以及物化形态的运行载体和特定的行为方式,最终将法治精神意识及其价值目标的要求体现到社会生活的方方面面。深圳在法治建设中正是努力通过各种平台、载体将法治文化融入城市文化和市民意识,成为城市文化和市民的内在自觉。

(一)加强法治文化品牌、平台、载体建设

进入21世纪以来,深圳一直把社会主义法治文化建设作为法治建设的

基础性工程来抓,通过品牌建设、平台建设、载体建设,开展各种形式的法治文化活动,传播社会主义法治理念,弘扬社会主义法治精神,增强社会主义法治文化的渗透力、引导力和感染力,深刻影响群众的思维和行为。通过不懈努力,建立了与经济社会发展水平相适应,与法治城市建设需要相吻合,融知识普及、观念引导、能力培养、行为规范为一体,富有深圳特色的法治文化建设模式。

1.法治文化品牌建设不断加强

深圳市加强资源整合,调动政府、企业、社会组织和个人参与法治文化建设的积极性,形成法治文化建设合力,形成一批有持续影响力的法治文化品牌活动。"'12·4'法制大观园活动"、"公民法律大讲堂"、"校园模拟法庭"、"校园法律文化节"、法治公告广告大赛等一系列具有浓郁地方特色的法治文化品牌活动持续十多年不断开展。2011年,深圳启动实施"公民法律素质提升资助计划",在全国率先探索建立社会力量普法资助机制,至今已实施7年,每年资助十项左右普法项目,丰富了普法的主体和方式,普法形式不断创新升级。2013年开始的"深圳十大法治事件"已经成功举办六届,每年均吸引了数百万市民参与投票,促进了市民对法治建设关注度的提高。2014年推出"民断是非"大型思辨性公益普法活动,截至2018年底已经举办49期。2015年开始在深圳举办的全国性高端法治论坛——"中国法治论坛"到2018年已经举办四届,每年吸引国内法律法学界众多名家大咖云集深圳研讨中国法治发展的问题与趋势,使深圳沉浸于深厚的法治文化氛围中。此外,各种普法文艺巡演、以案释法巡讲、法治宣传标语征文、学法征文、法律知识有奖知识竞赛等活动在各区各街道各社区不断开展。各区还开创了"社区普法文化节""法律超市"等社区特色普法形式,福田等区普法办探索"互联网+"普法,开通微信公众号,开展智慧普法,受到市民欢迎。

2.全民共享的法治文化传播平台不断增加

在继续发挥《深圳法治》《深圳依法治市动态》和"深圳法治网"等一刊、一报、一网作用的同时,在本地报刊推出《法官说法》《法律服务》

《税收新周刊》等品牌法制专栏（栏目），为读者所喜爱；在深圳电视台推出《法观天下》《法治第一线》以及"代表来了""律师来了""交警说法""阿SIR说交通""网警在行动""以案说法""法律在您身边""税讯快递"等众多法制节目。积极利用信息技术，将网络平台作为传播法治文件的重要平台，公检法司以及不少政府部门都注意通过微信平台传播进行法治宣传，深圳交警局还通过"微视"App创作生动有趣的普法宣传短视频，在网络上广为传播。

3. 法治文化载体基地不断增多

推进法治文化公园、法治文化广场、法治文化长廊以及各种专题法制教育馆等载体基地建设。在全省率先制定了首个法治文化示范点创建工作指导标准，分类、分部门推动法治文化载体建设，法律文化博物馆、法治公园、法治广场、法治文化长廊以及社区法治学校等法治文化宣传阵地不断增加。截至2018年底，全市已建成法治文化公园、法治文化广场、法治文化长廊200多个，法治教育基地2000多个；创建出一批"民主法治社区"、一批"法治文化示范点"企业、一批"依法治校示范校"，使市民在休闲中学法，在学法中休闲，法治文化溶入日常生活。

（二）法治文化队伍不断壮大

经过30多年的普法工作，普法工作和普法服务已经融入深圳城市生活的每个角落，法治文化活动已经渗入深圳社会生活的方方面面。

1. 各领域"法律人"组成普法志愿队伍

"法官进社区""检察官进校园"等活动持续开展，法学教师、律师等也纷纷加入普法队伍。目前全市已建立普法讲师团100多个、普法志愿者队伍近千个，有由高校法学院师生、法官、检察官、警官、律师等担任的普法讲师1000多人、普法志愿者1万多人。

2. "谁执法谁普法"工作机制的建立和完善扩大了普法工作专业队伍

早在"六五"普法期间，深圳就开始建立"谁执法谁普法"的普法责任制，普法工作变成各职能部门的硬指标，各部门积极创新，充分运用各种媒介开展宣传，协调联动执法普法，取得一定成效。2018年，"谁执法谁普法"工作机制进一步完善，各执法部门在各自领域发挥了专业的普法宣传作用，在执法过程中实时普法、精准普法，增强了普法的针对性和实效性，让人民群众在法治实践中感受法治精神。

3. 文艺团体成为法治文化工作重要力量

深圳市依托各专业文艺团体和街道文化站，加强法治文化队伍建设。市、区各部门成立了多支法治文艺队伍，市文体旅游局实施"法治文艺创演进社区"法治惠民实事工程，调动了基层文艺队伍深入全市各街道、社区巡回演出，以群众喜闻乐见的文艺节目宣传法治，感染群众，培育市民的法治意识，成为法治文化工作的重要力量。

4. 智能法律机器人成为法治文化工作新力量

2017年以来，"小法"等智能法律机器人在全市投放使用，为市民提供专业、全面的法律咨询服务，壮大了法律服务和法治文化工作力量。

（三）培养领导干部法治思维

深圳一直重视领导干部的法律素质的培养，要求领导干部带头学法、模范守法。特别是党的十八届四中全会以来，要求以领导干部法治思维养成为重点，提高党政领导干部运用法治思维和法治方式处理问题的能力，推动党政领导依法决策、政府部门依法行政，保障司法机关公正司法，带动全社会尊崇法律、信仰法律，形成社会主义法治文化氛围。

1. 市领导带头学法用法普法

深圳市委、市政府主要领导带头加强法治学习，带头参加普法活动，以实际行动向社会展现加强全面依法治市工作的决心，也为全市干部群众做了表率，带动市民学法尊法守法用法。

2. 不断完善国家工作人员学法用法制度和方式

将法治教育列为市委党校主体班次必修课，实行领导干部和公务员考核式、实践式学法，推行公务员"菜单式"学分制自选法律培训，推行典型案例教学，实现公职人员针对性学法全覆盖。

3. 实行新任局级干部任职法律考试制度

将"述法"纳入干部述职考核，把遵守法律、依法办事作为考察干部的重要内容，法治素养好、依法办事能力强的干部在相同条件下要优先提拔使用。这一举措大大提高了局级领导干部法律知识水平。

通过近年来的法治文化建设，全市人民法律意识和法律素质得到增强，依法行使公民权利、履行公民义务的能力得到提高，对良法善治和法治政府的期待也更强烈；公职人员的法治意识得到增强，依法行政和运用法律手段解决改革发展中各种矛盾和问题的能力水平得到提高，立法机关科学立法民主立法、司法机关公正司法、政府依法行政的自觉性主动性更强；推进"法治深圳"建设的力度不断增强，全社会法治化治理水平不断提高。

三 提升深圳社会主义法治文化的建议

尽管深圳在法治文化建设方面已经迈出较大步伐，但是从总体上看，全民法律素养与法治国家、法治城市、法治社会的要求还有较大差距，还未形成信仰法律的社会氛围，法治文化还未成为社会主流文化。深圳必须正视和认真解决这些问题，才能不断提高法治化建设水平，实现法治中国示范城市的建设目标。

（一）加强宪法权威，进一步树立宪法至上的法律文化

"依法治国首先是依宪治国，依法执政首先是依宪执政。"自党的十八届四中全会以来，以塑造宪法权威带动法治文化的增进，成为社会主义法治文化建设的重要表现形式。党的十九大报告指出，任何组织和个人都不得有超越宪法法律的特权，绝不允许以言代法、以权压法、逐利违法、徇私枉法，这也是宪法法律至上所强调的重要原则。深圳在朝着建设中国特色社会主义先行区的方向前行，努力创建社会主义现代化强国的城市范例的过程中，充分认识到"城市的法治化应该是以宪法为基础的法治文化"，"宪

的权威得到树立,就能克服庸俗的法治、碎片化的法治"①,在宪法权威的构建上走在前列。

1. 落实好宪法宣誓制度

加大对宪法权威的贯彻力度。将深圳领导干部和国家工作人员率先信仰宪法的重要形式加以固定,并可将宪法宣誓扩展至所有行使公权力的国家机关和个人,强化广大干部对于宪法关于国家权力运作的认识。

2. 牢牢抓住依宪治国的核心

提高政府部门和社会公众的宪法意识。应认识到强调依宪治国和建设宪法文化是相辅相成的,抓住社会主义法治文化建设的核心,确立法治文化的主干宪法文化、宪法意识、宪法素养,尊重宪法权威和保障人权的法律意识,推动法治文化建设。加强各个部门和各区在宣传宪法文化中的沟通联系,在现有宪法广场、宪法主题公园等硬件设施的基础上,加强统筹安排和联动,在全市各个机关、各区、街道、社区开展全覆盖宪法精神宣讲教育,举办形式多样的宣传活动,形成带头宣传实施宪法的良好氛围。

(二)加强立法科学性,以"良法"构筑"善治"文化

法治文化的核心要义,即是存在良好的法律,并且良法能够得到全社会的遵循。下一步,深圳应坚持"科学立法"基本要求,更加科学、审慎立法,夯实市民信仰法治的制度基础。

1. 坚持科学立法

摒弃"宜粗不宜细"的惯常做法,向公正、科学、民主、审慎、严谨的立法程序要"法治红利"。落实"开门立法"原则,确保制定的法律原则清晰、概念明确、内容具有很强的可操作性;同时在立法过程中,加强立法的公开性和透明度,充分发扬民主,广泛征求意见和建议,对不同群体的利益诉求进行综合平衡,使制定的法律为社会公众所认同。

---

① 韩大元:《深圳塑造了健全的法治文化》,《深圳特区报》2014年11月29日。

2. 将立法项目选材重心下移①

健全立法项目和立法建议公开征集制度，拓宽立法项目和立法建议征集渠道，让参与立法成为广大市民的自觉选择。健全征求公众意见及其沟通反馈机制，增加座谈会、论证会、听证会等召开频次，并完善相关制度和召开方式；充分利用信息和智能技术，加强法规立项、起草、审议等各环节意见征求和综合分析，合理吸收各方意见，更好回应公众立法关切和集中民智。

3. 定期开展法规规章的清理梳理工作

包括立法后评估工作，加强对法规规章实施情况的分析评判，统筹推进法规规章的立改废和适用调整工作，以"良法"体系的建立自然而生对法律的信仰。

4. 处理好政策与法律的关系

牢牢把握"政策与法律的内容要不断协调发展，不断完善，共同向'善策'与'良法'方向发展"这一原理，防止政策、法律相矛盾、相抵触的现象出现，建立政策与法律相互借鉴、共同建塑、良性互动的格局。真正实现"让法律多一些政策考量""让政策多一些法治元素"②，逐步形成科学、民主、公开的立法机制和立法文化。

（三）探索自贸区内多元化制度创新，以更加优质的法治化营商环境推进法治文化建设

社会主义法治文化培育包含着对法治实践的要求，它要求社会成员将法治精神和法治理念转化到日常行为实践中去。深圳已经连续几年在全国法治政府榜单上位居前列，这说明在法治化的制度供给和实践中，深圳政府（广义上）的法治化建设已经较为成熟和完善。下一步，应继续以自贸区推进为契机，在不断创新投资管理体制、监管体制、纠纷解决机制的实践中推进法治文化革新。

---

① 屈宏伟：《深圳探索"人大主导、多方参与"的科学立法模式》，《深圳商报》2014年7月15日。
② 李龙、李慧敏：《政策与法律的互补谐变关系探析》，《理论与改革》2017年第1期。

1. 继续发挥负面清单机制的正面作用，倡导"限权"文化

稳步推进负面清单的修订工作，在兼顾先行先试与风险可控原则基础上，细化负面清单中的限制性措施，扩大负面清单的涵盖范围，加强审批管理措施的透明度，让"限权文化"在政府工作人员中生根。

2. 提高政府行政透明度，倡导"权利保护"文化

应强化深圳自贸区各市场主体的知情权，利用前海"三区叠加"的优势，率先探索加强相关规范制定前的预先通知制度。针对前海各项创新制度的开展已经触发众多新兴的行业与经营方式的良好现象，应该建立吸收区内的企业参与制定相应商事惯例的确认制度，形成保护市场参与者合理利益的文化。

3. 对接国际贸易规则，倡导公平公正解决纠纷的"契约"文化

作为全国首个以城市为基本单元的国家自主创新示范区，全国首批知识产权示范城市、全国知识产权综合管理改革第一批试点地区，国内金融企业门类最全、机构最多的城市之一，深圳应该充分发挥前海率先设立的知识产权法庭和金融法庭司法在服务科技创新和保障金融发展方面的重要作用，体现深圳战略定位，匹配深圳城市地位，服务深圳经济社会发展的客观需要。以此为基础，尽快清理与自由贸易区协议、与国际规则不相符甚至相抵触的政策，根据国际惯例进行制度引进和制度创新。在实践中，通过跨区域受理知识产权、金融案件，逐步实行司法管辖与行政区划适当分离，进一步优化司法职权配置，切实减少地方保护、降低权力影响、杜绝行政干预、平等保护当事人合法权益，充分发挥专业化知识产权、金融审判机制快捷高效优势，确保案件审判质量、提升案件审判效率，树立法律权威和尊重"契约"文化。

（四）注重各层面法律专业人才引进和培养，增强"法律人"情感认同的"尚法"文化

习近平总书记曾明确指出应坚持以马克思主义法学思想和中国特色社会主义法治理论为指导，立德树人，德法兼修，培养大批高素质法治人才。这

些法治人才可以被称作"法律人",他们有着比一般人对法律、法学更深的认识和理解。对于"法律人"而言,法治责任感意味着需要有对自身行为的知觉与自觉,以及为法律在社会中的良好运作、法治文化氛围的营造担负起责任。中国特色社会主义法治文化的培育是一个从精英到大众、从自觉到自信、从社会需求到主体回应等的基本转变过程①,在这一转变过程中,情感认同是关键。深圳应以情感认同为抓手,加大各个领域法律工作者的自豪感和自信心,加大力度开展"法律人"队伍建设,增强法治力量。

1. 加强"体制外"法律人的向心力和认同感

随着依法治国方略的推进,法律人的数量快速增长,他们在推进法治建设中发挥着各自作用。目前体制内的法官、检察官、政府法制部门工作人员等法律人已经在国家治理中扮演了重要的角色,而执业律师、公司法务人员和法律学者等法律人在参政议政中的作用还有待进一步提升。他们向体制内流动的渠道还不畅通,对法治的认识与体制内法律人之间存在一定差异,法律职业共同体的构建有待加强。要用不同的力量加强法律人才队伍建设,建立社会各个层面法律人多向流动的机制,打破职业天花板、玻璃门,在全社会更加广泛地凝聚法治共识、弘扬法治文化。

2. 激活存量、把握增量,从源头着手提升素养

政府积极搭建平台,强化对本地法学教育的投入力度,做强做大本地高校法学院,加强法律人才培养;把握深圳引进国际著名学府的重要机遇,尽早在新设立大学开设法学院,与国内知名高校法学教育培养模式进行差异化发展,对未来国际贸易所需的实务型人才、贸易规则相关法律方向的理论型人才予以重点培养;加大对著名高校法学院毕业生的引进力度,从源头上提升深圳"法律工作者"队伍的质量。

3. 对律师、法务等高端商业服务业人才的引进实施"绿色通道"

针对深圳存量国际化法律人才短缺问题,探索扩大开放执业准入,吸引境外专业机构和外籍专业人士入驻。放宽律师、会计师事务所专业人士居留

---

① 姜涛:《情感认同与社会主义法治文化培育》,《理论探索》2018年第1期。

期限，取消对港澳会计专业人士担任合伙人要求"在内地有固定住所，其中每年在内地居留不少于6个月"的限制。探索实行境外专业人士职业资格准入负面清单管理模式，列明职业资格准入特别管理措施。对负面清单内的职业资格，可采取放宽条件、认可备案、调整适用法律法规等特殊机制安排，逐步压缩负面清单长度；对负面清单外的职业资格一律不得开展资格许可和认定工作，引导和推进水平评价类职业资格市场化、社会化。引导存量和增量不同层面的法律从业者树立"深圳法律人"意识和认同感，让法律人才这一第一资源在法治文化构建中发挥出强大的内生动力。

（五）丰富宣传形式，在全社会形成自觉崇法尚法文化

1. 打造"法""德"并济的文化内涵

树立社会主义核心价值观指引下的法治内涵，在下一代和青年人中广泛开展法治文化熏陶。拓宽法治意识培育形式，探索出更容易被青少年广泛接受的形式，将法治和社会主义核心价值观有效结合起来，真正做到内化于心、外化于行，将法治作为一种基本的价值理念的思维模式深植于青少年的内心。

2. 抓住关键少数，确保领导干部法治教育的示范带头作用

把法治能力作为领导干部不可或缺的人文素养、履职能力的重要组成部分，培养领导干部学习法律法规和法理知识的兴趣和爱好，形成主动学习、深入学习的习惯，不断提高法律知识水平和法治文化素养。充分利用党校、行政学院和法学院校等阵地和资源，加强领导干部法治专门培训，以丰富的课程、灵活的教学方式，提高各级领导干部对法治思想的理解度，培养领导干部崇尚法治、追求公平正义的价值观，准确把握法治的原则和精神，自觉把宪法和法律作为最基本和最权威的行为规范。

3. 引导广大公民在实践中广泛用法，让法治真正成为公民的广泛信仰

培育社会公众对法律的信仰和尊重，形成对法律至上和法律统治的高度认同，引导市民利用一切行之有效的合法合理化方法解决纠纷，改变"信访不信法""合法解决效率低下、撒泼告状最有用"的错误心理，让市民在

每一个案件审理的过程中都感受到公平正义，逐步树立法治权威。

4. 整合法治教育多元化平台，提升宣传效率

在利用社会力量加大普法宣传力度的同时，要在更为权威和专业化的层面整合力量，形成政府主导、法律专业人士共同组成的权威普法机构。整合政府机关内部具有普法和法律宣传教育职能的部门，制定统一的指标和要求，对各级政府普法工作进行垂直管理。以平台建设带动法治文化发展，依靠平台的巨大整合力量有效团结广大法律工作者队伍，形成普法工作合力，提高普法效率。

结　语

"深圳法治发展的经验就是深圳比较成功地塑造了城市的法治文化。"[①] 法治文化作为深圳的软实力，为深圳的发展提供了良好的营商环境和人文支撑，也为其他城市提供了可供借鉴的经验。2018年底，习近平总书记对深圳工作作出重要批示，要求深圳"朝着建设中国特色社会主义先行区的方向前行，努力创建社会主义现代化强国的城市范例"，实现这一宏伟目标的重要前提就是一个良好的与国际接轨的法治环境，在全社会营造出崇尚法治、遵从法律的法治文化。深圳应当将过去取得的成绩作为新起点，不断努力，积极进取，补齐法治文化建设的短板，为社会主义法治建设提供深圳自己的样本。

---

① 韩大元：《深圳塑造了健全的法治文化》，《深圳特区报》2014年11月29日。

B.18
盐田区法治社会建设报告

徐 刚 章善斌*

摘　要：	本报告全面总结了近年来盐田区法治社会建设的现状与成效，对标建设法治中国示范城区，深入查找法治社会建设中存在的问题和不足，并提出加强法治宣传教育工作、完善人民调解制度、加强法治文化建设、鼓励支持法律服务业发展等相关对策建议。
关键词：	法治社会　法治建设　盐田区

一 盐田区法治社会建设现状与成效

近年来，盐田区认真贯彻党的十八大、十九大精神，紧紧围绕辖区法治建设总体目标，全面落实法治社会建设各项工作任务，持续推动法治社会建设各项工作举措，为盐田区经济社会全面发展创造良好的法治环境。

（一）提升全社会法治素养

一是认真贯彻落实"六五""七五"普法工作计划，落实"谁执法谁普法、谁主管谁普法"普法责任制。建立健全社会化普法工作机制，建立"区—街道—社区"三级普法体系，引导律师事务所、行业协会参与普法，开展全民大普法，实现普法全覆盖。

---

* 徐刚，盐田区人大常委会副主任；章善斌，盐田区司法局局长。

二是加强对青少年法制专题教育，突出阶段性重点，着力提高青少年法律素养。积极推动青少年法治教育基地建设，精心打造盐田高级中学、田东中学、乐群小学3所"青少年法治教育基地"，精心打造盐田高级中学、田东中学法治长廊等校园普法阵地，促进辖区青少年法治观念的形成。

三是拓宽普法载体，多渠道宣传法治，提高法制宣传教育的覆盖面和影响力。2014~2018年盐田区司法局制作八部高质量法治文化宣传片，在盐田电视台的黄金时段播出，并在全区各大商场、广场、公园的LED显示屏循环播放。充分依托《法在身边》电视栏目和东和公园普法宣传阵地，引导公民树立法律信仰，营造自觉学法、守法、用法的社会氛围。

四是扩大法治教育宣传，关爱来盐建设者，营造良好法治环境。针对货柜车司机群体，创办《盐田港运通讯》期刊，通过专刊普及日常法律知识，传递行业咨询信息。打造盐田港运输行业"司机大讲堂""小獬说法"等一批社会化普法重点项目，通过邀请专家讲师以案说法、劳动法规讲解、维权途径指引、组织观看法治影片等形式，增强司机群体遵纪守法、依法维权的自觉性。"司机法治大讲堂"逐渐成为盐田区普法特色品牌，得到市司法局的高度肯定。

（二）携手社会组织创新社会治理，构建多元共治

1. 大力培育社会组织参与社会治理

盐田经济社会快速转型发展，外来人口大量涌入，社区融合发展与公共服务供给面临较大挑战。为此，区委区政府运用社会治理现代化的理念，培育社会组织有序参与社会治理。

自2010年以来，盐田区陆续出台《盐田区促进社会组织参与公共服务实施办法》《盐田区培育发展社会组织专项资金管理办法（试行）》《盐田区社会组织法人治理指引》《盐田区社会组织财务管理指引》等配套文件，填补了社会组织培育发展和综合监管在政策法规层面上的空白，在全国开创了社会组织培育发展规范化体系的先河，给予社会组织发展相应的资金、制度、政策保障。

2.社会组织参与社会治理工作卓有成效

筹建全市首个区级社会组织服务园,组织社会组织入园孵化;设立全市首个区级社会组织专项资金;建设"盐田区社会组织信息公开数字化系统",在全市率先实现社会组织网上申请登记、变更、注销、备案和年检;在全市率先着手编制政府向社会组织购买服务目录,为规范政府向社会组织购买服务工作奠定基础。社会组织在参与社会矛盾化解、和谐劳动关系创建、盐田港后方陆域交通整治等领域做了大量富有成效的工作,协助政府解决了一大批社会问题。2018年社会组织成功调处495宗矛盾纠纷,为辖区的和谐稳定做出了积极贡献。

(三)健全矛盾纠纷化解机制

1.人民调解化解纠纷

2013年盐田区印发《盐田区加强人民调解工作构建社会矛盾纠纷"大调解"体系实施方案》以来,盐田区积极引进社会力量参与纠纷调处,创新推行"2+1"(律师事务所、调解社工+司法所)、"1+1"(社区法律顾问+社区调委会)结对模式。创新基层人民调解工作模式,"开展街道人民调解协会试点工作"被省司法厅列为全省司法行政工作创新创先示范项目。2018年,盐田区已经实现人民调解工作全区全覆盖,全区4个街道23个社区均成立人民调解委员会,每个街道人民调解委员会根据工作需要均设有多个调解室,每个派出所均设有一个调解室,矛盾纠纷多发部门领域也设有调解室,一些有一定调解能力的个人还成立了个人调解工作室。同时,一些重点企业、重点行业领域还分别成立了企业人民调解委员会、行业性人民调解委员会。

表1 盐田区调解员数量

单位:名

序号	街道	专职调解员	兼职调解员
1	沙头角街道	5(含1名社工)	64
2	海山街道	7(含1名社工)	63
3	盐田街道	9(含1名社工)	72

续表

序号	街道	专职调解员	兼职调解员
4	梅沙街道	4(含1名社工)	48
5	中英街	1(社工)	8
共计		26	255
合计		281	

资料来源：盐田区司法局。

2013年至今，越来越多的纠纷诉诸人民调解。随着人民调解制度的不断完善健全及调解队伍整体专业水平和素质的提升，案件调解成功数量不断提高，人民调解成为维护社会稳定的"第一道防线"（见表2）。

表2 盐田区2013~2018年调解纠纷数量及成功率

单位：宗，%

年份	调解纠纷数量	调解成功	调解成功率
2013	706	706	100
2014	819	799	97.6
2015	835	824	98.7
2016	914	907	99.2
2017	1681	1674	99.6
2018	1301	1288	99.0

资料来源：盐田区司法局近年工作总结。

2. 依法处理信访，引导社会组织参与解决信访难题

认真落实信访维稳工作职责，创新社会组织参与信访工作模式。一是严格落实"法定途径优先"。二是依法、及时、妥善处理各类信访案件。三是加强信访法制教育。四是率先在省、市实施信访部门与社会组织联动服务项目。

从2012年4月开始，盐田区信访局大胆创新，在全省率先建立起信访部门与社会组织联动服务机制，引进深圳慈善会、反家暴中心等有影响力、有公信力的社会组织参与处理信访，利用社会组织灵活性和专业性特点推动矛盾化解，效果显著。

表3 盐田区2013~2018年社会组织参与信访处理情况统计

单位：次，人，件

年份	接待、处理集体上访、疑难个访		处理"信外访"
	批次	人数	件次
2013	426	4235	99
2014	502	5085	199
2015	328	2471	90
2016	281	2117	77
2017	304	2335	92
2018	878	2495	156

（四）基层社会综合治理情况

盐田区在区委区政府的正确领导下，积极探索创新社会治理模式，以化解社会矛盾、维护社会稳定、促进社会和谐为主线，以不断提高基层社会治理水平，为全区经济社会发展营造良好的社会环境。

1. 社会治安综合治理情况

2013~2018年，盐田公安分局以"精细化管理"为主线，不断固化提升社会治安立体防控体系，扎实推进平安建设，破案率逐年提高，恶性暴力案件逐年减少（见表4），路面见警率、群众安全感、公安工作满意度和各街道公共安全指数保持全市前列，社会治安持续向好。

表4 盐田区2013~2018年刑事案件情况统计

单位：宗，%

年份	刑事案件数量	结案数	破案率	八类恶性暴力案件
2013	1367	231	16.9	71
2014	1222	391	32.0	43
2015	1223	366	29.9	48
2016	817	316	38.7	38
2017	650	284	43.7	26
2018	633	313	49.4	19

2. 稳步推进"平安创建"，扎实开展综合治理

认真落实平安建设的工作部署，防控与机制创新相结合，扎扎实实推进

小区—社区—街道"三级平安创建"工作，走出了一条适合盐田区情的"平安创建"之路。紧紧抓住人民群众反映强烈的突出问题，加大排查整治力度，坚持开展严打整治斗争，净化辖区治安环境，维护生产经营环境，不断提升公众安全感。加强群防群治队伍建设。形成区—街道两级协会、区支队—5个联防大队—136个联防中（分）队的分级分类管理模式。

3. 全面排查矛盾隐患，全力化解矛盾纠纷

全面排查矛盾隐患，坚持主动治理、源头治理、依法治理、综合治理。盐田区始终坚持系统化、精细化的治理理念，坚持教育服务与稳控并重，切实做到防范在先、发现在早、处置在小，全力排查各类矛盾隐患。三级台账矛盾纠纷排查化解率持续保持全市第一，涉稳纠纷化解率连续三年达100%（见表5）。

表5 盐田区2013～2018年涉稳纠纷化解情况统计

单位：宗，%

年份	涉稳纠纷	排查化解	化解率
2013	48	51(含往年5宗)	96
2014	31	30(含往年2宗)	96.7
2015	43	42(含往年3宗)	97.67
2016	26	26	100
2017	53	53	100
2018	46	46	100

4. 深化落实"织网工程""风景林工程"，进一步夯实盐田区社会建设的基层基础

"织网工程"是深圳市加强社会管理创新、推动政府工作流程再造的基础项目。将"工作平台"升级改造为"社会管理工作网信息系统"并全面投入运行。市综治办将盐田区定为全市"社会管理工作网"升级改造的试点。（1）整合部门应用系统，推进互联互通，实现信息共享，打破信息壁垒、提高工作效率。（2）以行政审批和公共服务流程再造为重点，创新开发基于民生服务和社会管理的应用，不断深化"织网工程+流程再造"和"织网工程+决策支撑"工作，大幅减少居民办事时在信息核验环节的负担，实现"数据多跑路、群众少麻烦"。在"风景林工程"建设方面，盐田

区从强化内涵、服务居民的角度入手,用"抓实做细出实效"的思路深化"风景林工程",对基层党建区域化、楼栋长、社区服务中心、社区公益服务、社区居民议事会五个项目进行深化,全面提升社区管理服务水平,进一步增强了居民幸福感、安全感和归属感。

5. 创新社会治理工作,省社会创新试点项目永安社区外来人员服务管理项目得到充分肯定

永安社区是盐田港后方陆域的主要群众生活社区,也是盐田最大的城中村,本地居民与外来人员比为1:17。盐田区推出"社区环境、公共服务、社会组织、文化品牌、群众参与、社区共建"六个"提升计划",在"公共服务均等化、服务管理一体化、居民自治制度化、社区融合无缝化"的探索上取得显著成效。完善社区管理机制,加快推进管理服务一体化;强化政府职能,完善网格化管理服务;实行"社工+义工"联动机制;打造社区和谐文化,开展各项丰富多彩的活动。

6. 畅"民意",打造基层民主建设"金字招牌"

2010年以来,盐田区根据辖区人口结构、社会管理和群众基础等方面的特点,在全市率先推出"社区民意表达工作室",以社区为单元,盐田在全区23个社区均设立了民意表达工作室,建设"盐田民意通"微信公众平台,让基层党员群众"有话想说、有话敢说、畅所欲言,说了有用",为群众及时向区委、区政府建言献策提供了一条畅通的渠道。

表6　盐田区2013~2018年群众诉求建议办理情况统计

单位:件,%

年份	诉求、建议数量	办结数量	办结率	满意度
2013	554	498	89.9	99.7
2014	714	650	91.0	*
2015	682	669	98.1	97.0
2016	837	776	92.7	94.25
2017	1005	985	98.0	98.9
2018	1264	1244	98.42	99.52

注:*表示数据暂缺。

（五）扩大和丰富法律服务供给

盐田区全面推开公共法律服务体系建设，积极拓展公共法律服务领域，深度整合公共法律服务资源，不断健全公共法律服务网络，全面提高公共法律服务能力和水平，基本形成供给充分、保障有力、管理规范、运行高效、惠及全民的公共法律服务体系。

全力推动公共法律服务体系建设。深化法治惠民工程，创新基层公共法律服务供给，进一步拓展东和宪法公园法治文化阵地的内涵和外延，在该公园内建设了"法治惠民服务U站"。

全面提升法援、公证、律师法律服务水平。开展"法援进社区""法援进军营""法援进企业"等活动，2018年全年共办理各类法律援助案件508件，接受法律咨询5136人次。

表7　盐田区2013～2018年法律援助、公证情况统计

单位：宗，人

年份	法律援助案件	援助咨询人次	公证数量
2013	300	2868	*
2014	488	4100	*
2015	597	4143	*
2016	577	3793	8400
2017	364	*	8692
2018	508	5136	7980

注：*表示数据暂缺。

提升社区矫正监管精细化水平。采取分类管理、一人一档、定期排查、全面管控的精细化管理制度，在全市率先试点开展对社矫人员佩戴监控终端，实现对社区服刑人员即时性、全方位监管，确保全年无发生脱管漏管及重新犯罪现象。

积极创建民主法治社区。按照省、市关于开展民主法治社区创建的工作要求，盐田区做到早动员、早部署、早落实，各项创建工作顺利开展，各创

建社区在健全组织、完善制度、依法决策、全面守法等方面取得明显成效。经省检查验收，盐田区申报的14个创建社区均全部通过验收，位列全市十个区（新区）第三。

二 盐田区法治社会建设存在的问题

目前，盐田区法治社会建设取得了一定成绩，但与盐田《法治中国示范城区建设实施方案（2017~2020年）》的要求仍有差距，法治社会建设中还存在不少问题，需要不断改进、完善和优化。

（一）盐田区法治宣传教育中存在的问题

经过实地调研，盐田区的普法工作主要存在如下问题：一是普法的工作模式主要是被动式普法，由政府机关自上而下单方灌输式普法，公众积极参与的程度低，多数是社区的老幼妇参加。二是普法队伍素质参差不齐。工作人员法律专业素养不高，普法宣传教育活动程序化、形式化现象严重，普法远没有达到期望的理想效果。三是普法教育内容和载体与现实需求存在偏差，普法的目的存在偏差。一是忽视法律程序，割裂了法律文本和具体实操之间的关系。二是过于强调公民义务，缺少公民权利的内容。

（二）人民调解工作机制中的问题

盐田区在人民调解工作方面积累了经验，但也存在以下问题：一是司法所调解工作力量不足。司法所工作人员在负责调解同时承担综治维稳、信访等工作，不利于调解工作的独立展开。二是专职调解员人员数量不足，调解员队伍素质素养参差不齐，人民调解员专业性差。目前，盐田区社区调委会的调解员都是由社区工作人员兼任的兼职调解员，专业性不足。三是调解员待遇机制亟待完善。专职调解员的工资为税前3450元/月，职业吸引力差，调解员队伍不稳定。外聘律师主要是在外聘服务范围内提供法律咨询，难以实质性地参与调解工作。四是保障措施有待加强。除上述主要问题外，还存在着某些调解室的硬件设施不完善，缺乏电脑、打印机等必备办公用品；调解员缺乏统一的工作制服，导致其不易树立良好的职业形象。

（三）法治文化建设中存在的问题

一是现有法治教育基地与专业性法治教育基地仍有差距。二是法治文化内容形式不够丰富，文化融合需要加深。现有的法治文化无论从内容还是形式来看，都较为陈旧，不能有效地吸引民众。三是法治文化建设缺乏专业的队伍，法治文化层次不高。四是实践开展不够充分，法治惠民需要务实。目前，法治文化建设未充分发挥"酵母效应"，导致民众对法治带来的安民、富民、惠民的效果感受不深，影响了法治建设的进程。

（四）法律服务业存在的问题

一是律师服务数量少。盐田区共有律师事务所5家（均为个人所），执业律师共13人，律师及律师事务所数量在各行政区中排在后面。二是公证业务有待提升。盐田区仅有公证员5人，公证业务量较小，且公证业务由原来传统的婚姻、财产等业务向城市更新、土地整备、金融证券等专业的领域延伸，公证员的业务素质和专业水平亟待提升。公证宣传不到位，广大民众对公证的认识不足。

三 进一步推进盐田区法治社会建设的建议

（一）加强法治宣传教育工作

普法是提升全社会法治素养、培养全民法治信仰的基础性工作，普法要创新宣传形式，注重宣传实效，对改进普法工作中存在的问题提出如下对策和建议：一是普法队伍建设。提高政府机关普法工作人员的专业素养，组织具备专业知识的社会组织在进行法学研究和提供法律服务的同时兼顾普法，建立成员相对固定的普法志愿者群体进行支援普法。二是建立对普法教育内容和方法的评价机制。司法行政机关要强化对普法内容、方式、效果的监督检查，加强普法的实效性。三是普法内容的精细化、具体化。大众普法内容应当与公众日常生活息息相关，应针对性普法，满足公众的需求。注重对公民权利法律知识的普及。四是通过司法审判实践，树立普法良好效果。仲裁委的"流动仲裁"组织学生旁听，对企业、社区开展现场说法、法官说法，培养群众对法治的信仰。

（二）完善人民调解制度

针对人民调解员数量和专业性不足，以及人员待遇制度不完善两方面的问题，提出以下对策和建议：一是严肃调解员岗位职责，确保专职调解员在岗。不允许街道调委会专职调解员被安排到其他岗位工作的情况。对于长期不从事调解工作的兼职调解员，应当停发津贴。二是逐步增加专职调解员数量，提高调解员素质。目前盐田区调解员共281名，还存在24名专职调解员缺口。提高目前的司法社工待遇，稳定机构的社工调解员队伍，提高其参与人民调解的时间。三是完善案件补助机制，保障调解员待遇。在调解员基本工资和补贴难以大幅度提高的前提下，及时发放案补，案补的发放时间可以由目前的一年一发更改为一月一发。对于已经等待的案补归口至当年计算，减少调解员的税收负担。四是加强对行业性调解组织的扶持。随着社会矛盾日趋复杂化、专业化，当前必须加大对行业性、专业性调解组织的扶持力度。五是建立定期培训机制，提升调解员专业知识水平。建立区、街道、社区三级调解员培训机制，定期开展全员培训，不断提升其综合素质和专业化水平。六是加强保障力度，扩大调解宣传面。建立职业形象宣传体系，人民调解员着统一的制服、佩戴胸卡；加强与其他单位或机构的沟通与联动，可以更有效率地处理此类纠纷；改善硬件，完善费用报销制度，添置必要的办公硬件设施。此外，人民调解员在调解过程中额外支出的费用也应列入可报销项目。

（三）加强法治文化建设

一是探索建立专业化法治教育基地。盐田《法治中国示范城区建设实施方案（2017~2020年）》提出建成盐田区法制宣传教育基地，增强青少年学生和广大公民尊法、学法、守法、用法的法律意识。二是加大法治文化的创作，提升法治文化的教育功能。邀请本区域知名律师、艺人结合区域法治建设工作实际参与公园法治文化创作，开展形式丰富多样、内容积极健康的群众性法治文艺宣传活动。三是推进法治文化建设，形成有本地特色的法治文化人才队伍。要加大对法治宣传骨干的教育培训，可利用党校这一平台，每年定期对法治宣传员、法治副校长、人民调解员等骨干进行层层培训，切实提高他们的法律素养，提升法治文化层次。

（四）鼓励支持法律服务业发展

一是出台盐田区律师行业扶持政策和律师人才引进政策，大力引进律师人才、优化律师队伍，着力培育和扶持一批综合业务能力强的规模所和专业所，提升辖区律师事务所规模和质量，提高辖区律师的执业水平，提升盐田区律师行业发展质效。二是在辖区法律服务中给辖区律师事务所及律师提供更多的业务，提高经济收入，给予辖区律师事务所扶持和租金补贴，解决盐田区律师行业发展极端滞后的局面。三是注重对公证员后备人才的培养和储备，提升公证员的业务素养，为公证当事人提供高水平的公证法律服务。现代社会随着经济发展和法治的完善，越来越多的业务需要公证法律服务，公证人员的业务素养和专业水平至关重要。四是加强对公证业务、公证法律服务的宣传。与律师事务所等机构取得联系，努力拓展保全证据公证；扩大公证法律服务的宣传，开辟公证知识专题讲座专栏，宣传公证的相关业务以及公证的作用，利用微信平台等新兴的媒介推广。

B.19 公共信用信息应用机制的坪山探索与思考

张弨 许姣姣*

摘　要： 信用是市场经济的基石，也是现代国家治理体系的基石。深圳市坪山区在公共信用信息应用方面进行了有益探索与实践，但公共信用信息应用中仍然存在不少需要解决的问题，建议从宏观布局国家信用立法、完善信用信息归集工作机制、丰富信用信息应用方式、畅通信用异议和修复救济渠道等方面优化公共信用信息的应用。

关键词： 公共信用信息　应用清单　信用立法　联合奖惩　坪山区

新形势下，党中央、国务院高度重视社会信用体系建设，习近平总书记在十九大报告中强调"推进诚信建设和志愿服务制度化，强化社会责任意识、规则意识、奉献意识"，中共中央印发的《社会主义核心价值观融入法治建设立法修法规划》明确"探索完善社会信用体系相关法律制度，健全守法诚信褒奖机制和违法失信行为联合惩戒机制"，《社会信用体系建设规划纲要（2014～2020年）》指出"社会信用体系建设以信用信息合规应用和信用服务体系为支撑"。目前国家社会信用体系建设在不少基础领域和关键环节取得一定进展，但是社会诚信缺失的现状并未明显改善，信用信息应用并未完全实现有效落地。

---

* 张弨，广东省律协行政法律专业委员会主任；许姣姣，广东金地律师事务所律师。

一 坪山区公共信用信息应用机制的探索

自 2014 年 11 月 17 日以来,深圳市坪山区以《坪山新区①社会信用体系建设规划(2014~2020)》为依托,按照"以用促建,以建推用"的原则,深入开展坪山社会信用体系建设工作,在保障公共信用信息②来源全面、准确的基础上,努力构建公共信用信息应用新机制,并于 2018 年 10 月 28 日获评第五届"中国法治政府奖"③。目前中国社会信用体系建设的落脚点是公共信用信息的实际应用④,坪山区公共信用信息应用机制构建的主要探索思路和重要举措主要体现在以下三个方面。

(一)建立一套信用管理制度

公共信用信息的应用必须合法合规,相对健全的信用管理制度可以为坪山区公共信用信息的应用提供完整、公开和相对稳定的制度环境,对于规范和保障信用行为、信用关系意义重大。坪山区采用"1+X 配套文件"的形式建立一整套涉及公共信用信息归集、应用、共享、监管、保障等全流程的

---

① 2016 年 9 月,国务院下发《国务院关于同意广东省设立深圳市龙华区和坪山区的批复》(国函〔2016〕159 号),以坪山、坑梓两个街道的行政区域为坪山区的行政区域;2017 年 1 月 7 日,深圳坪山区举行揭牌仪式,正式成为行政区划。
② 公共信用信息(又称政府信用信息)是指国家机关以及依据法律法规行使公共事务管理职能的组织在履行职责、提供服务过程中产生或者获得的,可以用于识别、分析、判断信息主体信用状况的数据和资料。
③ 第五届"法治政府奖"由中国政法大学法治政府研究院、中国行政法学研究会承办,于 2018 年 4 月正式启动,全国共计 85 个项目参加评选,经过初审、实地考察、终评展示、评委无记名投票环节,最终 15 个项目获评"中国法治政府奖"。深圳市坪山区申报的"构建公共信用信息应用新机制 助推法治政府和诚信坪山建设"项目是深圳市第二次获评"中国法治政府奖",也是深圳市首个获此殊荣的区级项目。
④ "目前我国社会信用体系建设的落脚点是公共信用信息的实际应用"是"构建公共信用信息应用新机制 助推法治政府和诚信坪山建设"项目的基础观点。从信用的本质和构成上来看,公共信用信息和市场信用信息互联互通是大势所趋,但是国家信用立法缺失等现实情况决定了以政府为主导的公共信用信息应用必须尽快启动,合法合理地规范、约束、引导信用信息应用,防止走向信用应用的反面。

信用管理制度，保证坪山信用制度建设的开放性和回应性，奠定公共信用信息应用基础。信用管理制度注重对政府权力的限制与监督以及对信用相对人权利的保护与救济，除印发《坪山新区社会信用体系建设规划（2014～2020）》之外，坪山区还制定了《坪山区贯彻落实守信联合激励和失信联合惩戒制度实施方案》《深圳市坪山区公共信用信息管理工作细则》（以下简称《工作细则》）。《工作细则》适用于对本区行政区域内公共信用信息的归集、应用、共享、监管、保障、安全等活动的规范和指引，主要内容包括优化公共信用信息管理规范体例、完善公共信用信息定义和分类、明确公共信用信息共享方式、引导公共信用信息应用落地、健全联合奖惩工作机制、提供公共信用信息监管措施、建立失信行为举报机制、规范公共信用信息披露期限等；创新性地规定了风险信息的分类方式、区分强制应用和推荐应用手段、注重事前和事中监管模式等；对于坪山区法治营商环境的构建、社会良好诚信氛围的营造等意义重大。

坪山区根据《工作细则》进一步完善《深圳市坪山区公共信用信息建设领导小组办公会议制度》《深圳市坪山区公共信用信息建设绩效考核暂行办法》等建设保障类规范，及时把握公共信用信息应用过程中的不确定风险和疑难问题，保障有错必查、奖罚分明、长效管理；完善《深圳市坪山区信用红黑名单管理暂行办法》《深圳市坪山区联合奖惩发起与响应操作规范》《深圳市坪山区公共信用信息分级使用规则》等公共信用信息应用类规范，规范公共信用信息红黑名单的认定、联合奖惩的触发反馈以及不同角色主体（行政机关、行政机关内部不同部门、行政机关不同级别、自然人、法人、非法人组织等）的共享方式等；完善《深圳市坪山区公共信用信息异议处理暂行办法》《深圳市坪山区公共信用信息修复暂行办法》等信息监督和救济类规范，限制失信行为的同时，也为重塑信用和纠正失误提供渠道；完善《深圳市坪山区公共信用信息报告格式规范》《深圳市坪山区公共信用信息核查工作规范》《"信用坪山"平台信息审核发布工作规程》《深圳市坪山区公共信用信息公示规范》《深圳市坪山区公共信用信息查询服务指南》等信息格式类规范，确保公共信用信息的高效应用。

（二）整合一张信息应用清单

坪山区根据国家、省、市、区的相关法律法规和 37 份联合奖惩备忘录[①]，结合本区工作实际，梳理、整合形成《深圳市坪山区公共信用信息应用事项清单》（以下简称《应用事项清单》），明晰公共信用信息应用的 15 大类别 154 项具体应用。依据《应用事项清单》归集、共享、应用、监管在企业监管、环境治理、食品药品安全、消费安全、安全生产、住建等领域的信息应用数据，有助于明晰全区各单位公共信用信息应用的范围和构建系统完善的大数据监管模型。

（三）搭建一个信用服务平台

坪山区按照"共建共享"原则，借助深圳市公共信用信息系统，以"制度建设、平台实施"为主线，积极搭建本区公共信用信息平台（以下简称"信用平台"），顺利对接国家信用中心查询接口，助推公共信用信息应用落地。信用平台旨在构建全过程、多层次、条块结合的信用信息共享及应用的安全平台，归集、存储、整合、监管本区信息主体的公共信用信息，提供公共信用信息查询和共享服务。信用平台重点对接人力资源、城管、环水、卫计、住建等执法单位的监管数据，实现对全市信用信息以及坪山区自有特定数据的有效归集和监管，支撑实现公共信用信息的协同监管、政务应用和社会应用，致力营造良好的"守信联合激励、失信联合惩戒"社会信用生态。

二 公共信用信息有效应用面临的困境

截至 2018 年 12 月，"坪山信用网"企业画像评级总数累计达 58374 家，

[①] 坪山区《应用事项清单》整理时间截至 2018 年初，故联合奖惩备忘录只有 37 份；截至 2018 年 12 月，联合奖惩备忘录已经签署 44 份。

通过主体类型、涉及行业、服务规模、主体年报、纳税涉诉、涉嫌违法的次数周期等信息分析比对,对企业主体共设置八类信用划分等级,其中A类20992家,占比为35.96%。坪山区对信用良好者实施正向激励,予以政策扶植、政务优先办理、容缺受理、开通绿色通道等;对失信者在市场准入、资质资格管理、招标投标等方面依法予以限制,法治营商环境营造效应初显。但是客观来看,公共信用信息的有效应用还面临一些亟待解决的问题,而这些问题是坪山区也是全国普遍存在的问题。

(一)国家层面信用立法相对滞后

信用方面的立法项目在2018年第十三届全国人大立法规划中仍属于"立法条件尚不完全具备、需要继续研究论证的"项目,信用立法条件的不完备同时说明社会信用体系建设中还存在不少法律问题需要深入研究和论证。除了分别于2008年、2013年和2014年施行的《中华人民共和国政府信息公开条例》《征信业管理条例》《企业信息公示暂行条例》,国家层面近四年只制定了信用相关政策文件[①],而政策文件在实践操作中并不具备相应的法律效力和强制执行力,仅具有方向指引作用,不利于推动信用信息的应用。《中华人民共和国政府信息公开条例》更多规定了公共信用信息社会共享方面的内容,并没有涉及公共信用信息政务共享领域的内容;由中国人民银行牵头起草的《征信业管理条例》属于市场信用方面的立法,无法涵盖对公共信用的管理,且缺少相应的配套文件;《企业信息公示暂行条例》是对企业在生产经营过程中产生信用信息的管理,规范企业的经济活动,并不包括自然人、个体工商户、非法人组织等信用主体的经济活动、行业活动、公益活动等。

国家信用立法相对滞后,如公共信用信息归集不完整、尚无统一规范的

---

① 仅2018年,中办、国办、中国人民银行、发改委、财政部、海关总署等国家层面出台的信用政策文件超过50项,如2018年3月,《海关企业信用管理办法》;2018年4月,《关于加强会计人员诚信建设的指导意见》;2018年5月,《关于进一步加强科研诚信建设的若干意见》;2018年7月,《关于对失信主体加强信用监管的通知》等。

公共信用制度，必然导致地方信用立法呈现多层次、零散化甚至是不健全的特征。坪山区相较于深圳市其他地区在公共信用信息的分类上创设了"风险信息"①，国家公共信用信息立法的出台肯定会统一确定公共信用信息分类，现有地方信用立法便需要随之作出相应调整。"法治政府奖"评审委员会认为《坪山区贯彻落实守信联合激励和失信联合惩戒制度实施方案》"（十四）加强行政性约束和惩戒。……不予受理商事登记申请；不予行政许可审批、限制资质资格；限制参与政府采购、建设工程招投标资格；列入日常监督检查重点名单；……法律法规和规章规定的其他惩戒措施"中部分措施属于不当连接，有违法增设行政处罚之嫌，而全国不少地方都出台过类似的联合奖惩制度文件。

（二）信用建设推进格局莫衷一是

社会信用体系建设部际联席会议负责统筹推进国家层面社会信用体系建设，最初由国务院办公厅牵头，2008年改为由中国人民银行牵头，2012年形成的国家发改委、中国人民银行双牵头格局延续至今。但各地的社会信用体系建设推进格局与国家层面并未保持一致，如《福建省公共信息信息管理暂行办法》第六条规定福建省人民政府发展改革部门、中国人民银行福州中心支行是全省公共信用信息工作主管部门；《山东省公共信息信息管理办法》第六条规定县级以上人民政府发展改革部门是公共信用信息工作的主管部门；《深圳市公共信用信息管理办法》由原深圳市市场监督管理委员会（现深圳市市场监督管理局）牵头起草，其第六条规定市社会信用体系建设统筹小组由市政府领导任组长，统筹协调全市社会信用体系建设等工作，其下设的办公室（市信用办）负责全市信用体系建设日常工作；《工作细则》由原中共深圳市坪山区委政法委员会（司法局）（现区政法委和司法局已分立）牵头起草，其第六条规定区领导小组统筹协调本区公共信用信

---

① 目前发改委及大多数省市按照信用信息性质大致将信用信息分为基本信息、良好信息和不良信息。但在实际操作中，存在大量信用信息无法被定义为良好或者是负面的风险信息，而这些信息对信息主体的履约能力、失信风险等方面的信用评价有重大影响。

息体系建设工作，其下设办公室负责本区公共信用信息体系建设日常工作，并指导区信用中心开展公共信用信息管理工作。

信用建设机构设置格局不一，不同主管部门在优化资源配置、提升工作效能等方面的差异，一定程度上会影响信用建设工作的推进速度和落实力度。

（三）信用信息应用缺乏系统梳理

联合奖惩措施应用是目前中国公共信用信息应用的重要组成部分。截至2018年12月，国家相关部委已经签署44个联合奖惩备忘录，其中只有8个联合激励的备忘录，3个[①]是既有联合激励又有联合惩戒的备忘录，其余均为联合惩戒备忘录。目前联合奖惩措施过于繁杂、分类不清，每个联合奖惩备忘录均涉及多部门多举措，当前缺乏规范、系统的以联动部门为对象或者以应用措施类别为标准的联合奖惩应用清单。以《关于对国内贸易流通领域严重违法失信主体开展联合惩戒的合作备忘录》（发改财金〔2017〕1943号）为例，国家发改委、中国人民银行、财政部、国家税务总局、国家工商总局等部门的联合奖惩措施共计28项，在市场准入、政府采购、土地供应、扶持资金支持、高消费等方面予以限制。

坪山区以应用措施类别为划分标准，在梳理国家37份联合奖惩备忘录基础上，结合坪山的信息化基础和实际业务需求，整合形成含154项具体应用的《应用事项清单》。《应用事项清单》共制定了15个应用类别，但是目前应用类别之间还是存在一定的交叉，如行政许可与行政审批之间、招投标和政府采购之间存在一定重合。联合奖惩措施应用领域和数量的持续增加、联合奖惩应用类别划分的不精准，会影响联合奖惩措施或者《应用事项清单》的实际运行效果。

---

① 《关于在电子认证服务行业实施守信联合激励和失信联合惩戒的合作备忘录》（发改财金〔2017〕844号）、《关于对出入境检验检疫企业实施守信联合激励和失信联合惩戒的合作备忘录》（发改财金〔2018〕176号）、《关于对慈善捐赠领域相关主体实施守信联合激励和失信联合惩戒的合作备忘录》（发改财金〔2018〕331号）。

（四）公共信用信息归集效率低下

公共信用信息归集需要归集主体、归集对象、归集程序、归集渠道等多方面的有效衔接，任何一个环节的缺失或者不健全均会导致公共信用信息归集效力低下。以坪山区为例，目前单个部门可以根据《工作细则》初步确定归集自然人、法人或者非法人组织的基本信用信息，但是单个部门信用信息归集、整合、生成可以共享的信用信息条件较为严苛，打破信息孤岛任重道远。信用平台协同系统的完善度、不同部门的协调配合度、工作人员平台功能和操作系统的熟悉度、信息检查和反馈频率等均会影响公共信用信息的归集效率。

三　公共信用信息应用机制的优化路径

在互联网时代，从"熟人社会"走向"陌生人社会"，曾经靠熟悉和伦理建立的信任，现在更多是需要规则和理性来支撑。恶意拖欠工资、拒不执行生效裁判文书、虚假广告、商业欺诈、逃税、学术不端、"碰瓷"等社会失信问题极易引发"破窗效应"，影响市场经济可持续健康发展。能够有效应用的公共信用信息才有价值，合法、合规、有限、有为的公共信用信息应用机制的建立势在必行。

（一）宏观布局国家信用立法

2018年6月，国务院总理李克强召开国务院常务会议时指出，"要坚持应用导向、立法先行，进一步加强社会信用体系建设"。信用立法，尤其是国家层面信用立法是社会信用体系建设行稳致远的关键环节和基础工作，确保公共信用信息应用有法可依。目前国家层面正在推进由国家发展和改革委员会牵头起草的《公共信用信息管理条例》。建议宏观布局国家层面信用立法应当在遵循合法性和合理性原则的基础上，精细设计实现限制公权和保护私权之间的平衡，并明确以下问题：

第一,根据信息来源不同,区分公共信用和市场信用两大类的信用立法,并推动相关配套法规制定。有效对接公共信用和市场信用,并重点调整中国特有且被《社会信用体系建设规划纲要(2014~2020年》明确社会信用体系建设四个重点领域——政务诚信、商务诚信、社会诚信和司法公信建设。①

第二,加快制定《公共信用信息条例》,规范公共信用信息应用。进一步明晰社会信用体系的概念,明确与社会信用体系建设重要地位相匹配的管理部门和推进格局,规范公共信用信息归集、共享、应用、保障、监管等活动,明确联合奖惩机制的法律基础和依据,促进公共信用服务行业发展。

第三,注重总结和参考地方立法和国外立法的经验。社会治理模式的创新往往发轫于地方,后上升为国家法律。目前上海、浙江、湖北、河北、山东等多地已经出台地方性信用法规,深圳市也于2017年10月开始实施信用方面政府规章——《深圳市公共信用信息管理办法》,积累了有益经验。国外方面,美国建立了以市场主导的征信体系,其1970年制定的《公平信用报告法》(Equal Credit Report Act)是信用法律体系中最具代表性、影响最大的一部;德国虽然没有制定专门的信用法律,但其民法、商法、信贷法和数据保护法、刑法等法律法规涵盖了关于信用信息的所有规范②,具有一定参考价值。

(二)完善信用信息归集工作机制

各地公共信用信息管理规定的陆续出台从法律上肯定了公共信用信息的重要性,然而各地在归集公共信用信息数据并没有统一标准,覆盖范围不够全、规模不够大,难以保证数据的全面性、实时性、准确性和安全性,不利于归集工作的顺利开展。加大信用信息的归集共享工作,需要重点做好以下工作:

第一,系统梳理公共信用信息,提高公共信用信息应用效率。第一种方式,以单个部门为对象,形成针对单一部门的多个公共信用信息应用事项清

---

① 马国建:《构建区域一体化社会信用体系研究:以长三角地区为例》,上海三联书店,2014。
② 罗培新:《遏制公权与保护私益:社会信用立法论略》,《政法论坛》2018年11月。

单。第二种方式,通过合理分类公共信用应用措施,形成适用所有部门且利于统一管理的公共信用信息应用事项清单。第三种方式,借助电子化手段,将单一部门与应用类别相结合,形成针对特定部门、特定类别的组合式应用事项清单。

第二,加强公共信用信息系统建设,提升公共信用信息运行管理水平。通过引入先进科技和大数据,建设归集、存储、整合信用信息的信用平台,提供公共信用信息查询和共享服务,支撑高效地实现公共信用信息的协同监管、政务应用和社会应用等。随着信源单位[①]与国家—省—市—区对接信用平台的逐渐增多,信用信息运行业务需求不断增加,信用平台不仅需要存储原始信用数据,还需要在原始数据基础上产生大量的处理数据,在数据归集方面还需制定归集的策略、方式。

第三,明确归集公共信用信息要求,确保公共信用信息的安全性和准确性。公共信用信息归集应实行目录管理,将公共信用信息的识别标识码、信息类别、信息事项、具体数据项、数据格式、数据源、更新周期、公开属性、披露期限等内容按时向信用平台报送。

第四,多元渠道归集公共信用信息,形成信息主体多维信用画像。第一种,内部归集,信源单位应当根据本单位的权责清单,依据信用目录归集信息主体的信用信息。第二种,外部归集,信源单位可以通过电子文档、数据交换平台、数据共享接口等方式获取其他信源单位的信用信息。鼓励和引导商事主体、社会组织等信息主体通过信用平台向社会公开承诺诚实守信、合法经营。

(三)丰富信用信息应用方式

坪山区目前信用信息应用取得了一定成效,初步可以提供特定政务领域

[①] 信源单位主要负责采集、提供本单位公共信用信息,为公共信用信息共享提供便利条件。信源单位应当制定本单位公共信用信息管理制度,配合主管部门做好本单位公共信用信息数据归集、使用、维护、异议处理及信息安全等工作,对信用平台的建设和维护提出意见和建议。

的查询、共享、披露、联合奖惩等信用信息应用服务,但是在协同监管、辅助决策、商务领域及社会领域等方面仍然存在信用信息应用范围不广、信用信息产品不足等问题。丰富公共信用信息应用方式,可以从以下方面着手。

第一,加强公共信用信息应用宣传,提升社会各界信用信息应用意识。通过宣传,一方面加强信源单位及其工作人员对信用信息重要性的认识,调动信用信息应用建设的积极性;另一方面引导一般公众和商事主体树立诚信意识,以及在日常经济活动中应用信用信息的意识。

第二,合理划分公共信用信息应用手段,区分公共信用信息强制应用和推荐应用。强制应用是指信息应用单位在资金支持、行政审批、行政处罚、政府采购等公共信用信息应用事项类别中,依据相应的规范性文件必须或者无条件使用相关的公共信用信息,具备强制性和约束力,如禁止受处罚的供应商参加投标政府采购投标。推荐应用是指信息应用单位在特定应用事项中可参考使用的信息,具备一定的灵活性,如对文艺表演团体设立审批时可以参考深圳信用网查询的相关记录,公共信用信息的应用清单、原则、方式、手段、限度等进行了规定。

第三,丰富信用信息应用场景,提升公共信用信息的服务功能。在政务领域、商务领域和社会领域深入推动公共信用信息应用。如在政府采购中,只需要在信用中心输入投标人的名称,便可以查看投标人是否存在不良经营信用记录等信用信息,并把信用记录纳入判定投标人是否符合参与工程项目建设的指标之一。

第四,完善和落实联合奖惩机制,推动营造守法守信的良好社会氛围。系统化规定守信联合激励措施,联合惩戒机制,失信联合惩戒范围,失信联合惩戒措施,相关单位、行业协会、征信机构配合惩戒,联合惩戒发起与响应机制等内容。在落实联合惩戒机制的同时,需要明确惩戒措施的限度"应当与信息主体违法行为的性质、情节和社会危害程度相适应、相关联,不得超越法定的许可条件、处罚种类和幅度","未经公布的惩戒措施不得采取"。

第五,鼓励金融机构研究、开发、应用相关信用产品,促进信用信息应用纵深发展。同时鼓励信用服务机构、金融机构等使用公共信用信息，开展公共信用信息查询等服务外包，引导信用服务机构提供专业的信用评价服务。

（四）畅通信用异议和修复救济渠道

"无救济，则无权利。"公共信用信息应用机制的构建尤其要重视对政府权力的限制和监督，对信用相对人权利的救济和保障。换言之，信息主体权益救济渠道的存在及畅通与否，属于社会信用体系建设的基础内容，决定了公共信用信息运用的广度和深度。尊重信息主体的信用信息异议权和信用修复权，畅通信用异议、信用修复渠道如下：

第一，明确信用异议和信用修复救济原则。信用异议在时间上先于信用修复，是对客观记录信用信息内容、公开性、披露期限等进行异议，应当坚持"谁记录、谁处理"的原则。信用修复针对的是失信行为的纠正、影响消除、披露期限届满等信用状况，应当坚持"谁认定、谁修复"的原则。

第二，顺畅信用异议和信用修复处理流程。以坪山区信用异议流程为例，异议申请主体或者其授权的代理人可以向信用平台或者服务窗口提出书面异议申请；工作人员应当对异议申请进行预审，符合条件的，予以受理；信源单位应当在异议申请受理之日起10个工作日内（经负责人批准后，可延长至20个工作日），对相关异议信息完成核查工作并向领导小组办公室[①]反馈处理意见；领导小组办公室应当在3个工作日内对信源单位反馈的异议处理情况进行汇总处理，并将处理结果告知申请人。

第三，确保有效处理信用异议和信用修复申请。异议人申请信用异议后，信源单位核查后需要更正的，信用平台应当及时同步更新信息；对信源单位确认信息无误的，应当对平台内部信息加工、处理等环节进行自查；对信源单位无法核实的异议信息，信用平台应当不再向社会提供该信息的查

[①] 坪山区公共信用信息建设领导小组统筹协调本区公共信用信息体系建设工作。领导小组下设办公室，负责本区公共信用信息体系建设日常工作，并指导区公共信用信息服务中心开展公共信用信息管理工作。

询。异议申请主体对异议处理结果不服或者有异议的，可以向信源单位申请复核一次。完成信用修复后，已经完成修复的信息不再对外公开披露及作为失信惩戒的依据，应当转为信用修复处理记录档案保存。

结　语

依法治建诚信，以诚信促法治，是社会信用体系建设的应有之义，也是努力探索构建公共信用信息应用机制的内在要求。公共信用信息应用机制的优化，离不开立法的保障、工作机制的健全、科学技术的助力、多元社会主体的参与，并将为国家公共行政管理和社会治理带来深远影响。

法治与改革篇

Rule of Law and Reformation

B.20
从深圳发展经验看法治与改革的关系

宋旭光*

摘　要： 全面深入改革与推进法治建设是当前中国面临的两大重要课题，关键之处便在于如何认识法治与改革之间的关系。从深圳改革开放40年来的发展经验看，虽然法治与改革之间有内在的紧张关系，但并不是必然冲突的。虽然在某些情境中法治可能会阻碍改革的进程，但在另外一些情境中却可以成为对改革的一种保障；改革虽然强调"变法"，但并不是对于法治的抛弃，而是在法治框架内的调整与完善。在当代中国，更值得重视的问题是如何以法治方式促进改革与发展，又如何以改革精神统领法治建设。

---

* 宋旭光，深圳大学法学院助理教授，法学博士，本研究曾受深圳市法学会资助。

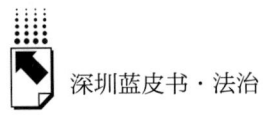

关键词： 法治　改革　深圳

全面深入改革与推进法治建设是当今中国所面临的两个最为重要的课题①，在改革开放40周年这个重要节点上，以深圳特区成立以来的发展经验为基础，对改革与法治之间的关系展开思考分析，无疑是恰逢其时。

一　改革与法治的内在张力

从表面上来看，改革是对于现行制度体系的一种突破，所要求的是创新、改变、灵活变通、不拘泥于现状，而法治是对于已有制度体系与权利话语的一种保护，所强调的则是对于现行法律体系的尊重和服从，所要求的是保守、稳定、墨守成规、维护现状，因此，这二者之间必然有着深刻的张力。那么，如何面对这种创新与保守的双重制约，就成为正确处理改革与法治之关系的关键所在。深圳改革开放40年来在改革和法治两个方面都取得了巨大成就，这说明，只要正确处理改革和法治的关系，一定能够实现改革与法治的"两轮驱动"。

关于法治与改革的关系，习近平同志曾经指出过两种错误的观点："一种观点认为，改革就是要冲破法律的禁区，现在法律的条条框框妨碍和迟滞了改革，改革要上路、法律要让路。另一种观点则认为，法律就是要保持稳定性、权威性、适当的滞后性，法律很难引领改革。"②虽然这两种观点都认识到了改革与法治之间的内在张力，但却都没有采用一种恰当的态度对待这种张力。前一种观点的错误在于将改革置于法治之前，从而严重破坏了法治的稳定性根基，并可能因此导致法治的无效，后一种观点则表现了某种悲

---

① 参见王乐泉《论法治与改革的关系》，《中国法学》2014年第6期。
② 习近平：《在省部级主要领导干部学习贯彻党的十八届四中全会精神全面推进依法治国专题研讨班上的讲话》，2015年2月2日。

观主义的态度，由于过度夸张了法律与改革之间的内在紧张关系，因此做出了在改革中放弃法治的错误姿态。在这个意义上，他们可能都没有认识到法治的弹性以及改革的规范性。

　　法治并不是僵化的、死板的、完全形式主义的，相反，它是弹性的、包容的、有一定灵活性和自由空间的。现代法治国家设置了许多机制，诸如立法、法律解释、判例制度等，来保证现行体系能够较大程度地避免这种僵化法治局面的出现。① 在中国现有的制度框架中，立法机关及时修宪修法，执法机关适当利用裁量空间，司法机关通过司法解释、指导性案例等制度，实际上都可以用来灵活地处理法律的稳定性与改革的创新性之间可能出现的矛盾。例如，可以通过立法的形式将改革成果及时固定下来，借助于法律的稳定性、一般性、权威性、程序性，将这种改革经验予以规范化，从而实现对于改革事业的保障。在某些改革领域，也可以采用法律先行的方式，通过立法、修法、释法的形式将域外的先进经验引入国内，充分发挥法律引领、推动改革的作用，从而实现改革与立法的同步进行。再者，在法律适用环节，面对改革关键领域，可以通过严格的执法和公正的司法来防止部分改革举措伤害到当事人的已有权益，减少改革可能对法治造成的破坏。②

　　总之，从理论上来看，应当辩证地看待法治与改革的关系，而不应该把二者中的任何一个面夸大化、绝对化、完全化，其中正确的观点应当是，坚持在法治下推进改革，在改革中完善法治，但这并不容易。在当今这个时代，一个城市乃至一个国家要想发展，不仅应该不断改革创新，更是必须以法治思维和法治方式统领改革，充分发挥法治的引领和规范的作用。下文将结合深圳的一些经验分析指出，为什么那些认为法治与改革必然冲突的观点是错误的，其背后蕴含着哪些错误的假定。

---

① 参见陈金钊《"法治改革观"及其意义——十八大以来法治思维的重大变化》，《法学评论》2014年第6期。
② 参见姜伟《全面深化改革与全面推进依法治国关系论纲》，《中国法学》2014年第6期。

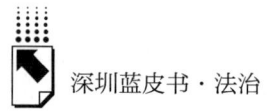

二 法治必然会阻碍改革吗?

法的确定性是法治的核心价值之一,但如果认为法治就是墨守成规地坚守既有的法律秩序而不知变通便是错误的了。在这里,坚守既有的法律秩序意味着什么呢?在任何一部法典,或者任何一个法律体系中,法律条文的意义都不是摆在那里永远不变的,法律是需要解释的,解释便会有价值判断的问题,因此会受到核心价值观或个人意见的影响,这时候,实际上影响大众对于法治之理解的就不再是法律文字所组成的那些条条框框,而是这个社会的核心价值观与道德观念。在这个意义上,所坚守的是一种动态的法治,而不是静态的法治。法治是一溪流水,而不是一潭死水。

不能否认的是,从本质上看法治确实是保守的,倾向于维持现状。由于这种法治所要求的保守性,它确实可能会在某些方面影响强调创新性的改革进程。法律中条条框框的规定都可能会导致某些改革举措变得迟缓甚至停滞。例如,因为所谓"钉子户"的原因,可能会导致施工项目的延期甚至停工,并可能带来巨大经济损失,但深圳依然通过了一系列有关城市更新的法规办法,政府一方始终坚持必须在法律法规范围内处置拆迁补偿问题,坚决不允许以非法强拆方式解决问题。这便是法治带给改革的阻碍,但确实是必须付出的代价。再如,在美国罗斯福总统的新政改革中,联邦最高法院的保守派大法官就对新政立法持有一种反对立场,其中关键的理由便在于许多改革举措涉嫌违宪,这大大影响了改革举措的实施和效果。[①]

由于法治的最核心要素在于防止统治者的任意性[②],因此法治对于改革的这种影响在官员那里体会自然更为深刻。例如,在一项关于法治中国的调研中,当官员和民众分别在被问及"您认为法治与改革的关系应当怎样"

---

① See Jeff Shesol, *Supreme Power: Franklin Roosevelt vs. the Supreme Court*, New York: W. W. Norton & Company, 2011.
② See Joseph Raz, "The Law's Own Virtue", *Oxford Journal of Legal Studies*, Vol. 39, No. 1, 2019, pp. 1–15.

时,选择"改革就是摸着石头过河,实践比规范更重要"的官员和民众分别占到74.1%和50.3%,而选择"法治先行,法律对经济和社会发挥引领和推动作用"的官民比例分别为25.9%和49.7%。① 这无疑体现出,在法治中国建设中,官员对于法治的一些负面感受,其中的关键理由可能就在于法治塑造的框架在很大程度上使改革的步伐变缓了、变慢了,尤其是有些人因为顾及法律追责而开始变得畏手畏尾、不敢改革了。但是现在之所以会造成法治会阻碍改革的印象,甚至出现"改革的法治陷阱"这种说法,在很大程度上是由于许多人从既得利益出发,借法律为工具反对改革与变法。② 而深圳之所以能够实现法治与改革的齐头并进,在某种程度上也与这一方面有关系,作为一座新兴的移民城市,深圳维护既得利益的力量并不算强大。

对于深圳的发展成就,以往人们往往强调的是国家改革开放的基本政策和深圳经济特区的战略定位,但今天尤其不能忽视法治的作用。如果将深圳与其他城市的横向比较看作一场竞争的话,那么,现代城市之间的竞争更重要的一个维度是制度的竞争,而法治就是制度建设最核心的要素。改革开放以来,深圳之所以在各项建设上都走在了全国的前列,超过了多数国内城市,原因之一就在于深圳很早就明确了一流法治要成为深圳最显著的城市特质和竞争优势,而且在很大程度上深圳确实确立了这样的优势。从改革开放40年来中国的发展尤其是深圳特区的发展来看,法治不仅不会阻碍改革举措的施行,而且在实践中,只要认真对待法治与改革之间的关系,二者是可以实现相互促进、共同发展的。

三 改革必然会破坏法治吗?

必须承认,在改革开放前夕,许多改革举措和改革事件都是对当时既有制度体系的一种冲破,但这种"破"却未必是一种破坏,而是一种破局。

---

① 张朝丽:《法治中国之问卷报告》,《领导文萃》2014年第7期(下)。
② 参见陈金钊《对"以法治方式推进改革"的解读》,《河北法学》2014年第3期。

如果既有的体系包括法律体系已经严重不适应社会发展的要求,那么,对于这种制度的冲破甚至是"破坏"便成为一种好的努力方向。在很大程度上,所谓"改革先行法治附随"的原则在改革开放之初的很长时间内会成为主导国家建设的主要观念,而且确实起到了积极的作用,它鼓励国人解放思想、实事求是、敢于创新、勇于改革,所谓"摸着石头过河"便是这样一种精神的生动体现。例如,深圳特区建立伊始,就贯彻了这种特别能改革、特别能创新的精神:第一个进行分配制度改革,第一个实行工程招标,第一个改革人事制度,创办第一家企业自办的股份制银行、第一家股份制保险公司,发行了新中国第一张股票,实行劳动用工改革,率先放开物价,率先建立劳动力市场,率先实行政府统一采购,率先启动行政审批制度改革……这些改革举措在今天看来,无疑都是意义重大、影响深远的,但在那个时候却依然是对于旧有体系的一种突破。

从法治理念的视角看,对于这种"改革先行法治附随"的状态,虽然可以暂时接受,但并非建设法治国家应有的常态。这是在改革开放伊始,中国的现代国家治理体系并不完善,法律制度陈旧不全的情况下才发生的。因为没有现成的经验可以利用,所以不知道现行体系中究竟哪些是应当被抛弃的,也不知道应当新建的体系是何种模样的,于是,国家要谋求发展,就必须大胆地尝试各种新的思想理念、方式方法,这就必然"摸着石头过河"。但是,随着现代法律体系的逐步完善,这种状态必须要终结。于是,提出了改革必须在法治轨道内进行的要求。如果说过去的经验是"先改革、后立法,以改革推进法治",那么,在已经建立了较为完善的法律体系之后,更妥当的方针应该是"先立法、后改革,以法治推进改革"。①

总之,虽然改革是"变法",必然会改变法律,但改变法律不等于破坏法治,它可能是对于法律局部的修正。法治是良法善治,改革是除旧布新。当现行法律制度中存在不合理、不完善之处时,对于法制的改革便成为走向法治的必然。改革要求创新,创新需要法治。另外,改革不是一种革命,革

---

① 石佑启:《深化改革与推进法治良性互动关系论》,《学术研究》2015年第1期。

命是用暴力手段推翻原来的旧体制,也就必然要废除原有的旧法律,从而导致对法治的破坏,但改革却并不是这种激烈的变革方式,它完全可以在已有法律框架之内完成。

四 如何以法治方式促进改革与发展?

习总书记强调:"凡属重大改革都要于法有据。在整个改革的过程中,都要高度重视运用法治思维和法治方式,发挥法治的引领和推动作用,加强对相关立法工作的协调,确保在法治轨道上推进改革。"① 如果说深圳发展优势的确立来自制度的竞争力,那么,其中一项最为重要的内容就在于深圳获得并充分利用了特区立法权,通过立法主动适应改革的需要,做到重大改革于法有据,实现改革和法治同步推进和相互促进。华为总裁任正非在谈及深圳如何建设创新性经济时就指出:"深圳就是要率先实现法治化、市场化,这方面要走在全国前面。"②

如今,改革进入"深水区",越来越多触及深层利益关系,必将遇到更大的阻力、更多的争议,重大的改革举措都必须于法有据,通过法治思维和法治方式就为什么改革、改革什么、如何改革等问题尽可能达成共识。③ 一方面,强调凡属重大改革都要于法有据,但这也并不能因为现行法律而不敢越雷池一步,这就涉及立法的建构维度了,即主动适应改革和社会经济发展需求。其中的"总体思路就是及时依宪修宪、依法立法、依法改法、依法废法"④。另一方面,从制度设计上来讲,法治的主要作用之一便在于通过解决法律纠纷、化解矛盾以稳定社会秩序。

面对这些新问题,深圳所采取的办法便是加强保障改革的法治举措,进

---

① 习近平:《在中央深改组第二次会议上的讲话》,2014年2月28日。
② 新华社:《"28年只对准一个城墙口冲锋"——与任正非面对面》,http://www.xinhuanet.com/tech/2016-05/09/c_1118830653.htm,2018年4月18日访问。
③ 参见李林《怎样以法治凝聚改革共识》,《北京日报》2013年3月11日;陈金钊:《"法治改革观"及其意义——十八大以来法治思维的重大变化》,《法学评论》2014年第6期。
④ 姜伟:《全面深化改革与全面推进依法治国关系论纲》,《中国法学》2014年第6期。

一步提高法治优势。习近平总书记强调："依法治国是坚持和发展中国特色社会主义的本质要求和重要保障，是实现国家治理体系和治理能力现代化的必然要求。要实现经济发展、政治清明、文化昌盛、社会公正、生态良好，必须更好发挥法治引领和规范作用。"[①] 深圳的成就也表明，一个城市要想发展，就必须坚持党的领导、坚持中国特色社会主义、坚持改革开放，以法治思维和法治方式统筹推进经济建设、政治建设、社会建设、文化建设、生态文明建设"五位一体"总体布局，法治的引领和规范作用由此彰显。深圳的法治优势就在于它通过法治方式激发了全社会的发展活力、创新活力、人才活力，通过法治方式营造有竞争力的法治营商环境，保障了社会创造力得以实现的外部环境。

第一，在经济方面，形成和完善市场经济的基本规则。深圳的产业经济离不开法治的推动，深圳产业经济的一个发展优势就在于借助双立法优势构建起科学完备的市场经济法规体系，它奉行"大市场、小政府"的城市管理理念，注重以法治思维和法治方式深化改革、推动发展。例如，深圳市相继出台了《深圳经济特区有限责任公司条例》《深圳经济特区股份有限公司条例》《深圳经济特区循环经济促进条例》《深圳经济特区商事登记若干规定》……正是这些条例规章使深圳在全国较早地形成了一套与国际惯例衔接的、适应深圳经济特区市场经济运作的法规体系框架。也正是在这样的环境下，深圳培育了华为、中兴、腾讯、万科、中国平安、招商银行、比亚迪、迈瑞、大疆、华大基因、大族激光等一大批具有全球竞争力的世界一流企业，并形成了以人工智能、无人机、电子通信等领域为主的具有国际竞争力的产业集群和全链条。

第二，在政治方面，建设落实依法治国方略的政治体制。法治当中必然有政治，脱离政治的法治是难以成功的。为了统领法治建设，深圳率先成立法制局以及普法领导小组；开创国内先河并建立独具深圳特色的政府法律顾问制度；成为全国首个法治政府建设试点城市，并推出全国第一个法治政府建设量化指标体系。正是在这样的努力下，深圳的法治政府建设一直走在全

[①] 《习近平关于全面依法治国论述摘编》，中央文献出版社，2015。

国前列，是法治政府建设典范城市；深圳的司法改革在全国能够处于前列，司法机关以诸多"率先、首次、第一"的原生创举，助推深圳成就世界城市化、现代化、法治化发展的奇迹。正是在这样的氛围中，深圳人形成了坚定的共识：只有依靠法治，才能营造健康有序的市场和社会环境，保障经济特区的可持续发展。

第三，在文化方面，建设健康有序的文化体制。当今世界，文化已成为城市的核心竞争力，精神文明建设对于深圳这种年轻城市来讲尤为重要。为了不使文化建设成为深圳发展的"短板"，深圳一向注重精神文明建设，以法治方式和法治手段促进文化建设，将社会主义核心价值观融入法治建设，为市民行为确立"法治基准线"。例如，2013年深圳出台全国首部《文明行为促进条例》，将诚信建设、垃圾分类、养犬管理等文明领域问题纳入法律制度框架。近年来深圳又陆续出台《深圳文化创新发展2020（实施方案）》《深圳市民文明素养提升行动纲要（2017～2020年）》等纲领性文件，充分发挥文化的引领、熏陶作用。而且深圳同样很重视法治文化建设，不断加强普法，率先健全"谁执法谁普法"责任制，培育融入城市血脉的社会主义法治文化，推动市民从"认知法律"向"认同法治"升华。

第四，在社会文明方面，以法治创新社会治理体制。习近平强调："法治兴则国家兴，法治衰则国家乱。什么时候重视法治、法治昌明，什么时候就国泰民安；什么时候忽视法治、法治松弛，什么时候就国乱民怨。"① 随着城市化进程的迅猛发展和人口数量的急剧膨胀，深圳逐渐成为社会治安动态化程度最高、社会治理难度最大的城市之一。在这种背景下，深圳一向重视法治在社会治理中的关键作用，不断提高运用法治思维和法治方式深化改革、推动发展、化解矛盾、维护稳定的能力。正是在这样的努力下，深圳特殊的人口结构不仅成为深圳不断繁荣进步的"人口红利"，也成为深圳形成法治秩序的人口优势。一方面，作为移民城市，深圳的人口结构至少呈现出两个有利于法治秩序形成的特征：第一，外来人口占多数，"陌生人社会"相对于

---

① 《习近平关于全面依法治国论述摘编》，中央文献出版社，2015，第8页。

"熟人社会"更容易形成法治;第二,深圳的人口结构相对年轻(2017年常住人口平均年龄为32.5岁),年轻意味着接受新事物、新理念的可能性更高、速度更快。另一方面,深圳形成法治秩序的人口优势之所以形成,也正是来源于公平正义、和谐稳定的社会秩序,来了就是深圳人,来了就是守法者。

第五,在生态文明方面,确立生态环境保护制度。作为一线城市,深圳在北上广深中土地面积最小,经济密度高度聚集,单位面积承载的经济活动远高于全国平均水平,承受了较大生态环境的压力。因此,深圳充分认识到"绿水青山就是金山银山",近年来一直坚持质量引领、创新驱动、转型升级、绿色低碳的发展路径,如今质量高、结构优、消耗低已成为深圳经济发展的新常态。这一切都与深圳重视加强生态保护的法治建设有关。长期以来,深圳市坚持法治先行,按照人与自然协调发展的要求,不断完善和加强环境生态保护、能源资源利用、污染防治等方面的法治体系,出台了有关环境保护、环境噪声污染防治、水土保持、饮用水水源保护、海域污染防治、河道管理、生态公益林保护、机动车排污治理、循环经济促进、建筑节能、碳排放管理等多层次多方面的生态保护法律体系。这些规定对保障城市生态系统安全、防止城市建设用地无序蔓延以及促进经济、社会和生态环境的可持续发展发挥了重要作用。

正是在这样的氛围中,深圳人形成了坚定的共识:只有依靠法治,才能营造健康有序的市场和社会环境,保障经济特区的可持续发展。如今,深圳率先提出建设社会主义现代化先行区,必须坚持以法治思维和法治方式推动新发展理念的落实,激发深圳发展新活力,推动深圳在经济发展新常态下实现新发展。

第一,必须坚持以法治方式保障创新发展。五大发展理念中,创新居于首位,深圳要以《改革创新促进条例》等已有法律为基础进一步夯实创新发展的法治基础,坚定不移地建设更具国际创新力的创新之都。

第二,必须坚持以法治方式解决协调发展问题。协调发展要求解决发展不平衡的问题,深圳要进一步完善协调发展的法治机制,进一步实施"东进、西协、南联、北拓、中优"的战略,全面实现特区一体化,携手周边共建世界级大都市圈。

第三，必须坚持以法治方式促进绿色发展。绿色发展要求经济发展必须实现人与自然的和谐相处，实现可持续的发展。深圳较早地探索建立了一套绿色生产和消费的法律制度，未来要进一步践行"绿水青山就是金山银山"的理念，增强环境行政执法的针对性、增强环境司法的权威性、确保全民守法的实效性[①]，努力打造人与自然和谐共生的美丽中国典范。

第四，必须坚持以法治方式推进开放发展。开放带来进步，封闭必然落后，开放发展要求以法治构建并保障开放型经济新体制。深圳要积极服务国家"一带一路"建设、主动服务粤港澳大湾区建设，积极学习国际制度和国际规则，加强自贸区法律制度建设，构建立足中国、面向全球的更高水平的开放法治格局。

第五，必须坚持以法治方式实现共享发展。共享发展是社会主义制度和法治理念的基本要求。中国特色社会主义进入新时代，国家社会主要矛盾已经转化为人民日益增长的美好生活需要和不平衡不充分的发展之间的矛盾。随着物质水平的逐渐提高，人们在民主、法治、公平、正义、安全、环境等方面的要求日益增长，如果不能满足这些要求，又可能反过来吞噬掉改革开放的经济成果。如今深圳法治体系发展的重点应当由"效率"转为"公正"，打造更加平等正义的法治环境，共建共治共享的社会治理格局，完善党委领导、政府负责、社会协同、公众参与、法治保障的社会治理体制，提高社会治理社会化、法治化、智能化、专业化水平。

五　如何以改革精神统领法治？

有关法治的形成，历来有演进论与建构论的争议。早期西方发达国家法治秩序的建立多是社会演进的结果，而现在后发国家则更多采用一种政府主导或推进的建构主义模式。中国无疑属于后者，"我国法治采取自上而下推

---

① 参见孙佑海《新时代生态文明法治创新若干要点研究》，《中州学刊》2018年第2期。

进的模式,这是一种自我约束型法治"①。这就决定了政府和执政党的角色在其中要发挥重要的作用,推动法治政府建设,加强从严治党、依规治党便成为其中的一个关键。《中共中央关于全面推进依法治国若干重大问题的决定》明确了处理法治与改革的基本原则:"实现立法和改革决策相衔接,做到重大改革于法有据、立法主动适应改革和经济社会发展需要。"这实际上也支持了建构主义的主张,在这个意义上,需要通过不断的改革和创新完成法治秩序的建构。

如何以改革精神统领法治建设呢?正如前述,深圳发展优势的确立来自制度的竞争力,而其中一项最为重要的内容就在于深圳获得并充分利用特区立法权,通过立法主动适应改革的需要,坚持改革与法治齐头并进,正确处理了法律与改革的关系,实现特区立法和改革决策相衔接,真正做到重大改革于法有据、立法主动适应改革和经济社会发展需要,深圳坚持依法执政、依法行政,建立高效的法治实施和监督体系,注重国法与党规的互联互动,配合推动改革举措有效运行,实现改革和法治同步推进和相互促进。

第一,改革开放以来,深圳坚决试、大胆闯,摸着石头过河,形成了许多行之有效的做法和方式,最终上升为深圳的立法,甚至为中央立法所采纳。例如,2017年出台的《深圳经济特区质量条例》就将有关深圳质量的重点工作和行之有效的经验做法以法规的形式予以确定。

第二,按照法定授权不断先试先行的过程,在深圳的改革进程中也经常遇到。例如,对流动人口的管理,深圳从20世纪80年代率先实施暂住证管理,90年代建成"暂住人口信息管理系统",2008年又推出居住证制度。

第三,当现行法律已经阻碍改革时应当首先对法律进行修改或废止,然后再进行改革。例如,深圳市先后几次对特区法规、政府规范性文件以及党内法规进行了大范围的清理:深圳市人大于2014年首次对全部现行有效166项法规中需要梳理的153项法规进行了全面梳理;深圳市政府在1992~1993年第一次开展规范性文件清理,在2016~2017年开展建市以来首次全

---

① 陆幸福:《何种改革通向现代法治?》,《法制与社会发展》2015年第5期。

面清理市政府规范性文件；2015年深圳市委全面完成1979年11月26日（深圳获省辖市）至2012年6月期间以市委或市委办公厅印发的848件党内规范性文件的清理工作。

第四，法律是治国之重器，良法是善治之前提。为了提高质量，深圳还特别注重立法工作的规范化、科学化、民主化。1992年，获得特区立法权后，深圳市人大常委会和市政府就相继制定并颁布了《深圳市人民代表大会常务委员会制定深圳经济特区法规规定》和《深圳市人民政府制定深圳经济特区规章和拟定深圳经济特区法规草案的程序规定》，对草拟经济特区法规草案的程序进行规定。之后，深圳市人大陆续出台了《深圳市人大常委会组成人员法律助理聘用办法》《深圳市人大常委会法律助理工作规范》《法规实施情况报告制度实施办法》《深圳市人民代表大会常务委员会听证条例》《深圳市人大常委会立法后评估暂行办法》《关于在立法工作中进一步发扬民主的规定》《深圳市人大常委会立法联系点管理办法》等，这些文件共同保障着特区立法的顺利有效进行。

总之，深圳充分利用了自己的特区立法权，做到了立法主动适应改革需要。习近平总书记要求："立法主动适应改革需要，积极发挥引导、推动、规范、保障改革的作用，做到重大改革于法有据，改革和法治同步推进，增强改革的穿透力。"① 深圳在改革开放的历程中一直践行这一理念，特别是在获取特区立法权的27年立法实践中，深圳充分发挥了特区立法"试验田"的作用，制定了很多在全国具有领先意义的法律，真正以改革精神创制法律，以良法促进改革、保障善治。截至2018年2月28日，深圳市人大及其常委会共制定法规225项，其中先行先试类106项、创新变通类57项，占制定法规的72.44%，而在106项先行先试类法规中，有41项是早于国家法律、行政法规出台的，有65项是国家尚无法律、行政法规规定的。

---

① 习近平：《在省部级主要领导干部学习贯彻党的十八届四中全会精神全面推进依法治国专题研讨班上的讲话》，2015年2月2日。

六 总结

改革开放40年来,中国实现了三个重大转变:计划经济向市场经济的转变;高度封闭向全面开放的转变;革命治国思维向依法治国思维的转变。① 这三者是相辅相成、共同推进的。如今"我们处在全面深化改革的新纪元,许多改革举措涉及现行法律制度,致使改革与法治的关系十分敏感:是在法治轨道上有序推进改革,还是冲破宪法法律制度乱改革,这既是对改革的考验,也是对法治的挑战"②。假设法治与改革处于天平的两端,在不同的历史时期、不同的社会阶段,这个天平的倾斜程度是不同的。"在一个转型与改革的时期,法律对秩序的保障就显得更为紧要。"③ 在改革开放的前进道路上,要"增强法治思维","坚持改革决策和立法决策相衔接"。④

---

① 参见徐显明《推进法治的"四个转向"》,《北京日报》2012年3月26日。
② 张文显:《法治化是国家治理现代化的必由之路》,《法制与社会发展》2014年第5期。
③ 王旭:《"法治中国"命题的理论逻辑及其展开》,《中国法学》2016年第1期。
④ 习近平:《在庆祝改革开放40周年大会上的讲话》,2018年12月18日。

B.21
深圳市深化出租汽车行业改革存在的问题及法律对策研究

林锐鑫　张思池＊

摘　要： 2014年7月①以来，网络预约出租汽车新业态的出现并以"野蛮"方式迅猛发展，安全及服务等行为亟待规范；与此同时，新业态打破了传统巡游出租汽车行业的既有规则，激化了老业态长期以来积聚的矛盾，甚至影响行业稳定；共存的两种业态迫切需要予以引导，通过深化改革促进两者融合发展。为促进行业健康发展，国家、广东省和深圳市均出台了关于出租车行业改革的法律文件。本报告在分析深圳市在深化出租汽车行业改革中有关工作举措及存在问题的基础上，就解决相关问题提出法律对策。

关键词： 深化改革　出租汽车　法律对策　深圳

一　国家关于深化出租汽车行业改革的要求

为规范网络预约出租汽车（以下简称"网约车"）以及进一步深化巡

＊　林锐鑫、张思池，深圳市法治研究中心。
①　采用2016年7月28日下午3时国务院新闻办公室关于深化出租汽车行业改革等相关情况新闻发布会数据。另一种观点认为国内网约车出现时间同2012年优步进入北京、杭州、深圳等地时间。

游出租汽车（以下简称"巡游车"）改革，2015年10月10日，交通运输部发布《关于深化改革进一步推进出租汽车行业健康发展的指导意见（征求意见稿）》和《网络预约出租汽车经营服务管理暂行办法（征求意见稿）》，拟将网约车纳入出租汽车（以下简称"出租车"，除特别说明外，下文"出租车"指巡游车和网约车）行业管理，在立法层面上拉开了新老业态融合的序幕。经过近一年的修改完善，国务院办公厅于2016年7月印发了《关于深化改革推进出租汽车行业健康发展的指导意见》（以下简称《国务院指导意见》），交通运输部等七部门①联合颁布了《网络预约出租汽车经营服务管理暂行办法》（以下简称《网约车办法》）。同年9月，交通运输部颁布了新修订的《出租汽车驾驶员从业资格管理规定》和《巡游出租汽车经营服务管理规定》。上述文件和部委规章，明确了出租车行业的发展定位，进一步厘清、构建起巡游车、网约车以及驾驶员管理基本制度，并对各地深化出租车行业改革工作进行统筹部署，提出要按照"乘客为本、改革创新、统筹兼顾、依法规范、属地管理"的基本原则，构建多样化、差异化出行服务体系，推进新老业态融合发展，切实提升服务水平和监管能力，促进出租车行业健康发展，更好地满足人民群众出行需求。

2018年8月3日，交通运输部部长李小鹏在全国深化出租车行业改革推进会上发表讲话，在系统总结深化出租车行业改革发展经验、深入分析出租车行业存在的主要矛盾和问题的基础上，明确下一阶段深化出租车行业改革攻坚的任务举措，提出：一是以确保安全稳定为前提，守住改革发展底线；二是以推进高质量发展为目标，破解改革发展难题；三是以深化"放管服"改革为抓手，提升行业治理能力；四是以转变工作作风为动力，确保行业改革稳步推进；五是以人民满意为标准，切实提高人民群众的获得感、幸福感、安全感。

---

① 七部门为：交通运输部、工业和信息化部、公安部、商务部、国家工商总局、国家质检总局、国家网信办。

二 深圳市深化出租车行业改革基本情况及存在的问题

(一)深圳市深化出租车行业改革基本情况

1. 建立出租车行业改革基本制度

为落实国家关于深化出租车行业改革的有关要求,深圳市政府根据《国务院指导意见》《网约车办法》和广东省委办公厅、省政府办公厅《关于促进出租汽车行业健康发展的通知》,针对本市出租车行业存在的问题等实际情况,于2016年底发布了《深圳市人民政府关于深化改革推进出租汽车行业健康发展的实施意见》(以下简称《深圳实施意见》),并以市政府令形式颁布了《深圳市网络预约出租汽车经营服务管理暂行办法》(以下简称《深圳网约车办法》)。其中,《深圳实施意见》从巡游车经营权管理制度、运力调整方式、运价形成机制、网约车经营行为和私人小客车合乘、巡游车行业转型升级、"红的、绿的"一体化、行业治理模式、营造良好市场环境等八个方面提出了29项改革措施。《深圳网约车办法》则在《网约车办法》基础上,结合本市实际细化了有关规定,明确了深圳对网约车经营者、车辆、驾驶员管理制度以及网约车营运行为规范。

2. 认可并规范私人合乘行为

2016年12月,原深圳市交通运输委员会(以下简称"市交通运输主管部门")和深圳市公安局印发《关于规范私人小客车合乘的若干规定》(深交规〔2016〕1号),认可"不以盈利为目的"的运输活动,厘清非法营运与私人小客车合乘的界限,界定"营运"和"非营运"的边界,并进一步规范私人小客车合乘行为,保障合乘各方合法权益。

3. 依法稳妥推进经营权无偿化及"红的、绿的"一体化运营等工作

深圳市巡游车经营权,除少量早期以传统审批等方式授予、无偿使用以外,历年来采用公开拍卖、价高者得方式投放的营运牌照,数量超过10000个;采用公开招标、有偿使用或者置换公交资源方式投放的绿色出租车指标

约5400个。各类经营权有偿使用制度及价格不同，且有偿使用经营权数量多，特别是营运牌照持有人多样化①且依法可以自由买卖，市场交易较为活跃，价格波动较大，行业发展过程中个别营运牌照持有人受利益等因素驱动，造成部分营运牌照权属不清晰，甚至产生"一女多嫁"等问题。因此，推进无偿化工作既需要尊重既有权益的保障，还需要综合考虑上述多方面因素，确保平稳推进经营权无偿化工作。此外，由于红色出租车和绿色出租车的投放方式、营运区域及管理长期以来实行不同制度，在推进一体化运营过程中也应兼顾各方合法权益并依法开展。

为依法开展上述工作，市人大常委会、市政府积极推动立法工作。市人大常委会于2017年4月底通过了《关于暂时停止适用〈深圳经济特区出租小汽车管理条例〉部分条款的决定》（深圳市第六届人民代表大会常务委员会公告第五十五号），自决定公布之日②起三年内暂停实施关于"营运牌照投放实行有偿使用、公开拍卖"及相关规定，为推进出租车经营权无偿化扫清法律障碍。

为稳妥推进出租车经营权无偿化和"红的、绿的"运营一体化工作，市交通运输主管部门结合市政府关于在出租车行业推广新能源汽车的相关政策，对存量燃油出租车更新为纯电动车实行"同产权"并按规定条件配比、奖励制度，实现无偿、增量投放纯电动巡游车。截至2018年底，全市纯电动巡游车规模达到21000辆，巡游车基本实现纯电动化，使深圳成为全球纯电动出租车规模最大、应用最广的城市③。此外，在网约车方面，2018年市政府启动了《深圳网约车办法》修订工作，在继续实行经营权无偿使用制度的基础上，拟明确增量网约车全部使用纯电动车。市交通运输主管部门利用出租车行业推广新能源汽车契机，通过推动出租车纯电动化工作，落实了关于经营权无偿化、有期限制、纯电动化以及"红的、绿的"一体化运营

---

① 营运牌照持有人既有个人（含境内外个人），也有企业等。
② 《关于暂时停止适用〈深圳经济特区出租小汽车管理条例〉部分条款的决定》于2017年4月27日经深圳市第六届人民代表大会常务委员会第十六次会议通过，2017年5月5日公布。
③ 详见《市交通运输委2018年度法治政府建设工作报告》，http：//sztb.gov.cn/zwgk/xxgkml/ndbg/201901/t20190104_15221806.htm。浏览时间：2019年3月4日。

等改革要求,也对运力调整机制进行了有益探索。

4. 推进新老业态融合发展

在推进巡游车和网约车新老业态融合发展方面,除上述措施外,市交通运输主管部门还开展了以下工作:

一是加强运营和监管信息化建设,提高监管效率。目前,市交通运输主管部门已按有关深化改革要求推进运营和监管信息化改革,通过监管平台的建设及推广应用基于移动互联网技术的随车智能化设备等措施,基本实现通过"监管+互联网",创新运行监测、服务测评、安全监督、应急处置、信息发布等监管方式,有效提高了监管效率、提升了管理效果。

二是推进运价改革。《深圳网约车办法》明确网约车实行市场调节价。针对巡游车常见的涉及计价器、议价等投诉,市交通运输主管部门通过推广新型巡游车计程计价设备让运价计算更为精确,并着手研究调整优化出租车运价方案,特别是重点时段及区域的运价,探索借鉴网约车行业建立合理的运价浮动机制,增加特殊时段和区域的运力供给。

三是推动巡游车行业转型升级。在市交通运输主管部门推动下,目前已实现巡游车互联网预约用车、智能调度、电子支付、服务评价等各项功能,通过燃油车置换纯电动车配比及奖励相关措施,有效推动巡游车经营者主动通过兼并、重组、吸收入股等方式实行品牌化、集约化、规模化经营。此外,市交通运输主管部门继续在巡游车行业落实劳动合同制度,并采取措施进一步降低驾驶员风险抵押金。

四是统一驾驶员许可。2018年6月,深圳已经实现网约车与传统巡游车驾驶员在从业资格考试上统一报名、统一条件、统一考场、统一试题[①]。成绩合格者可通过深圳市出租车监管平台自主选择注册为巡游车驾驶员或网约车驾驶员。

5. 营造良好市场环境

在落实营造良好市场环境任务方面,市交通运输主管部门加大市场监管

---

① 《深圳巡游车和网约车司机从业资格考试实行"四个统一"》,深圳市交通运输局网站,http://www.sz.gov.cn/jw/zwgk/jtzx/gzdt/czdt/201806/t20180619_12201039.htm。

执法力度、依法制止利用出租车经营权或收益向出租车驾驶员转嫁经营风险的行为，并积极推动完善配套服务设施相关工作，但尚未建立起优化重点、偏远区域巡游车服务保障机制。另外，在建立出租车经营者和驾驶员守信激励、失信惩戒的信用管理制度方面，市交通运输主管部门已初步建立起红黑名单制度。此外，在维护行业稳定方面，市交通运输主管部门也开展了大量工作，行业稳定形势明显好转。

（二）深圳市出租车行业改革发展中仍存在的问题

尽管深圳市在深化出租车行业改革方面已经取得阶段性的成果，多数改革任务均已完成，甚至部分改革任务的落实已超出预期。但主要仍有以下几方面的不足。

1. 新老业态未能公平竞争

自网约车业态诞生以来，对于网约车和巡游车协调发展、融合发展问题的讨论未曾间断，呼声最大的是要公平对待两种业态。但目前巡游车和网约车仍然没有在同一起跑线上，巡游车和网约车的投放方式、运价、准入门槛（如车型标准）、考核、服务标准及规范、监督等各方面制度都存在一定差异，是导致两种业态之间不能实现完全公平竞争的主要原因，也是阻碍两种业态进一步融合发展的重要因素。

2. 经营者主体责任未实现法定化

在推进行业治理多元化方面，改革要求落实经营者主体责任，同时强化政府监管职能，充分发挥行业协会、工会组织、消费者协会等社会组织的作用，构建政府监管、行业自律、社会共治新格局。但从近年来巡游车行业安全及服务总体情况来看，交通安全事故时有发生[1]，折射出经营者管理缺

---

[1] 详见《去年深圳16人死于出租车事故，超九成是副班司机开车》，https：//www. toutiao. com/i6646353644159500813/？tt_from=mobile_qq&utm_campaign=client_share&timestamp=1547485091&app=news_article&utm_source=mobile_qq&iid=57589111315&utm_medium=toutiao_android&group_id=6646353644159500813。浏览时间：2019年2月28日。

失,"以包代管"依然是巡游车行业管理中的一大弊病。在网约车领域,正如交通运输部新闻发言人吴春耕在 2018 年 9 月 28 日例行新闻发布会上所指出的,网约车经营存在公共安全隐患问题巨大、非法营运问题突出、安全生产主体责任落实不到位、企业平台诚信严重缺失、个人信息安全问题突出等九大问题[①]。从目前情况看,市交通运输主管部门虽已进行了有益探索,但仍未构建起科学合理的多元化治理体制机制并在法律上予以确认。

3. 巡游车经营权无偿化工作未有实质性进展

巡游车经营权无偿化的目的主要是解决有偿使用造成的炒买炒卖推高经营成本、权属复杂、转嫁经营风险并且政府难以依法收回或撤销等问题;而解决这些问题的关键,是实现既有经营权无偿使用。《深圳实施意见》明确要制定科学合理的过渡方案,逐步推进既有巡游车经营权无偿化。但目前该项工作仍无实质性进展。

4. 信用监管体系不完善

近年来,国务院陆续印发了《社会信用体系建设规划纲要(2014~2020 年)》《关于建立完善守信联合激励和失信联合惩戒制度加快推进社会诚信建设的指导意见》《企业信息公示暂行条例》等文件,深圳市也制定了《深圳市公共信用信息管理办法》,构建了信用信息管理的制度框架。按照最新立法和改革的要求,出租车行业管理应当建立出租车经营者和驾驶员守信激励、失信惩戒的信用管理制度。但深圳市目前尚未构建起完善的体制机制,需要在行业立法中研究建立相关制度。

5. 信息安全问题突出

随着其他新科技的应用,未来以大数据、云计算等智能化手段,实现了包括多元一体约车服务、重点区域运力保障、失物查找一键锁定、智能终端计程计时等功能,同时也引发了网络安全、信息安全以及个人隐私保护等问题的争议和讨论。目前的制度设计中,缺少对出租车在服务过程中信息采集

---

① 详见《网约车经营存在九大问题》,https://baijiahao.baidu.com/s?id=1612901730983920800&wfr=spider&for=pc。浏览时间:2019 年 2 月 28 日。

的路径和范围、信息使用的范围、信息存储和管理，与主管部门之间实现信息共享、接受主管部门实时监控等义务，以及对违规泄露、使用信息的责任追究等问题的详细规定。

6. 其他需要落实的工作和解决的问题

网络科技在出租车行业的应用，客观上需要相关行业部门的共同监管。为此，交通运输部等七部门于2018年5月联合发布了《关于加强网络预约出租汽车行业事中事后联合监管有关工作的通知》（交办运〔2018〕68号），提出建立出租车行业事中事后联合监管体制机制。此外，深圳市巡游车行业劳动关系主要有承包制和挂靠制两种模式，网约车行业的法律关系存在承揽关系、雇佣关系、劳务关系等多种法律关系。由于法律规定不清晰，多种法律关系并存，不利于保障驾驶员劳动权益以及落实经营者的主体责任，容易在事故责任承担、工伤责任承担、行政处罚责任承担以及利益分配等方面产生争议。

三 关于深圳市深化出租车行业改革的法律对策建议

（一）全面评估本市出租车行业法规规章

深圳市现行关于出租车行业的立法主要包括自1995年5月1日起施行的《深圳经济特区出租小汽车管理条例》（以下简称《条例》）、自2002年4月15日起实施的《深圳市绿色出租小汽车管理规定》和《深圳网约车办法》。这些立法存在的主要问题包括：一是均基于传统出租车管理理念制定，尤其是前两项立法中关于出租车经营权有偿使用制度不符合深化出租车行业改革有关要求，管理机制较为落后，无法解决目前行业管理中碰到的问题；二是未结合新老业态共存的实际对巡游车、网约车进行统筹规定，不利于促进新老业态融合发展和行业健康发展；三是在国家、广东省先后出台出租车行业管理规章、规范和有关政策文件的情况下，未及时吸收相关法律文件中的先进制度和措施，对于能与国家、广东省保持一致的管理制度，未及时进行调整；四是未能将深圳市历年来在出租车行业管理中积累的经验和制度创新在立法中予以确认。为此，建议对深圳市出租车行业立法及有关文件进行全面梳理，围绕立法质量、实施绩效、存在问题及其影响因素等进行全面分析评价，提出评估意见和有关建议。

（二）适时启动本市出租车行业管理法规立、改、废工作

结合深圳市深化出租车行业改革中存在的问题，建议启动《条例》修订工作，将新老业态纳入《条例》进行规范管理，切实引导和推动新老业态的融合发展，并结合《条例》修订情况适时废止《深圳市绿色出租小汽车管理规定》和《深圳网约车办法》。经初步研究，建议在修订《条例》时重点研究建立以下各项制度。

1.将网约车纳入《条例》，按照"能统一即统一"原则，设置有关标准和规范，为两种业态发展提供公平的法制环境

一是统一经营许可。从深圳市两种业态发展情况来看，网约车企业有从初期具备明显共享经济特点的轻资产向重资产转变的趋势；与此同时，巡游车行业也已基本实现电子支付。因此目前巡游车和网约车最主要的区别在于是否具备线上服务能力。因此，深圳市可以根据巡游车和网约车的特点，在修订《条例》时统一两种业态一般许可条件，再分别设置巡游车和网约车的特别条件，从源头上引导两种业态的融合发展。

二是统一驾驶员许可。统一驾驶员许可条件是深圳市打通巡游车驾驶员和网约车驾驶员之间流动的壁垒方面探索出的先进经验，应当在修订《条例》时予以明确。进一步完善驾驶员许可实施机制，建立常态化的驾驶员背景审核机制，及时清理不合规驾驶员，提高源头安全水平。

三是统一车辆许可。统一巡游车和网约车车辆的许可条件，包括车辆营运技术条件、使用年限、车载终端、消防设备、安全装置等。对于其他条件，比如车辆车型标准、外观差异，则应当鼓励经营者根据不同的经营定位，实行差异化、专业化的发展。

四是统一经营权管理机制。在落实新增经营权无偿使用、有期限使用的

同时，首先应当建立起巡游车和网约车统筹考虑的动态运力调控机制，综合考虑道路资源承载能力、环境保护等因素，通过对两种业态运力进行统一规划，实现数量管制。建立出租车运力规模动态调整机制，在两种业态间形成竞争，促进两种业态的良性发展。其次还应优化经营权配置方式，建立兼顾既有经营者"优胜劣汰"和尚未取得经营权但有志于从事出租车业务的潜在经营者"公平准入"的经营权配置方式，比如，根据经营者以往服务质量信誉考核成绩及投标人服务方案为主要评分要素进行综合评比的招投标方式。最后还应建立优胜劣汰的竞争机制，完善经营权和行业退出制度。对经营过程中经营者和驾驶员存在违法违规行为的，计入出租车行业诚信体系和诚信档案；完善行业评价制度，对达到一定上限的，取消经营者的经营权或驾驶员从业资格，从而倒逼出租车经营者和驾驶员自觉遵守法律法规，提升服务质量。

五是统一服务标准。巡游车和网约车同属道路客运服务领域，并无本质上的区别，完全可以统一两种业态的服务标准，比如，文明礼貌、车内环境卫生、车身标识等规范标准以及不违规收费、不故意绕道、不得未经乘客同意搭载其他乘客、不得对投诉人实施报复、自觉接受交通行政主管部门的监督检查等禁止性规定。同时，在监管方面也应当采取力度相当的监督检查、考核力度，不能畸轻畸重。

2. 合理界定经营者、政府、行业协会的职责，提升出租车行业管理和服务水平

一是夯实政府宏观管理的职能，建立起充分尊重市场客观发展以及经营者、驾驶员从业自由的行政管理体制，不利用行政手段干预市场竞争，不干预市场主体的具体经营行为，鼓励科技、服务、经营方式在法律的框架下不断创新。同时，理顺各部门之间的监管责任分工，加强部门协同管理，形成各负其责、协作配合、齐抓共管的监管新格局，切实提高行业治理能力和应急处置能力。现行立法关于部门职责分工与新业态的规范发展不协调，应当结合新老业态融合的需要、新技术的应用等实际情况，科学、合理地确定行业主管部门、网信部门、通信、发展改革、市场监管、经贸信息、公安、财政、规划国土、住房建设、人力资源与社会保障、税务部门的职责分工，做到职责法定，不越位、不缺位。此外，还应建立部门协同机制和监管信息实时共享机制，便于部门共同研究新老业态发展中存在的突出问题，及时了解出租车行业运行的基本情况、突发事件等。

二是强化经营者作为经营主体的责任，创建和谐劳动关系。在继续实行出租车行业企业化经营并落实经营者完善安全生产、运营服务等相关制度及承运人其他法定责任的基础上，进一步厘清经营者与驾驶员之间的法律关系。加强对驾驶员的劳动保障，明确经营者应当依法与驾驶员签订劳动合同[①]及其他协议，促使经营者依法保障驾驶员获得劳动报酬、休息时间、带薪休假等合法权益，做好保险、职业病防护等，杜绝向驾驶员转嫁经营风险，让驾驶员以良好状态做好营运服务；同时明确经营者应当采用各种措施确保营运车辆、驾驶员在服务过程中持续符合法律规定的条件。此外，还应当改变现行由政府受理及处理出租车服务投诉的体制，明确由经营者承担。

三是建立驾驶员行为规范，明确驾驶员的权利、义务、服务规范以及禁止行为，区分驾驶员运营过程中的个人行为及公司行为，界定经营者与驾驶员在出租车服务中的责任。此外，还应完善驾驶员资格许可程序，建立驾驶员背景核查制度，由市交通运输主管部门会同公安机关严格落实出租车驾驶员背景核查有关工作要求，及时清理不合规驾驶员，提高源头安全水平。

四是发挥行业协会自律自治作用，将可以通过行业自律实现的职能交由协会承担，明确协会职责，推动行业自治。比如，化解矛盾纠纷、制定行业职业规范并监督行业成员落实、向协会成员提供服务、教育和督促经营者和从业人员履行纳税义务等。同时，强化行业协会在主管部门和行业企业之间的桥梁，比如，协助主管部门拟定行业发展计划；向政府有关部门反映行业需求；协助有关部门处理行业违法案件等。

---

① 根据《关于确立劳动关系有关事项的通知》（劳社部发〔2005〕12号），实际上巡游车和网约车经营者与驾驶员一般情况下均具备认定劳动关系成立的条件。从近3年来武汉、辽宁省各地立法及广州等地法规草案相关规定来看，立法确认经营者与驾驶员之间存在劳动关系基本已成为共识。

3. 加强信用监管和服务质量信誉考核，实现优胜劣汰、诚信经营

从构建行业信用体系入手，以强化行业信用监管为抓手，充分发挥社会和行业信用体系的事中事后监管作用。根据国家、广东省和本市有关公共信用管理法律、政策，构建深圳市出租车行业信用监管体系。

一是建立行业信用监管档案制度。建立经营者、驾驶员、乘客的信用档案，记录不良行为、安全事故、违规违章等信息。

二是建立守信联合激励和失信联合惩戒机制，将信用信息、服务质量信誉考核结果作为准入、退出和企业许可延期的依据，将不良记录与个人信用信息共享，激励经营者和驾驶员合法、文明、诚信经营，约束乘客文明乘车。

三是实现营运牌照使用权—企业经营权分离并研究适度拓展至经营指标使用权—企业经营权分离，结合信用信息、服务质量信誉考核予以落实，由信用好、服务好、管理好的企业经营。

4. 强化对违法行为的惩处力度，重构合理的法律责任体系，落实经营者和驾驶员的服务和安全责任

一是构建单一处罚驾驶员和同时处罚经营者的制度，结合驾驶员违法行为与经营者管理的关联性以及违法行为的危害性，客观合理地划分驾驶员和经营者的法律责任，为行政处罚做出明确指引。

二是加大执法力度，完善行政执法定期、不定期执法抽查制度，完善"双随机一公开"执法工作机制，强化事中、事后监管，落实抽查监督要求。

三是合理划定法律责任。目前《条例》属于根据违法行为情节的轻重，重新梳理对应的法律责任。比如对严重危害乘客安全和公众安全的行为，后果严重、情节恶劣的行为，应当加大处罚力度；对虽违反法律规定，但情节轻微、社会危害性不大的行为，可以相对减轻处罚，体现行政处罚"处罚与教育相结合"的原则。

四是建立"累犯"加重处罚制度，对多次违反规定的，设定加重处罚制度，并计入信用档案，对于处罚无效者实施失信联合惩戒。

5. 按照适度前瞻原则开展修订《条例》工作

随着科技的发展，特别是无人驾驶技术的应用和普及，不排除未来仍有出租车新业态的产生。为了堵住监管的漏洞，避免再次出现亡羊补牢情况，在出租车行业立法应兼顾鼓励创新和规范发展，充分考虑前瞻性问题。比如，科学定义出租车服务，以便政府及时对产生的新业态进行引导和规范。此外，还应结合深圳高科技发展水平较高的实际，鼓励政府及经营者不断革新技术，提高管理效率，提升管理水平。

（三）依法妥善处置其他历史遗留问题

对于既有经营权有偿使用问题，在修订《条例》时应当按照"信赖保护"原则，建立维护权利人有关合法权益的制度。鼓励政府有关部门依法处置，从源头实现经营权无偿化，让存量经营权与新增经营权、新业态与老业态站在同一起跑线上，实现公平竞争。

B.22
深圳市棚户区改造制度变迁及立法完善研究

钟澄 贺倩明 陈思斯*

摘　要： 深圳市根据国家和广东省棚户区政策精神，结合自身的旧住宅情况、住房供给情况、土地情况、财政情况，在罗湖二线关插花地试点的基础上，自2018年起从市、区层面都出台了较为系统的棚户区改造政策，从实施主体、补偿标准、土地增值利益分享、行政征收权介入等方面做出了规定。结合目前的实际操作，政策中还存在着补偿标准刚性与灵活性协调，城中村纳入棚户区改造条件，实施主体确认程序，行政征收实施方式等方面问题，建议在协调城市更新和棚户区改造政策，以及细化棚改中的行政征收方式上进行研究和完善。

关键词： 深圳市　棚户区改造　房屋征收　城市更新

棚户区改造政策是国家为改善群众住房条件而提出的一项特殊住房政策，旨在通过财政、税收、土地、规划的政策供给，在尽可能减少人民群众负担的基础上，帮助其进一步提高生活幸福水平。深圳建市较迟，传统意

---

* 钟澄，法学博士，深圳职业技术学院副研究员，广东省房地产法学研究会常务理事；贺倩明，法学博士，上海市建纬（深圳）律师事务所主任，深圳市华勤城市更新研究院院长；陈思斯，法学硕士，上海建纬（深圳）律师事务所主办律师，深圳市华勤城市更新研究会特聘研究员。

上的棚户区并不多，但随着城市的发展和房价的飙升，也存在着需要改造的旧村、城中村和旧住宅区，政府也需要帮助居民改善生活环境。深圳市在2015年后根据国家的政策，结合已有的房屋征收、城市更新政策，形成了有自己特色的棚户区改造政策法规，也进行了项目实操，但相关规范还应根据实际需要进一步明确和完善。本报告在梳理国家和深圳市棚户区改造政策的基础上，对深圳市现行的棚改政策提出意见和建议。

一　国家层面的棚户区改造政策

有学者将中国的棚改政策分为"2007～2012年""2013～2014年""2015～2017年"三个阶段。[1] 2007年国务院发布《国务院关于解决城市低收入家庭住房困难的若干意见》（国发〔2007〕24号），正式将棚户区改造纳入城镇保障性安居工程，大规模推进棚户区改造，经过探索和努力，改善了大批困难群众的住房条件。2013年国务院发布了《国务院关于加快棚户区改造工作的意见》（国发〔2013〕25号），要求"加快推进各类棚户区改造，重点推进资源枯竭型城市及独立工矿棚户区、三线企业集中地区的棚户区改造，稳步实施城中村改造"。因为其政策性、公益性强，因此要"政府主导、市场运作"，一方面发挥政府组织引导作用，在政策和资金等方面给予积极支持，另一方面发挥市场机制作用，调动企业和居民积极性。资金方面，中央、省、市、县都需要加大资金投入，各银行业金融机构要加大信贷支持，民间资本可以多种方式参与，地方政府融资平台公司以及承担棚改公司可以发行企业债券或中期票据；用地方面，经济适用住房、廉租住房和符合条件的公共租赁住房项目可采取划拨方式供地；安置政策方面，实行实物安置和货币补偿结合，居民自愿选择方式。2014年，国务院办公厅发布了《国务院办公厅关于进一步加强棚户区改造工作的通知》（国办发〔2014〕

---

[1] 孟延春、郑翔益、谷浩：《渐进主义视角下2007～2017年我国棚户区改造政策回顾及分析》，《清华大学学报（哲学社会科学版）》2018年第3期。

36号），要求各地：(1) 尽力而为，量力而行，做好规划；(2) 做好征收补偿等前期工作，加快立项、规划许可、土地使用和施工许可等审批；(3) 加强质量管理；(4) 加快配套建设。此外，规定国家开发银行成立住宅金融事业部，重点支持棚户区改造等工程建设。2015年以后，在此基础上，各部委陆续出台了规范性文件，从财政、信贷、税收、土地方面支持棚户区改造。

二 深圳棚户区改造政策回顾

（一）早期的城中村改造政策

深圳作为一座改革开放后发展起来的新兴城市，并不存在大片的矿区、林区、农村、大型国企等集中棚户区，与棚户区概念相似的范畴主要是原农村地区的旧屋村、城市化进程中产生的城中村和经济特区建立之初建筑质量欠佳的旧小区。对于旧屋村和城中村，深圳市曾于2004年出台了《深圳市城中村（旧村）改造暂行规定》（深府〔2004〕177号），规定如何对"我市城市化过程中依照有关规定由原农村集体经济组织的村民及继受单位保留使用的非农建设用地的地域范围内的建成区域"进行改造，因为深圳市有实力的房地产开发企业较多，因此明确鼓励有实力的机构通过参与开发城中村改造项目，可以和城中村股份合作公司合作；对于地价区分特区内外，按照容积率段给予了免收和打折的优惠；对于补偿标准规定了每户不超过480平方米的补偿范围。

（二）2009年后的城市更新政策

2009年深圳市根据广东省的"三旧"改造政策，出台了城市更新规章和规范性文件，采取政府引导、市场运作的方式，鼓励企业和原农村集体经济组织、居民合作进行"三旧"改造，建立了一套具有深圳特色的市场化城市更新制度。"三旧"中的旧村庄、旧城镇与棚户区改造存在重合，因此这一阶段的棚户区改造主要纳入城市更新的范畴进行。

从实际效果来看，由于开发企业和城中村业主、小区居民之间是平等的市场主体，根据规定，需要在双方完全达成一致的情况下才能够启动拆除重建，政府不能介入采取行政征收，因此推动较为缓慢。在城中村方面，由于存在既有的集体组织，凝聚力相对较强，改造成功率相对较高，已经完成的有大冲村、蔡屋围、渔农村、田厦村等；在旧住宅方面，由于产权分散，居民基础自治水平不高，因此改造方面举步维艰，目前达到100%签约的只有鹤塘小区，一些小区如木头龙、南苑小区、金钻豪园等久拖不决，严重困扰了小区居民，带来了一系列的社会问题。

（三）2016年后的棚户区改造政策

随着时间的推移，深圳部分小区的安全问题也逐步凸显，包括地质灾害隐患、海沙楼安全隐患、房屋结构老化隐患等，针对现有城市更新模式下改造效率低下的问题，深圳市政府开始根据法律和政策启动棚户区改造，以更加积极的姿态解决旧住宅问题。

1. 罗湖二线关插花地①棚户区改造实践

罗湖区二线关插花地居住区人口稠密，违法建筑较多，存在严重安全隐患。2016年，深圳市决定对二线关插花地进行整体改造。经过各方面的努力，该棚户区改造项目进展情况良好，居民踊跃签约。此次棚改采取了"政府主导＋国企实施＋棚户区改造＋保障性住房建设"的模式。在推进方式上，先由当事人和政府协商谈判签约；无法达成协议的由政府根据《国有土地上房屋征收与补偿条例》和《深圳市房屋征收与补偿办法（试行）》启动行政征收；在补偿政策上，采取"补偿＋补助＋奖励"模式以鼓励当事人尽早与政府达成协议。此外，本着尊重历史、实事求是的原则，对于深圳市行政法规确定的历史遗留违法建筑，在规定面积以下按建筑面积1∶1

---

① "二线关"是深圳经济特区管理线的俗称，是划分深圳市原"特区内"地区和"特区外"地区的地理界线，插花地主要指作为"二线关"地理界线的山体周边的零星分布建设用地。

置换；在规定区间的面积则按照一定的置换率予以置换；对于在一定面积以下不符合基本居住条件的，可以按安居型商品房的较低价格增购到能满足其基本居住条件的面积；对于超过规定面积数的部分，只给予货币补偿。在房屋回迁及货币补偿标准之外，还规定了装饰费、搬迁费、临时安置费、清租补偿费、停产停业费等，从各方面考虑业主和租户的实际利益。①

2. 出台规章

深圳市在总结实践经验的基础上，于2018年正式出台了《深圳市人民政府关于加强棚户区改造工作的实施意见》（深府规〔2018〕8号），结合罗湖实践和深圳市情况，进行了下列规定：

（1）适用棚户区改造政策范围的房屋包括：使用年限20年以上且或存在住房质量、消防等安全隐患；使用功能不齐全，或配套设施不完善的房屋；虽然使用年限不足20年但危房等级为D级的住宅区。

（2）补偿包括货币补偿；产权调换；货币补偿和产权调换相结合，可以由权利主体自愿选择。产权调换的，按照套内建筑面积1:1或不超过建筑面积1:1.2的比例。货币补偿标准按照《深圳市房屋征收与补偿实施办法（试行）》的规定。此外，为了提高居民的生活质量，可以根据项目实际情况，奖励权利主体每套住房增购不超过10平方米的建筑面积，增购面积的价格按照同地块安居型商品房的价格计收，最高不超过被搬迁住房类似房地产的市场价格。

（3）棚户区改造以公共利益为目的，主要由各区政府采取拆旧建新方式进行。具体实施以国有人才住房专营机构为主，其他企业可以参与。棚户区改造后的住宅部分除用于搬迁安置住房外，全部用作人才住房和保障性住房，统一由人才住房专营机构运营管理，以此解决深圳的住房问题，提升城市竞争力。

（4）区主管部门按照项目实施方案，可确认人才住房专营机构作为项目实施主体，也可通过招标等方式确认项目实施主体。区主管部门确认项目

---

① 《深圳罗湖破解"中国棚改第一难"》，《领导决策信息》2017年第24期。

实施主体后，应当核发实施主体确认文件，并与其签订项目监管协议。监管协议中应当明确基础设施和公共服务设施、搬迁安置住房、人才住房和保障性住房的建设移交要求、项目进度安排、安置补偿相关费用支付、土地使用权出让等事宜。

（5）在根据补偿方案确定的项目签约期限内，由区政府确定的部门、项目实施主体与权利主体三方签订搬迁安置补偿协议（以下简称"补偿协议"）。补偿协议应当明确安置补偿标准、搬迁安置住房面积、搬迁费、临时安置费、停产停业补偿费、搬迁奖励等事宜。各区政府可以通过货币奖励等方式引导权利主体在签约期内完成签约。项目实施主体应当按项目监管协议、补偿协议约定，支付安置补偿等相关费用。

（6）依法实施房屋征收、行政处罚。签约期内达不成补偿协议，或房屋所有人不明确的，区政府可以依法实施房屋征收。如发现涉及违法行为的，区政府依法启动行政处罚程序。

除此之外，目前在实施中的还有《深圳市政府购买棚户区改造服务管理办法》（深建规〔2016〕7号）、《深圳市棚户区改造项目界定标准》（深建规〔2016〕9号）。

3. 各区政策出台

深圳市级层面的政策出台后，各区迅速跟进，目前已经发布的包括《深圳市福田区棚户区改造实施办法（试行）》《深圳市罗湖区棚户区改造实施办法（试行）》《深圳市宝安区人民政府关于印发深圳市宝安区棚改区改造实施细则的通知》《深圳市坪山区棚户区改造实施办法（试行）》等。

三 深圳市现行棚改政策中的问题

深圳市现行的棚改政策在国家棚改政策的基础上，对改造范围、改造模式、运作方式、补偿标准、土地增值分配等进行了详细的规定，与既有的城市更新制度"并驾齐驱"，将成为未来深圳市旧住宅区改造的主要模式。笔者认为，现行政策仍存在一些需要完善的地方。

（一）改造补偿标准的法定刚性与市场灵活性问题

从项目推荐的角度来说，目前的棚改政策在一定程度上是针对城市更新中补偿无标准和土地集中无强制问题，通过政府公信力和公权力进行推动。目前的补偿标准确定了按套内建筑面积1∶1或不超过建筑面积1∶1.2的比例进行产权调换补偿或者按照市场评估价进行货币补偿，从一定程度上避免了改造主体的政府与业主博弈，但同时也缺乏市场的灵活性，难以根据项目和权利人的实际情况进行具体设计。

（二）城中村、旧屋村纳入棚户区改造的适用条件

《实施意见》中规定各区政府可以根据实际情况，探索将辖区内具备改造条件的城中村、旧屋村有序纳入棚户区改造政策适用范围，但是未进一步释明城中村、旧屋村纳入棚户区改造的适用条件。

相较老旧住宅区，城中村、旧屋村权利主体、土地建筑物情况较为复杂，确权与补偿方式制定的难度较大。此外，在城市更新模式下，城中村改造中合作主体的选定还需完成集体资产交易程序。城中村、旧屋村纳入棚户区改造是否需根据各区集体资产交易相关规定履行上平台公开选聘合作主体等程序，亦应根据城市更新与棚户区改造方式、改造目的的差异予以综合考量。

（三）其他市场主体作为棚户区改造实施主体的确认程序尚不清晰

《实施意见》规定棚户区改造项目实施主体有两种确认方式。一是直接确认人才住房专营机构作为棚户区改造项目的实施主体，二是通过招标等方式确认棚户区改造项目实施主体。但是《实施意见》中仅明确"以招标等方式"确认棚户区改造项目实施主体，尚未就公开选聘的方式以及实施主体的资质等作进一步明确，包括准入机制、选择机制、监督价值和退出机制等。

（四）行政征收的实施面临挑战

《实施意见》中明确规定了对于签约期内达不成补偿协议的业主实施征收，同时规定了对于涉及违法行为，将启动行政处罚程序。与市场主体主导的旧住宅区更新项目相比，"行政征收"无疑是打破谈判僵局的最有利方式。但行政征收和行政处罚虽然有具体法律依据，在具体操作层面却面临挑战：首先，作出行政征收的决定相对容易，但实施强制拆迁却不易。很多旧住宅区形成的历史特别复杂，居住的群体有特别困难户，也有对深圳做出特殊贡献的群体。既有的房产是这些业主们赖以生存的根基，如果棚改的配套保障措施不到位，在强制拆迁时政府仍将面临巨大的阻力。其次，征收行为针对少数业主易完成，如拒绝签约的人数众多则难以实施。《实施意见》规定对签约期内不签约的业主展开征收，不排除出现多数业主在签约期内拒绝签约的情形。最后，在拒绝签约业主只有几户的情况下，有关部门认为无法启动征收程序，因为按照现行法律法规，征收应是对整宗土地实施的，而不能对个别业主的物业实施征收。

四 关于完善棚改政策制度的建议

（一）协调城市更新和棚户区改造的政策制度

虽然目前深圳市的棚改和城市更新分属于不同的部门主管，从制度规范层面分析，两者在适用范围、审批流程、改造方向和地价政策等方面均存在诸多的不同，但两者的核心功能都是解决土地利用率低下、建筑存在安全隐患、公共配套严重不足的问题。深圳的城市更新制度践行已近十年，并且在不断地调整和优化，但深圳棚改制度仍然在初期试水阶段，其制度效果如何还有待市场检验。仅从目前公布的《实施意见》来看，其制度设计仍存在很大完善空间。棚改和城市更新如同孪生姐妹，均是基于城市发展的需要而生，却都受制于现有产权制度，两种制度安排应该协同考虑，而不是相互取代。政府既不能放任城市更新中无序的市场行为，也不宜取代棚改中市场主体可发挥的作用，针对前面分析的棚改和城市更新制度的一些问题，若可以考虑重构两项制度，建议从以下两方面着手。

1. 允许棚改项目中配建一定比例的市场商品房，在棚改中引入市场主体和人才住房专营机构公平竞争的市场机制

《实施意见》中规定改造的住宅部分除回迁之外，只能用作人才住房和保障房，并且赋予了人才住房专营机构准入特权，而对市场主体参与则缺乏明确操作规定，这样的制度安排不仅财务上难以实现收支平衡，也不符合现实中多样化住房需求，市场主体也没有参与的动力，甚至会导致新的住房供需失衡。相反，如果在不改变以人才住房和保障性住房为主导的前提下，允许根据市场情况配建一定比例的市场商品房，这不仅可以激发市场主体的参与度，减轻政府棚改财政资金压力，也会丰富棚改中住宅产品内容，为市场提供更加多元化的选择，还能避免人才住房专营公司垄断棚改市场所带来的弊端。

2. 重新定义政府在棚改和城市更新中的角色，发挥政府和市场的协同作用

政府看到开发商在主导城市更新市场中的弊端，转而建立棚改制度，并在棚改中扮演双重角色，一方面按照市场方法进行协商，另一方面行使行政权力。而城市更新中很多问题，其本质上也是政府角色的缺失。因此，无论是城市更新还是棚改，其制度设计的逻辑基础应该是让属于政府职能的事项回归政府，让属于市场主体的事项回归市场，在此谨提出以下几点：

（1）城市更新和棚改均具公益属性，至少有部分公益属性，对于无法通过市场协商达成搬补协议的，政府应该启动行政力量，通过征收或其他行政强制手段，降低甚至消除因少数人拒绝达成协议而对公共利益和多数人产生的负外部性。

（2）土地利用管理和城市规划管控属于政府公共职能范畴，政府应该加大力度解决由制度缺漏和不规范导致的历史遗留用地和违法建筑问题，在规划方面应提高政府的效率，运用市场化的手段解决政府在规划编制层面人力资源不足的问题，并且应该建立公开透明的规划利益协商机制，着力解决

城市更新的政府规划职能滞后的问题。

（3）项目实施过程中与原权利人的谈判协商、专业机构聘请、项目开发建设、项目融资、物业管理和运营等均是市场行为，政府应该营造一个透明和充分竞争的市场，规范市场中的交易秩序，让市场在这些行为当中发挥资源配置的基础性作用。具体而言，在城市更新项目中，政府应该强化街道办在查处违法建筑、违法经营行为、违法买卖无产权房屋、消防卫生环保违法行为等方面的监督和执法职能，简化甚至废除街道办在村集体资产交易方面的管理职权，而在棚改项目中，棚改的改造方向和市场准入应当更加多元化和市场化。

（二）完善棚改中的行政征收立法建议

1. 棚户区改造引入行政征收的合法性

对比《物权法》第四十二条、《国有土地上房屋征收与补偿条例》第二条、《深圳市房屋征收与补偿实施办法（试行）》第八条的规定和《实施意见》中纳入棚户区改造的旧住宅区范围，可以认为《实施意见》中列明的棚户区改造范围符合前述《国有土地上房屋征收与补偿条例》《深圳市房屋征收与补偿实施办法（试行）》中列举的因危房改造、对基础设施落后地段进行旧城区改建以及为实施保障性安居工程建设需要等可以进行行政征收的情形，因此在棚户区改造过程中，引进行政征收作为强制保障手段，符合公共利益的需要。

但是在棚户区改造过程中，如何正当、合理地使用行政征收作为项目辅助、保障手段，还需制定相关配套规定进一步予以明确，以规范行政征收手段的适用，避免"少数人"权利受损情形的发生。

2. 棚改中的行政征收的具体操作流程

《实施意见》虽对棚户区改造过程中启动行政征收作出了原则性规定，但并未就同步纳入征收计划后的流程以及如何启动行政征收程序进行明确。对此，笔者认为，对于已纳入下一年度房屋征收计划的棚户区改造项目，如确需进行行政征收的，仍需按照《深圳市房屋征收与补偿实施办法（试行)》规定的程序开展行政征收工作；换言之，棚户区改造项目中的行政征收工作，必须在项目已纳入全市房屋征收年度计划后方可开展。对于尚未纳入全市房屋征收年度计划的项目，不得实施房屋征收。对此，《深圳市房屋征收与补偿实施办法（试行）》对征收工作已有规定，即区政府依法确定的房屋征收部门负责组织实施本辖区内的房屋征收与补偿工作，未列入全市年度房屋征收计划的，不得实施房屋征收。

3. 棚改中行政征收实际操作中需注意的问题

《实施意见》并未就棚户区改造过程中行政征收程序、行政征收的触发条件、行政征收的启动流程以及行政征收启动后土地流转等问题进行明确规定。故此，对于在棚户区改造过程中引入行政征收强制手段，在操作层面尚存在如下问题亟待进一步厘清。

（1）行政征收程序相关问题

①同步纳入年度征收计划后，是否同步开展征收实质工作。

棚户区改造项目立项后需开展确认实施主体、编制专项规划、制定搬迁补偿安置方案等流程；根据本文第二部分行政征收程序，纳入年度征收计划后需进行划定征收范围、下达征收决定、制定征收方案、完成征收评估、下达补偿决定、签订征收补偿协议、强制执行等实质性工作。《实施意见》第十一条规定："……纳入区棚户区改造年度计划的项目应当纳入近期建设规划年度实施计划、年度城市建设与土地利用实施计划，同时由区房屋征收部门申请纳入下一年度房屋征收计划……"

前述规定明确项目纳入棚户区改造的同时，需同步申请纳入下一年度房屋征收计划。但《实施意见》未明确规定纳入征收计划后，是否需根据现有征收程序开展行政征收实质工作。如未提前开展征收实质工作，而是根据棚户区改造签约情况决定再启动行政征收的，则需根据征收流程从头到尾走完所有程序，不排除因相关程序耗时较长，进而影响项目的推进。如同时开展征收实质工作，在项目纳入棚户区改造之初，如何划定征收范围则存在障碍。

②启动行政征收后，是否能回转为棚户区改造模式。

《实施意见》已明确棚户区改造项目搬迁补偿安置标准；关于征收补偿

标准，在《深圳市房屋征收与补偿实施办法（试行）》中亦对各类型房屋补偿标准、各类补偿费用（如搬迁费、临时安置费、装修装饰补偿等）制定相应标准。棚户区改造项目签约期内，如对部分拒不签约业主启动征收机制，在征收标准劣于棚户区改造补偿标准的前提下，如原部分未签约业主拟以原棚户区改造补偿标准同意签约的，是否应在法规、政策、操作细则中预留行政征收回转民事协商的空间。

对此，笔者认为，为缓和未在限期内签约业主进入征收模式引发的矛盾，本着项目如期推进、早日改善民生的出发点，应设置业主回转使用棚户区改造模式的相关条款，使民事协商伴随项目推进始终。

③棚户区改造与行政征收的衔接问题。

《实施意见》第十六条规定："在根据补偿方案确定的项目签约期限内，由区政府确定的部门、项目实施主体与权利主体三方签订搬迁安置补偿协议……"其中未明确"三方协议"中区政府确定的部门是棚户区改造区主管部门还是房屋征收部门，或其他相关部门。笔者认为，在实际操作过程，需明确该"三方协议"中"区政府确定的部门"的具体职责，才能确认具体参与签约的政府部门。

首先，如棚户区改造项目补偿协议中引入政府部门是为了监督或见证补偿协议签约及履行情况的，则棚户区改造区主管部门或者辖区街道办事处均应符合要求，此处引入政府部门参与补偿协议签约，与现有城中村改造项目中私房业主的搬迁补偿安置协议中引入村股份公司作为合同一方具有相似的监督、见证效果。

其次，如棚户区改造项目补偿协议中引入政府部门是为了项目启动行政征收后的衔接问题，根据现有行政征收相关规定，应由区房屋征收部门负责。在三方协议中需设置一旦启动行政征收程序后，搬迁补偿权利义务概括转移等衔接条款（如区房屋征收主管部门将搬迁补偿权益统一转让给棚户区改造项目实施主体，或棚户区改造实施主体将已签署搬迁补偿权益统一转让给房屋征收主管部门）。如存在实施主体将权益转让给房屋征收主管部门的，应设置相关规定保障实施主体在项目中的权益（如项目前期费用、实施主体已支付的补偿等）。

（2）实施主体用地审批与土地取得问题

在城市更新模式下，项目需形成单一主体，确认实施主体，建筑物拆除、产权注销后才能进行用地审批，实施主体才能通过协议出让方式获得项目地块进行二级开发建设。在棚户区改造模式下，虽然《实施意见》未提及"形成单一主体"的概念，但是也未明确启动行政征收后，是否还能由仅获得项目大部分搬迁补偿权益的实施主体申请用地审批，并以协议出让方式获得项目土地。在行政征收模式下，根据《国有土地上房屋征收与补偿条例》的规定，在对国有土地上的房屋征收后，被征收房屋归国家所有，房屋所属土地使用权由国家收回。国家收回土地后，应根据相关规定重新对土地进行出让或者划拨。对于被征收的房屋，在房屋征收完成后，是否还需政府代表国家行使被征收房屋的所有权，进而与项目实施主体签订搬迁补偿协议？抑或在签订征收补偿协议时，一并将项目实施主体设定为协议的签约主体，由房屋征收部门、被征收人以及项目实施主体签订三方协议，约定被征收物业的权益流转以及回迁安置等权利义务？

笔者认为，在棚户区改造项目签约期内启动行政征收后，如确定由棚户区改造实施主体继续完成项目开发建设，实施主体如何获得行政征收项下被征收房屋的权益，并以协议方式获得整个项目土地目前规定不明，亟待进一步厘清。

①关于棚户区改造项目的供地方式。

棚户区改造项目用地，可以通过"协议出让"方式进行定向供地：首先，深圳市棚户区改造项目建成的住宅物业中，除用于回迁安置以外，其余物业均作为人才住房和保障性住房；虽然与上述规定中的"微利商品房""福利商品房"存在概念上的差别，但其均具有社会保障属性，可以通过立法目的解释的方式予以匹配适用；实践中，可由立法机关进行明确的适用解释或修改相应的条款，以匹配适用。其次，棚户区改造属于旧城改造的一种模式。根据上述规定，对于棚户区改造项目的用地，可以依照规定报经市政府批准后通过协议方式供地。

②关于项目进行行政征收后,被征收房屋对应土地可否一并协议出让给项目实施主体。

《实施意见》中未提及此问题,建议在修改《实施意见》时进行明确。实际操作中,可以在进行行政征收、与被征收人签署征收补偿协议时,引入棚户区改造项目的实施主体作为协议签约主体,与房屋征收部门、被征收人签署三方协议,明确被征收房屋的权益的流转及物业回迁事宜。对于被征收房屋对应的土地,一并通过协议出让方式向项目实施主体进行供应。

B.23
深圳市生态补偿机制的反思与立法完善

王 玮*

摘 要: 生态补偿机制是在环境正义理论基础上建立的,包含了分配正义、代内正义、平等权利、权利义务相一致等理念,是对环境利益和经济利益分配中强势方和弱势方的失衡利益进行矫正。深圳市政府于2007年开始实施生态补偿政策,产生了良好的社会效果。但重新审视深圳市的生态补偿制度,尚存在着制度依据层级不高、补偿方式单一、补偿范围过窄的问题。在实践中,也存在条件设置不明确、权利义务界定不清晰等具体的问题,有待从整体上进行调试和完善。

关键词: 环境正义 生态补偿 分配正义 环境义务

一般认为,正义是法的终极价值。自1998年罗尔斯的《正义论》进入中国后,学界进行了一场涉及可持续发展的社会正义的理论上的反思,引起社会的广泛关注。正义问题在当时兴起,并不是因为学者的个人兴趣,而是现实社会的需要。[①] 从环境的观点看,经济的快速增长,正是以牺牲环境质量和公共环境利益为代价的,尽管环境正义的概念在20世纪80年代源于美

---

* 王玮,深圳市大鹏新区专职法律顾问。
① Du Qun, Public participation and the challenges of environmental justice in China, This paper is an outcome of the Project (No. 40471056) of the National Sciences Foundation of PRC. ENVIRONMENTAL LAW AND JUSTICE IN CONTEXT Edited by JONAS EBBESSON and PHOEBE OKOWA, Cambridge University Press 2009, p139.

国，但作为全世界共同面临的由环境因素引起的社会不公正的问题，环境正义迅速成为重要理论武器。环境正义引起了社会的普遍关注。生态补偿作为衡平经济发展利益与环境利益的手段，为美国和欧盟等国家所使用。在中国，自国务院《关于落实科学发展观加强环境保护的决定》（国发〔2005〕39号）提出"尽快建立生态补偿机制"，首次从国家层面明确了建立生态补偿机制的要求。

一　生态补偿机制的理念

生态补偿选择的理念，决定着生态补偿机制的顶层设计蓝图。

（一）分配正义

亚里士多德认为分配正义是为确保每个公民对财富和荣誉之类的资源享有公平的份额，法律是建立在分配正义的基础上的。[①] 如果将环境资源物权化，其价值包括两个部分：一是有形价值，通过商品交换价值来体现；二是无形价值，包括适合人类居住、生存的自然条件等。在环境利用者和环境受损者之间，政策制定者将面临分配公平和分配效率之间传统的困境。法律依靠分配权利义务来平衡不同主体之间的利益冲突。一方面，让制度安排符合环境资源最优配置。[②] 另一方面，对"最少受惠者"或者环境受害者进行倾斜保护，对环境利益和环境负担分配中强势方和弱势方的失衡利益进行矫正，达到生态价值、社会价值与经济价值的动态平衡，以实现环境正义。这就要求强化政府的环境责任。

（二）代内环境正义

代内正义主要是指处于同一代的人类和其他生命形式，应当对生态环境

---

① 詹姆斯·格雷德著《私法的基础财产、侵权、合同和不当得利》，张家勇译，法律出版社，2007。
② 赵春光：《流域生态补偿制度的理论基础》，《法学论坛》2008年第4期；刘斌、贾薇：《生态补偿法律制度研究》，《三农视野》2018年第5期。

资源拥有同样的权利，包括环境资源开发和享受清洁健康环境的权利。代内正义要求重新分配人对环境的不同利益，包括重新分配政府各部门的行政权力、衡平社会的经济利益和重新调整企业的可得利益三个方面。① 对生态补偿机制来说，即是对补偿主体和补偿对象的确定。在代内正义问题上，在中国，这个问题主要表现在以下方面：一是东部和西部地区的环境差异。中国东西部经济发展水平不均衡，虽然西部地区的自然资源相对丰富，但它们一般不发达，经济处于不利地位，易遭受严重的环境破坏。东部地区的自然资源有限，但工业化、城市化和现代化水平较高。国家鼓励先富带动后富，东部地区设立了若干经济特区。西部地区用资源支持东部发展，东部地区率先发展经济，而西部没有得到足够的补偿。因此，在经济发展方面远远落后。二是城乡之间的环境差异。城乡不平等是导致此差异的主因。与城市相比，农村居民的收入来源、教育设施、就业机会和社会保障均有限，大量的城市固废流向农村，而大部分乡村缺少环境基础设施。三是农民工是环境风险的弱势群体。绝大多数的移民工人只能受雇于劳动密集型职业，因为他们缺乏适当的教育、培训和社会关系。尽管农民工为国家的经济奇迹做出了重要贡献，但事实上，他们中的大多数人都从事低薪工作，如建筑、垃圾填埋处理、焚烧和污水处理，使他们面临更多污染，使他们特别容易受到职业病的影响。② 因此，确定补偿主体和补偿对象是生态补偿机制的先决条件。

（三）权利与义务的一致性

法律通过对行为的激励以及对利益的调整而实现控制社会的目的。③ 法律权利是指法律关系主体在法律规定的范围内为满足其特定利益而自主决定采取的一种手段。④ 在法律领域中权利与义务既互相对立，又不可分割，权利以

---

① 周珂主编《环境法学研究》，中国人民大学出版社，2008。
② Jingjing Liu, Environmental Justice with Chinese Characteristics: Recent Developments in Using Environmental Public Interest Litigation toStrengthen Access to Environmental Justice, 7 Fla. A&M U. L. Rev. (2015).
③ 付子堂：《法律功能论》，中国政法大学出版社，1999。
④ 李龙主编《法理学》，人民法院出版社、中国社会科学出版社，2003。

维护权利主体利益为目的，义务则是实现权利的手段。同时，权利的实现受到义务的制约，义务的履行也受到权利的制约。国家中，被法律所保护的所有公民，其在享有权利的同时，也必须履行相应的义务，二者在结构上是不可以分割，并相互对应的。① 权利与义务相一致主要约束的是补偿对象的行为。若受偿者通过作为或者不作为的形式，实施了破坏生态环境的行为，拒绝承担或其行为有悖于相应的义务性规定，发生了环境污染或者生态资源环境遭到破坏的严重后果，其权利资格应当视为丧失，这是生态补偿机制设置的应有之义。在国家层面，《国家环境保护总局关于开展生态补偿试点工作的指导意见》（环发〔2007〕130号），即明确提出了"责、权、利相统一"的原则。在地方立法中，苏州市的《苏州市生态补偿条例实施细则》（苏府规字〔2015〕3号）也明确了不同生态功能区域下生态补偿对象的责任，并在《苏州市生态补偿条例》中明确了生态补偿对象的破坏环境的法律责任，即在2年内不得获得生态补偿资金。由此，政府通过生态补偿的形式，使生态受损者获得补偿，但同时又赋予其义务，最终通过对人的行为的规制，实现对生态环境保护的目的。

二 对深圳市生态补偿机制的反思

（一）基本情况

根据《大鹏半岛保护与开发综合补偿办法》（深府〔2007〕35号），深圳市的生态补偿政策主要在大鹏半岛实施。② 2011年12月30日大鹏新区作

---

① 沈丹阳：《探究法律关系中权利和义务相统一的原则》，《法制博览》2018年4月（中）。
② 根据《大鹏半岛保护与开发综合补偿办法》（深府〔2007〕35号），"大鹏半岛位于深圳市东北部，总面积295.33平方公里，其中林地面积224平方公里，基本生态用地238.86平方公里，森林覆盖率达76%；可建设用地面积56.47平方公里，已建设用地18.6平方公里，规划到2020年城市建设用地规模为36.3平方公里；海岸线总长度129.31公里，其中沙滩岸线总长度近10公里，可开发为浴场的沙滩21处。现设有葵涌、大鹏、南澳三个街道办，下辖25个社区居委会，134个居民小组，2005年末户籍人口25513人；原村民16991人，其中葵涌、大鹏、南澳各6686人、5201人和5104人"。

为深圳的功能新区正式成立，生态补偿制度范围囊括了大鹏新区全域，是深圳市水资源保护区，共有28座水库（含2座市管水库），5个一级水源保护区水库水质为优，其中4个达到二级。大鹏新区拥有3个国家级的示范区招牌：全国生态文明建设试点区；国家生态文明先行示范区；国家级海洋生态文明建设示范区。① 同时，大鹏新区还处于"高危特区"，同时处于核电高压走廊、油气设施安全区。因此，大鹏新区经济发展受到相当程度的制约，长期处于深圳经济梯度发展的末端。以2018年度为例，大鹏新区实现生产总值350亿元，仅为深圳市生产总值的1.5%；横向进行比较，仅是南山区的7%，是盐田区的近1/2，属于相对滞后的欠发达地区。在大鹏新区实行生态补偿，对原村民因生态资源环境保护而丧失的发展机会进行补偿，是经济发展不平衡的客观需要。深圳市政府于2007年开始实施生态补偿政策，至今已达12年，促进了大鹏半岛生态文明建设，调动了原村民生态环境保护的责任感，也提升了原村民生活水平。基本情况如下：

1. 政策依据

目前，生态补偿主要依据可分为两类，第一类是市级层面的规章和文件：《大鹏半岛保护与开发综合补偿办法》（深府〔2007〕35号）和《大鹏半岛保护与发展规定》（深圳市人民政府令第178号）等；第二类是区级层面的规范性文件，包括《关于大鹏半岛保护与开发综合补偿办法的实施意见》（深龙府〔2007〕101号）、《大鹏半岛生态保护专项补助考核和实施细则（试行）》（深鹏管〔2012〕51号）、《大鹏半岛生态保护专项补助管理和考核办法》（深鹏管〔2012〕53号）和《大鹏半岛生态保护专项补助考核与实施细则》（深鹏管〔2012〕53号）。

2. 补偿标准

生态补偿的补偿标准是一个动态变化的过程：根据《关于大鹏半岛保护与开发综合补偿办法的实施意见》（深龙府〔2007〕101号）的规定，从2007年1月1日起至2010年12月31日止，对大鹏半岛原村民每人每月发

---

① http://dpxq.gov.cn/zjdp/dpgl/.

放基本生活补助费 500 元，补偿时间为 4 年。2011 年市政府五届四十五次常务会议议定，同意自 2011 年起按照每人每月 1000 元的标准给予大鹏半岛原村民生态保护专项补助，发放期限为 3 年（即从 2011 年 1 月 1 日起至 2013 年 12 月 31 日止）。2012 年 12 月 7 日印发的《大鹏半岛生态保护专项补助考核和实施细则（试行）》（深鹏管〔2012〕51 号）第四条规定：暂定生态保护专项补助发放标准为每人每月人民币 1000 元。第五条规定：生态保护专项补助时间为 3 年，即从 2011 年 1 月 1 日起至 2013 年 12 月 31 日止。2012 年 12 月 24 日印发的《大鹏半岛生态保护专项补助管理和考核办法》（深鹏管〔2012〕53 号）第六条规定：暂定生态保护专项补助发放标准为每人每月人民币 1000 元。2015 年新区印发的《大鹏半岛生态保护专项补助考核和实施细则》第四条规定：生态保护专项补助发放标准为每人每月人民币 1000 元。第五条规定：生态保护专项补助时间从 2015 年 1 月 1 日起。2015 年至今，执行的都是"每人每月人民币 1000 元"的标准。

3. 补偿的性质

生态补偿政策采取的是发放生态保护专项补助的形式，生态补助政策是市政府及相关职能部门为了促进大鹏半岛经济社会发展而制定的。从性质上来说，获得生态补助并非一种法定权利，而是政策创设的权利。

（二）存在的问题

1. 缺乏法律层面的规制

目前中国没有针对生态补偿的专门性立法，有关生态补偿的规定散见于各类政策文件中，比较零散，甚至存在空白，缺乏一个统一的规范体系，因此，地方性立法可以进行必要补充。但是，地方性环境保护法规、规章对生态补偿的规定也缺乏系统性。深圳市的生态补助政策由市政府规章创设：2007 年 3 月，市政府印发《关于大鹏半岛保护与开发综合补偿办法》（深府〔2007〕35 号）指出"为做好大鹏半岛保护与开发，特制定综合补偿办法"。2008 年 1 月，市政府发布《大鹏半岛保护与发展管理规定》（深圳市人民政府令第 178 号），规定"大鹏半岛生态补偿适用《关于大鹏半岛保护与开发综合补偿办法》"。2011年12月市政府五届四十五次常务会议审议议定，同意调整大鹏半岛原村民生态补助标准并延长发放期限，同时要求市发展和改革委要会同大鹏新区制定大鹏半岛生态保护专项补助实施细则和考核办法。大鹏新区据此制定了《大鹏半岛生态保护专项补助考核和实施细则（试行）》（深鹏管〔2012〕51号）、《大鹏半岛生态保护专项补助管理和考核办法》（深鹏管〔2012〕53号）以及《大鹏半岛生态保护专项补助考核和实施细则》（深鹏管〔2015〕21号）三个文件。《大鹏半岛保护与发展管理规定》（深圳市人民政府令第178号）第三十条规定"享受生态补偿的原村民有责任和义务保护大鹏半岛生态环境，支持大鹏半岛保护与开发"，却未对"责任和义务"进行明确界定，同一层级也无其他规定，而是由一个市级规范性文件对权利义务进行进一步界定，导致规范性文件施加给公民义务。一方面，造成行政机关的自由裁量权过大；另一方面，造成公众对被剥夺生态保护专项补助的情形缺乏合理预期。由此也引发了一些不稳定因素，如大鹏新区原村民叶某某等人先后向深圳市中级人民法院、盐田区人民法院提起行政诉讼，并同时提请法院对大鹏新区生态补偿政策文件的合法性进行审查。同时，还有人大代表提出建议，取消《细则》第十一条规定的处罚条款，不与享受专项生态补偿挂钩①。如此一来，本意为平衡环境利益和对环境负担分配中利益失衡进行矫正的生态保护补偿机制，反而由于依据层级过低引起较大争议。

2. 补偿对象范围有待明确

深圳市的生态补偿机制，主要是对由于保护生态环境而放弃了发展红利的群体的补偿。《大鹏半岛保护与发展管理规定》明确了适用对象为大鹏半岛原村民。大鹏新区生态补助政策依据市级文件的要求进一步细化了享受补助的"原村民"范围，大鹏半岛生态保护专项补助适用对象为葵涌、大鹏、南澳三个办事处的原村民，且明确为四种类型：第一种，2005年12月31日登记在册的户籍原村民，且在2004年4月1日农村城市化时一次性农转

---

① 详见网站：http://www.dpxq.gov.cn/xxgk/xxgk/jydf/201712/t20171206_10113178.htm。

非的;第二种,2005年12月31日登记在册,由于建设核电站、径心水库整村搬迁,且在城市化前已被农转非的;第三种,2005年12月31日登记在册,2004年4月1日城市化前已农转非,世代居住大鹏半岛,没有正式工作,生活比较困难的;第四种,2005年12月31日登记在册,且在生态补助政策实施期间符合全市统一标准的低收入居民(低保户和低保边缘户)。同时,又从范围上作出了排除性的规定,"上述四类人员中,凡涉及以下情形之一的,均不纳入补助范围:(一)属于机关、企事业单位正式职工及退休人员的;(二)原机关、企事业单位正式职工因违反有关政策被辞退的;(三)2010年12月31日前户口外迁或注销,或被机关事业单位录用为公务员、职员的;(四)生态补助政策实施期间,尚在服刑期内或死亡的"。可见,深圳市的生态补偿机制主要是"保障基本生活",防止一些原村民在基本生活难以得到保障的情况下,以损毁生态环境获取非法利益。据统计,2004年4月1日城市化前登记在册的大鹏半岛农业户籍人员,最初认定为1.6万余人。但在实际操作中特殊情况较多,据不完全统计,新区这类人员达到5700余人。新区文件与上级文件对补偿范围规定不一致,且范围明显窄于规章范围,导致部分认为符合条件的不断通过各种渠道上访,要求被纳入生态补助范围,新区的维稳压力骤然加大。

3. 补偿方式比较单一

上述文件仅规定了生态保护专项基本生活补助费的形式,均为发放生态保护专项补助的方式,标准也偏低,不足以发挥生态补偿机制的激励作用。

三 对生态补偿机制的完善

完善生态补偿机制,加快专门地方性立法,提高立法层级,确保生态补偿机制发挥应有的效果,从而协调环境利益和发展利益。这要求立法机关在不违背国家法律法规的前提下,结合深圳市经济发展水平和实际的环境问题,制定法规,完善生态补偿机制。通过生态补偿制度设计,来平衡发达区域和不发达区域在环境保护上的不公平。

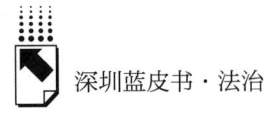

（一）从立法上进行倾斜保护，适当授权

对现实中不公平地承担了环境负担或者放弃了发展红利的弱势方，在立法上应该给予倾斜，包括弱势利益、弱势群体和弱势地区。① 对于深圳市来说，相比几个发达区域，大鹏新区受到了较多的发展限制，由于大鹏新区多数区域在基本生态控制线范围内，除建设重大道路交通设施、市政公用设施等特定用途外，严格限制其他形式的开发②，环保上的区域不公平比较明显。对生态环境保护做出较大牺牲的当地人，以牺牲经济发展的机会成本，换取环境利益，可以说为全市乃至全省做出巨大贡献和牺牲。在深圳市经济高速发展的过程中，需要立法对因环境保护失去发展红利群体的利益进行适当的倾斜，借助相关的法律规则以矫正环境利益和经济利益的失衡。在深圳市生态补偿先有的框架下，主要包括以下几点：一是生态补偿的性质。中国《宪法》和其他法律均未明确公民对于当地环境资源开发使用的权利，即生态补偿并非一项法定权利，公民无权就此项权利受损而主张损失弥补。对个人或区域保护生态环境或放弃发展机会的行为予以补偿，相当于给予奖励，从行政机关行使职权的角度，由政府支付生态保护基本补助金的属于履行行政给付职能，参照湖北十堰市和新疆霍尔果斯市等对给予森林生态效益补偿行为定性。应当符合行政给付的基本原则，如公开、公平、平等原则，专款专用和效率原则，合理比例原则等。二是立法应明确对受偿者行为的限制。由于获得生态保护专项补助金是一种奖励，此种奖励应当附条件，才能最大限度实现生态补偿机制的目的，才不会造成"钱照拿，树照砍"的情形发生。这种限制应当从立法上进行明确，而非仅由规范性文件做出。同时，应当给予实施机关充分授权，由其对受偿主体的行为是否属于限制行为进行认定。此种安排能最大限度地避免实施机关滥用权力，保障受偿主体的权益。在制度安排上，也可参照《苏州市生态保护条例》对不履行生态保护义务或者违反

---

① 张兰、王世进：《环境正义视阈下的立法走向：环境法的倾斜保护及其实现途径》，《生态经济》2012年第11期。

② 《深圳市基本生态控制线管理规定》。

生态保护法律法规的行为进行合理的时效性限制的规定，时效过后，受偿主体应当恢复享受生态保护专项补助金。三是完善环境决策公众参与。立法应当赋予公民对行政机关所持有的环境信息拥有适当的获得利用权，及时公布生态补偿资金分配方案；保证给予相关群体参加环境决策的机会。① 应当让公众意识到自己是环境的受益者，又是环境保护事业的真正主人。

（二）明确补偿对象

目前的受偿主体主要是依据户籍地进行划分的。由于实践中情况比较复杂，常会发生"人户分离"的情形，如受偿主体的经常居住地不在受偿区域，应认为其发展权并未受到环境保护的限制；还有一部分不属于原村民，但长期在受偿区域生活居住的人群，未实施破坏环境的行为，生活水平却因为划定了基本生态控制线而受到影响，却未受到任何补偿等。这些情形都背离了生态补偿制度设计的初衷。立法对受偿主体可以包括两种情形：一是因生态环境质量下降或者为避免生态环境质量下降，致其利益受损的主体，大鹏新区原村民属于此类范围；二是主动实施生态资源环境保护行为并取得良好效果的主体。② 在补偿主体的类型上，除个人外，也可以将法人及非法人组织纳入，能够最大限度激发生态补偿机制的活力。

（三）明确权利义务

立法通过对强势方和弱势方权利义务的设定，要求获取环境利益一方要承担与其制造的环境负担相应的义务，弱势一方应该被赋予获取和维护其环境利益的权利，同时，也应赋予其明确的责任和义务。生态补偿对象有责任履行环境保护义务，立法应当明确享受生态补偿的群体应尽何种责任和义务。这就要求对受偿者的环境保护义务的要求要高于对未受偿者的要求，违反义务的要求也更加明确具体。

---

① 周珂主编《环境法学研究》，中国人民大学出版社，2008。
② 史由甲、刘晓莉：《生态补偿法律制度的几个理论问题》，《长春师范大学学报》2018年第9期。

1. 合理配置受偿主体的环境义务

生态补偿立法调整对象应当是全部影响环境的行为。首先受偿主体享受生态补偿期间，积极作为的环境义务应与其他公民一致，否则不符合立法对弱势利益的倾斜保护的原则，容易导致环境利益上的弱者更弱；消极不作为的环境义务，不得存在破坏生态环境资源的相关行为，如不行使破坏生态环境、污染环境、违法抢建抢种、在海域非法养殖等行为。

2. 扩充环境积极义务的内容

一方面，要求受偿者对违法、违规破坏生态环境的行为应及时制止，向相关部门报告，并配合做好相关工作；另一方面，受偿者有义务配合政府的开发活动，包括公益项目、重大项目，政府主导的搬迁、拆迁、土地整备等，使实施机关能够将生态补偿作为强有力的工作抓手。受偿者支持受偿区域开发并不违背生态补偿机制，《环境保护法》第二条第二款确定了经济社会发展与环境保护相协调的基本原则，意味着从立法上确立了"经济社会发展"与"环境保护"是并行不悖的，经济发展能够为环境保护提供物质基础，故支持政府合法合规的开发行为，也应当是受偿者环境义务的重要内容。

3. 合理设置法律后果

立法应对违反环境义务的法律后果进行明确。可以由立法授权实施机关对生态保护专项补助金的具体考核标准进行明确，由于暂缓发放的责任程度较轻，可以授权实施机关制定具体的适用情形。但立法中应当明确终止或收回相关责任人生态保护专项补助的具体情形。

（四）拓宽补偿路径

目前，深圳使用的主要是一种财政拨付资金进行补贴的形式。立法可以考虑多种形式，目前可行的有：一是实物形式。即用物质、劳力和土地等进行补偿，用以改善受补偿者的生活状况。二是政策优惠。即市政府对新区的权力和机会进行补偿。新区经授权，拥有制定政策的优先权和优惠待遇，促进经济发展并有权通过多种形式筹集资金。三是货币形式。除补贴外，也可以有减免税收、退税等多种形式。① 并且，补偿标准可以根据经济发展状况进行动态调整。

总之，立法的明确性是前提，在此基础上，才有可能实现良好的法律效果与社会效果的统一，最大限度激发生态补偿机制的效能，这也是"绿水青山就是金山银山"新发展理念的题中应有之义。

---

① 杜群：《生态补偿的法律关系及其发展现状和问题》，《现代法学》2005 年第 3 期。

B.24 深圳PPP发展的法律问题研究

戴航宁*

摘　要： PPP模式集政府与社会资本合作、公共部门和私营部门之所长，弥补二者之所短，追求资源配置的更优解，提高公共产品和公共服务的质量和水平。PPP模式应用于深圳实践中，在养老、文体等方面的应用取得了不错的成效，可以借鉴域外PPP建设方面的经验，以转变政府职能、加强监管制度、信息公开制度、公众参与制度等制度建设为切入点，促进PPP模式的稳定发展。

关键词： PPP模式　深圳实践　制度供给　PPP立法

PPP（Public-Private Partnership）模式作为一种政府和私人资本之间的合作模式，旨在结合公共部门和私营部门各自的长处，优化资源配置，在合作中实现风险共担、利益共享，进而破解公共服务产品和公共服务供给不足的困境，达至提高公共产品、公共服务的供给效率和水平之目标。

一　中国PPP发展概况与深圳的PPP实践

PPP模式不仅是一种高效的投融资模式，也不失为保障和提高公共产品、公共服务供给质量和水平的重要方式。随着经济社会的发展，政府承担

---

* 戴航宁，博士研究生，西南政法大学经济法学院。

的责任不断增加,包括城镇化、医疗、教育、养老等领域,仅凭政府一己之力难以承担。由此,政府与社会资本合作应运而生,打破了传统思维,将社会资本引入公共服务领域,由过去的注重政府和市场的分工,到现阶段更侧重二者在分工基础上的合作。

(一) 中国 PPP 发展概况

党的十八届三中全会强调,要加强和创新社会管理,改进由政府单一提供公共服务的模式,并提出了鼓励社会资本投资城市基础设施的思路。中国各地的 PPP 试点工作开展得如火如荼,取得了不错的成效,在推动政府职能转变、纾解地方财政压力、发挥市场优势、提高公共产品和公共服务供给效率方面,均有可圈可点的表现。财政部公布的相关数据显示,截至 2019 年 2 月末,管理库项目累计已有 8780 个、投资额达到 13.3 万亿元,落地项目、开工项目在数目上有所增长,落地率、开工率均在 50% 左右,涉及领域包括市政工程、交通运输、生态建设和环境保护、城镇综合开发等。[①]

表1　2015~2018 年政府工作报告中与 PPP 相关描述

年份	涉及 PPP 相关表述
2015	在基础设施、公用事业等领域,积极推广政府和社会资本合作模式
2016	完善政府和社会资本合作模式,用好 1800 亿元引导基金,依法严格履行合同,充分激发社会资本参与热情
2017	深化政府和社会资本合作,完善相关价格、税费等优惠政策,政府要带头讲诚信,决不能随意改变约定,决不能"新官不理旧账"
2018	无
2019	落实民间投资支持政策,有序推进政府和社会资本合作

从 2015 年的"积极推广"、2016 年的"完善"、2017 年的"深化",再到 2019 年的"有序推进",表明了政府对 PPP 模式总体而言还是持正面积

---

① 财政部政府和社会资本合作中心:《全国 PPP 综合信息平台项目管理库 2019 年 2 月报》,http://www.cpppc.org/zh/pppjb/8121.jhtml,2019 年 3 月 28 日,最后访问时间:2019 年 4 月 8 日。

极的态度,表述上也更为具体,彰显了"规范性"的要求。从《财政部关于推进政府和社会资本合作规范发展的实施意见》(财金〔2019〕10号)中的"规范运行、严格监管、公开透明、诚信履约"等有关论述中也能看出,"规范"是"发展"的重要前提。

(二)深圳PPP的探索实践

改革开放以来,深圳通过不断的探索、总结,形成并逐步完善了市场机制,在养老、文体等领域引进了PPP模式,从理论和实践上积累了一些PPP相关工作经验。深圳市有关部门先后印发、颁布了《深圳市人民政府办公厅关于印发深圳市开展政府和社会资本合作实施方案的通知》(深府办〔2017〕16号)、《深圳市发展和改革委员会 深圳市财政委员会关于进一步做好深圳市政府和社会资本合作(PPP)项目库管理的通知》(深发改〔2018〕619号)、《深圳市发展和改革委员会 深圳市财政委员会关于印发深圳市政府和社会资本合作(PPP)实施细则(试行)》(深发改规〔2018〕1号),从不同维度对PPP模式在深圳的探索实践提供有力支持。

实践中,PPP模式在深圳进行得如火如荼,项目论证、项目执行、项目储备各阶段总数量达36个,总金额1619亿元,项目涉及交通运输、城镇综合开发、市政工程等多种类型,合作企业既有地方国企、央企,也有民企、外企和有限合伙制企业。可以说,在项目数量、项目分布、成交数量、成交金额等方面都取得了不错的进展①。深圳各区根据自身情况,在文化、体育、养老等领域引入PPP模式,开展了PPP模式的尝试。如龙岗区大运中心PPP项目、福田区福利中心PPP试点项目、侨城北文体中心PPP项目等。

积极探索,敢为人先——龙岗区大运中心PPP项目。龙岗大运场馆最初是作为举办2011年第26届世界大学生夏季运动会的重要场馆,运动会结

---

① 资料来源:深圳市政府和社会资本合作(PPP)事务中心网站,http://ppp.sz.gov.cn/。

束后,相关场馆的后续维护费用高企。早在2013年,为解决这一"后运动会"难题,为大运中心注入新的活力,龙岗区尝试引入社会资本参与运营。龙岗区大运中心PPP项目总体采用ROT模式,合同约定,佳兆业集团负责大运中心场馆的运营管理,政府通过财政补贴等方式予以财政资金上的支持,协助提升场馆的人气;成立由相关职能部门组成的服务机构,协调场馆运营工作;政府重视监督工作,建立公正的绩效考核机制。在政府方和社会资本方的协作努力下,该项目取得了预期经济效益和良好的社会效益,入选国家发改委PPP经典项目库,成为国内不少城市学习的典范。

深化合作,规范治理——福田区福利中心PPP试点项目。2016年12月,深圳市福田区民政局和浙江万科随园嘉树老年公寓管理有限公司(以下简称"万科")签订了《福田区福利中心PPP试点项目协议》。万科负责项目的运营和维护,获取运营收益,并承担运营风险。通过采用政府与社会资本合作模式,借助万科拥有的优质资源,促进政府职能转变、实现中心运营的社会化、专业化,对提升公共服务水平具有显著的示范意义。其后于2018年开业的福田区福利中心PPP项目,成为深圳首家公办养老机构福田福利中心PPP项目。为了进一步规范福利中心的运营,区福利中心PPP项目成立了管委会暨监委会,规范有序、权责明确、相互制衡的法人治理结构,将有效促进区福利中心PPP项目良好的内部治理。

有序推进,保证质量——侨城北文体中心PPP项目。2018年,南山区推行的侨城北文体中心PPP项目经过公开招投标,最终确定社会资本方。根据《侨城北文体中心PPP项目合同》规定,本项目中法律关系主体为深圳市南山区沙河街道办事处和深圳市瑞祥源文体发展有限公司。该项目采用BOT(建设—运营—移交)方式运作,项目合作期内,政府持有项目土地和资产所有权,项目公司只享有本项目经营权并负责项目范围内文化设施、场馆及其他配套设施运营与维护管养,提供符合要求的公共服务。尤其值得一提的是,项目合同中专章规定了政府方的监督和介入,为项目的顺畅运行保驾护航。合同规定,运营期内,政府部门有权对项目情况进行日常考核评估,进行包括服务质量、公众满意度在内的中期评估。

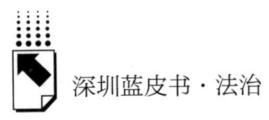

二 PPP发展中的制度供给不足

（一）中国PPP立法概况

国家尚未制定专门的PPP法律，关于PPP项目的规定散见于各相关法律、法规中，目前各项政策、文件等陆续出台，对PPP项目具有重要的指导意义。国务院、发改委、财政部等职能部门密集出台各类PPP相关的法律、法规、政策性文件等。各地方政府也积极响应，相继出台各类地方性法规、规章和文件。

然而，置身于经济新常态的背景之下，PPP模式承载着缓解政府财政压力、调整政府与市场关系、提高公共服务质量和水平、提升政府治理能力等涉及政治、经济等多维度的目标，在实践中面临着层出不穷的风险和挑战，其立法存在一些亟待解决的问题。

1. 现行PPP规则体系内容庞杂、政出多门

中国在系统构建PPP模式立法方面，除了《招标投标法》和《政府采购法》之外，与PPP直接相关的法规、规章、规范性文件等数目繁多，如《关于创新重点领域投融资机制鼓励社会投资的指导意见》（国发〔2014〕60号）、《关于在收费公路领域推广运用政府和社会资本合作模式的实施意见》（财建〔2015〕111号）、《关于开展重大市政工程领域政府和社会资本合作（PPP）创新工作的通知》（发改投资〔2016〕2068号）、《财政部关于推进政府和社会资本合作规范发展的实施意见》（财金〔2019〕10号）等。密集出台的PPP模式相关法规、规范性文件，出台自不同部门，服务于不同领域，不可避免地具有较为浓厚的政府主导色彩，甚至有的规定之间出现混乱、不统一的情况，导致PPP模式在实际操作中可能出现的无所适从。

2. PPP模式全周期制度有待规范

从PPP模式运行的全周期来看，一方面，其难点主要在于PPP项目本

身涉及领域广、项目周期长，风险也相应增大，同时，PPP 项目应用形式多样、利益关联方多。另一方面，这些难点的突破也要求对 PPP 中各方利益协调、风险分担、政府职能和监管等问题加以重视。因此，要借助良性制度的构建来规范 PPP 模式。而这也是中国现行 PPP 相关立法中所欠缺的。

3. 现行法律框架对 PPP 模式发展的阻碍

PPP 模式在公共服务领域的变革创新，势必对国家现行法的制度安排造成一定冲突。PPP 模式发展运行的规范化需要有相应的法律体系作为支撑，来应对在实践中所遇到的诸如土地使用权问题、财政预算问题、争议解决问题、政府履约等问题。但是迄今为止出台的 PPP 相关单行条例、部门规章、规范性文件等并未能有效解决上述问题，甚至有些现行法的规定还对 PPP 的运行造成了更多的障碍。现行法与 PPP 模式发展之间的协调，需要更为完善的 PPP 立法来实现。

（二）深圳 PPP 制度建设情况及可能存在的不足

1. 立法维度

无论是和国家层面相比较，还是和其他省市相比较，深圳在 PPP 方面的规章制度、规范性文件并不多。如此一来，虽然很大程度上避免了政出多门、彼此相冲突的现象，但也可能导致在 PPP 项目的实际操作中无法可依或者相关规定过于抽象而难以付诸行动的情况。

在前文所提到的一些 PPP 相关规范性文件中，《深圳市政府和社会资本合作（PPP）实施细则（试行）》（以下简称《实施细则》）的颁布，对深圳市 PPP 模式推进和发展具有重大意义。《实施细则》是对 PPP 政策框架体系和制度规范的具体细化，明确了 PPP 工作推进的思路和具体途径。《实施细则》具有不少亮点，如细化了对项目的储备、论证、社会资本选择、执行、移交等五个阶段的规定，确保项目运行有据可依；明确了建立全市统一的 PPP 综合信息管理系统，对 PPP 项目展开全生命周期的监管；提出了由 PPP 中心协助政府部门对 PPP 项目开展项目后评价并公开评价结果。

但是若以更高要求审视《实施细则》，其仍有需要改进之处。一是政府定位不够明确，影响政府职能的有效发挥。在PPP模式中，政府角色定位的确定性是PPP项目成功的重要前提。而在《实施细则》中，缺乏对政府定位、政府职责的明确规定，在不同阶段政府行为未能完全做到有据可依。二是对PPP项目合同的规定过于泛化，仅笼统规定为"参考国家发改委发布的《政府和社会资本合作项目通用合同指南》或国家制定的最新标准化文本"，并未考虑深圳市在财政、资源等方面的特点。三是合同争议解决机制和政府责任追究机制的缺位。在实际操作中，PPP项目可能面临来自多方面、多维度的风险和挑战，各类争议并不能在合同制定时就能预见到，而政府本身也存在施行不正当行为的可能性，如果缺少了合同争议解决机制和政府责任追究机制，则可能对PPP项目的良好运行埋下隐患。

2.实践维度

从福田区、南山区、龙岗区的PPP实践不难看出，深圳PPP推进工作取得一定成效。首先是项目的创新性，结合本区实际情况，在养老、文体等公共服务领域引入PPP模式，提高公共服务供给的质量和效率。其次是项目运作的公开性，各PPP项目运作流程较为公开透明，能从本区政府网站查找到相关资料。最后是项目运作的规范性，大致遵循了从项目的识别准备、采购、执行到移交几个阶段，为保障项目的执行，均以协议书、合同等形式，对项目参与各方的权利义务、项目建设及运营维护、项目绩效考核等内容进行规定。

但不可否认的是，深圳PPP模式仍处于不断探索和试错的阶段，在上述项目的推行过程中，也存在一些不足之处。

一是未能明确政府在PPP项目运行各阶段的职能，从而也欠缺了对政府行为的有力规范。PPP模式中，更注重契约精神，更强调参与各方的平等性。政府作为合同主体的一方，自然需要遵循合同所规定的权利义务，同时政府作为公权力方，代表了公共利益，也承担了监管者的职责。对于政府可能出现的违约、未能保证公共服务的质量等不当行为，应当有预见性地建立应对机制。

二是重视政府方的监督管理权力，忽视社会资本方的权益保障。为了保障公共服务的质量,赋予政府方监管职能无可厚非。但是从合作的视角看,"监管"可以是双向的,政府方通过对社会资本方的监管,达至保障项目质量、维护公共利益的目标;社会资本方应当有权利通过监管,对政府行为形成一种监督,保障自身合法权益、降低由政府信用引发的风险。

三是合同争议处理机制过于单一,以双方协商和诉诸法院为主。或许目前的合同争议解决机制能够应对现有冲突,但从长远发展来看,应当丰富争议解决的处理方式,以应对不断发展变化的经济社会环境。

四是公众参与不足。就深圳目前实践而言,或许尚未出现因忽视公众参与、因公众反对而使 PPP 项目不能顺利推进甚至失败的案例,但其他省市和地区的前车之鉴也是值得重视的。在项目的识别准备、执行等阶段,应当有步骤地引入公众参与机制。

三 完善 PPP 立法之建议

PPP 模式在深圳的实践证明,其与深圳本土结合具有可能性和进一步拓展的巨大潜力。而正由于深圳这些年来的稳健发展,财政实力较为雄厚,相较于其他一些地区而言,各部门促进 PPP 发展的推力并不强劲,积极性也相对较弱。但是从发展的视角来看,为主动适应、把握、引领经济发展新常态,有效应对国内外出现的风险和挑战以及深圳自身新一轮城市基础设施建设在资金、效率、质量等方面的更高要求,有必要重视 PPP 模式的进一步推进。应当认识到,PPP 模式不仅是一种融资方式,通过弥补建设资金缺口来改善基础设施和公共服务供给不足的情况,也可以是产业创新的助力,也可以成为加快转变政府职能、提升政府治理能力和治理水平的工具。

为进一步推进 PPP 模式在深圳扎根、开花结果,应当借鉴境外立法经验,完善 PPP 立法。

(一)部分国家 PPP 立法概况

英国、加拿大、日本等国家在大力推动私人资本参加基础设施投资建设

的同时,也不断探索符合本国国情的发展路径。从国外经验来看,完善的法律法规体系、严格的监管机制是PPP项目正常运作并取得成功的有力保障。

早在1992年,英国就推出了PFI(Private Finance Initiative)模式,引导私人资本进入社会公共领域。在实践和理论的发展中,英国构建了以《公共合同法》《公用事业合同法》为中心的PFI/PPP法律体系,不断完善PPP模式中的法律制度,保障PPP项目的顺利运行。

加拿大PPP立法相对完善,无论是全国层面的规定还是各省自身的规定,均有对应的法规政策来规范和约束PPP项目的建设。发展至今,联邦、省、地方三级政府在对应的法律及管理政策下,形成各自个性鲜明的分工。

和中国同为大陆法系的日本,从20世纪90年代以来就开始逐步推行PPP/PFI模式,发展至今,逐渐形成了符合本国国情的PPP/PFI发展模式。日本PPP法律体系在发展中不断修订完善,自1999年颁布了《PFI推进法》以来,相继在2001年、2005年、2011年、2013年和2016年对该法案进行了多达六次修订。为了更好地配合《PFI推进法》的实施,日本先后颁布了《PFI项目实施指南》《PFI项目风险分担指南》等一系列实施细则,建构起相对完整的PPP/PFI管理体系。

(二)加强PPP立法,推动PPP项目运行规范化

他山之石,可以攻玉。深圳市应当借鉴国外立法,完善PPP相关立法,界定和协调政府与市场之间的关系,在合作治理的前提下,促进公共利益的实现,维护社会资本方的合法权益,提高公共服务供给的质量和水平,进而实现经济社会的持续健康发展。加强PPP立法,一是要协调PPP项目中存在的法律冲突,重视中国现行法和PPP模式之间存在的交叉点、分歧点,通过协调、整合,确保PPP领域政策性文件与现行法的一致性,保证PPP项目依法而行。二是要填补PPP项目中的法律空白和法律缺失,坚持问题导向和目标导向相结合,既要重视程序性问题、政府部门管理体制问题,也要重视实体性问题、项目运营问题,如建立多元化的合同争议解决机制,将调解、仲裁等有条件地纳入PPP项目中。三是要重视出台操作指南类的规

范性文件，进一步强化项目的可操作性，结合深圳本土实践，因地制宜。重点完善从以下几个方面切入。

1. 明确政府职能定位，提高政府治理能力

在公共服务领域，广泛采用政府和社会资本合作模式（即 PPP 模式），对政府职能转变和治理能力的提升提出了更高的要求。要认识到"共治"作为 PPP 逻辑起点的重要性。治理意味着寓管理于服务之中，需要更多的对话协商、沟通合作，而不是政府的独断专行。

纵观 PPP 项目全周期，政府都担负着不可或缺的重要职责。PPP 项目识别的质量关系着 PPP 项目的成败，政府是该阶段的主导者；在 PPP 项目准备阶段，明确项目实施机构、编制项目实施方案、审核项目实施方案，离不开政府的引导和监督；PPP 项目采购阶段更是对信息公开透明、政府公信力提出了很高要求；PPP 项目执行阶段需要政府正确履行契约，保障社会资本方的合法权益；PPP 项目移交阶段政府的合法、合规行为也是对合同履行的绝佳诠释。

2. 加强绩效导向的双向监管制度

澳大利亚政府十分重视对 PPP 项目的严格监管，虽然其并未建立专门的 PPP 模式立法，而是通过专门性的特别法案，对 PPP 项目加以规制，从财务审计、绩效考核等方面进行监管和评价，为 PPP 项目的开展保驾护航。

绩效导向的监管制度，对政府方而言，能够明确监管目标，保证 PPP 项目的质量，提高监管效率；对社会资本方而言，相当于锁定目标，能够激励其通过改进技术、提升管理能力等实现目标，从而实现盈利。绩效考核中可以设定公众满意度等指标，促进公众参与，加强社会监督。

在此基础上，建立和完善双向监管制度，有利于保障 PPP 项目参与方之间的平等伙伴关系，发挥制衡和约束参与方的作用，保障项目质量。一方面是政府方对社会资本方的监管，确保公共利益的实现；另一方面是社会资本方对政府的监管，能够激发社会资本方的积极性，将政府行为置于第三方监督之下，有效减少政府权力寻租等现象，保障社会资本方的合法权益。

3. 促进公众参与制度

公众参与社会管理是在中国社会当前复杂形势下，应对各类机遇和挑战、实现国家治理体系和治理能力现代化的必经之路。PPP模式注重"治理"，通过多元主体平等参与，共同提供公共服务。因而在PPP项目的运行过程中，离不开公众参与机制的建立与完善。

要构建起动态的、多元的协商治理机制，拓宽公众参与PPP项目的制度空间。在此基础上，政府应当清晰界定PPP项目过程中的决策、监督程序，明确公众参与的主体、方式、职责，做到有据可依。可以利用互联网搭建统一的信息征集平台，例如，依托互联网，发布相关App，并由社会组织进行运营和管理。通过App向居民发布项目信息，告知其参与权利，及时公布项目进程，同时也便利地区居民通过App反馈个人意见，由App运营者收集整理，供项目负责部门参考。

附 录

Appendices

B.25
2018年深圳法治大事记

1. 第十届中国律师论坛在深圳蛇口开幕

2018年1月6日,第十届中国律师论坛在深圳蛇口召开。司法部领导、全国各省区市律师代表和港澳律师代表及工商界、法学界、实务界代表等一千多人参会。论坛充分肯定了律师在全面推进依法治国进程中的重要作用,交流探讨了《律师法》修改、律师管理体制、涉外法律服务、科技驱动法律、律师业务创新、律师文化建设、律师社会责任、律师制度改革等议题,发表了《中国律师论坛深圳宣言》,提出了新形势下律师行业的发展方向。

2. 深圳前海法院"一带一路"国际商事诉调对接中心成立

2018年1月7日,深圳前海法院联合内地—香港调解中心、粤港澳调解联盟等粤港澳大湾区30余家司法、仲裁和调解机构成立的国际商事纠纷的多元化解决平台——"一带一路"国际商事诉调对接中心正式揭牌。首批聘任了78名外籍和港澳台籍专家调解员,172名内地律师调解员。该中心吸收国际商事调解规则,制定了专业化调解规范,建立了"1+13"系统化规范化的诉调对接工作机制,实现调解的规范化、专业化运作。

3. "一带一路"法律服务联合会落户深圳前海

2018年1月9日,由华商林李黎(前海)联营律师事务所、广东星辰(前海)律师事务所等前海社会主义法治建设示范区内的8家律师事务所发起的前海"一带一路"法律服务联合会成立。该联合会是配合"一带一路"倡议,以深港合作为基础,联合仲裁、公证等法律服务机构,整合全球华语律师资源,为中国企业和公民"走出去"提供法律支持,也为海外华语律师参与"一带一路"提供跨境跨业跨法域法律服务交流合作平台。

4.《深圳经济特区国家自主创新示范区条例》颁布实施

2018年1月12日,深圳市人大常委会通过了《深圳经济特区国家自主创新示范区条例》。该条例涵盖科技创新、产业创新、金融创新、管理服务创新、空间资源配置和社会环境建设等六个方面的内容。该条例的实施为最大限度激发和释放创新者的活力提供强大的动力支撑和法制保障,助力加快完成国家赋予深圳的国家自主创新示范区"创新驱动发展示范区、科技体制改革先行区、战略性新兴产业聚集区、开放创新引领区和创新创业生态区"的建设目标。

5. 深圳制定《深圳市关于加大营商环境改革力度的若干措施》

2018年1月17日,深圳市政府以一号文件印发实施《深圳市关于加大营商环境改革力度的若干措施》,从促进投资贸易便利化、降低企业运营成本、优化人才服务、推进政务服务管理改革、加强知识产权保护等六个领域,推出了20大改革举措126条政策,努力把深圳打造成为贸易投资最便利、行政效率最高、服务管理最规范、法治体系最完善的城市。

6. 福田司法局推出法律援助线上管理系统

2018年1月18日,福田区司法局推出法律援助"馨援在线管理系统",助力法律援助服务供给侧改革,破解瓶颈难题。该系统充分利用"互联网+人工智能"现代科技方式,实现案件在线分配、律师申领、值班安排、流程监管、质量监控、案件评估、数据统计分析等功能,有效提升法律援助工作科技化、信息化、规范化、科学化管理水平。

7. 全国首个互联网和金融审判庭在深圳福田法院正式运行

2018年3月15日，福田区人民法院宣布全国首个互联网和金融审判庭正式运行。互联网和金融审判庭审理范围，包括一方当事人为电商平台的买卖合同纠纷、涉第三方支付的纠纷、涉网络借贷平台（P2P）的网络借贷纠纷、涉金融和互联网犯罪的刑事案件等共14类案件。互联网和金融审判庭配备2个速裁团队和1个普通团队，共9名法官。普通团队的3名法官将同时审理互联网金融民商事、刑事案件，创新实行"互联网＋金融"民商事、刑事审判二审合一。

8. 中国首套生态安全港国家标准在深圳发布

2018年3月28日，中国国家标准化管理委员会在深圳发布《国际生态安全港建设通则》和《国际生态安全港生态安全风险因子识别、分类与控制》两项生态安全港国家标准，这也是中国首套生态安全港国家标准。《国际生态安全港生态安全风险因子识别、分类与控制》规范了一线港口的生态风险因子分类、识别与控制方式，构建了全面的港区生态风险防控机制；《国际生态安全港建设通则》提出了港区基础设施和生态安全保障设施建设标准和生态安全管理，构建新型生态安全港建设标准体系，填补了国内在该领域标准化工作的空白。

9. 深圳交警国内首创"刷脸执法"新模式

2018年4月19日，深圳交警开始试点"刷脸"交通执法。全市建设了40套具备人脸识别功能的电子警察，通过人工智能创新识别技术，全力打造智能感知、智能预警、智能指挥、智能交通、智能移动、智能服务六个智慧交管体系。"刷脸"执法启动了从查处"车"到查"人"的跨越式发展，推动交通管理以"管车"为主逐步过渡到以"管人"为主，用"智慧＋交通"提升管理效能。

10. 深圳多家"一带一路"商事纠纷律师调解工作室设立

2018年5月18日，深圳前海合作区法院与北京融商"一带一路"法律与商事服务中心"一带一路"国际商事调解中心合作成立的"一带一路"国际商事调解中心前海法院调解室正式揭牌。该中心整合调解资源，强化诉调机制对接，共同致力于国际区际争议解决，是落实中央《关于建立"一带一路"争端解决机制和机构的意见》的举措，也是对"一带一路"沿线商事主体司法关切和需求的因应，服务"一带一路"建设，服务自贸区发展，服务粤港澳大湾区建设，能够优化营商环境。

11. 高效应对 P2P 平台"暴雷潮"

2018 年 5 月以来，全国各地 P2P 平台类涉众经济犯罪案件频发，各地网络金融公司出现"跑路潮""暴雷潮"，其中深圳有 87 家平台暴雷，涉及投资者约 75 万人，引起社会广泛关注。深圳市公安部门根据公安部、省公安厅指示要求，成立了涉众型金融风险应急处置领导小组，在经侦支队成立应对 P2P 网贷平台风险工作专班，开展案件批量办理工作，以追赃挽损为第一要务，加强资金查控、数据支撑、对投资人监控缉捕等，维护了社会稳定。

12. 深圳市发布第一批 100 个"不见面审批"服务事项清单

2018 年 6 月 28 日，深圳发布第一批 100 个"不见面审批"服务事项清单。"不见面审批"是指运用现代信息技术，引入现代物流服务，重构审批业务规则，通过全流程网上申办、网上受理、网上审批、网上签发电子证照、线下快递送达纸质证照等审批结果，实现申请人和审批窗口工作人员不需要见面就能审批办结的审批服务模式。"不见面审批"，让数据多跑腿、让群众少跑路，降低了市民和企业办事成本。

13. 最高人民法院第一国际商事法庭在深圳揭牌

2018 年 6 月 29 日，最高人民法院第一国际商事法庭在深圳落户。最高人民法院第一国际商事法庭作为最高人民法院专门处理国际商事纠纷的常设审判机构，受理最高人民法院管辖且标的额为人民币 3 亿元以上的第一审国际商事案件，在全国有重大影响的第一审国际商事案件，及符合条件的申请仲裁保全、申请撤销或者执行国际商事仲裁裁决案件。第一国际商事法庭与深圳国际仲裁院建立"一站式"多元化解决争端机制，必将促进深圳乃至粤港澳大湾区的法治化营商环境建设，推动深圳加快建设中国特色社会主义先行示范区。

14. 深圳市中级人民法院获评全国"基本解决执行难"样板法院

2018年7月10日,最高人民法院召开新闻发布会,通报"基本解决执行难"第三方评估样板法院工作情况,深圳市中级人民法院被确定为"基本解决执行难"样板法院,是入选的全国唯一一家中级人民法院。深圳市中级人民法院在全国首创网络查、冻、扣一体化平台"鹰眼查控网",实现执行案件全业务网络办理、全流程要素公开、全方位智能服务,并在全国率先探索审判权与执行权相分离改革,解决执行难工作取得重大进展。

15. 深圳商事登记启动"三十证合一"

2018年7月12日,深圳市市场和质量监管委发布《深圳市2018年推进"多证合一"信息共享改革工作方案》,开始实施"三十证合一"。"三十证合一"是在"多证合一"基础上,将14个部门共30个涉企证照事项进一步整合到营业执照上,在一个窗口就可办理好。"三十证合一"对政府效率的提升、政府部门业务流程的再造、政府信用监管的实施提出了更高的要求,让企业和群众办事更加便捷。

16. 深圳首次发布《法治政府建设状况》白皮书

2018年7月13日,深圳市政府法制办发布了《深圳市法治政府建设状况(2017)》白皮书。白皮书对2017年度深圳市法治政府建设工作进行回顾与总结,按照《法治政府建设实施纲要(2015~2020年)》的结构体例,从七个方面通过实例和数据客观反映市政府及其部门依法行政的状况以及各区(新区)在法治政府建设领域的创新举措。

17. 卖烟给未成年人深圳一店主领到全国首张罚单

2018年7月16日,售烟给初中生的杂货店主向深圳坪山区市场监督管理局缴纳了一笔3万元的罚款,并主动提出了一系列的整改措施。至此,全国首宗商家向未成年人非法售烟案正式结案。很多地方发布的控制吸烟条例中,都有对向未成年人出售烟草制品者予以处罚的条款,但真正执行的却寥寥无几,关键原因在于执法不严。深圳根据《深圳经济特区控制吸烟条例》向售烟给未成年人的店主开罚,打响了全国第一枪,具有重要的破冰意义。

18. 电影《西虹市首富》网络版权侵害紧急处置显实效

2018年7月,深圳继续利用新技术的手段打击知识产权领域违法行为,依托"云上稽查平台"处置了电影《西虹市首富》版权被侵害事件,帮助权利人减少损失过亿元。《西虹市首富》电影上映仅一天,网络上便出现了一大批知识产权侵权链接,对院线上映的正版电影造成了无法估量的经济损失。深圳市市场和质量监管委市场稽查局立即启动运行"云上稽查"全网知识产权侵权链接搜集工作,并协调省版权局沟通省通管部门对侵权链接开展互联网全面屏蔽,以网络方式解决了网络侵权处置。

19. 全面深化司法体制改革推进会在深圳召开

2018年7月24日,全国全面深化司法体制改革推进会在深圳召开。会议首次提出并系统阐述了构建中国特色社会主义司法制度的七大体系,即总揽全局、协调各方的党领导政法工作体系,系统完备、科学合理的司法机构职能体系,权责统一、规范有序的司法权运行体系,多元精细、公正高效的诉讼制度体系,联动融合、实战实用的维护安全稳定工作机制体系,普惠均等、便民利民的司法公共服务体系,约束有力、激励有效的职业制度体系。会议对新时代全面深化司法体制改革的历史方位、总体战略、重大任务进行了全面系统的阐述和部署。

20. 深圳启动"捕诉合一"改革

2018年7月30日,深圳市检察院正式开展"捕诉合一"改革试点工作,8月1日,受理了"捕诉合一"后首宗提请批准逮捕案件。"捕诉合一",即同一案件的审查逮捕和审查起诉工作由同一检察官或者检察官办案组负责。首宗案件由皇岗海关缉私分局侦查,承办检察官经审理,依法做出批准逮捕的决定,并将负责后续的起诉工作。

21. 深圳市在全国率先启动第二次住房制度改革

2018年8月3日,深圳市政府正式发布了《关于深化住房制度改革加快建立多主体供给多渠道保障租购并举的住房供应与保障体系的意见》,并修订了《深圳市人才住房建设和管理办法》《深圳市安居型商品房建设和管理办法》《深圳市公共租赁住房建设和管理办法》等相关规章规范性文件,在全国率先启动住房领域供给侧结构性改革，颠覆性调整住房供应结构，系统构建多主体供给多渠道保障租购并举的住房供应与保障体系。深圳市此次住房制度改革以立法的形式巩固、深化改革的成果，增强改革创新措施的强制性、稳定性和可操作性，为全国的住房改革工作提供了可借鉴、可复制、可推广的先行经验。

22. 深圳史上首批党内法规出台

作为全国首批党内法规制定试点城市，深圳对焦目前党内法规在基层党建、作风建设领域的空白点、薄弱点，2018年8月制定出台了《中国共产党深圳市街道工作委员会工作规则（试行）》《中国共产党深圳市社区委员会工作规则（试行）》《深圳市社会组织党的建设工作规定（试行）》《党支部书记履行党建工作职责考核办法（试行）》《建立健全纠正"四风"长效机制规定（试行）》5部创制性法规，成为出台党内法规数量最多、基层党建领域法规覆盖最全、体系最完整的城市之一。

23. 2018年中国法治政府评估深圳荣登榜首

2018年9月21日，中国政法大学法治政府研究院发布了2018年中国法治政府评估报告，在评估的100个地级以上市政府中，深圳以总分790.13分荣登榜首。深圳一直在坚定地推进法治政府建设，有不少工作已走在全国前列。深圳在各领域先行先试，通过立法引领和推进改革，全国法治"试验田"的角色更加凸显。

24. 全国首个行政审判中心落户深圳福田

2018年9月26日，全国首个行政审判中心——深圳行政审判中心揭牌成立。该中心整合了全深圳市优质行政审判资源，依法审理全市行政诉讼一审二审案件和行政非诉审查案件，一审二审各自独立审判。深圳行政审判中心使行政案件集中管辖有了物理空间的支撑，进一步深化了行政诉讼集中管辖和跨区域管辖改革。集中在一个地方进行起诉、立案等程序，对市民来说更加便捷。

25. 坪山区法治建设项目荣膺"中国法治政府奖"

2018年10月28日召开的第五届"中国法治政府奖"颁奖典礼上，深圳坪山区申报的"构建公共信用信息应用新机制助推法治政府和诚信坪山建设"项目荣获"中国法治政府奖"。该项目是坪山区通过多年的发展、总结、经验积累形成的一套含一个规划、两个实施文件和四类具体管理规范的信息管理制度，一张包括审核转报、行政处罚、行政给付、行政审批、协同监管等十五个应用类别154项具体应用的信息应用清单，构建形成以智慧信用监管体系为核心的信用服务平台。

26. 深圳大鹏生态文明法治创新项目获第五届"中国法治政府奖提名奖"

2018年10月28日，大鹏新区生态文明建设全链条法治化改革项目荣获第五届"中国法治政府奖提名奖"，这是生态法治项目首次入选该奖项。大鹏新区创新生态文明体制改革，从法律法规、标准体系以及重大制度安排入手进行总体部署，构建产权清晰、激励有效、监管严格、多元参与的生态文明制度体系，有效推动以最严格的制度、最严密的法治为生态文明建设提供可靠保障，在全国率先走出一条湾区城市人与自然和谐共生的法治化发展新路。

27. 深圳启动"秒批"政务服务创新改革

2018年，深圳继续开展"互联网＋政务"治理模式的创新探索，11月21日推出行政审批制度改革"秒批"，即办事人通过网络提交申请信息，通过系统共享数据，实时、自动比对核验信息，按照既定规则实现无人干预自动审批，即报即批、即批即得，全程电子化、无纸质材料提交、无窗口排队，24小时在线。"秒批"制度实施后，已经在大学毕业生引进和落户、老龄津贴发放等48个量大高频事项推广，还将进一步推广200项"秒批"事项。

28. 深圳公安破获全国首宗网络涉黑恶犯罪集团案

2018年11月，深圳龙岗公安打掉一个通过"恶意差评"对电商平台网店实施敲诈勒索的犯罪集团，35名嫌疑人落网，涉案金额逾500万元。该集团主要采取"招录闲散人员—传授犯罪方法—组织围攻店铺—敲诈勒索钱财"的模式实施犯罪。犯罪嫌疑人以微信等网络平台作为主要交流工具，通过各种"黑话"进行联络、分工、行动、分成，具有典型的网络软暴力特征。这是全国已被打掉的首个有组织、有架构的网络涉黑恶犯罪集团。

29. 全国首家永久性公民宪法宣誓平台在深圳盐田区落成

2018年12月4日,全国首座公民宪法宣誓平台在深圳宪法公园揭幕。深圳宪法公园搭建有以宪法雕塑墙、宪法宣誓台为主体的全国首个公民自主宪法宣誓平台,作为普通市民向宪法宣誓、表达尊宪爱国情感的场所和平台。市民和游客在休憩游玩的同时,能学习法律知识,感受浓厚的法治文化氛围。宪法宣誓平台的落成,有助于培育公民宪法精神和法治素养,有助于树立法治信仰,有助于激发爱国情怀。

30. 跨境出击侦破特大冒充公检法诈骗案件

2018年12月6日,90名实施冒充公检法诈骗的犯罪嫌疑人被从柬埔寨押解回深,这是深圳市公安部门2018年破获的特大跨境诈骗案件。2018年7月、8月,冒充公检法诈骗案件高发,有些个案受骗金额巨大。深圳公安部门成立专案组,在多家互联网企业和科技公司等合作单位的技术支撑下,追查出位于柬埔寨的多个犯罪窝点,通过在境外连续开展抓捕工作46天,以及制定周密的押解方案,跨国、跨市打击押解任务圆满完成。

31. 深圳国际仲裁院入选全国首批"一站式"国际商事仲裁调解机构

2018年12月,最高人民法院发布通知,确定首批纳入"一站式"国际商事纠纷多元化解决机制的国际商事仲裁及调解机构。深圳国际仲裁院入选首批"一站式"国际商事仲裁调解机构,深圳国际仲裁院受理的相关国际商事纠纷案件将得到直接由最高人民法院进行保全、执行等司法监督和支持。作为粤港澳大湾区唯一纳入"一站式"国际商事纠纷多元化解决机制的国际商事仲裁机构,深圳国际仲裁院将充分发挥辐射力,凸显深圳特区核心引擎作用。

32. 中国(深圳)知识产权保护中心设立

2018年12月26日,深圳市政府和国家知识产权局联合成立了中国(深圳)知识产权保护中心,这是深圳市首个国家级知识产权保护中心。中心将为深圳市创新主体提供集专利申请、快速审查、快速确权、保护协作等于一体的一站式综合服务平台,对深圳的科技创新发展和经济高质量发展,打造具有全球影响力竞争力的创新创意之都具有积极影响。

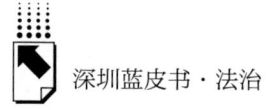

33. 深圳知识产权保护条例出台

2018年12月27日，深圳市六届人大常委会第二十九次会议表决通过《深圳经济特区知识产权保护条例》。该条例建立了知识产权合规性承诺制度、行政执法技术调查官制度、违法行为信用惩戒制度、行政执法先行禁令、行政处罚的违法经营额计算标准、保护中心法定职责等多项创新性制度，着力构建与深圳创新发展相匹配、与国际通行规则相接轨的知识产权保护体系。

34. 飞车抢夺警情"全年零接报"的里程碑式实现

2018年，深圳市社会治安呈现持续性、根本性好转，刑事治安总警情已连续三年保持20%以上高降速，飞车抢夺警情历史上首次实现全年"零接报"，取得里程碑式实现。深圳已成为全国"最安全稳定、最公平正义、法治环境最好"的城市之一。

35. 深圳市检察机关深入推进认罪认罚从宽制度试点

2018年，作为全国首批推进刑事案件认罪认罚从宽制度试点城市，深圳通过完善办案组织、优化办案模式，全面发挥检察官积极作用；加强量刑规范化建设，推动规范刑罚裁量权。同时积极探索重大疑难案件认罪认罚从宽适用机制，并将认罪认罚从宽试点与服务保障非公经济发展、落实以审判为中心的诉讼制度改革、律师辩护全覆盖试点工作相结合，在实践中取得了良好成效。司法资源配置进一步优化，司法效率进一步提高，也为认罪认罚从宽制度上升为国家刑事法律制度先行提供了深圳样本与深圳经验。

36. 深圳法院开展"万场直播·当庭宣判"暨法院开放日活动

2018年深圳法院组织开展了"万场直播·当庭宣判"暨法院开放日活动。市、区两级法院轮流开展大型主题开放日活动，每月一场，面向市民开放。主会场集中展示法院工作成效、亮点，分会场举办庭审直播、模拟法庭、法治剧场、法律咨询，活动中充分运用VR、AR成像等科技手段，增强市民参观体验的直观效果。市区两级法院全年开展庭审直播16000余场，网络总点击量突破1500万人次。活动进一步拓展了司法公开的广度和深度。

B.26
2018年深圳新法规规章述要

一 2018年深圳制定、修改和废止的法规

1. 制定《深圳经济特区食品安全监督条例》

2018年1月12日深圳市第六届人民代表大会常务委员会第二十二次会议通过《深圳经济特区食品安全监督条例》，自2018年5月1日起施行。该条例鼓励食品生产经营者制定和实施严于食品安全国家标准或者地方标准的企业标准，明确了市食品药品监督管理部门应建立食品安全指数定期发布制度，食品生产经营者应建立食品安全追溯体系。

2. 制定《深圳经济特区国家自主创新示范区条例》

2018年1月12日深圳市第六届人民代表大会常务委员会第二十二次会议通过《深圳经济特区国家自主创新示范区条例》，自2018年3月1日起施行。该条例适用于深圳国家自主创新示范区科技创新、产业创新、金融创新、管理服务创新、空间资源配置以及社会环境建设等，以保障和促进深圳国家自主创新示范区的建设发展，加快建设现代化国际化创新型城市，率先建设社会主义现代化先行区。

3. 制定《深圳经济特区沙头角边境特别管理区管理条例》

2018年1月12日深圳市第六届人民代表大会常务委员会第二十二次会议通过《深圳经济特区沙头角边境特别管理区管理条例》，自2018年3月1日起施行。该条例对中英街管理局的职能法定化，并对进出沙头角管理区的人员携带物品做出明确规定。

4. 修订《深圳经济特区审计监督条例》

2018年1月12日深圳市第六届人民代表大会常务委员会第二十二次会

议通过《深圳市人民代表大会常务委员会关于修改〈深圳经济特区审计监督条例〉的决定》，自2018年1月17日起施行。此次修改，在财政审计监督、政府投资项目审计、经济责任审计与绩效审计监督等方面细化了审计内容，进一步完善审计程序，全面规范审计行为，促进提高审计工作质量，为审计工作维护财政经济秩序、推进反腐倡廉建设、保障公共资产的使用安全与效益提供了法律保障。

5. 修订《深圳经济特区政府投资项目审计监督条例》

2018年1月12日深圳市第六届人民代表大会常务委员会第二十二次会议通过《深圳市人民代表大会常务委员会关于修改〈深圳经济特区政府投资项目审计监督条例〉的决定》，自2018年1月17日起施行。这是该条例自2004年制定通过以来第二次修正，此次修改内容主要是条例对审计机关的权责范围，以适应新形势要求，加大监管力度。

6. 修订《深圳经济特区政府投资项目管理条例》

2018年1月12日深圳市第六届人民代表大会常务委员会第二十二次会议通过《深圳市人民代表大会常务委员会关于修改〈深圳经济特区政府投资项目管理条例〉的决定》，自2018年1月17日起施行。此次修改进一步细化对设计变更、工程验收、出具政府投资项目全部工程结算报告的要求。

7. 废止《深圳市司法鉴定条例》

2001年制定的《深圳市司法鉴定条例》为规范和促进深圳市司法鉴定工作发挥了重要作用，但随着国家法律体系的逐步完善和"放管服"改革的推进，已与国家改革精神和现实需要不相符合。2018年3月30日深圳市第六届人民代表大会常务委员会第二十四次会议通过了《深圳市人民政府关于提请废止〈深圳市司法鉴定条例〉的议案》，并经2018年5月31日广东省第十三届人民代表大会常务委员会第三次会议批准，自2018年6月11日起生效。该条例废止后，深圳市司法行政机关将按照《全国人民代表大会常务委员会关于司法鉴定管理问题的决定》、司法部的有关规定和省政府下放的权限，对司法鉴定进行有效的行业监督和管理。

8. 制定《深圳经济特区医疗急救条例》

2018年6月27日深圳市第六届人民代表大会常务委员会第二十六次会议通过《深圳经济特区医疗急救条例》，自2018年10月1日起施行。条例除了依法保障公民获得医疗急救服务的权利，还鼓励具备急救能力的公民参与社会急救，倡导自救、互救，鼓励公民、法人或者其他组织捐助医疗急救事业，旨在促进医疗急救事业发展，规范医疗急救行为，提高医疗急救能力和水平。

9. 修订《深圳经济特区城市园林条例》

2018年6月27日深圳市第六届人民代表大会常务委员会第二十六次会议通过《关于修改〈深圳经济特区城市园林条例〉的决定》，自2018年7月3日起施行。《深圳经济特区城市园林条例》制定于1995年，此次为第二次修正，主要对条例中与国务院"放管服"改革要求不相适应的条款作了修改。

10. 修订《深圳经济特区市容和环境卫生管理条例》

2018年6月27日深圳市第六届人民代表大会常务委员会第二十六次会议通过《关于修改〈深圳经济特区市容和环境卫生管理条例〉的决定》，自2018年7月3日起施行。规定因重大庆典活动或者建设施工，需要临时占用城市道路的，应当报交通运输部门和公安交通管理部门批准；需要临时占用公共场所的，应当报主管部门批准。

11. 修订《深圳经济特区实施〈印刷业管理条例〉若干规定》

2018年6月27日深圳市第六届人民代表大会常务委员会第二十六次会议通过《关于修改深圳经济特区实施〈印刷业管理条例〉若干规定的决定》，自2018年7月3日起施行。《深圳经济特区实施〈印刷业管理条例〉若干规定》制定于1999年，此次为第二次修订，通过修订扩大了区级主管部门执法权限，加大了直接监管力度。

12. 修订《深圳经济特区环境噪声污染防治条例》

2018年6月27日深圳市第六届人民代表大会常务委员会第二十六次会议通过《关于修改〈深圳经济特区环境噪声污染防治条例〉的决定》，自

2018年7月3日起施行。《深圳经济特区环境噪声污染防治条例》制定于1993年，此次为第三次修订，通过修订扩大了非主管部门的协同执法权责。

13. 暂时调整适用《深圳经济特区政府投资项目管理条例》部分条款

2018年6月27日深圳市第六届人民代表大会常务委员会第二十六次会议通过《深圳市人民代表大会常务委员会关于暂时调整适用〈深圳经济特区政府投资项目管理条例〉有关规定的决定》，暂时调整适用关于项目建议书、前期经费、可行性研究报告、项目总概算和资金申请报告的相关规定。本次暂时调整适用期限为二年，自通过之日起生效。

14. 暂停及调整适用《深圳经济特区道路交通安全管理条例》等法规有关规定

为适应开展"放管服"改革需要，推进行政审批制度改革，促进政府职能转变，提高审批效率，2018年6月27日深圳市第六届人民代表大会常务委员会第二十六次会议通过《深圳市人民代表大会常务委员会关于暂时调整适用和暂时停止适用〈深圳经济特区道路交通安全管理条例〉等法规有关规定的决定》。暂时调整适用《深圳经济特区道路交通安全管理条例》《深圳市节约用水条例》《深圳市实施〈中华人民共和国人民防空法〉办法》《深圳市城市规划条例》《深圳经济特区环境保护条例》《深圳经济特区土地使用权出让条例》《深圳经济特区房地产登记条例》的部分条款，对相关主管单位在一些具体事项上的分工、项目备案、许可证办理程序等的规定暂时调整适用；暂时停止适用《深圳经济特区道路交通安全管理条例》《深圳市实施〈中华人民共和国人民防空法〉办法》《深圳经济特区建设项目环境保护条例》《深圳市建设工程质量管理条例》的部分条款。本次暂时调整和暂时停止适用期限为二年，自通过之日起生效。

15. 修订《深圳经济特区禁止食用野生动物若干规定》

2018年6月27日深圳市第六届人民代表大会常务委员会第二十六次会议通过《关于修改〈深圳经济特区禁止食用野生动物若干规定〉的决定》，自2018年7月3日起施行。主要对法规中与生态文明建设和环境保护要求不相适应的条款作了修改。

16. 修订《深圳经济特区促进全民健身条例》

2018年6月27日深圳市第六届人民代表大会常务委员会第二十六次会议通过《深圳市人民代表大会常务委员会关于修改〈深圳经济特区促进全民健身条例〉的决定》，自2018年7月3日起施行。此次修改主要规定市民的医疗保险个人账户上一年度余额达到5000元以上的，可以将余额的百分之十用于个人健身消费，以鼓励市民积极参加全民健身活动，建立市民健身激励制度。

17. 修订《深圳市养犬管理条例》

2018年6月27日深圳市第六届人民代表大会常务委员会第二十六次会议通过《深圳市人民代表大会常务委员会关于修改〈深圳市养犬管理条例〉的决定》，并于2018年9月30日经广东省第十三届人民代表大会常务委员会第五次会议批准，自2018年10月29日起施行，主要是删除有关养犬管理费的规定。

18. 修订《深圳市实施〈中华人民共和国人民防空法〉办法》

2018年6月27日深圳市第六届人民代表大会常务委员会第二十六次会议通过《深圳市人民代表大会常务委员会关于修改〈深圳市实施《中华人民共和国人民防空法》办法〉的决定》，并于2018年9月30日经广东省第十三届人民代表大会常务委员会第五次会议批准，自2018年10月29日起施行。主要是将深圳防空警报试鸣日修改为9月18日，以使深圳警报试鸣与全国多数城市同步。

19. 制定《深圳经济特区知识产权保护条例》

2018年12月27日深圳市第六届人民代表大会常务委员会第二十九次会议通过《深圳经济特区知识产权保护条例》（以下简称《条例》），自2019年3月1日起施行。《条例》规定单位和个人侵犯知识产权构成犯罪的，5年内不得承接政府投资项目，同时造成严重危害后果的，可以永久性禁止承接政府投资项目。《条例》在国家规定的知识产权行政执法中直接责令停止侵权的条件和范围基础上，扩大直接责令停止侵权的适用范围。旨在建立最严格的知识产权保护制度，为深圳创新驱动发展营造更好的法治

环境。

20. 修订《深圳经济特区环境保护条例》等十二项法规

2018年12月27日深圳市第六届人民代表大会常务委员会第二十九次会议通过《深圳市人民代表大会常务委员会关于修改〈深圳经济特区环境保护条例〉等十二项法规的决定》,集中对《深圳经济特区环境保护条例》《深圳经济特区环境噪声污染防治条例》《深圳经济特区建设项目环境保护条例》《深圳经济特区机动车排气污染防治条例》《深圳经济特区饮用水源保护条例》《大亚湾核电厂周围限制区安全保障与环境管理条例》《深圳经济特区海域污染防治条例》《深圳经济特区水资源管理条例》《深圳经济特区控制吸烟条例》《深圳经济特区建筑节能条例》《深圳经济特区河道管理条例》《深圳经济特区梧桐山风景名胜区条例》12部地方生态环保法规做了修改,大大提高了违法行为处罚力度,以有效震慑违法排污行为。

二 2018年深圳制定、修改和废止的政府规章

1. 修订《深圳市户外广告管理办法》

深圳市政府于2018年1月14日发布了2017年12月28日深圳市政府六届一百零五次常务会议审议通过的《深圳市人民政府关于修改〈深圳市户外广告管理办法〉的决定》,对《深圳市户外广告管理办法》进行修改,并自发布之日起施行。本次修订主要对部分审批权限及主管单位名称做了修改。

2. 废止《〈深圳经济特区房屋租赁条例〉实施细则》《深圳经济特区维修行业管理办法》《深圳经济特区服务行业环境保护管理办法》

因制定依据已被废止或主要内容不符合上位法有关规定,深圳市政府于2018年1月14日发布了2017年12月28日深圳市政府六届一百零五次常务会议审议通过的《深圳市人民政府关于废止部分规章的决定》,废止《〈深圳经济特区房屋租赁条例〉实施细则》《深圳经济特区维修行业管理办法》《深圳经济特区服务行业环境保护管理办法》,并自2018年1月14日起

生效。

3. 制定《深圳市行政机关规范性文件管理规定》

2018年1月23日深圳市人民政府六届一百零七次常务会议修订通过《深圳市行政机关规范性文件管理规定》，2018年2月11日发布，自2018年4月1日起施行。旨在加强行政机关规范性文件管理，提高文件质量，推进依法行政。

4. 制定《深圳市机动车道路临时停放管理办法》

2018年2月28日深圳市人民政府六届一百一十一次常务会议修订通过《深圳市机动车道路临时停放管理办法》，2018年3月16日发布，自2018年5月1日起施行。该办法适用于深圳市范围内临时停放机动车的道路停车位及其附属设施的规划、设置、使用和管理，旨在加强道路交通安全管理，合理利用道路资源，保障道路交通有序、安全、畅通。

5. 制定《深圳市劳动能力鉴定管理办法》

2018年3月7日深圳市政府六届一百一十二次常务会议审议通过《深圳市劳动能力鉴定管理办法》，2018年3月29日发布，自2018年5月1日起施行。该办法适用于深圳市工伤保险参保用人单位及其职工和其他主体参与劳动能力鉴定相关活动，旨在加强劳动能力鉴定管理，规范劳动能力鉴定工作。

6. 制定《深圳市生产经营单位安全生产主体责任规定》

2018年3月28日深圳市政府六届一百一十四次常务会议审议通过《深圳市生产经营单位安全生产主体责任规定》，2018年4月17日发布，自2018年7月1日起施行。该办法适用于深圳市行政区域内从事生产经营活动的单位履行安全生产主体责任，旨在进一步落实生产经营单位安全生产主体责任，预防和减少生产安全事故，保障人民群众生命和财产安全，促进经济发展和社会和谐。

7. 制定《深圳市城市照明管理办法》

2018年5月28日深圳市人民政府六届一百二十三次常务会议审议通过《深圳市城市照明管理办法》，2018年6月29日发布，自2018年8月1日起施行。该办法主要根据《深圳经济特区市容和环境卫生管理条例》等法规规定，结合本市实际制定，适用于深圳市区域内城市照明的规划、建设、维护和监督管理。旨在加强城市照明管理，改善城市灯光环境，促进能源节约。

8. 制定《深圳市人民政府关于农村城市化历史遗留产业类和公共配套类违法建筑的处理办法》

2018年6月13日深圳市人民政府六届一百二十六次常务会议审议通过《深圳市人民政府关于农村城市化历史遗留产业类和公共配套类违法建筑的处理办法》。该办法于2018年9月4日发布，自2018年10月10日起施行。该办法适用于农村城市化历史遗留产业类违法建筑和农村城市化历史遗留公共配套类违法建筑的安全纳管、处理确认、依法拆除或者没收，以保障城市规划实施，拓展产业发展空间，完善城市公共配套。

9. 制定《深圳市政府投资建设项目施工许可管理规定》

2018年7月3日深圳市人民政府六届一百二十九次常务会议审议通过《深圳市政府投资建设项目施工许可管理规定》，2018年7月9日发布，自2018年8月1日起施行。该办法旨在按照"投资服务需求、设计服从规划、保证质量安全"的要求，构筑政府管理和项目管理"双流程、双优化、共提效"的政府投资建设项目施工许可办理流程。办法适用于在深圳市行政区域内利用市财政性资金开展的用于民生改善、城市基础设施等涉及空间的固定资产投资建设项目，主要包括房建类和市政类。

10. 制定《深圳市社会投资建设项目报建登记实施办法》

2018年7月3日深圳市人民政府六届一百二十九次常务会议审议通过《深圳市社会投资建设项目报建登记实施办法》，2018年7月9日发布，自2018年8月1日起施行。该办法以项目高效顺畅报建为核心，旨在营造最优营商环境，推动经济社会高质量发展，适用于在深圳市行政区域内利用社会资本开展的新建、改建、扩建的非核准管理建设项目。

11. 制定《深圳市计量质量检测研究院规定》

2018年11月2日深圳市人民政府六届一百四十六次常务会议审议通过

《深圳市计量质量检测研究院规定》，2018年11月20日发布，自2019年1月1日起施行。该规定根据《中华人民共和国计量法》《中华人民共和国产品质量法》等有关法律、法规，创新了深圳市计量质量检测研究院的管理和运作，有利于推动计量、检验、检测、认证等高技术服务业发展，提升市场竞争力和品牌影响力，优化公共服务质量和效率。

12. 修订《深圳市计划生育若干规定》等四项规章

2018年12月13日深圳市政府六届一百五十一次常务会议通过《深圳市人民政府关于修改部分规章的决定》，对《深圳市计划生育若干规定》《深圳市医疗废物集中处置管理若干规定》《深圳市扬尘污染防治管理办法》《深圳经济特区在用机动车排气污染检测与强制维护实施办法》中部分条款做了删除和修改，以适应新形势下相关主管部门的协作分工细化，利于加大监管力度，并自2018年12月21日发布之日起施行。

13. 废止《深圳市光明新区管理暂行规定》

因国务院批复设立光明区，2018年12月13日深圳市政府六届一百五十一次常务会议通过《深圳市人民政府关于废止〈深圳市光明新区管理暂行规定〉的决定》，自2018年12月21日发布之日起生效。

社会科学文献出版社　皮书系列

❖ 皮书起源 ❖

"皮书"起源于十七、十八世纪的英国，主要指官方或社会组织正式发表的重要文件或报告，多以"白皮书"命名。在中国，"皮书"这一概念被社会广泛接受，并被成功运作、发展成为一种全新的出版形态，则源于中国社会科学院社会科学文献出版社。

❖ 皮书定义 ❖

皮书是对中国与世界发展状况和热点问题进行年度监测，以专业的角度、专家的视野和实证研究方法，针对某一领域或区域现状与发展态势展开分析和预测，具备原创性、实证性、专业性、连续性、前沿性、时效性等特点的公开出版物，由一系列权威研究报告组成。

❖ 皮书作者 ❖

皮书系列的作者以中国社会科学院、著名高校、地方社会科学院的研究人员为主，多为国内一流研究机构的权威专家学者，他们的看法和观点代表了学界对中国与世界的现实和未来最高水平的解读与分析。

❖ 皮书荣誉 ❖

皮书系列已成为社会科学文献出版社的著名图书品牌和中国社会科学院的知名学术品牌。2016年，皮书系列正式列入"十三五"国家重点出版规划项目；2013~2019年，重点皮书列入中国社会科学院承担的国家哲学社会科学创新工程项目；2019年，64种院外皮书使用"中国社会科学院创新工程学术出版项目"标识。

中国皮书网

（网址：www.pishu.cn）

发布皮书研创资讯，传播皮书精彩内容
引领皮书出版潮流，打造皮书服务平台

栏目设置

关于皮书：何谓皮书、皮书分类、皮书大事记、皮书荣誉、
皮书出版第一人、皮书编辑部

最新资讯：通知公告、新闻动态、媒体聚焦、网站专题、视频直播、下载专区

皮书研创：皮书规范、皮书选题、皮书出版、皮书研究、研创团队

皮书评奖评价：指标体系、皮书评价、皮书评奖

互动专区：皮书说、社科数托邦、皮书微博、留言板

所获荣誉

2008年、2011年，中国皮书网均在全国新闻出版业网站荣誉评选中获得"最具商业价值网站"称号；

2012年，获得"出版业网站百强"称号。

网库合一

2014年，中国皮书网与皮书数据库端口合一，实现资源共享。

权威报告·一手数据·特色资源

皮书数据库
ANNUAL REPORT(YEARBOOK) DATABASE

当代中国经济与社会发展高端智库平台

所获荣誉

- 2016年,入选"'十三五'国家重点电子出版物出版规划骨干工程"
- 2015年,荣获"搜索中国正能量 点赞2015""创新中国科技创新奖"
- 2013年,荣获"中国出版政府奖·网络出版物奖"提名奖
- 连续多年荣获中国数字出版博览会"数字出版·优秀品牌"奖

成为会员

通过网址www.pishu.com.cn访问皮书数据库网站或下载皮书数据库APP,进行手机号码验证或邮箱验证即可成为皮书数据库会员。

会员福利

- 已注册用户购书后可免费获赠100元皮书数据库充值卡。刮开充值卡涂层获取充值密码,登录并进入"会员中心"—"在线充值"—"充值卡充值",充值成功即可购买和查看数据库内容。
- 会员福利最终解释权归社会科学文献出版社所有。

卡号:823641896118
密码:

数据库服务热线:400-008-6695
数据库服务QQ:2475522410
数据库服务邮箱:database@ssap.cn
图书销售热线:010-59367070/7028
图书服务QQ:1265056568
图书服务邮箱:duzhe@ssap.cn

基本子库
SUB DATABASE

中国社会发展数据库（下设 12 个子库）

全面整合国内外中国社会发展研究成果，汇聚独家统计数据、深度分析报告，涉及社会、人口、政治、教育、法律等 12 个领域，为了解中国社会发展动态、跟踪社会核心热点、分析社会发展趋势提供一站式资源搜索和数据分析与挖掘服务。

中国经济发展数据库（下设 12 个子库）

基于"皮书系列"中涉及中国经济发展的研究资料构建，内容涵盖宏观经济、农业经济、工业经济、产业经济等 12 个重点经济领域，为实时掌控经济运行态势、把握经济发展规律、洞察经济形势、进行经济决策提供参考和依据。

中国行业发展数据库（下设 17 个子库）

以中国国民经济行业分类为依据，覆盖金融业、旅游、医疗卫生、交通运输、能源矿产等 100 多个行业，跟踪分析国民经济相关行业市场运行状况和政策导向，汇集行业发展前沿资讯，为投资、从业及各种经济决策提供理论基础和实践指导。

中国区域发展数据库（下设 6 个子库）

对中国特定区域内的经济、社会、文化等领域现状与发展情况进行深度分析和预测，研究层级至县及县以下行政区，涉及地区、区域经济体、城市、农村等不同维度。为地方经济社会宏观态势研究、发展经验研究、案例分析提供数据服务。

中国文化传媒数据库（下设 18 个子库）

汇聚文化传媒领域专家观点、热点资讯，梳理国内外中国文化发展相关学术研究成果、一手统计数据，涵盖文化产业、新闻传播、电影娱乐、文学艺术、群众文化等 18 个重点研究领域。为文化传媒研究提供相关数据、研究报告和综合分析服务。

世界经济与国际关系数据库（下设 6 个子库）

立足"皮书系列"世界经济、国际关系相关学术资源，整合世界经济、国际政治、世界文化与科技、全球性问题、国际组织与国际法、区域研究 6 大领域研究成果，为世界经济与国际关系研究提供全方位数据分析，为决策和形势研判提供参考。

法律声明

"皮书系列"(含蓝皮书、绿皮书、黄皮书)之品牌由社会科学文献出版社最早使用并持续至今,现已被中国图书市场所熟知。"皮书系列"的相关商标已在中华人民共和国国家工商行政管理总局商标局注册,如LOGO( )、皮书、Pishu、经济蓝皮书、社会蓝皮书等。"皮书系列"图书的注册商标专用权及封面设计、版式设计的著作权均为社会科学文献出版社所有。未经社会科学文献出版社书面授权许可,任何使用与"皮书系列"图书注册商标、封面设计、版式设计相同或者近似的文字、图形或其组合的行为均系侵权行为。

经作者授权,本书的专有出版权及信息网络传播权等为社会科学文献出版社享有。未经社会科学文献出版社书面授权许可,任何就本书内容的复制、发行或以数字形式进行网络传播的行为均系侵权行为。

社会科学文献出版社将通过法律途径追究上述侵权行为的法律责任,维护自身合法权益。

欢迎社会各界人士对侵犯社会科学文献出版社上述权利的侵权行为进行举报。电话:010-59367121,电子邮箱:fawubu@ssap.cn。

社会科学文献出版社